KB160612

명청 시대 중국의 해상무역과 상품
(1368~1840)

이 저서는 2020년 대한민국 교육부와 한국연구재단의 지원을 받아 수행된 연구임
(NRF-2020S1A6A3A01054082).
This work was supported by the Ministry of Education of the Republic of Korea and the National Research Foundation of Korea (NRF-2020S1A6A3A01054082).

1368~1840

명청 시대 중국의 해상무역과 상품

리우쥔, 왕쉰 편 · 윤지산 역

경인문화사

발간사

한국의 동유라시아 물품학(物品學) 정립을 목표로

동국대학교 문화학술원은 “동유라시아 세계 물품의 문명·문화사”라는 연구 아젠다로 한국연구재단의 인문한국플러스(HK+)사업에 선정되어 2020년부터 연구 프로젝트를 수행하고 있다. 기존의 인간 중심의 연구에서 벗어나 물품이 중심이 되는 연구를 통해 물품이 인간 사회를 둘러싸고 생산, 유통, 소비되는 과정을 총체적으로 분석함으로써 한반도를 넘어 동유라시아 지역세계의 물품학을 학술적으로 정립하는 것이 목표이다.

본 사업단은 동유라시아의 지역 범위를 한국을 중심으로 놓고 동위도 선상에 있는 중국, 일본, 그리고 북으로는 몽골, 러시아의 우랄산맥 이동지역과 몽골을, 서로는 중앙아시아 및 우즈베키스탄, 카자흐스탄, 키르기스스탄 지역, 남으로는 인도 이동지역인 태국, 캄보디아, 베트남, 인도네시아, 필리핀 등지를 설정하였다.

『총·균·쇠』(원제: *GUNS, GERMS, and STEEL-The Fates of Human Societies*)의 저자로 퓰리처상을 수상한 세계적 석학 제레드 다이아몬드(Jared Mason Diamond)는 동유라시아를 포함한 유라시아 대륙은 기후·식생(植生, 식물의 생육상태) 등의 유사한 생태환경을 가진 위도가 같은 지대가 동서로 길게 펴져 있어, 이 지대(地帶)에 속한 각 지역은 생태환경이 유사하고, 식물·기술·지식·문화의 이전 및 적용이 용이하여, 그 결과 동서교통·교류가 촉진되었다고 분석하였다. 나아가 세계사에 관심을 가진 사람들은 동아시아 및 태평양 일대의 인류 사회를 통해 배울 점이 많은데 그것은 환경이 역사를 형성했던 수많은 사례들을 발견할 수 있기 때문이라고 명언하였다.

이러한 특별한 특성을 지닌 공간에 살았던 사람들의 물품 생산과 유통, 소비 과정을 통해 이 지역만의 Locality는 무엇이며, 그것이 글로벌 세계와 어떠한 연관성을 가지고 있는지를 밝혀내려는 시도에서 물품에 착안하였다. 인간이 살아가는데 있어 필수불가결한 물품은 한 민족이나 국가에서 생산되어 소비되기도 하지만, 주변 지역으로 전파되어 새로운 문화를 창출하기도 한다. 이런 점에서 인류의 역사를 추동해 온 원동력이 바로 물품에 대한 욕구였다고 해도 과언이 아니다.

본 사업단은 오랜 세월에 걸쳐 인류가 발명하고 생산한 다양한 수 많은 물품을 지역별, 용도별로 구분하여 연구를 진행한다. 지역별 분류는 네 범위로 설정하였다. 첫째, 동유라시아 전 지역에 걸쳐 소비된 물품이다. 동유라시아 지역을 넘어 다른 문명세계에 전파된 물품의 대표적인 것이 초피, 견직물, 담배, 조총 그리고 16세기 이후 바다의 시대가 펼쳐지면서 사람들의 욕구를 배가시킨 후추, 육두구, 정향 등의 향신료이다. 한국의 인삼, 중국의 견직물, 일본의 은, 동남아시아의 향신료는 유럽이나 아메리카를 이어주는 물품이었던 것이다. 동유라시아 지역에서 생산된 물품의 교역은 최종적으로 유럽 등을 포함한 이른바 '세계경제' 형성에 연결되었다. 둘째, 첫 번째 지역보다는 범위가 제한된 동아시아 지역에서 사용된 물품이다. 소목, 청심환, 수우각, 화문석 등을 들 수 있다. 한국(당시는 조선)에서 생산된 호피, 표피는 중국에 진상된 것을 시작으로 일본 막부와 유큐 왕조에 증여, 나아가 일본을 통해 캄보디아까지 전파되었다. 셋째, 양국 간에 조공이나 증여 목적으로 사용된 물품이다. 저포 등이다. 넷째, 한 국가에서 생산되었지만 그 사회에 국한되어 커다란 영향을 끼친 물품이다. 이처럼 동유라시아 각 지역의 역사는 서로 영향을 끼치면서 전개되었다.

다음으로 생각해야 될 점은 물품 그 자체가 지닌 속성이다. 물품 자체가 지닌 고유한 특질을 넘어 물품이 지닌 다양한 속성이다. 다시 말하자면 상품으로서의 경제적 가치를 지닌 것에 그치는 것이 아니라 정치적, 군사적, 의학적, 문화적 측면에서 다양한 용도로도 쓰였다는 것이다. 그것은 정치적으로는 조공품일 수도, 증여품일 수도, 사여품일 수도 있다. 해산물인 해삼·전복은 기본적으로는 음식재료이지만 동아시아에서는 화폐기능과 광택제로서, 후추·육두구 등 향신료는 16세기 이후 유럽 세계에 의약품으로서의 효능은 물론 음식을 상하지 않게 하는 성질을 가진 용도로 소비되었다.

이처럼 지리적·기후적 환경 차이가 불러일으킨 동유라시아 세계 사람들이 만들어낸 물품은 다른 지역, 더 나아가 다른 문명 세계에 속한 사람들에게 크든 작든 영향을 끼쳐 그 사회의 문화를 변용시키기도 하였다. 다시 말하자면 기후, 생산 자원, 기술, 정치체제 등의 여러 환경 차이에 의해 생산되는 물품의 경우 그 자체로도 차이가 나타났고, 인간 삶의 차이도 유발시켰다.

인류의 문화적 특징들은 세계의 각 지역에 따라 크고 다르게 나타난다. 문화적 차이의 일부는 분명히 환경적 차이의 산물이기도 하다. 그러나 각 지역에서 환경과 무관하게 작용한 문화적 요인들의 의의를 확인해 보는 것도 중요한 일이다. 이러한 관점 하에서 본 총서가 기획, 간행되었다.

동유라시아의 대륙과 해역에서 생산된 물품이 지닌 다양한 속성을 면밀하게 들여다보는 것은 한국을 넘어선 동유라시아 지역의 문명·문화사의 특질을 밝혀내는 중요한 작업이다. 서로 다른 지역과 국가에서 지속적이고 직접적인 접촉을 통해 서로가 갖고 있는 문화에 다양한 변화를 일으켰을 것이다.

본 총서의 간행은 사업단의 아젠다 "동유라시아 세계 물품의 문명·문화사"를 다각적인 측면에서 접근, 분석하여 '한국의 동유라시아 물품학'을 정립하는 작업의 첫걸음이기도 하다. 달리 표현하자면 새로운 인문학의 모색과 창출, 나아가 미래 통일 한국이 동유라시아의 각 지역과 국가 간 상호교류, 경쟁, 공생하는 역동적인 모습을 새로이 정립하고 창조하기 위한 첫 작업이라 할 수 있다. 다만 동유라시아의 물품이라는 주제는 공간적으로는 규모가 넓고 크며 시간적으로는 장시간을 요하는 소재들이라는 점에 유의할 필요가 있다. 본 사업의 궁극적인 목표는 중국의 돈황학(敦煌學), 휘주학(徽州學), 일본의 영파학(寧波學)에 뒤지지 않는 세계에 자랑할 수 있는 학문적 성과를 거두는 것이자, 한국이 미래 북방과 남방으로 뻗어나갈 때 인문학적 지침서 역할을 하는 것이다.

2022년 2월

동국대학교 문화학술원장

인문한국플러스(HK+)사업단장

서인범

한국어판 저자 서문

본서가 외국에서 출판된다는 것은 작가 입장에서는 영광이면서 한편 매우 기쁜 일이다. 본서를 모어로 출판하고 10년이 지나서 외국어로 출판한다니 더욱더 기쁘고 큰 영광이다. 한국에서 출판할 수 있도록 힘써 주신 관계자 여러분께 감사드린다. 또한 동북 재경대학 출판사와 리지(李季) 편집장에게 사의를 표한다. 한국어 번역을 맡아 주신 인민대학의 윤지산 선생에게도 깊이 감사드린다. 특히 윤 선생은 번역 과정에서 필자와 교류하면서 정교하게 번역을 다듬었다. 이런 과정에서 학문에 대한 윤 선생의 열정적 태도에 필자는 깊이 감명받았다. 일전에 다른 한국 학자와 교류한 적이 있는데 그때처럼 이번에도 진지하고 성실한 태도에 깊은 인상이 남았다. 윤 선생은 번역하면서 시간과 공력을 많이 들였을 뿐만 아니라 원서에 빠진 부분을 날카롭게 지적해주었다. 그래서 한국어 번역본이 어떤 면에 중국어 원서보다 더 발전한 부분이 많다. 이런 과정을 거쳤더라도 여전히 부족한 부분이 있을 것이다. 이 책을 읽는 한국어 독자께서 잘못된 부분은 질정해주시면 좋겠다. 한국과 중국은 지리상 매우 가깝고 또 역사상 늘 좋은 관계를 유지했다. 양국이 영원히 우호를 유지하고 서로 도우면서 같이 발전하기를 진심으로 기원한다.

2021년 가을 창춘에서 작가 리우쥔이 삼가 쓰다.

차례

제 3편 백은의 유입

01 서론

1. 연구 대상

4대 문명을 연 고대국가 중에서 지금까지 존속하는 국가(문명)는 중국이 유일하다. 중화 문명과 중화 민족은 형성기부터 세계 민족을 선도했으며, 다른 3대 문명이 쇠락한 뒤에도 오랫동안 세계를 선도하는 위치에 있었다. 명청 시기에 '천고거변(千古巨變)'이 일어난다. 1840년 아편전쟁 이후 서방 열강과 마주한 중국인은 자신이 이미 세계 선진 대열에 끼지 못한다는 사실을 문득 발견하게 된다. 분명하게도 중국인 자신들이 이미 낙후되었다는 것을 발견하였을 때는 결코 선진에서 후진으로 추락하는 기점이 아니었다. 이러한 전환 과정을 연구하려면 과거로 거슬러 올라갈 필요가 있다.

본서에서 연구하는 역사 시기는 아편전쟁 전 명청 시대로 한정한다. 구체적 시기는 1368년(명 홍무 원년)에서 1840년(청 도광 20)까지다. 기간은 472년으로, 그중 명나라 시기가 276년, 청나라 시기가 196년이다. 중국이 선진에서 후진으로 추락하는 구체적 기점은 확정할 수 없겠지만, 이 시기가 쇠락하는 과정의 중요한 시기였고 또 이 시기에도 중국은 여전히 선진국이 될 기회가 있었다는 것은 확실히 말할 수 있다. 그래서 본서에서 제일 먼저 제한을 둔 키워드는 '명청 시기'이다.

400여 년의 역사는 매우 긴 시간이지만, 더 중요한 것은 중국이 선진국에서 추락하게 된 원인이 매우 복잡하다는 것이다. 원인 중 하나는 많은 사람이 주목하는 대외 관계, 즉 소위 '패관쇄국(閉關鎖國)'으로 명청 통치자들을 공격할 때 늘 사용하는 것이다. 대외 관계는 여전히 광범위한 주제로, 이 때문에 본서에는 연구 범위를 이 시기의 국제무역으로 한정하고자 한다. 국제무역에는 육로 무역과 해상무역이 있다. 분명히 명청 시대에는 해상무역이 육로 무역보다 더 중요하고, 중국 역사의 변혁과 관련해서 말하자면 더욱더 그렇다. 그래서 본서에서 제한을 둔 두 번째 키워드는 '해상무역'이다.

어떤 연구자에게도 분명히 400여 년 국제무역사를 다루는 것은 지나치게 방대한 과제일 것이고, 책 한 권에서 국제무역 모든 부분을 다루는 것은 불가능할 뿐만 아니라 정밀하게 할 수도 없다. 필자는 연구 과정 중에 다음과 같은 사실을 발견했다. 명청 시기 해상무역 상품과 관련된 문헌은 매우 많지만, 이 문제를 상세하게 계통을 세우고 직접 다룬 연구는 매우 적다는 것이다. 이 때문에 본서 연구 범위를 명청 시기 수·출입한 각종 상품으로 한정했다. 따라서 제한을 둔 세 번째 키워드는 '상품'이다. 그래서 책의 제목을 『명청 시대 해상무역의 상품(1368~1840)』으로 정했다.

2. 역사 배경

대외 무역 혹은 국제무역은 국가를 따라 발생하는 것이다. 국가가 있어야 비로소 국제무역이 있다(국가가 있으면 바로 국제무역이 있다)라고 할 수 있다. 중국도 당연히 이와 같다. 역사를 살펴보면 유럽은 봉건과 분열을 오랫동안 반복하다, 근대에 이르러서야 비로소 전체 국민의 민족 국가로 향하는 중앙정부를 형성한다. 이런 부분에 있어서 중국은 도리어 "조숙(早熟)"했다. 전국시대 초기부터 "편호제민(編戶齊民)"•[1]을 거쳐 "민위국유(民爲國有)"•[2]을 실현했으며, 진(秦)나라 때는 (중국 전역을) 통일한 집권 국가를 형성한다. 진나라 이후 각 나라는 흥망성쇠를 거치는데, 중국은 오랫동안 분열되었다가 통일되기도 하고 통일되었다가 분열되기도 하

돈황 벽화『출사서역도』.
수도박물관(首都博物館), 작가 직접 촬영, 2012.12.1.

육상 실크로드. 하지만 지도 중에 표시된 부분은 실크로드 전체를 나타낸다.
실크로드 전도, 중학역사 교학원지, 2004.11.12. (http://www.zxls.com/Article/Class113/Class917/200411/20041112080400_2614.html)

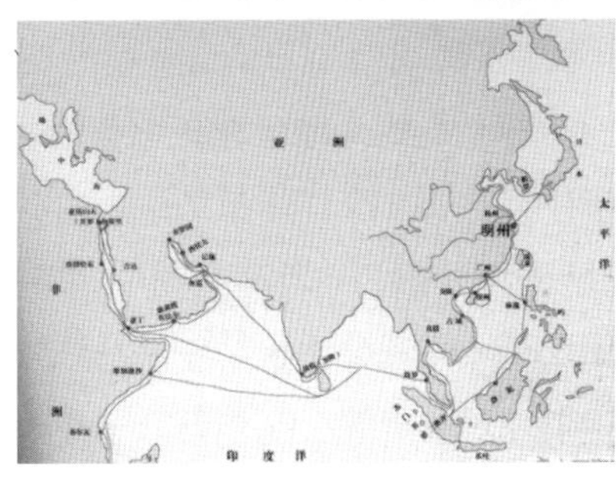

정화(鄭和) 시대 해상 실크로드.
역사상 "해상 실크로드", 東方財富网 博客, 2009.12.14. (http://blog.eastmoney.com/nb188/blog_150401680.html)

이후 해상무역 노선은 더욱 확대된다. 지도 중에 지명은 참고만 하길 바란다. 고대 지명은 상당히 혼란스럽고 시기와 문헌마다 명칭이 같지 않다. 예를 들어 "고임(故臨)"은 "고리(古里)"라고도 한다. 그림 중 "유구(流求)"는 당연히 대만이 되어야 하고, 유구는 중국 대만 지역과 일본 사이에 있다. 으레 대만 역사에서 '소유구(小琉球)'라고 부른 사람도 있었다.

*"실크로드"라는 말은 페르디난트 폰 리히트호펜(Ferdinand von Richthofen, 1877~1912)이 처음 썼다고 한다. 원서 :『China: The Results of My Travels and the Studies Based Thereon』. 중국 번역본:『中國: 我的旅行与研究』.

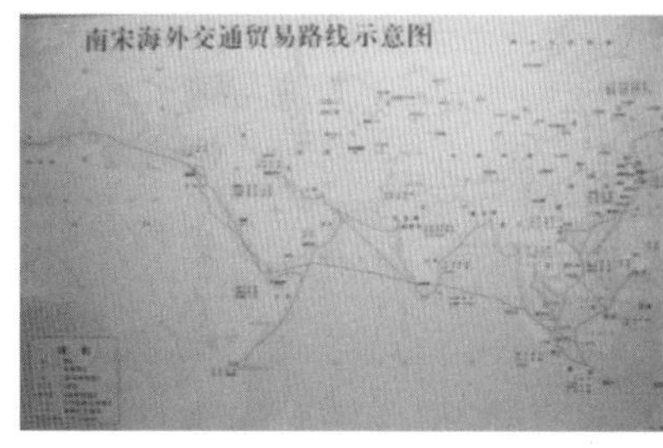

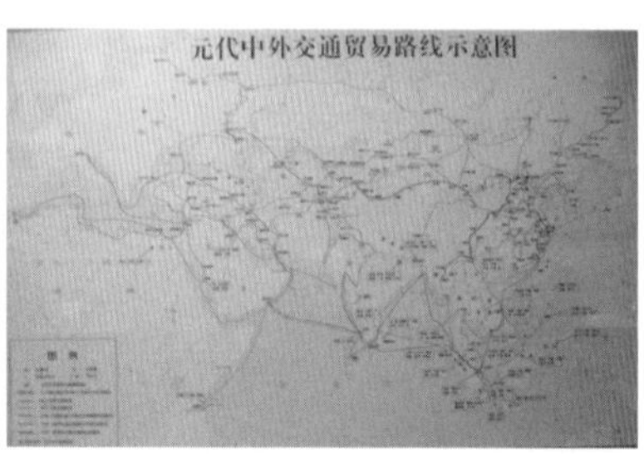

명대 이전 대외 무역 노선.
중국 국가박물관, 작가 직접 촬영, 2012.11.30.

지만, 통일 기간이 분열 기간보다 더 길다. 따라서 중국 역사의 시대 구분은 흥망성쇠를 거듭하는 각 나라를 기준으로 한다. 통일 국가로서 말하자면 중국의 국제무역은 진나라부터 시작되었다고 할 수 있다. 진나라는 수명이 짧았고, 오래간 한나라가 중국 국제무역을 본격 시작했다고 할 수 있다.

중국은 바다를 마주한 대륙 국가이므로 외국을 왕래하는 길은 자연히 육로와 해로로 나누어진다. 한나라 때 형성된 국제무역사에 있어 유명한 국제무역 상로(商路), 즉 "실크로드(絲綢之路)"는 육상 실크로드와 해상 실크로드로 분류할 수 있다. 실크로드는 서양에서 먼저 명명하고 사용했지만, 당연히 중국이 서쪽으로 곧바로 유럽에 이르는 상업적 도로를 가리킨다. 중국 입장에서 보면 상로는 서방 한 방향만을 가리키지 않는다. 중국 북방은 한대(寒帶) 대륙이므로 이 때문에 중국의 해상무역 길은 동, 남, 서 세 방향 혹은 3대 항로가 있다. 명청 시대는 동양, 남양, 서양이라고 구별해서 불렀다. 동양(東洋)에는 일본·유구(琉球)·조선이 포함되는데, 그중 조선은 육로로도 연결되어 있었다. 조선과는 해상무역이 있었더라도, 육로를 통해 왕래하는 경우가 훨씬 많았다. 남양(南洋)은 지금 동남아 지역을 말한다. 대체로 대만 서쪽에서 (말레이시아) 말라카(Malacca) 동남쪽 사이를 경계로 삼는다. 말라카 서쪽은 서양(西洋)이 된다. 대항해시대가 열리고 유럽인이 미국과 호주를 점거하고서부터 중국과 미국 사이의 항로 또한 "서

콜럼버스(Columbus)와 바스코 다 가마(Vasco da Gama).
중국 국가박물관, 작가 직접 촬영, 2012.12.1.

양"으로 불리게 된다.(미국이 중국의 동쪽에 있음에도 지금 중국인들이 미국을 "서방세계"에 포함시키는 것과 같다). 상로를 통해 국외로 나간 물건은 비단뿐만 아니라 도자기·차 등이 있었고, 반대로 중국으로 들어온 물건은 백은·향료 등 각종 상품이었다. 이 때문에 학자마다 이 항로를 도자기 길, 찻잎 길, 향료 길, 가죽 길이라고 달리 부른다.

한나라 이후 중국의 해상무역은 부단히 발전해왔다. 당나라 때 해상 무역 규모는 이미 적지 않았고, 송원(宋元) 시기 해상무역의 길이 더욱 넓어져 해상무역이 더욱 흥성했다. 어떤 사람은 송원 시기에 중국 고대 해상무역이 최고조에 달했고, 명청시대 즉 '정화하서양(鄭和下西洋)'•[3]이 끝나고부터 폐관쇄국 탓에 퇴보했다고 생각한다. 송원 시대와 그 이전 시대의 비단 길, 도자기 길, 찻잎 길은 명청 시대보다 짧고 협소했으며, 상품 유통 역시 이전 시대보다 명청 시대가 훨씬 많았다. 명청 시대 이전에는 일용품을 많이 실을 상선이 없어, 사치품을 주로 실었다. 진정한 의미에서 일용품 해

17세기 말 스페인 대범선.
중세기/제국해군침정(艦艇) 소개, 游侠网論壇, 2009.3.17.
(http://game.ali213.net/thread-2633712-1-1.html)

19세기 마닐라 항구에 정박 중인 서양 선박과 중국 선박.
戴問天, 西方 "船堅炮利" 何時形成? 中國何時開始落后?, 中國經濟网, 2007.9.30. (http:www.ce.cn/culture/history/200709/30/t20070930_13105470_4.shtml)

상무역이 시작된 것은 명나라 중기부터이고 대항해시대 이후 비로소 발전하게 된다. 심지어 비단, 자기 등 역사가 길고 유명한 무역 상품은 명나라 중기 이전에는 사치품에 속했고, 명청 시대에 와서야 비로소 범용 무역 상품이 된다. 찻잎은 청나라에 와서야 비로서 범용 무역 상품이 된다. 사치품에서 일용품으로 바뀐 것은 명청 시대 해상무역의 중대 변화 중 하나이고, 이 변화에 따라 무역량도 급증한다.

이전 시대와 달리 명청 시대 중국 해상무역에 또 다른 중대 변화가 발생한다. 대체로 명나라 중기, 대항해 시대가 도래하자 서양인이 대규모로 동방으로 들어오기 시작했고 중국과 서방의 직접 무역도 대규모로 발전한다. 기록이 많이 남아 있는데, 동한 시대 이미 대진(大秦, 로마제국) 상인이 해로로 광주에 들어왔고, 아울러 중국 상인이 로마로 들어간 적도 있으며, 원나라 때는 매우 유명한 마르코 폴로(Marco Polo)가 육로로 중국에 들어왔다가 해로로 유럽으로 돌아갔다. 한편 명대(明代) 이전, 심지어 명나라 초기까지 만해도 중국과 유럽 무역은 대개 아랍인이 중개했다. 당시 서양인은 동방을 신비롭게 여겼는데, 그들이 마음에 품은 천국처럼 생각했다. 대항해시대가 열리자 동방 신비의 베일이 벗겨지기 시작한다. 동방으로

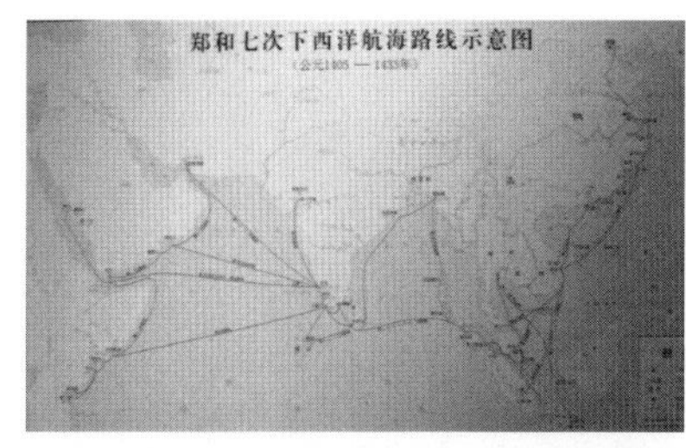

7차 정화하서양 해양 노선 설명도.
중국 국가박물관, 작가 직접 촬영, 2012.11.30.

들어오는 서양인이 차츰 증가함에 따라 중국과 서방 해상무역이 점차 중요해진다. 중서(中西) 무역이 중국과 주변 국가의 해상무역보다 더 중요하게 되고, 결국 서방국가가 중국 해상무역 주요 대상국이 된다. 이때부터 중국 해상무역은 크게 두 길로 갈라진다. 하나는 동아시아, 동남아시와의 전통 무역이고, 또 하나는 유럽 국가와의 무역이다.

명청 시대의 해상무역은 방식상 크게 두 가지로 분류할 수 있다. 즉 조공 무역과 민간 상업 무역으로 분류할 수 있다. 조공 무역은 문자 그대로 조공과 무역을 포괄하는 것으로, 중국과 주변 속국이 정치·경제적 교류하는 무역 형식의 일종이다. 당시 속국은 중국을 "천조상국(天朝上國)"으로 여겼고, 속국 중에서 어떤 나라는 중국과 교류하는 것을 "사대(事大)"라고 불렀다. -이 "사(事)"는 의미가 복잡한데, 명사이면서 동사이기도 하다. 또 동사와 명사를 겸하기도 하며, 주객관 판단을 겸하기도 한다. 이런 일반적 함의 이외에 "외사무소사(外事无小事, 외교에는 사소한 것이 없다)"라고 할 "사"라는 함의도 있다. 예시를 든 것보다 뜻이 더 많다.-

조공 무역에서 중요한 것은 각 속국은 규정된 시간, 규정된 노선, 규정된 규모에 따라 사신을 파견했고, 그뿐만 아니라 규정된 진상품을 가지고 중국에 와서 중국 황제에게 헌상하면서 복종하는 마음도 바쳤다는 것이다. 중국 황제는 사신과 사신의 국왕, 왕비에게 예물을 하사했다. 사신단이 중국에 올 때 동행한 상인들은 사신과 그 수행원보다 수가 훨씬 많았

《만국래조도(萬國來朝圖)》.(작가미상)
중국 국가박물관, 작가 직접 촬영, 부흥지로(複興之路), 2012.12.1.

일본 조공 무역선.
維基百科, 2012.12.19. (http://zh.wikipedia.org/wiki/file: RedSealShip.JPG)

유구 조공 무역선.
琉球國-東海珍珠的前生今世, 春秋中文社區, 2010.7.12. (http://bbs.cqzg.cn/thread-800675-1-1.html)

고, 선박에 싣고 온 "부재물(附載物)"이 진상품보다 훨씬 많았다. "부재물"은 명청 조정 관리가 사들이거나, 중개인을 거쳐 중국 시장에서 거래되었다. 사신과 상인은 필요한 중국 상품을 구매하고 황제 하사품과 같이 선박에 싣고 귀국했다.

어떤 상품은 중국과 주변 국가의 차이가 매우 컸고, 또 명 태조 주원장(朱元璋) 이래 명청 황제는 모두 "후왕박래(厚往薄來)" 정신으로 사신단을 대했기 때문에, 조공국의 조공 무역 이윤이 아주 많아서 서로 조공하러 오겠다 다투었고 명청 정부가 규정한 시간, 노선, 규모를 자주 어겼다.

조공 무역은 당연히 명청 정부가 각국에 사신을 파견하는 것도 포함한다. 사신은 매매할 물품도 갖고 가며 진상품을 받고 돌아온다. 어떤 사신은 황실을 위해 물품 구매를 대행하는 임무를 맡기도 한다. 그러나 정화하서양 시대를 제외하고 "거사(去使, 중국이 주변국으로 사신을 보내는 것)"는 조공 무역에서 차지하는 비중이 "내조(來朝, 주변국에서 중국으로 사신을 보내는 것)"보다 작았다.

여기서 짚고 넘어가야 할 것은 전 중국 해상무역 중 조공 무역이 차지하는 비율이 제일 높았을 때가 명나라 초기라는 것이다. 명나라 중기 이후 조공 무역은 계속되었지만, 민간 무역과 비교하면 그 비중이 현저히 떨어지게 된다.

민간 무역에는 합법 무역과 밀무역이 있다. 정부 규정과 부합하면 합법 무역이다(설령 규정이 늘 불합리할지라도). 명청 정부는 민간 해상무역에 각종 제한을 가했는데, 예를 들면 군용 물자 매매를 금지했고, 어떤 민간 상품 수출도 금지했으며 세관 출입도 제한했다. 제일 엄격했던 것은 어떤 시기에 실행했던 해금(海禁) 정책이다. 이 때문에 명청 정부는 후세 사람들에게 패관쇄국했다는 평가를 받고 이것 탓에 중국을 추락하게 만들었다는 소리를 듣게 된다. 객관적으로 말하자면, 개방하지 않았던 것이 중국이 내생형(內生型) 현대화의 길로 일찍 들어서지 못하는 원인 중 하나지만, 중요한 원인은 도리어 중국 내부에 있고, 당시 시대에 있다. 중국 같은 대국이라면 더욱 그렇다. 사실상, 명청 시기 해상무역량이 이전 시대보다 많았다는 것은 각종 수출품의 수량에 관하여 본문에서 설명하면서 증명했다. 해상무역을 규제했던 명청 정부의 정책 대다수는 국내 사업 규제와 상통하며, 또 역대 규제 정책과도 상통한다. 전면에 가까운 해금은 대개 명나라 전기와 청나라 초기에 있었고 실행 기간도 그리 길지 않았으며, 개해 혹은 부분 개해 시기보다 훨씬 짧았다(예전에는 완전한 의미의 전면 폐관

청대 월 해관 아문.
19世紀世界首富是广州人 十三行流金淌銀, 大洋网广州日報, 2006.4.6. (http://www.news.dayoo.com)

광주13행상관구(廣州十三行商館區) 일부.
珠江風貌, 第169頁, 老广人士圖集 十三行夷館_老广東吧_百度貼吧, 2012.12.20.(tieba.baidu.com/p/1615253)

쇄국은 없었다. 설령 통치자가 생각했더라도 완벽하게 실행하지는 못했다).

이외에도, 엄격한 해상무역 규제 정책으로 “일구통상(一口通商)”이 있다. 흔히 말하는 “일구통상”은 청 건륭제 22년(1757) 하령을 가리킨다. 즉 영국인과 네덜란드인 등 서양인에게만 월(粵, 광동) 해관에서 통상을 허가한다는 것이다. 실제 이를 “일구통상”이라고 부르고, 심각한 결과를 초래했다고 생각하는 것은 매우 과장된 것이다. 우선, 건륭제는 강(江, 강소), 절(浙, 절강), 민(閩, 복건) 해관을 닫으라고 명령을 내린 적이 없고, 이후에도 강, 절, 민 해관은 줄곧 정상 운행했으며, 다만 “홍모이(紅毛夷)”•[4]가 항구로 들어오는 것을 허락하지 않았을 뿐이다. 예를 들어 “일구통상” 기간 중에 일본으로 향하는 상선은 여전히 영파(寧波), 하문(夏門)으로 거쳤으니 남양의 해외무역은 매우 활발했다. -명 가정 2년(1523) 일본인이 “쟁공(爭貢)”을 일으키자, 명 정부가 천주(泉州)와 영파의 시박사(市舶司)를 폐지하고 “다만 광동사만 유지했는데” 이 또한 “일구통상”이라 한다고 주장하는 사람도 있다. 그러나 천주, 영파 시박사를 폐지할 때도 엄격한 해금 조치는 취하지 않았다. 왜란 대폭발 시기를 제외하고는 기본적으로 자유방임이었다.-

구영(仇英): 왜관도(부분).
五十三名倭寇攻打南京, 明朝歷史百科, 2011.11.20. (http://mingchao.baike.com/article-104027.html)

일본 히라도(平戶)시(정성공[鄭成功]이 이 도시에 출생함)길거리의 왕직 동상.
王直: 一位 "倭寇" 罩門下的杰出海商, 中國古玩网, 2002.11.30.(http://www.cguwan.com/show-648-78768-1.html)

다음, 당시 성(省)으로 명명된 해관은 항구 단 하나만을 가리키지 않고 성 관할 아래 항구가 여럿 있었다. 즉 "사구통상(四口通商)" 시 실제로는 네 항구 이외에도 "산해관(山海關)" 같은 관문이 있었다. 산해관을 왕래하는 것은 대개 국내 무역일지라도 말이다. 그 다음, 합법 무역 이외에 상당한 밀무역이 있었다. 당시 정부는 현대 정부만큼 밀무역을 막을 능력이 없었다고는 하지만 밀무역의 비율은 현대보다 훨씬 높았다. 전쟁과 해금 시대에는 더욱더 비율이 높았다. 마지막으로, 무역량과 통상 해안의 수적 관계는 선형적이지 않다. 많은 경우 원래 다른 세관을 통과했던 수출품이 허가받은 세관을 통과한 것처럼 조작됐다. 소위 "일구통상" 시기, 해상무역 규모는 계속 커진다.

무역은 자연히 사람이 와서 해야 하는 것으로, 명청 시대 중국의 해상무역은 각국 상인이 와서 분담했다. 중국 입장에서 논한다면 당연히 중국과 외국의 구분이 있다. 설령 시기와 구체적 정황이 같지 않지만, 대체로 "동양왕시(東洋往市, 중국인이 동남해로 진출), 남양호시(南洋互市, 상호 왕래), 서양래시(西洋來市, 서양인이 중국 시장으로 들어오는 것)"라고 하는데 중일 무역은 대개 중국인이 일본에 가서 이루어졌다. 명나라 초기 중일 무역은 대개 일본에서 명나라에 사절단을 파견하면서 진행되었고 -감합(勘合)●5무역이라고 함-, 명나라 중기부터 1840년까지 중일 무역은 대개 중국 상인이 일본으로 가는 것이 대세였다. 명나라 때 왜란 중에서 소위 왜구라고 칭할 때는 도적도 상인도 다 포함되는데, 대부분은 중국인이었고 일본인도 섞여 있었는데 이들은 왕직(王直, '汪直'이라고도 표기함) 같은 중국인의 '피고용인'이었다. 일본이 쇄국 정책("쇄국"이라는 말은 본래 여기서 유래했다)을 실행하고서부터는 동양은 주로 중국 상인 "왕시(往市, 시장을 찾아가는 것)"이였다. 이외에도 여전히 중국, 일본, 포르투갈, 네덜란드 상인 간의 중개[轉口] 무역도 있었다.

중국과 유구 관계는 매우 특수했는데, 명청 시대 양국 관계는 줄곧 우호적이었고, 명청 정부는 유구를 특별하게 대했다. "조공 사절단" 규모도 매우 컸고 횟수도 많았다. 당시 유구 사절단이 중국과 일본, 동남아 지역을 연결하는 대규모 중개무역을 실제 담당했으므로 "만국진량(萬國津梁)"이라고 부른다. "남양호시"는 중국과 동남 지역 상인들이 상선으로 서로 왕래하는 것을 말한다. 그러나 동남아 본토 상인이나 상선이 동남아에서 중국에 "들어왔지만", 훨씬 많았던 것은 중국 상인과 상선이었다. 동남아를 경유해서 중국으로 "들어온 이들"은 대부분 포르투갈, 스페인, 네덜란드 등 유럽 상인과 상선이었다. "서양래시"는 중국과 서양 무역은 대개 외국인이 중국으로 들어와서 이루졌다는 것을 의미한다. 정화하서양 대원을 제외하고 서쪽 말라카까지 진출한 중국 선박은 거의 없었다. 명나라 중기 이전 중국과 유럽 무역은 아랍인이 중개했고, 명나라 중기 이후에는 유럽인이 중국 "시장으로 들어왔다[來市]."

3. 주요 내용

본서는 서론과 결론을 제외하고 주요 내용을 3편으로 나누었고, 매편을 대략 4~5장으로 나누었다. 1편과 2편에서는 각종 수출 상품을 분류하고 분석했다. 가장 중요한 수출입품은 1장을 별도로 할애해 분석했고, 그다음 중요한 수출입품은 1장 혹은 그보다 작은 분량으로 설명했다. 설명한 수출입품은 대략 다음과 같다. 1. 각종 상품은 원산지(발명국)와 발전 역사를 간략하게 소개함. 2. 명청 시기 수출입국의 생산 기술, 수요와 공급 상황, 수출입의 경로와 수출입 업자, 수출입 수량, 수출입 상품의 비중, 수출입국에 대한 영향 등을 분석함. 마지막 3편에서는 백은의 유입을 분석했다.

백은 또한 일종의 상품이고, 또 중국 명청 시대 가장 중요한 수출품이다. 백은은 명청 시대에 특별한 의미가 있기 때문에 본서에서 3편 전체를 할애해 다루었다. 명청 시대 중국의 해상무역은 조공 무역과 민간 상업 무역 둘로 분류할 수 있고, 무역 대상은 동양, 남양, 서양 크게 세 방향으로 분류할 수 있다. 본문에서 구체적 상품을 설명할 때는 앞의 분류에 의거해 진행한다.

명청 시대 중국은 땅이 넓고 물산이 풍부했다. 또 기계로 생산하기 전 수공업을 논하면, 중국 공예 기술은 아시아 주변 국가보다 훨씬 뛰어났고, 서방에 비해서도 매우 정밀했으며, 생산 비용은 낮고 품질이 좋았다. 그래서 많은 상품이 세계시장에서 경쟁력이 있었고 각국이 다투어 구매하려고 했다. 이 덕분에 명청 거의 전 시기 동안 일부 품목 수출량은 세계 1위였으며 독점하다시피 했다. 수출 상품 종류도 매우 많아서 각종 사료에 실린

고굉중(顧閎中): 《(한희재야연도)韓熙載夜宴圖》.
中國十大傳世名畫, 网絡孔子學院, 북경 고궁박물관 소장, 2010.4.7.(http://www.chinese.cn/adult/article/2010-04/07/content_121678_6.htm)

차, 자기, 비단 삼위일체.
茶, 瓷, 絲的三位一体-華夏帝國的器物貿易, 朱大可的博客, 2008.7.14.(http:/zhudake.blog.caixin.com/archives/28529)648-78768-1.html)

품목만 수백 종이 넘는다.

큰 종류로 보면, 명청 시기 수출품 대개는 농산품 및 그 가공품이었다. 완전 가공품 및 반가공품이 절대 다수였고, 전혀 가공하지 않은 물품의 점유율은 매우 낮았다. 아편전쟁이 끝나고 수십 년 지나서 가공하지 않은 농산품이 비율이 점점 높아졌다. 당연하게도 당시 중국 수출품 중 기성품과 반기성품 모두 수작업한 것이었다.

구체적 수출품 중 상대적으로 중요한 것을 꼽는다면 "삼황오제(三皇伍帝)"라고 명명할 수 있다. 비단·자기·차를 "삼황"이라고 하며, 베·당(糖)·약·책·돈[錢]을 '오제'라고 한다. 세계에서 중국 고대 명품으로 우선 비단·자기·차를 꼽는다. 실과 차는 원래 식물에서 나는 것으로 원산지는 중국이며 제일 먼저 가공해서 이용한 것도 중국이다. '도(陶)'라는 기술은 인류 전체가 초기부터 사용했겠지만, 여기서 한걸음 나아가 자기로 발전시켜 상품을 생산한 것은 중국이 처음이다. 세계에서 이 셋의 명칭을 많이 사용하는데, 모두 중국에서 기원한 것으로 이런 비단, 자기, 차는 중국을 표현하는 대명사로 쓰이기도 한다. 명나라와 청나라가 세계 다른 국가와 교류했던 길을 자주 "비단길", "도자기길", "찻잎 길"이라고 부른다. 이 세 상품은 수출량도 많았으며, 세계에 대한 영향력도 지대했고, 수출한 역사도 꽤 길었으며 파급 범위도 상당히 넓었으므로 "황(皇)"이라고 불러도 이의가 없을 것이다. 베·당·약·책·돈 이 다섯 개는 수출량, 역사적 시간, 영향력, 파급 범위는 앞 세 가지에 비해 미약하지만, 전체적으로 보면 매우 중요하다. 또 어떤 시기, 어떤 지역, 어떤 각도에서 보면 다른 것을 아우르는 위치를 점유한 적이 있으므로 "제"라는 칭호를 받을 자격이 있다.

수출품처럼 명청 시대 수입 상품 종류도 매우 다양하다. 또 수출품과 마찬가지로 가공을 거친 상품이 많다. 구체적인 상품을 거론하자면, 수량, 영향력, 명성에서 가장 유명한 수입품은 아편이고 당연히 악명이 높다. 중국은 양귀비 원산지도 아니었는데, 당나라 때 관상식물이나 약재로 들어왔다. 아편을 실제 대규모로 수입한 것은 청나라 중기 이후부터였고, 주요 수입국은 당시 영국 식민지였던 인도가 제일 많았고 다음은 터키였다.

일본산 구리도 청나라 때 주요 수입품이었다. 수입한 구리는 주로 동전을 만들 때 썼고, 소량은 화기 제조, 종교 예물과 일용품을 제작할 때 썼다. 구리를 대량으로 수입한 시기는 명말청초(明末淸初)였다. 명청 시기 병기 수입한 면화 수입보다 반드시 많지는 않았지만, 그 영향력은 매우 컸다. 수입은 병기는 대개 일본도와 서양 화기, 동아시아나 동남아시아의 유황이었다. 그러나, 명청 군대가 사용한 일본 도검(刀劍)과 서양식 화기의 절대 부분은 중국이 모방한 것이다. 애석하게도 청나라가 안정화된 이후 중국 화기는 더 발전하지 않고 오히려 퇴보한다.

향료(약재 포함)는 오랜 무역 상품이었고, 어떤 향료는 사치품이 아니라 대중 상품이 되었다. 물론 중국이나 유럽에서 수입한 향료는 대개 동남아산이다. 면화의 원산지는 외국이지만, 명나라 때부터 중국 전역에 심기 시작했다. 중국에서 면화와 방직품이 대량 수입 상품이 된 것은 18세기 말 이후이고 그중 면화가 방직품보다 먼저 대량 수입품이 된다. 아편전쟁 직전까지 면화 수입이 방직품 수입을 훨씬 상회한다. 샴(Siam, 태국의 옛이름) 루손섬(Luzon, 필리핀 북부) 등지에서 대미(大米)를 일찍부터 수입했는데, 명대(明代)부터 수입량이 비교적 많아졌고, 청대(淸代)에 와서 수입량이 더욱 많아졌다. 이외 주석·아연·수은 같은 금속, 동아시아와 동남아시아의 해산물, 동남아의 희귀 목재, 특이한 동물과 진귀한 보물, 일본산 절선(折扇), 아시아와 미국의 피혁, 서양의 시계와 유리 제품 같은 수입품은 어느 정도 비중을 차지한다.

확실히 말하자면, 백은은 명청 시기 제일 중요하고 가치도 높은 수입품이었다. 백은은 상품이기도 했지만 동시에 화폐여서 명청시대에는 특별한 의의가 있었다. 그것을 수입할 때는 반드시 다른 상품과 무역 균형을 고려해야 했다. 명청 시기 백은은 부족했고 생산량도 감소했다. 중국 국내 경제는 가파르게 발전했고, 재정 화폐제도 은본위 체제로 변화해서 백은에 수요가 급증했다. 다른 국가에서 중국 상품에 대한 수요도 급증했지만, 중국으로 수출할 마땅한 상품도 없었다. 16세기 중엽 이후 일본, 아메리카 등지에서 백은을 많이 생산했고 게다가 백은을 통한 매매 이익이 발생하자 일본산, 아메리카산 백은이 대량으로 중국으로 유입되었다. 일본산 백은이 중국으로 대량 유입된 시기는 명말청초였고 유입량은 대략 2억 냥(兩)이었다. 그중 3분의 1은 중일 직접 무역으로 수입되었고, 3분의 2는 중개무역을 통해 들어왔다. 아메리카산 백은은 1670년부터 유입되기 시작하다 19세기 초에는 더는 유입되지 않았다. 아메리카산 백은 유입량은 4억 냥이었고, 그중 마닐라와 유럽(혹 미국)을 경유해 중국으로 유입된 양이 50% 정도이다. 명청 시기 중국으로 유입된 백은의 총량은 6억 냥이다.

4. 상관 문헌

본서에서 연구한 기간은 472년으로 상당히 긴 시간이다. 연구 내용이 비록 해상 상품 무역으로 한정되어 있지만, 이와 관련한 상품 종류는 매우 많고 복잡하다. 이전 연구에서 본서보다 긴 기간을 연구한 문헌도 적지 않고 또 연구 대상도 범위가 넓은 것이 많다. 그러나 본서에서 연구한 범위와 시간과 정확히 일치하는 경우를 본 적이 없다(물론 필자가 본 것은 제한적일 수밖에 없다. 확실한 것은 이런 문헌이 있다 하더라도 거의 보이지 않고, 학술계에 영향을 거의 미치지 않았다는 것이다). 그래서 본 연구를 위해서 참고해야 하는 문헌도 매우 많고 복잡하고, 통계적으로 이런 문헌을 종합 서술하는 것은 필자가 감당하기 어려운 임무이었다. 그래서 본서와 관련된 선배 학자의 문헌을 종류별로 간략하게 설명했고, 본서 내용과 관련된 선행 연구는 본문에서 상세하게 소개했다.

첫째, 본서에서 다루는 문헌은 중국의 고대 전적(典籍)이다. 제일 먼저 다루는 것은 역대 왕조의 정사(正史)이다. 고대부터 중국은 역사를 편찬한 전통이 있었고, 이러한 정사는 보통 후대 왕조가 전 왕조 역사를 편찬하는 것으로, 후대 왕조가 들어서 자리 잡으면 곧 황제가 당시 제일 명망 높은 학자에게 명령을 내리고, 이 학자를 필두로 다른 학자들이 같이 참여해 전대(前代) 역사를 편찬한다. 따라서 본서에서는 『명사(明史)』, 『청사고(淸史稿)』가 자연히 중요 참고 문헌이 된다. 또 역대 정부의 공식 기록과 당안(檔案)이다. 명과 청 같은 황권 국가에서는 당연히 황제가 중심이 되고, 매 황제를 '일조(一朝)'라고 부르며, 매 조(朝)마다 황제 묘호를 제호로 한 "실록(實錄)"이 있고, 실록 안에는 국가 대사와 유관한 각종 기록이 많다.

이외에도 각종 법규, 황제의 칙령, 대신의 상소도 있다. 이러한 문건은 『회전(會典)』, 『회요(會要)』, 『문헌통고(文獻通考)』 같은 책에 실려 있다. 이 중에서도 주변국의 조공품과 중국의 하사품에 관한 기록이 본서에서 중요하게 다루는 자료의 출처이다. 다음 또 중요 항구가 있는 지역의 지방지이다. 예들 들면, 광동·복건·절강과 그 부속 광주·영파·하문(夏門) 등등의 지방지는 본서의 중요 참고 문헌이다. 이외에도 여기저기 흩어져 있는 필기(筆記), 여행기, 특히 당시 해상무역과 유관한 사람들 예를 들면 정화사

위원과 『해국도지』.
雷頤. 從"天下" 到"國家" (上). 山東技術創新网, 2011.8.1. (http://www.ctisd.com/view-3607-1.html)

절단 성원과 기타 사신, 연해 지방 관원과 사신(士紳), 실무를 중시하는 학자, 중국에 파견된 사신의 필기와 여행기는 모두 참고할 가치가 있다. 물론 당시 해상무역과 유관한 전문 서적, 이를테면 의서·다서(茶書)·농서·공서·무경(武經) 등이 있다. 이 중에는 현대인이 이미 편집한 자료도 있다. 시가, 소설 중에도 당시 해외무역의 상황을 문자로 반영한 것도 있다.

둘째, 현대 중국 학자와 외국 학자의 저술이다. 앞서 말한 대로, 필자는 지금까지 본서에서 연구하고자 하는 기간과 내용과 완전히 일치하고 영향력이 있는 문헌은 발견하지 못했다. 한편 본서 연구와 관련된 문헌은 매우 많다. 그중에 어떤 문헌은 특정 기간 해상무역의 문제를 다루고 또 어떤 문헌은 항로, 특정 무역 대상국, 특정 지역, 특정 항구의 대외 무역만을 전문적으로 다룬다. 이 두 종류 문헌은 구체적 무역 상품을 대강만 서술했고, 이 중에 어떤 문헌은 단지 수출입품 중에서 특정 목록이나 종별만 다루고 있다. 당연히 특정 상품의 무역 문제를 상세하게 다룬 문헌도 더러 있다. 이러한 문헌 역시 본서의 중요 참고 문헌이다. 학자와 문헌마다 관심을 두고 다룬 무역 상품은 저마다 다르다. 일반적으로 말하면 제일 중요한 몇몇 무역 상품을 연구한 학자는 많으나, 중요도가 약간 떨어지는 상품을 연구한 문헌은 많지 않다. 각종 수입 상품 무역 중에서 연구자와 관련 문헌이 제일 많은 것은 백은이고, 다음은 아편 무역이고, 그 다음은 화기 무역이다. 1840년 명청 시기 이전까지 수입 화기 수량은 결코 적지 않았지만, 화기를 직수입하는 것보다 기술과 인력을 도입하는 편이 더 유익했다. 각종 수출 상품 중에서 연구자와 유관 문헌이 가장 많은 것은 비단 실, 자기, 차이다. 이 세 상품은 역사도 오래되었으며 수량도 매우 많았다. 또 저마다 정도는 다르지만 중국 문화의 함의를 구유하고 있다.

마지막으로 반드시 밝혀야 할 것은 본서에서 참고했던 주요 연구자들이다. 중국 학자는 다음과 같다. 량팡종(梁方仲), 취엔한성(全漢升), 우청밍(嗚承明), 옌중핑(嚴中平), 야오씨엔하오(姚賢鎬), 장궈투(庄國土), 완밍(万明), 예씨엔언(葉顯恩), 황치천(黃啓臣), 천궈동(陣國棟), 리우쉬펑(劉序楓), 쉬신우(徐新吳) 등이다. 외국 학자는 다음과 같다. 모스(Morse H B), 매디슨(Angus Maddison), 아트웰(Atwell), 폰 글란(Richard Von Glahn), 고바타(Kobata A), 기미야 야스히코(木宮泰彦), 나가즈미 요코(永積洋子), 이와오 세이이치(岩生成一), 야마무라 코조(山村弘造), 가미키 데츠난(神木哲南) 등이다. 이외에도 구체적 상품을 깊이 연구한 전문학자들이 있는데, 여기서 일일이 거론하지 않는다. 하지만 특별히 거론해야만 하는 학자는 바로 청나라 위원(魏源)이다. 그는 『해국도지(海國圖志)』에서 아편전쟁 이전 중영, 중미 사이의 중요 무역 상품의 수량을 밝혔을 뿐만 아니라, 이를 일정하게 분석했다.

이 자리를 빌려 필자는 다음 분께 삼가 감사의 말씀 전한다. 상술한 중외 학자, 여기에 직접 거명하지 않았지만, 본문과 참고 문헌에서 성명과 문헌을 밝힌 학자들, 필자를 이끌어주신 학자들께 감사의 말씀 전한다. 필자가 아직 대작을 접하지는 못했지만, 상관 영역을 연구하신 다른 학자들께 같이 감사의 말씀 전한다.

부사년(傅斯年) 선생께서 말씀하신 적이 있다. "사학은 곧 사과학(史料

學)이다." 필자는 이 말씀에 완전히 찬성하지 않는다. 하지만 사료는 최소한 사학의 한 부분이고, 또 기타 연구의 기초가 되며, 그래서 아주 중요한 부분 중 하나이다. 본서는 여전히 사료 정리와 실증에 치우쳐 기술하는 탓에 깊이 있는 분석은 하지 못했다. 명청 시대 무역 상품과 관련된 문헌은 매우 많고, 또 아주 심하게 분산되어 있다. 이외에도 사료의 함의를 확실하게 판단하기 어려우며 게다가 필자의 공력도 공부도 부족해서, 사료의 수집과 선택도 완전하지 못하고 잘못된 부분도 있으며, 아주 중요한 문헌도 필자가 놓친 것이 있을 것이다. 또 본서는 일반 언어 형식으로 기술했다. 계량 연구에 관해서는 후대 학자가 이어주기를 바란다.

제 1편

수출 상품

輸 出 商 品

02 | 비단

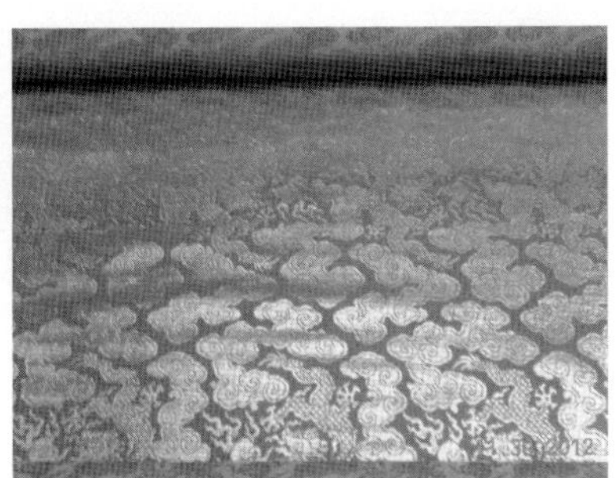

청대 수출 잠사와 청대 명주.
중국 국가 박물관, 작가 직접 촬영, 2021.11.30.

1. 명대 이전 명주 생산과 무역

중국은 잠사 원산국으로, 고고학적 발굴을 근거해서 추측하면 약 5,000~6,000년 전 신석기시대 중기부터 중국인은 양잠, 취사(取絲, 누에고치에서 실을 뽑는 것), 직조를 시작한 것 같다. 예를 들면, 1958년 발굴한 절강성 호주(湖州) 전산양(錢山漾) 신석기시대 유적(약 4,700년 전)에서 견직물 조각과 실띠[絲帶]가 발견되었다. 중국 민간 전설에 따르면 누조(嫘祖)가 처음으로 뽕나무를 심고 양잠하며 실을 뽑고, 실을 엮어 비단을 만들고 비단으로 옷을 지었다고 한다. 누조(嫘祖)는 곧 라조(螺祖), 누조(累祖), 뢰조(雷祖)라고도 불린다.『사기』「오제본기」에 다음과 같은 기록이 있다. "황제 (……) 서릉(서릉은 지금 의창의 옛 지명)씨 딸을 아내로 맞이했는

의창 서릉산 누조의 묘(宜昌西陵山上的嫘祖廟).
嫘祖廟. 百度百科, 2012.10.3. (http://baike.baidu/com/view/1502655.html)

公元 299年. 互動百科, 2009.02.23. (http://www.baike.com/wiki/%E5%85%AC%E5%85%83299%E5%E9%B4)

中國科普博覽, 2002.10.1. (http://www.kepu.net.cn/gb/ezine/69_0930.html)

*고대 채상양잠도.

『천공개물(天工開物)』에 나오는 소사(繅絲)와 조사(調絲), 직사(織絲).
宋應星. 天工開物 [M]. 沈陽: 萬卷出版 公司, 2008. 於秋華拍於 2012.11.22.

데, 이분이 바로 누조가 된다. 누조는 황제의 정실이다."[1] 민간에서 '잠모낭낭(蠶母娘娘)'으로 부르며, 황제와 나란히 "인문의 시조[人文初祖]"이다.

상나라 때 명주 산업은 이미 규모를 갖추기 시작했고, 또 공예 수준도 비교적 높았다. 은상(殷商) 갑골문에는 이미 '絲(사)', '桑(상)', '帛(백)' 자 모양이 있다. 『시경』[2]에는 다음과 같은 노래도 실려 있다.

봄볕 따뜻해지자 春日載陽,
꾀꼬리 울고 有鳴倉庚.
아가씨 대광주리 들고 女執懿筐,
좁은 길 따라 遵彼微行,
연한 뽕잎 따러 가네 爰求柔桑.

이 시는 여인들이 양잠에 종사하는 정경을 노래한 것이다. 서주(西周)와 춘추전국시대에 이르러서는 명주 생산이 중국 전역으로 확대되었고, 제품도 다양해져 금(錦), 사(紗), 라(羅), 능(綾), 단(緞), 주(綢), 융(絨)이 생산된다. 장사(長沙) 마왕퇴(馬王堆) 한묘(漢墓)에서 나온 견직물은 정밀하고 아름답다는 것은 이미 널리 알려진 사실이다. 삼국시대부터 중국 북방은 장기간 전쟁이 그치지 않았고 또 남, 북방은 지리적 차이가 있어 견직 산업은 양자강 유역으로 중심이 이동한다. 당, 송, 원 시기 비단 생산량과 품질은 이전에 없던 높은 수준으로 발전했고, 송 고종이 매년 절동(浙東), 절서(浙西)에서 징수하거나 수매한 비단이 100만 필을 상회했다.

비단은 중국 고대 의복의 중요 재료 중 하나일 뿐만 아니라, 중국 고대 대외 무역에서 제일 중요한 상품 중 하나였다. 더 나아가서 중국이 외국과 무역할 때 이용했던 상로(商路)를 "실크로드"라고 부르고, 이로부터 중

1 司馬遷. 史記[M]. 北京: 中國紡織出版社, 2007.
2 詩經[M]. 內蒙古: 內蒙古人民出版, 2006.

장훤(張萱), 《도련도(搗練圖)》, 보스턴 예술박물관 소장.
搗練圖. 百度百科, 2012.12.13. (http://baike.baidu.com/view/104847.htm)

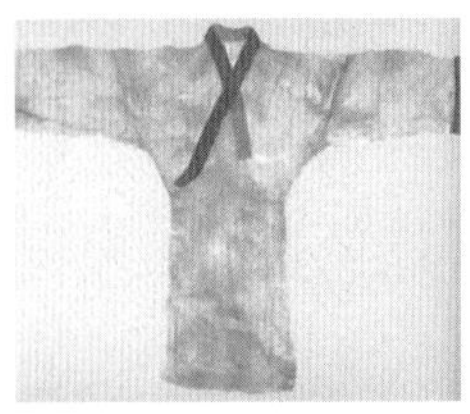

마왕퇴 출토 한나라 직조물.
西漢直裾素紗禪衣. 百度百科, 2012.4.23. (http://baike.baidu.com/view/6907661.tem)

법문사 출토 당나라 직조물.
地宮出土文物將全部回歸法門寺. 中國經濟网, 2007.5.28. (http://civ.ce.cn/wmjj/200705/28/t20070528_11511992.shtml)

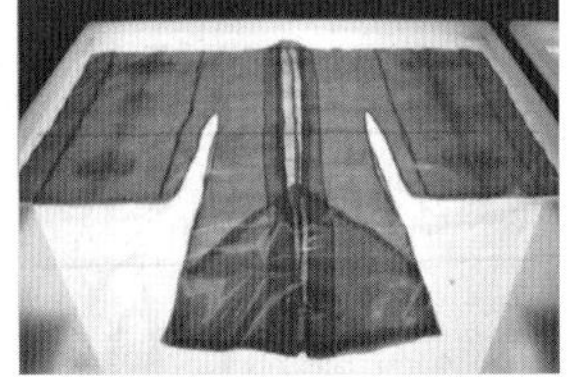

황승묘 출토 송나라 직조물.
柳濤. 福州 "海上絲綢之路" 史迹申遺 材料將報文物局. 中工网, 2012.3.28. (http://culture.workercn.cn/c/2012/03/28/120328150720363521895_1.html)

은 세계로부터 "비단의 나라"라는 칭호를 얻게 된다. 한나라 때 비단 수출을 시작하면서 유명한 "실크로드"라는 명칭이 만들어졌다. 고대 로마 귀족들은 중국 비단을 진귀한 상품으로 보았고, 이런 진귀품으로 옷을 해 입는 것을 대단한 영광으로 생각했다. 서방 역사에 다음과 같은 기록이 있다. "고대 로마 황제 카이사르(Caesar, B.C.100~B.C.44)가 중국 비단 옷을 입고 극장에서 관람하자, 극장 안 모든 사람이 부러워했는데 매우 귀한 사치품으로 생각했기 때문이다." 당, 송, 원 시대에는 대외 무역이 크게 발전했고, "실크로드"도 더 멀리까지 뻗어나갔다. 명청 시대 비단 생산은 더욱 발전했고 상품화도 진행되면서 해외무역은 더욱 증가했다.

명대 이전에 비단도 수출하면서 양잠과 방직 기술도 해외로 전수했다. 예를 들면 현장(玄奘) 법사의 『대당서역기(大唐西域記)』에는 다음과 같은 기록이 있다. "쿠스타나(瞿薩旦, Kustana) 국왕이 자기 나라에서도 뽕나무

당대 소단화금(小團花錦).
수도박물관, 작가 직접 촬영, 2012.12.1.

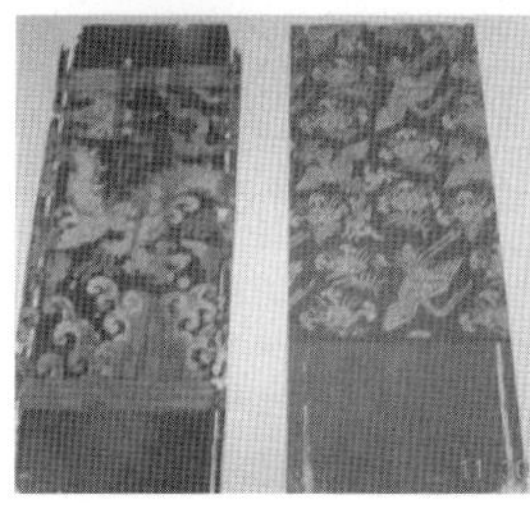

명대 흑지오채운룡해수금(黑地五彩雲龍海水錦), 남지선학령지단(藍地仙鶴靈芝緞).
수도박물관, 작가 직접 촬영, 2012.12.1.

명나라 정릉(定陵) 출토 사라지평금채수백자금룡화훼녀협의(紗羅地平金彩繡百子金龍花卉女夾衣) (복제품).
수도박물관, 작가 직접 촬영, 2012.12.1.

를 심고 양잠하고 싶다고 간절히 바라서, '동국(東國)'에 가서 뽕나무 종자와 누에씨를 구하려고 했지만, 강하게 거절당했다." '동국(東國)' 국왕은 누에씨가 밖으로 유출되는 것을 막으려고 국경을 넘어가는 사람을 엄격하게 조사하라고 명령을 내렸다.

『대당서역기』에서는 '동국'이 어디에 위치하는지 정확하게 설명하지 않는다. 아마도 쿠스타나 이웃 작은 나라를 가리키는 것 같다. 어떤 사람은 당시 북위(北魏)라고도 한다. 목적을 달성하려고 쿠스타나 국왕은 '동국'과 통혼하기를 도모한다. 통혼 허락을 받고서 신부를 맞으러 간 사신은 비밀리에 공주에게 뽕나무 종자와 누에씨를 숨기고 오라고 이야기한다. 끝내 공주는 뽕나무 종자와 누에씨를 모자 안에 숨기고 국경을 넘는데 공주이기 때문에 자세하게 조사하지 않았다. 중국 비단 직조의 핵심 기술이 이렇게 조금씩 주변 국가로 밀반출된다. 『대당서역기』에서 또 다음과 같은 기록이 있다. "마예(麻射)의 어떤 잠신묘(蠶神廟) 부근에 몇 그루 옛 뽕나무가 있는데, 동국 공주가 가지고 온 종자를 심은 것이다."[3]

2. 동아시아

명나라 때에 일본, 유구, 조선을 포함한 동아시아 지역 수출 상품 중 비단은 제일 중요한 상품이었다. 명나라 사람 정약증(鄭若曾, 1503~1570)은 일본에 수출한 상품을 언급할 때 "명주실은 비단과 모시를 기울 때 사용했다. 일본은 예부터 꽃문양을 만들어 썼는데, 큰 연회가 있을 때는 반드시 스스로 옷을 지어 입었다. 중국 비단과 모시는 속옷으로만 썼다. 번박(番舶)•[6]이 없었다면 직조할 견사를 구할 수 없었을 것이다."[4] 만력 20년(1592) 출판된 『일본고(日本考)』에서 이언공(李言恭), 학걸(郝杰)은 다음과 같은 말을 전한다. "왜국이 좋아하는 중국 화물은 견사, 사면(絲綿), 홍선(紅線), 수은(水銀), 철과(鐵鍋), 약재 등이다. 값은 모두 은으로 계산한다."[5]

서광계(徐光啓)가 『해방우설(海防迂說)』에서 일본을 언급할 때도 이렇게 말했다. "그들이 사용하는 온갖 물건은 우리 중국에서 가져간 것이다. 그중에 제일 많은 것은 명주실이고 다음이 자기이다."[6] 명말 저명한 사상가 고염무(顧炎武)도 이런 기록을 남겼다. "해외 이민족 중에 대서양(大西洋), 동양(東洋)이 있는데 (…), 이 두 이민족은 모두 중국의 능(綾), 단(緞), 잡증(雜繒)을 좋아한다. 그곳의 토질은 양잠하기 적합하지 않다. 오직 중국의

3 玄奘. 大唐西域記[M]. 上海: 上海人民出版社, 1997.
4 鄭若曾. 鄭開陽雜着[M]. 上海: 上海古籍出版社, 1987.
5 李言恭, 郝杰. 日本考[M]. 北京: 中華書局, 2000.
6 徐光啓. 徐文定公集[M]. 上海: 徐家匯天主堂藏書樓, 1933.

명주실이 그쪽으로 도착하고서야 좋은 천을 짤 수 있으니, 그것으로 옷을 해 입으면 세련돼 보인다. 그래서 중국 호주(湖州) 명주실 100근이 은 100냥인데 그곳에 도착하면 값이 두 배로 뛴다."[7] 명말 청초 중일 무역 관련 다른 문헌에서도 이를 증명한다. 당시 중국 수출품 중 최대 품목은 생사(生絲)이고, 그다음이 견(絹), 주(綢), 단(緞), 사(紗) 등 방직물이다.

일본과 명조의 조공(감합) 무역에 관한 문헌은 일본 사절단이 갖고 온 조공품과 명 황제가 일본에 내린 하사품을 기록하고 있다. 명 조정에서 일본 사절단에 내린 하사품 중 비단의 비중이 높다. 예를 들면 명 영락 3년(1405) 하사품 품목은 다음과 같다. 저사(紵絲) 5필, 사 5필, 견 40필이다. 영락 7년에 내린 하사품은 금(錦) 10필, 저사 50필, 소(素) 28필, 라 30필, 사 20필, 골타운홍(骨朵雲紅) 3필, 소 8필, 채견 300필 등이다. 선덕 8년(1433) 일본 국왕에게 하사한 품목은 다음과 같다. 장화융금(妝花絨錦) 4필, 저사 20필, 라 20필, 사 20필, 채견 20필이고 일본 왕비에게 내린 하사품은 종류는 같으나 수량은 절반이다.[8] 일본 사절단이 중국에서 사들인 상품 수량은 매우 많고 그중에서 비단의 수량이 제일 많다.

민간 상인의 일본 수출 관련한 문헌에도 명주실과 직물에 대한 기록이 있다. 예를 들면 일본의 『이국일기(異國日記)』에 다음과 같은 기록이 있다. 게이쵸(慶長)•[7] 14년(만력 37, 1609) 7월 중국 상선 10척이 일본 보노츠(坊津) 항구에 도착했는데, 그중 3척의 선주는 진진우(陣振宇)와 진덕(陣德)이고 선적한 화물은 다음과 같다. "단, 릉, 주(紬), 소, 모과육령(帽科六零) 3필, 천아융(天鵝絨) 약간이다."[9] 명나라 왕재보(王在普)의 『월전(越鐫)』 권21에 해상안 4건이 나와 있는데, 그중 3건은 상인을 위해서 현지 견직물, 자

7 顾炎武. 天下郡国利病书[M]. 上海: 上海科学技术文献出版社, 2002.
8 王世貞. 夷王賞功之优, 弇山堂別集, 皇明异典述[M]. 北京: 中華書局, 1985.
9 木宮泰彦. 日中文化交流史[M]. 北京: 商務印書館,1980.

일본 견명선(日本遣明船).
2004.11.10. (http://www.sanada.net.cn/bbs/redirect.php?fid=96&tid=1246&goto=nextnewset)

견명사(遣明使).
2012.12.12. (http://www.k5.dion.ne.jp/a-web/espanaksn-jonMn.htm)

기, 백당(白糖) 등 일본과 통상하면서 구매한 물품을 기록한 것이다.[10] 숭정 14년(1641) 6월에서 7월까지 정지룡(鄭芝龍)의 상선 3척은 잇달아 나가사키 항구에 도착에서 생사 2만 5,700근, 황생사 1만 5,550근, 각종 방직물 14만 760자를 실었다. 그중 7월 4일에 나가사키항에 도착한 세 번째 상선은 다음 물건을 실었다. 백생사 1만 4,000근, 황생사 1만 3,500근, 홍주 1만 필, 백마포 2,000필, 백주 4,300필, 단 2,700필, 생마포 1,500필, 천아융 475필, 백사릉 2만 1,300필, 견사 50근, 소주 40필.[11]

포르투갈인과 네덜란드인 같은 유럽인이 경영했던 중일 간 중개무역 역시 비단이 주였다. 16세기 후반 무렵 마카오 포르투갈[葡澳] 정부•8가 중일 생사 무역 대부분을 점유했고, 매년 약 1,000~1,600단(担)•9을 일본으로 중개무역했다. 17세기 초부터 일본산 생사 수입이 증가했고 1610년에는 약 3,000단을 수입했다. 유관 사료에 따르면 포르투갈인이 마카오를 점거한 후 마카오에서 나가사키로 향하는 상선마다 생사 500~600단을 실

10 王在晋. 越鐫[M]. 北京: 北京出版社, 1997.
11 天啓. 舟山志[M]. 台北: 成文出版社, 1976.

일본 부세회(日本浮世繪), 기타가아우타마로(喜多川歌麿)의 미인도.
吳貴玉. 日本浮世繪欣賞 [M]. 石家庄: 河北教育出版社, 2002.

었다고 한다.[12] 후지모토 미노루(藤本實)는 『일본잠사업사(日本蠶絲業史)』에서 매년 일본이 중국에서 수입한 생사와 생사 제품 물량이 보통 2,000단 정도이고 가장 많았을 때는 3,000단이었다고 한다.[13] 1637년 마카오 포르투갈 정부가 일본에 수출한 전체 상품 중에 중국산이 89% 정도 되며, 중국산 중에 91%가 생사이고, 상품 전체로 보면 중국산 생사가 81%를 차지한다. 그러나 17세기 초반부터 일본이 생사 가격에 제한을 가하고 또 네덜란드인이 경쟁하면서 마카오 포르투갈 정부가 일본에 수출하는 비율은 점점 떨어져 1610년에는 시장 점유율이 30%까지 떨어진다. 1630년대 마카오 포르투갈 정부가 일본에 수출한 생사 수량은 감소하기 시작하나, 견직물의 수량은 이 시기에 도리어 증가한다. 17세기 초 네덜란드인이 수입하는 중국산 생사는 대부분 일본 시장에서 구매한 것이다. 하지만 이 시기 네덜

12 C. R.Boxer. The Great Ship from Amacon. Annals of Macao and The Old Japan Trade. 1555~1640, Lisbon, 1959.

13 藤本實也.日本蚕絲業史, 1933. 引自汪敬虞. 從中國生絲對外貿易的變遷看繅絲業中資本主義的産生和發展[J]. 中國經濟史研究, 2001(2).

16세기 나가사키, 나가사키 역사문화박물관 소장, "남만병풍(南蠻屛風)"
百度圖片, 2012.12.18. (http://pic.gicpic.cn/bigimg/newbigimg1/1811000/71791006.jpg)

란드인이 중개무역으로 일본에서 수입한 생사 제품은 일본이 수입한 양의 10%에 지나지 않는다. 1633~1644년, 네덜란드인이 일본에서 수입한 중국 상품은 일본 수입 상품의 80%이고, 일본이 수입한 중국 생사 제품은 일본 전체 수입 상품 중 56%가 된다. 지적해야 할 것은 지금까지 언급한 숫자는 다만 감합 무역이고, 만약 여기에다 불법 해상과 밀무역을 추가하면 중국에서 일본으로 수출한 생사 제품 수량은 한번은 크게 바뀔 것이다. 일본 입장에서 보면 명나라 이후 중국에서 수입한 상품 중에 생사와 생사 제품이 제일 중요했다. 수입량도 전체 수입의 50%에 상당한다.

청나라 초기 대일본 생사 수출은 여전히 수량이 매우 많았고, 또 일본이 수입하는 전 상품 중에서 중국산 생사의 비율이 여전히 높았다. 건륭 24년(1759), 청나라 조정은 국내 생사 공급이 부족하고 생사와 직물의 대영 수출이 증가하고 가격도 폭등하자, 직물 생산에 차질이 빚을까 염려해 생사와 직물 수출을 엄금하기도 했지만, 구리 수요를 맞추려고 일본으로 구리를 매입하러 가는 상선에만 한정 수량의 생사와 주단(綢緞)을 싣고 가는 것을 허가했다. 나중에 생사 가격이 내려가지 않자, 건륭 29년(1764) 금령

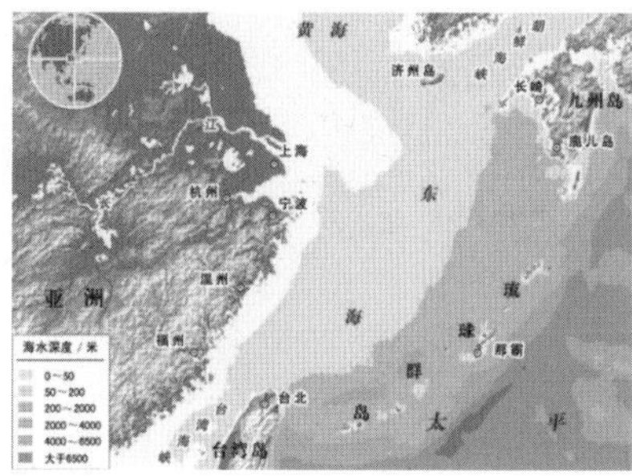

유구의 지리적 위치.

琉球群島. 互動百科, 2012.10.17. (http://www.baike.com/wiki/%E7%90%89%E7%90%83%E7%BE%A4%E5%B2%9B)

유구 국왕.

琉球國第二尙氏王朝的尙眞王. 互動百科, 2008.7.22. (http://tupian.baike.com/a4_05_38_01200000000481121672389033131_jpg.html)

을 풀고 하품 생사의 수출을 허가한다.[14]

재정 위기에 처한 일본 막부가 "금사령(禁奢令)"을 공포하고, 중국산 생사와 직물 수입 수량을 제한하고 또 막부의 지원 아래 일본 국내 생사 산업이 점차 발전하자, 중국산 생사와 직물에 대한 수요가 점차 줄어든다. 생사와 직물 대일본 수출은 청나라 조정에서 허가한 양을 밑돌게 된다.[15]

일본 나가사키항의 『당만화물장(唐蠻貨物帳)』에 의하면, 강희 50년(1711) 당선(唐船) 54척이 일본에 수출한 상품 중 생사 5만 276근(백사, 홍사, 색선, 사두, 사선, 염선을 포함)이고, 선박마다 평균 931근을 싣고 왔다고 한다. 다른 직물은 20만 149근이고 선박 평균 3,743근으로, 직물 중에는 견사 직물도 포함되어 있다. 1804년 당선 11척이 일본에 생사 2,413근을 팔았는데, 매 선박 평균 219근을 적재한 것이다. 다른 직물은 4,366근이고 선박 평균 적재량은 1,306근이다.[16] 이로써 1804년에는 이미 1711년보다 대일본 생사와 직물 수출이 크게 감소했다는 것을 알 수 있다. 그중에

14 佚名. 乾隆二十九年的絲斤出. [J]. 歷史檔案, 1983 (4).
15 范金民. 明清時期中國對日生絲貿易[J]. 中國社會經濟史研究, 1992 (1).
16 日本長崎港. 唐蛮貨物帳[M]. 上海: 上海古籍出版社, 1981.

작은 음식점 주인이 유구에서 유행하는 악기를 연주하는 모습 - 삼현(三弦).

오키나와 나하시(유구) 거리 음식점, 작가 직접 촬영, 2007.9.5.

반찬 몇 개. 이 중에 주의할 것은 부유(腐乳). 가게 메뉴에는 "두부용(豆腐庸)"이라고 쓰여 있음.

오키나와 나하시(유구) 거리 음식점, 작가 직접 촬영, 2007.9.5.

유구의 도자기 사자.

유구만국진량관(琉球萬國津梁), 작가 직접 촬영, 2007.9.5.

각종 석재로 만든 사자와 "석감당(石敢當)" 혹은 "태산석감당(泰山石敢當)"은 유구 도체에서 볼 수 있다. 상품에서 가장 많이 진열하는 기념품이다.

제일 많이 줄어든 것은 생사이다.

나가즈미 요코(永積洋子)가 편찬한 『당선수출입품수량일람(唐船輸出入品數一覽)』을 보면, 건륭 24년(1759) 생사 수출을 금지한 다음 해 대일본 수출량은 급격히 감소한다.[17] 1764년 금령을 풀자, 당해 연도는 갑자기 1만 6,700근으로 증가하지만, 당시 청 정부가 수출을 허가한 양을 초과하지는 않는다. 또 1765년 이후로는 5,000근을 초과하지 않으며, 1,000~2,000근을 넘지 않는 해가 대부분이며, 갈수록 더 줄어든다. 1870년대에는 수출이 전혀 없는 해도 많았다. 상황이 이러했지만, 중국산 생사 제품이 품질이 뛰어나고 종류도 많았으므로, 설령 일본의 수입량이 줄었더라도 에도(江戶) 말기까지 중국산은 여전히 인기가 높았다.[18]

일본을 제외하고, 동양 항로 중에서 명청 시기 유구와 해상무역 중에서 또한 비단은 대량 수출 상품이었다. 유구와 명, 청 무역은 조공 무역 형식으

17 永積洋子. 唐船輸出入品數量一覽[M]. 沈陽: 遼宁古籍出版社, 1996.
18 劉序楓. 財稅与貿易: 日本"鎖國"期間中日商品交易之展開 [J]. 財政与近代歷史論文集, 1999(6): 298~300.

로 진행되었다. 매년 사절이 왕래했으며, 명청 황제 모두는 유구에 상당한 양의 비단을 하사했다. 요컨대 청 황제가 유구에 하사하는 규정은 다음과 같다. △국왕 : 금(錦) 8필, 직금단 8필, 직금사 8필, 직금라 8필, 사 20필, 단 12필, 라 12필. △정부(正副) 사신 : 직금라 각 4필, 단 각 8필, 라 각 5필, 견 각 5필, 리주(里綢) 각 2필, 포 각 1필. △도통사 : 단 5필, 라 5필, 견 3필. △수행원 : 견 각 3필, 포 각 8필. △그 외 인원 : 팽단포(彭緞袍) 각 1건. 이외에도 "가은(加恩)"이 있었는데, "가은"의 하사품에는 비단 양이 앞서 말한 것과 같다.[19] 조공 무역 중에는 당연히 생사 제품도 대량 포함되어 있었다. 나아가 명청 양대 대유구 무역 정책은 항상 특별해서 해상무역을 제한하는 기간에도 유구에는 비단을 수출했다. 예를 들면, 건륭 황제가 "생사와 생견 판매와 수출을 엄금"할 때 유구 국왕은 생사와 생견을 구매하는 것은 오로지 대신과 사신(士紳) 등이 착용할 조복을 제작하려는 것이라고 청했다. 이에 청 정부는 유구만 옛 법대로 할 것을 허가했는데, 원칙상 잠사를 정해진 수량만큼만 구매할 수 있지만, 상황을 참작하여 양을 조정했다.[20]

3. 동남아

명대 동남아 지역 수출 상품 중에서 비단이 역시 제일 많다. 명나라 초기 조공 무역 중에서 황제가 동남아 각국 국왕과 사신에게 하사한 물품 중에 제일 많고 일반적인 것이 비단이다. 예를 들면 홍무 원년(1368), 참파(Champa)국•[10]에서 황제 즉위를 축하하면서 토산품인 호상(虎象)을 바쳤는데, 이에 명 태조는 "직금기(織金綺), 사라견(紗羅絹) 각각 50필"을 하사한다. 시암(Siam)•[11]에서 4번(홍무 4년 1371년, 홍무 7년 1374년, 홍무 9년

19 會典館. 欽定大淸會典事例[M]. 北京: 中國藏學出版社, 2007.

20 朱淑媛. 淸代琉球國的謝恩与表奏文書[J]. 淸史硏究, 1998 (4).

염립본(약 601~673) 직공도.
職貢圖. 黑龍江省政協网, 2009.11.10. (http://www.hljzx.gov.cn/xskj/hh/gn/tc/ylb/200911102793.htm)

1376년, 홍무 20년 1387년) 조공 오는데, 명나라 정부의 하사품에는 항상 상당한 양의 능라금단이 있었다.

영락 6년(1408) 브루나이(Brunei)[•12] 국왕이 조회하러 오자 "국왕에게 금직문기사라능견의(金織文綺紗羅綾絹衣) 10벌[襲]을 하사하고, 왕비와 왕비의 자매, 남녀 배신은 각 차등을 두어 하사"한다. 같은 해 참파 국왕이 손자를 보내 표문을 올리면서 토산품을 바쳤는데, 명 조정에서는 "금기사라 10필, 채견 100필을 하사"한다. 영락 9년(1411) 말라카(Malacca) 국왕이 540명 정도의 대규모 사절단을 인솔하여 중국에 도착했는데, 영락 황제는 "국왕에게 금수룡의 2벌, 기린의 2벌, (…) 위장(幃帳), 인욕(茵褥), 왕비와 왕자, 조카, 배신(陪臣)과 종복에게 신분에 따라 채단, 사라, 습의를 하사"한다. 말라카 국왕이 귀국할 때 하사품에는 "초(鈔) 10만 관(貫), 면기, 사라 300필, 견 1,000필, 금기 2필, 직금문의 2건, 왕비 관복 1부, 은초, 금기, 사라 등"이 있었고, "배신은 신분에 따라 차등을 두고 하사"했다.

술루(Sulu)국 동왕(東王), 서왕(西王), 동왕(峒王)이 동시에 조회를 왔는데, 명 성조(成祖)는 "습의, 관복 (…)을 하사하고, 수행원 340여 명에게는 관복과 금직문기 습의를 신분에 따라 하사"한다. 세 국왕이 귀국할 때 국왕 각자에게 "라금문기 각 200필, 견 각 300필, (…) 금수망룡의(金綉蟒龍

衣), 기린의 각 1벌씩 하사"하고, 수행원은 인원에 따라 "문기, 채견, 전초를 하사"한다.[21]

영락 연간, 조회 사절단에 대한 하사품 규정은 다음과 같다. "국왕에게 채단 10표리(表里), 사라 각 4필, 금 2필. 왕비에게 채단 5표리, 사 3필. 정부(正副) 사신이 처음 왔을 때는 각자에게 금라의 1투(套), 화말(靴袜) 각 1쌍을 하사하고, 정식으로 채단 4표리, 사라 각 2필, 절초견 4필, 직금영사의 1투를 상으로 내릴 것. 통사와 총관이 처음 왔을 때는 각자에게 소라의 1투, 화말 각 1쌍 하사할 것. 정식으로 능 3필, 절초견 6필, 영사의 1투를 상으로 내릴 것. 번반(番伴)이 처음 왔을 때 각자에게 견의 1투, 화말 1쌍을 하사할 것. 정식으로 절초견 2필, 면포 2필, 반오(胖襖), 고(褲), 화 각 1부를 상으로 내릴 것. 정사와 부사, 통사 등에게 관대를 하사하고 교환할 것." 예부상서 여진(呂震)이 입안한 사방 주변국이 조회 왔을 때 상례 규정에는 다음과 같은 것이 있다. "조공 온 사신이 3품, 4품일 때는 초 150 정(錠), 금 1단, 녕사 3표를 하사하고, 5품일 때는 초 120정, 녕사 3표를 하사한다. 6품, 7품일 때는 초 90정, 녕사 2표를 하사한다(……)."[22]

동남아 각국이 중국으로 조공 올 때와 동시에, 동남아 각 지역으로 파견된 명나라 사신은 대량의 비단과 금은을 가지고 가서 각국에 하사한다. 예를 들어 홍무 28년(1395) 명 태조는 조달(趙達) 등을 그 나라•[13]에 파견해 선대 국왕의 제사를 지내게 하면서 "왕위를 계승한 소록군응(昭祿群膺)에게 문기 4필, 라 4필, 사포 40필을 하사하고, 왕비에게 문기 4필, 라 4필, 사포 12필을 하사한다."[23]

명 성조는 대규모 사신단을 많이 파견했다. 그중에서도 최대 규모는 역시 정화하서양이다. 정화사절단은 가는 곳마다 황제의 칙령을 완수했는데,

21 張廷玉. 明史[M]. 上海: 上海古籍出版社, 2003.
22 楊國楨. 十六世紀東南中國与東亞貿易网絡[J]. 江海學刊, 2002 (4).
23 張廷玉. 明史[M]. 上海: 上海古籍出版社, 2003.

홍무 황제상.
明朝. 互動百科, 2012.4.25. (http://www.baike.com/wiki/%E6%98%8E%E6%9C%9D)

영락 황제상.
明朝. 互動百科, 2012.4.25. (http://www.baike.com/wiki/%E6%98%8E%E6%9C%9D)

인효문황후상, 대만, 고궁박물원 소장.
明朝歷代皇帝皇后畫像. 环球网論壇, 2009.8.19. (http://bbs.huanqiu.com/thread-248471-1-1.html)

*명대 황제, 황후와 대신, 귀부 복식.

즉 비단 등을 선물로 주고 시장을 열고 무역을 한다. "정화 함대가 도착하는 곳마다 중국 비단이 시장에 풀렸다. 비단을 외국으로 전파하는 데 이보다 대규모로 한 것은 역사 어느 시기에도 없었던 일이다." 『성사승람(星槎勝覽)』[24]과 『영애승람(瀛涯勝覽)』[25]에는 여기에 대한 기록이 많다. 이외에도 『명실록(明實錄)』 기록을 따르면, 영락 10년(1412) 중국 관원 오빈(吳彬)이 자바(java)국•[14]에 사신으로 가서 자바국 왕에게 "사, 견 1,000필을 하사했다"라고 한다.

정화하서양 이후 명 정부는 대규모 함대를 통한 해외 활동을 중지했다. 그러자 중국 상인이 동남아에서 민간 해상무역을 하는 것은 더욱 활발하게 된다. 이러한 무역 중에서 중국 상인이 동남으로 싣고 갔던 것 역시 비단이 제일 많았다.

24 費信. 星槎胜覽[M]. 北京: 中華書局, 1991.
25 馬歡. 瀛涯胜覽[M]. 北京: 中華書局, 1985.

명나라 말기 사람인 능몽초(凌蒙初)는 『박안량기(拍案惊奇)』에서 다음과 같이 쓰고 있다. "자바섬 북부 지링(吉零)국에서 무역을 했던 중국 상인이 '아주 오랫동안 바다 건너 가져왔던 것은 능라단이다'라고 한 적이 있다."[26] 명 태조는 '연해 상민이 바다에 나가 교역하는 것을 엄금한다'라는 칙령을 여러 번 내렸다. 그러나 "어떤 상인들은 명 정부의 추적을 피해 중국산 실과 면, 단포, 자철 등 귀중품을 싣고 외국으로 갔다". 심지어 후대에는 "자기, 사면(絲綿)을 (……) 가득 싣고 가서 가득 싣고 돌아온다. 별을 쫓고 달을 따라가는 것이 익숙해졌다"[27]라는 지경까지 이르게 된다. 상당한 양의 중국산 비단이 이러한 밀무역을 통해 동남아 각지로 팔려나갔다.

중국산 비단을 대량으로 수입하면서 동남아 현지인들의 복장 양식이 바뀔 정도였다. 미국 학자 히런(John J. Heeren)이 쓴 『원동사(遠東史)』에 다음과 같은 내용이 나온다. 정화하서양 이후 "말레이시아인들의 의복과 장식은 중국인의 영향을 받았다. 마루오 부인이 입은 소매 짧은 윗도리와 폭이 넓은 바지, 파리주, 다양한 예식 모자, 우의, 신발 등은 모두 중국에서 유래"한 것이다. 자바인의 과거 습속은 "남자는 원숭이 머리에 나신이었고 맨발이었으며 허리에 수건 한 장만 걸치는 것"이었다. 중국 복식과 비단이 대량으로 유입되고부터는 자바인의 복장이 변하기 시작한다. "국민의 복식은 남자는 두건을 쓰고 여자는 상투처럼 머리를 위로 묶고, 상의를 입고 아래에는 수건을 둘렀다. 왕은 상투를 틀고 금령을 쓰고 면포를 입고 가죽 신발을 신고 사각 의자에 앉았다." 최소한 상류사회에서는 "개인의 은밀한 부위만 가리고 나체로 지내던" 습속에서 변화가 일어났다. 또 동남아 일부 지역에 양잠과 비단 생산 기술이 도입되었다. 예를 들어, 데커(Dekker) 박사 기록에 따르면 명나라 때 "인도네시아인들은 중국에서 양잠과 견사를

26 凌濛初. 初刻拍案惊奇[M]. 天津: 天津古籍出版社, 2004.
27 張廷玉. 明史[M]. 上海: 上海古籍出版社, 2003.

심석전 부인상.
古代夫妻容像. 宇晨之的博客, 鳳凰网博客, 2011.3.8. (http://blog.ifeng.com/album/album_131255.html)

당인《왕촉궁기도(王蜀宮伎圖)》, 그림 중에 인물 복식은 명대 복식.
明唐寅王蜀宮妓圖軸, 百度百科, 2012.10.25. (http:baike.bauidu.com/view/1318309htm?subLemmaId=1318309&fromenter=%CD%F5%CA%F1%B9%AC%BC%CB%CD%BC)

다루는 방법을 배웠다"[28]라고 한다.

유럽인이 동남아 지역에 들어갔을 때 비단 복식이 상당히 보편화된 것을 발견한다. 예를 들면 "1591년 필리핀 총독은 필리핀 군도 토착민이 중국산 옷을 입고 베를 짜지 않는 것을 발견한다. 그래서 토착민이 중국산 비단뿐만 아니라 다른 원단도 사용하지 못하도록" 했다. 1718년 스페인 국왕은 중국의 주요 수출품인 비단을 필리핀에 들어오지 못하도록 명령을 내렸다. 그러나 장기간 형성된 경제 관계를 식민지 통치자의 명령서 한 장으로는 막을 수 없었다. 마닐라 화교 구역인 "파리안((Parian)"의 중국 상인들은 "몇몇 거리에서 비단, 자기와 기타 상품을 파는 큰 상점을 소유"하고 있었다[29]. 또 비단 무역의 이익이 급등하자, 동남아에서 해상무역을 하던 스페인을 비롯한 다른 유럽인들도 비단을 대량으로 취급하기 시작했

28 楊國楨. 十六世紀東南中國与東亞貿易网絡[J].江海學刊, 2002 (4).
29 林嘉林. 通過明淸歷史對比, 初探中國落后原因[J]. 文化雜志, 1995 (22): 161~169.

다. 이렇게 유럽인들은 중국산 비단을 유럽이나 아메리카로 운송하면서도 일부는 동남아 지역에 남겨 두었다.

4. 유럽과 아메리카

명나라 때 광주는 주로 스페인, 포르투갈과 대외 무역을 했는데, 이때에도 생사와 천이 대량으로 거래되었다. 명나라 때 항로는 광주와 오문에서 출발해 고아(Goa)를 거쳐 리스본(Lisboa)과 유럽 다른 지역에 도착하는 것으로 대개 포르투갈인이 경영했다. 당시 외국 자료에는 다음과 같은 기록이 있다. "오문, 광주에서 포르투갈인들은 명주를 대량으로 수출했다. 매년 포르투갈인이 수출한 명주는 약 5,300상자였고, 상자마다 유단(蠕緞) 100권, 얇은 직물 150권이 들어 있었다."[30] 이 항로를 통해 생사를 운반했던 경영자는 대부분 오문 조계(租界)의 포르투갈인이었고, 이들은 막대한 이윤을 남긴다. 통계에 따르면 만력 8년부터 18년(1580~1590)까지 매년 고아로 나간 생사는 약 3,000단(担)이고, 은 24만 냥 가치가 있고 이윤은 은 36만 냥이었다. 숭정 9년 생사 화물은 6,000단이고 영업 이익은 72만 냥이었다. 당시 어떤 상인이 중국 생사를 보고 칭찬했다. "중국산 각종 생사 중에서 백색이 가장 인기가 많았다. 백색은 마치 눈[雪] 같았는데 유럽에서는 이런 상품을 생산할 수 없었다."[31]

만력 2년(1574) 첫 출항하는 두 척 대범선이 적재한 화물 중에 주단(綢緞)이 712필이었다. 또 마닐라 대상선이 중국산 생사 제품과 면직 제품을 무역한 전 역사에서 줄곧 아메리카로 향한 화물이 제일 많았다. 스페인 상인을 거쳐 아메리카로 팔려나간 중국산 생사 수량은 통계가 일정하지 않

30 王之春. 國朝通商始末記[M]. 近代中國史料叢刊, 台北: 文海出版社, 1967.
31 黃啓臣. 广州海上絲綢之路的興起与發展[J]. 广州与海上絲綢之路, 1991.

멕시코 아카폴코(Acapulco) 역사박물관 소장, 중국 고대 비단 의복.

中國之船從這出發. 互動百科, 2012.12.12.(http://www.baike.com/6326d156d23f474cb3c557bb5920ac.html)

다. 3,000~5,000단이라는 통계도 있고, 8,000~1만 단이라는 통계도 있다. 이외에도 다음과 같이 말하는 사람도 있다. "만력 16년(1588) 이전, 광주에서 마닐라로 수출한 화물 총액은 22만 페소이다. 그중 생사 총액은 19만 페소이다. 만력 21년(1593) 생사 총액은 25만 페소에 달한다."

당시 스페인은 다음처럼 말한 적이 있다. "칠레에서 마닐라까지 곳곳에서 품질은 우수하고 가격은 저렴한 중국산 비단을 볼 수 있다." "중국산 생사 제품은 품질이 매우 좋다. 또 가격은 우리 판매가의 3분의 1밖에 되지 않는다. 우리는 그들의 경쟁 상대가 되지 않는다."[32] 마닐라에서 스페인령 아메리카로 중국산 비단을 수출하면 이윤이 최고 자본의 10배가 되었다. 많은 중국인이 막대한 이윤에 끌려 동남아로 갔고, 수만 명이 루손섬으로 모여들었고, 이들은 생사 제품, 면직물, 자기, 차, 베, 금단(錦緞), 사융 등 상품을 가지고 아메리카 대륙으로 갔다가 돌아올 때는 백은을 싣고 왔다. 18세기 말에는 중국산 비단이 멕시코 수입 총액의 63%이었다.[33]

옌중핑(嚴中平) 다음처럼 단언한다. "실제로 중국과 스페인 식민지 사이의 무역 관계는 중국산 비단은 필리핀과 아메리카로 흘러가고, 백은은

32 黃啓臣. 广州海上絲綢之路的興起与發展[J]. 广州与海上絲綢之路, 1991.
33 陳炎. 略論 "海上絲綢之路" [J]. 歷史研究, 1982 (3).

실 뽑는 공장, 창고, 실 저장고, 양행 사이의 생사 운반을 그린 외소화(外銷畵).
劉明倩. 18~19 世紀羊城風物. (英國維多利亞阿伯特博物院藏广州外銷畵) [M]. 上海: 上海古籍出版社, 2003.)

중국으로 흘러 드는 관계이다."[34] 대량의 중국산 비단이 스페인령 아메리카로 수출되자, "17세기 초 멕시코인은 면옷보다 비단옷을 더 많이 입었는데, 비단옷이란 중국산 비단옷을 말한다."[35] 심지어 당시 스페인령 아메리카에서는 유랑인, 혼혈아, 토착 인디언도 모두 화려한 비단옷을 입고 자랑했다고 한다. 중국산 비단이 대량으로 아메리카로 유입되어 미국 시장에서 스페인 방직품과 강력하게 경쟁하자, 스페인 국왕과 멕시코 총독은 여러 차례 중국산 생사 수입을 금지하자고 호소한다.

청나라 때 영국인과 여타 유럽인이 아시아로 들어오면서 중국 비단의 수출 규모가 더욱 커졌고 영국은 중국과 무역 거래액이 유럽에서 제일 많아지게 된다. 시간이 흘러가면서 서유럽 근대 방직업은 끊임없이 발전하고, 중국산 비단은 유럽과 아메리카 시장에서 점점 밀려나기 시작한다.[36] 비단은 중국 수출에서 차지하는 비중도 하락한다. 1720년대 이전에는 생사와 생사 제품의 수출이 제일 많았으나, 이후에는 차가 그 자리를 대신한다.

이와 동시에 유럽에서는 여전히 중국산 생사에 대한 수요가 부단하

34 嚴中平. 絲綢流向菲律賓, 白銀流向中國[J]. 近代史研究, 1981 (1).
35 樊樹志. "全球化" 視野下的晚明[J]. 复旦學報, 2003 (1).
36 徐新吳. 近代江南絲織工業史[M]. 上海: 上海人民出版社, 1991.

게 증가하고, 청대 중기 이후 중국의 생사 수출량은 급속히 증가한다. 1679년에서 1833년까지 155년간 생사 수출량은 적게는 8단에서 많게는 9,920단까지 증가한다. 아편전쟁 이전 국제 시장에서 중국산 생사는 줄곧 수위 자리를 지켰다. 아편전쟁 이후에도 여전히 중국산 생사는 국제시장에서 상당히 장기간 주도적 위치를 차지했고 생사 수출량도 급속히 증가한다. 1840년대 중기에는 수출량이 항상 1만 단 이상이었다. 1850년대부터는 5만 단 이상으로 증가했다. 1890년대부터는 10만 단을 돌파하고, 1920년대 말에는 19만 단을 한 번 넘어선 적도 있다.(역대 수출량에 대해서는 〈표 2-1〉을 보라.)

그러나 중국 생사는 국제시장에서 전통 우세 지위를 잃고 점점 거센 공격을 받게 된다. 1870년대부터 일본과 이탈리아에서도 소사(繅絲) 기술이 발전했고, 그 발전 속도가 중국보다 매우 빨랐는데 특히 일본이 더 그랬다. 1870년대부터 1890년까지 20년간 이탈리아의 생사 생산은 54% 성장했고, 일본은 335%로 급격히 성장했다.[37] 당시 중국 생사 생산에 관한 통계가 부족하지만, 후대의 집계에 따르면 같은 시기(1875~1895) 전 중국 생사 생산은 23% 증가했다.[38] 20세기 후반으로 들어서면서 일본의 생사 수출은 중국을 초과한다. 1920년대에 이르러 미국이 수입한 생사 중 90%가 일본산으로 일본이 독점하다시피 한다.[39] 1930년대에 들어서 일본산 생사는 미국 시장을 제패할 뿐만 아니라 세계 생사 시장의 4분의 3을 차지한다.

37 Shichiro Matsui. The History of the Silk Industry in the United States[M], 1930.

38 徐新吳. 近代江南絲織工業史[M]. 上海: 上海人民出版社, 1991.

39 Lilliam M. Li. China Silk Trade.

〈표 2-1〉 중국 생사 수출 통계[*] (1679~1833)[40]

단위: 단(担)

연도	수출량	연도	수출량
1679	8**	1794	2,702
1699	69.5**	1795	1,266
1739	20**	1796	1,974
1741	278	1797	2,404
1750	997	1798	1,608
1767	2,028**	1799	1,134
1771	2,028	1800	1,164
1772	2,028	1801	1,000
1774	1,821	1802	582
1775	3,724	1803	2,535
1777	3,719	1804	656
1778	2,961	1805	582
1779	4,264	1806	1,360
1780	3,591	1807	1,169
1781	2,264	1808	1,727
1783	1,325	1809	1,453
1784	1,089	1810	1,635
1785	2,305	1811	912
1786	3,565	1812	1,962
1787	2,772	1813	2,062***
1788	5,104	1814	3,093
1789	997	1815	642
1790	3,096	1816	659***
1791	2,000	1817	2,117
1792	3,400	1818	2,242***
1793	1,878	1819	4,120

40 H.B. Morse. The Chronicles of the East India Company Trading to Chins[M]. 轉引自汪敬虞. 從中國生絲對外貿易的變遷看繅絲業中資本主義的産生和發展[J]. 中國經濟史研究, 2001 (2).

연도	수출량	연도	수출량
1820	3,625	1827	3,837
1821	6,032	1828	7,576
1822	5,248	1829	6,467
1823	3,221	1830	7,053
1824	3,690	1831	8,560
1825	7,530	1832	6,795
1826	4,446	1833	9,920

*: 광주 지역에 국한한 수출 수량.

**: 영국 동인도공사에 국한한 수출량. 다른 국가 수량은 배제함.

***: 동인도공사와 항각(港脚) 무역 이 두 회사에 국한한 수출량. 다른 국가 수량은 배제함.

03 자기

자기 생산에서 진흙을 빚는 과정.
수도박물관, 작가 직접 촬영. 2012.12.1.

"외소화(外銷畵)" 중 자기 생산, 운반, 판매.
수도박물관, 작가 직접 촬영: "자기의 운(瓷之韻)"[15]: 대영박물관, 빅토리아&알버트박물관 2012.11.30.

1. 명대 이전 자기 생산과 무역

자기(瓷器)는 중국인이 최초로 발명했다. 자(瓷)와 도(陶)는 관계가 아주 밀접한데, 자기는 도기에서 변화/발전한 것이다. 원재료[胎體]를 치밀하게 소결하지 않은 점토와 자석 제품이 도기이고, 굽는 온도는 대개

1,000도를 넘지 않는다. 원재료를 소결하는 정도가 치밀하고 유약 품질이 좋은 점토와 자석 제품이 자기이며, 대개 1,200도 이상 고온에서 굽는다. 도기 제작은 인류가 문명사회로 들어섰다는 중요한 지표로 고대 인류 사회에 두루 보급되어 있었지만, 중국 또한 도기 제작이 인류 역사에 가장 빨랐던 지역 중 하나이다. 홍산(紅山) 문화, 앙소(仰韶) 문화 등 고문화 유적에서 아주 정미한 도기가 대량으로 출토되었다. 도기에서 자기로 넘어가는 중에 원시 청자(靑瓷)가 있었다. 산서 하현 용산(龍山) 문화 유적지에서 발견된 원시 청와(靑瓦)는 현재까지 세계 최고(最古) 원시 청자로 약 4,200년 전의 것이다. 원시 청자 분포 지역은 비교적 넓은데, 황하 유역과

백도규(白陶鬹) 용산 문화:1957년 산동 일조 출토, 소구첨저도병(小口尖底陶瓶).
중국 국가박물관, 작가 직접 촬영. 2012.11.30.

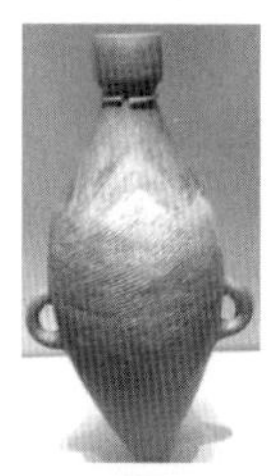

앙소 문화: 1958년 협서 보계 출토, 도부(陶釜)와 도조(陶竈).
중국 국가박물관, 작가 직접 촬영. 2012.11.30.

마가요 문화(馬家窯文化):1973년 청해 출토).
중국 국가박물관, 작가 직접 촬영. 2012.11.30.

*상고 시대 도기.

당삼채(唐三彩)
중국 국가박물관, 작가 직접 촬영. 2012.11.30.

양자강 중하류, 남쪽 지역에서 모두 발견되었다.

한나라 때 도자(陶瓷)를 굽는 기술이 발전하고 또 비교적 정치하게 유약을 바르는 기술이 보편화되면서, 한자 중에 이미 '瓷(자)'자가 나오기 시작한다. 일반적으로 진정한 의미에서 자기가 출현한 시기는 동한(東漢, 23~220) 때라고 보며, 절강 소흥 상우현 상보소선단(上浦小仙壇)에서 자요(瓷窯)의 터와 청와 등이 발견되었다. 최근 무석(无錫) 홍산월묘(鴻山越墓)에서 청와기가 약 1,000점이 나왔는데, 대부분은 "원시 자기"인데 그중 몇 개는 고급 자기도 있었다. 이 지역의 토질은 단단하고 흰색을 띠어서, 녹색으로 유약을 바르면 곧 파리(玻璃) 같이 되었고, 두께가 일정하고, 재료와 유약이 결합이 잘되어 현존하는 남북시대 청자기 중에서 최고 등급이다. 만약 이 자기의 신분을 확정할 수 있다면 중국 자기의 탄생은 대략 기원후 600년 정도라고 추정할 수 있다.[41] 관련 전문가들은 이보다 앞서 남북조시대 때 이미 자기 제조 역사에서 의미가 깊은 백자를 만들었다고 확신한다. 당나라 때는 도기와 자기 제작 기술이 매우 발전해 정밀한 자기 제품이 많이 출토된다. 오대 시기는 전쟁이 빈번했지만, 자기 제작 기술은 도리어 더 발전한다.

송대(960~1279)는 도기와 자기 생산 기술이 성숙 단계로 접어든다. 자

41 南京博物院. 鴻山越墓發掘報告[M]. 北京: 文物出版社, 2007.

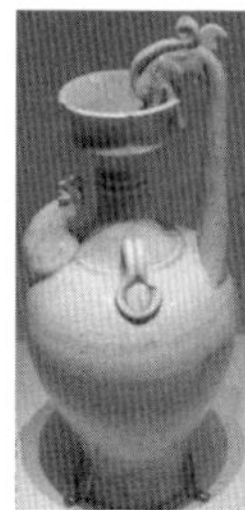

백자계수호(白瓷雞首壺), 수나라 대업(大業)•[17] 4년(608), 1957년 서안 이정훈(李靜訓)의 묘에서 출토.

중국 국가박물관, 작가 직접 촬영. 2012.11.30.

청자호자(靑瓷虎子), 삼국시대 오나라, 적조(赤烏)•[16] 14년(251) 1955년 강소 남경 출토.

중국 국가박물관, 작가 직접 촬영. 2012.11.30.

비색자규구반(祕色瓷葵口盤), 당나라, 법문사(法門寺) 지궁(地宮) 출토.

중국 국가박물관, 작가 직접 촬영. 2012.11.30.

여요세(汝窯洗).

중국 국가박물관, 작가 직접 촬영. 2012.11.30.

균요매괴자유화분(鈞窯玫瑰紫釉花盆).

중국 국가박물관, 작가 직접 촬영. 2012.11.30.

*송나라 5대 명요 자기.

정요백유인전지해석류문립식완(定窯白釉印纏枝海石榴紋笠式碗).
북경 고궁박물관, 작가 직접 촬영, 2012.12.2.

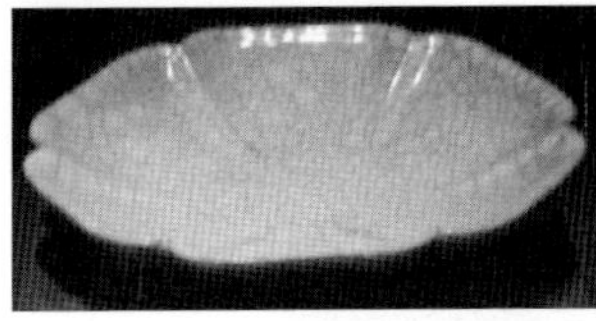

송가요청유규판구반(宋哥窯青釉葵瓣口盤).
북경 고궁박물관, 작가 직접 촬영, 2012.12.2.

관요청유원(官窯青釉圓).
북경 고궁박물관, 작가 직접 촬영, 2012.12.2.

기 제조업은 전에 없었던 호황을 누렸고, '균(鈞), 여(汝), 관(官), 가(哥), 정(定)'이라는 5대 명요(名窯)가 유명했지만, 이외에 저마다 특색이 있는 명요가 많다. 규모가 작은 제조 공장도 전국에 두루 퍼져 있었으며, 상품 색상도 매우 다양했다. 원나라 때 요업(窯業)은 기본적으로 송나라 생산 기술을 이어받았지만, 자기를 꾸미는 기술은 더 발전했고 산지를 보면 강서 경덕진(景德鎭)이 전국의 중심이었다.

자기 생산과 대외 왕래가 발전함에 따라, 중국 자기 역시 국외 수출을 시작한다. 당에서 청나라 중기까지 비단 관련 상품 다음으로 중요한 수출 상품이 자기이다. 어떤 문헌에서는 자기와 비단을 같은 등급으로 보기도 한다. 고대 서방국가에서는 중국을 '사국(絲國)'이라고 부르면서 동시에 '자국(瓷國)'이라고 불렀으며, 지금까지도 중국의 영어 명칭은 'China'이다. 중국과 세계 각국을 연결하던 길도 "비단길"이외에 "자기길"이라고 부르기도 한다. 다음과 같은 사실은 반드시 짚고 넘어가야 한다. 자기와 비단은 아주 다른 물건이고, 자기는 쉽게 깨지므로 육상보다 해상 운송이 더 적합하다는 것, 또 처음 중국 자기를 대량으로 수출할 때는 항해 기술이 상당히 발전한 상태였고, 이 때문에 소위 "자기길"은 대개가 해로(海路)라는 것이다.

용천요분청유철화호로병(龍泉窯粉青釉凸花葫蘆瓶), 남송.
중국 국가박물관, 작가 직접 촬영. 2012.11.30.

용천요청유철용문반(龍泉窯靑釉凸龍紋盤).
중국 국가박물관, 작가 직접 촬영. 2012.12.1.

덕진요청백유주자온완(景德鎭窯靑白釉注子溫碗), 1983년 강소성 전강시 등운산 남송 묘에서 출토
북경 고궁박물관, 작가 직접 촬영. 2012.12.2.

경덕진 요붕(窯棚)과 요붕의 내부.
북경 고궁박물관, 작가 직접 촬영. 2012.12.2.

"남해 1호" 송나라 침선에서 인양된 자기.
중국 국가박물관, 작가 직접 촬영. 2012.11.30

"남해 1호" 송나라 침선에서 인양된 자기.
중국 국가박물관, 작가 직접 촬영. 2012.11.30

자기는 생산과 동시에 수출했을 것이고, 당대 이전에는 비단길을 통해 비단과 같이 소량의 자기도 수출했던 것 같다. 왜냐하면 당시 자기를 보면 외국 영향을 받은 흔적을 볼 수 있기 때문이다. 지금까지 확실히 알 수 있는 것은 자기 수출은 당나라 때부터 시작했다는 것이다. 당나라 말기와 오대 시기에 중국 자기 수출은 이미 규모가 상당히 컸고, 당삼채 이외에도, 수량이 많지는 않지만 형요(邢窯), 정요(定窯), 백자, 월요청자(越窯青瓷), 장사요채회자(長沙窯彩繪瓷, 광동 근해 일대 요구•[18]에서 생산한 그릇), 감람유청자(橄欖釉青瓷, 광동 근해 일대 요구에서 생산한 용기 저장용 관)도 있었다. 수출 지역은 북아시아, 동남아시아, 서아시아, 북아프리카, 동아프리카와 유럽으로 걸쳐 있었다. 이런 지역의 중세 유적지에서 당나라 말기와 오대 때 자기가 출토된 적도 있다.

송원 시기에는 자기를 대량으로 수출하는 단계로 올라선다. 북송 말기부터 남송을 거쳐 원나라까지 국가 재정 상당 부분을 해상무역의 세금으로 충당했으므로 정부는 대외 무역을 장려했고, 수출 물량에서 비단 다음으로 자기가 많았다. 수출 대상국도 이전보다 더욱 많아져 동아시아와 동남아시아의 모든 국가, 남아시아와 서아시아의 대부분 국가, 아프리카 동해안 각국과 내륙의 짐바브웨, 유럽의 일부 국가 등 많은 국가로 수출했다.

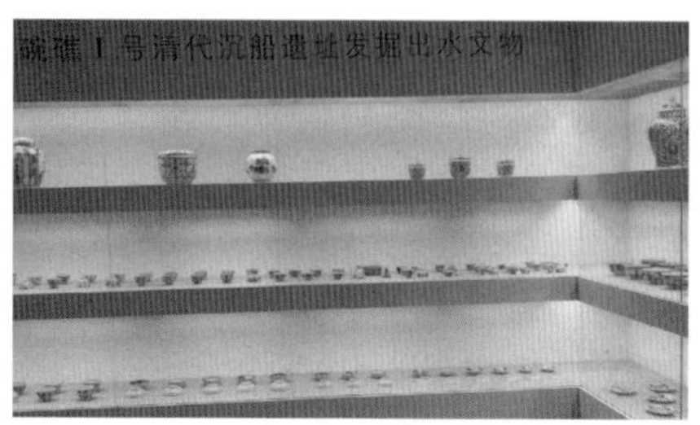

복건평담완초(福建平潭碗礁) 1호.
중국 국가박물관, 작가 직접 촬영. 2012.11.30.

전하는 이야기에 따르면, 이 시기 절강의 한 사찰에 유학 온 일본 승려들이 귀국할 때 상당수가 건요(建窯) 흑요잔(黑釉盞)을 갖고 갔는데, 이런 흑요잔은 당시 일본에서 유행했다고 한다.

남송 말기에는 심지어 어떤 네덜란드인이 천주(泉州)에 와서 자기를 사가기도 했다. 터키·이란·스웨덴 등의 국가박물관에서는 아주 귀한 송원 시대 자기를 소장하고 있다. 예를 들면 스웨덴 울리세함(Ulricehamn) 동방예술박물관은 북송의 정요 자기를 소장하고 있는데, 이 자기는 작은 그릇으로 바닥에 "尙藥局(상약국)"이라는 글자가 새겨져 있다. 터키 이스탄불에 있는 톱카피(Topkapi)박물관은 송대(宋代) 용천 청자와 원대(元代) 추부백자를 소장하고 있다. 서아시아와 동아프리카에 있는 궁전과 사원, 기념 건축물은 당시 생산된 중국 자기를 끼워 넣고 지었다. 어떤 자기(자기 조각을 포함하여)에서는 이슬람의 향취가 짙은데, 아마도 수입국의 주문서에 따라 제작한 것으로 수출용으로 생산한 것 같다.

바다에서도 자기가 많이 나왔다. 2007년 말 바다에서 인양한 남송 선박 "남해(南海) 1호"에는 용천요, 덕화요, 경덕진요와 같은 유명한 산지의 자기가 실려 있었다. 1976년 한국 신안 앞바다에서 인양된 원나라 선박에는 중국 자기 약 2만 점이 실려 있었는데, 용천요(龍泉窯), 건요(建窯), 길주요(吉州窯), 자주요(磁州窯), 관요(官窯), 균요(鈞窯), 경덕진에서 생산된 자기

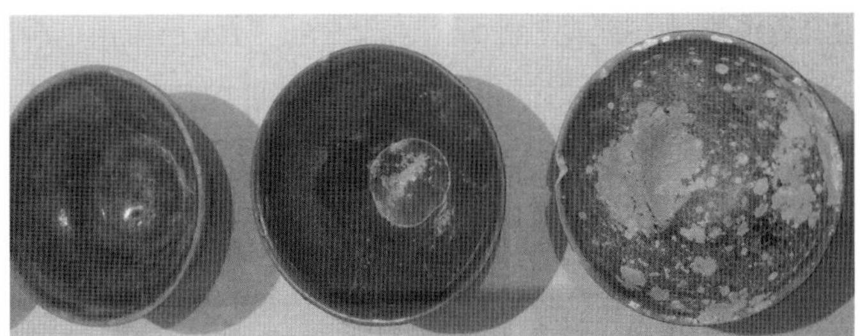

흑요잔(黑釉盞) 남송 복건 요장(窯場), 1990년 복건 연강 정해 백초 1호.
중국 국가박물관, 작가 직접 촬영, 2012.11.30.

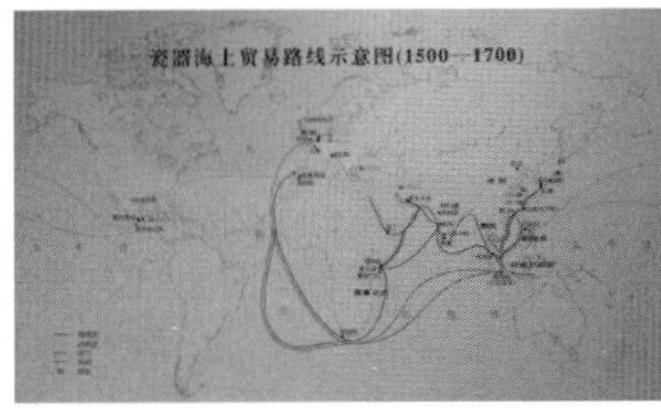

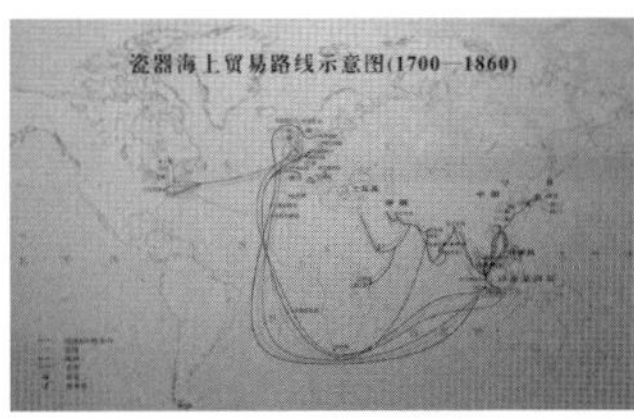

자기 해상 무역 노선도 (1500~1700년, 1700~1860년)
중국 국가박물관, 작가 직접 촬영, "자기의 운(瓷之韻)"-대영박물관, 빅토리아&알버트박물관 자기 정품전, 2012.11.30.

가 매우 많았다.

명청 시대 중국의 자기 발전은 새로운 단계로 접어드는데, 자기 제작 기술이 일취월장해서 인류 최고 수준으로 발전했으며, 청화(青花) 자기는 기술이 정점에 달했다는 것을 보여준다. 제작 주기도 짧아졌고 가공은 더 세밀해졌으며, 사용자 수요에 따라 신속하게 생산하는 능력을 갖추었고, 자기 종류도 아주 다양해졌다. 동시에 세계는 대항해시대로 들어서 새로운 바닷길이 많이 열렸고 해상 운송 능력도 급속하게 발전했으며, 이와 더불어 중국 자기 수출도 장기간에 걸쳐 지속해서 수출할 수 있게 된다. 중국 자기는 동양, 남양, 서양으로 두루 수출되었다. 수출과 같이 자기 제작 기술도 중동 지역과 일본 등지로 전파되었으며 마지막으로 유럽까지 전파되었다. 청대 자기 생산은 여전히 경덕진이 중심이었다. 법랑채(琺琅彩)와 분채(粉彩)는 이 시기의 중요한 발명품이다. 청나라 전기에도 중국 자기 수출은 여전히 증가했지만, 18세기 말에 이르러서는 눈에 띄게 감소하기 시작한다. 청나라 도광(道光) 때 요업은 국세가 기우는 것과 맞물려 생산 규모가 대폭 하락하고 상품 품질도 예전보다 떨어진다. 이후 자기 산업은 점점 쇠락해 대량 수출 상품으로서 지위를 잃게 된다. 비단 수출과 마찬가지로 명청 시대 자기 수출은 황제 혹은 정부가 각국에 선물하거나 무역 수출하는 두 길이 있었는데, 일반적으로 말하면 선물로 나가는 자기는 대부분 관요 자기이고 무역 수출은 대다수가 민요에서 생산하는 자기였다.

2. 동아시아와 동남아

대일본 중국 자기 수출은 매우 이른 시기부터 시작되었고, 당삼채와 자기, 송과 원의 자기는 일본에 지금까지 많이 남아 있다. 명대 이후 중일 무역은 한층 발전했고 자기 수출도 이와 더불어 확대되었다. 명대 중기 이후 대일본 수출은 더욱 발전해 "일본이 필요한 물품 대다수는 중국산이다"라는 말이 있을 정도였다. 대일본 중국 수출 상품 중 제일 많은 것은 생사였고, 다음이 자기였다. 서광계는 『해방우설(海防迂說)』에서 이 부분에 대해 언급한 적이 있다. "일본이 백화(百貨)를 중국에서 사 가는데, 비단이 제일 많고 다음이 자기이다. 제일 긴요한 것은 약이다. 일본 전국에서 필요한 것은 사람 손을 거쳐 물길을 따라 흘러간다. 남북으로 모두 통하니 많아도 문제가 없다."[42]

만력 37년(1609)에 중국 상인이 일본 상선을 향해 출발하는 것과 관련된 많은 문헌에서 대부분 대량 자기를 언급하고 있다. 명나라 사람 왕재진

42 徐光啓. 徐光啓集 [M]. 北京: 中華書局, 1963.

도쿄 국립박물관 소장 중국 자기.
沁玉樓. 日本東京國立博物館的中國元明清瓷器資料圖片. 雅昌藝術論壇, 2009.2.27. (http://bbs.artron.net/forum.php?mod=viewthread&tid=1427318)

(王在晉)이 『월전(越鐫)』에서 언급한 만력 37년(1609) 전후로 절강 앞바다에서 국법을 어긴 무역에 관한 기록을 보면, 복건 복청인 임청(林淸), 장락선 선주 왕후(王厚) 등이 장락에서 일본 고토(伍島)로 무역하는 상선에는 상인들이 가져가는 자기가 실려 있었다고 한다. 1635년 8월 13일에서 31일까지, 대만에서 출발해 일본으로 운송된 중국산 자기는 총 13만 5,005점이고, 그중 청화완(靑花碗) 3만 8,863개, 홍록채반(紅綠彩盤) 540점, 청화반(靑花盤) 2,050점, 반충(飯盅)과 다충(茶盅) 9만 4,350개였다. 1637년에 중국 상인이 일본으로 운송한 자기는 75만 점이었다.

중국에 와서 공부한 일본 승려들은 귀국할 때 도자기를 갖고 갔고, 중국에 온 일본 상인들도 자기를 대량으로 구매해서 돌아가 일본에서 팔았다. 일본 상인은 특정 색깔의 자기를 중국에 주문했고, 중국 제조상은 일본인의 수요에 맞춰 자기를 만들었다. 당시 경덕진에서 만든 청화자기는 대개

"상서자(祥瑞瓷)".
方玉瑞. 明崇禎祥瑞瓷靑花茶碗辨析. 中國文物報, 2008.3.12. (http://news.idoican.com.cn/zgwwb/html/2008-03/12/content_3337581.htm)

두꺼운 것과 얇은 것 두 종류가 있었다. 두꺼운 것은 일본으로 수출했고, 얇은 것은 국내나 다른 국가에 팔았다.

숭정(1628~1644) 초기 일본 엔슈(遠州) 일대 상인들이 경덕진에 공정, 도안, 장식 측면에서 매우 까다롭게 주문했고, 또 찻잔을 일본인 취향대로 만들어 달라고 했다. 이러한 요구 덕분에 이 자기들은 후대에서 '상서(祥瑞)'로운 일용 그릇이라는 이름으로 부른다. "상서자(祥瑞瓷)"라고 부르게 된 것은 이런 자기 바닥에 "祥瑞" 혹은 "吳祥瑞" 같은 글자가 새겨져 있기 때문이다. 어떤 그릇에는 "伍良大甫"라고 새겨져 있다. 일본 요업계의 어떤 사람은 "상서(祥瑞)" 자기 제작자가 일본인 "고로우 다이호(伍良大甫)"이며 중국식 이름으로는 "오상서(吳祥瑞)"라고 생각한다. 그는 중국에서 20년 머물다 중국 자기 제작 기술을 배워서 돌아갔다. 이와 다르게 생각하는 사람도 있다. 즉 '상서'의 제작자는 중국인이고 일본인과 관계 없다는 것이다.

청나라 초기에도 여전히 중국 자기가 대량으로 일본에 수출되었다. 강희 6년(1667) 청 조정은 절강 사포(乍浦)와 일본 나가사키항 간의 무역을 구리에 한해서만 특별 허가했는데, 절강에서 일본으로 출발하는 화물은 대량의 자기였다. 강희 23년 바다를 열고 무역을 허가한 것, 즉 "해금기이(海禁旣弛)" 정책을 펴자 여러 나라에서 월(粵), 민(閩), 절(折) 같은 호시(互市)•19로 들어와서 찻잎, 자기, 색지를 사서 돌아갔다.[43] 여러 나라 중에 일본도 포함되어 있었다. 이러한 해상무역은 중일 정부가 정한 제한을 항상 넘어섰다. 예를 들자면 1668년 일본 정부는 "금사령"를 실행하면서, 외국산 자기와 도기 수입을 금지했는데, 이때에도 상당히 많은 중국인이 법을 어기고 생사 안에 몰래 자기를 숨겨 일본으로 들어갔다. 상황이 이러하자 1683년 8월 12일 나가사키(長崎) 총독은 중국산 자기 수입을 재차 금지했으며, 이미 하적한 중국산 자기를 다시 실어 급히 중국으로 되돌려 보냈다.

포르투갈인과 네덜란드인 같은 유럽인들도 중국 자기 대일본 해상무역에 참여했다. 오문(澳門, 마카오)에서 나가사키로 향하는 포르투갈 상선에서 제일 중요한 것은 생사와 생사 제품이었고 그다음이 자기였다. 네덜란드인이 대만에 기지를 건설할 때도 역시 중국 자기를 일본에 팔았다. 일본 정부가 해외의 자기와 도기 수입을 금지할 때 네덜란드 상인은 중국 상인들처럼 다른 화물 안에 자기를 숨겨 들어갔다.

중국 자기 제품이 일본으로 수출되면서 동시에 자기 생산 기술도 일본으로 유입되었다. 일본인은 송나라 때부터 이미 자기 제작 기술을 중국에서 배우기 시작했다. 일본에서 요업계에서 "도조(陶祖, 도자기 조상)"로 받들고 있는 "가토 시로(加藤四郎)"는 남송 가정 16년(1223) 도겐(道元) 선사를 따라 중국으로 들어와서 약 5년간 복건에서 자기 제작 기술을 배우고 일본으로 돌아갔다. 그 후 오와리 세토(尾張瀨戶)에서 흑요 자기를 굽는 데 성공한다. 이와 비슷한 시기에 고려에서도 월요와 여요를 모방한 청자가 나온다. 1976년 한국 신안 바다에서 원대 침선을 인양하자 자기 2만여 점이 나왔는데, 중국산도 있었지만, 일본산이나 고려산도 있었다. 도요토미 히데

43 王之春. 國朝柔遠記 [M]. 北京: 北京出版社, 1989.

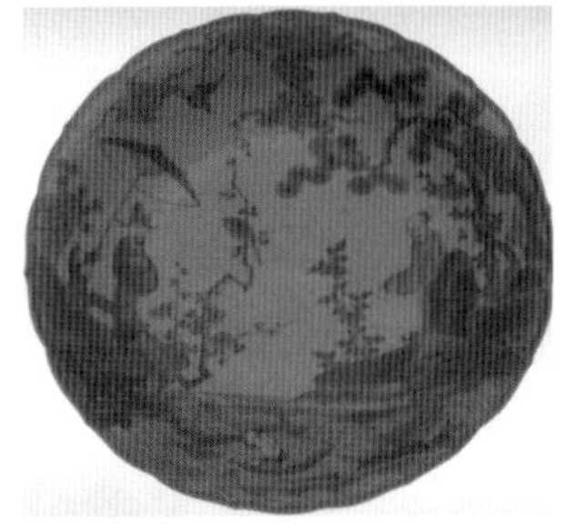

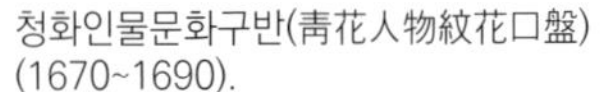
청화인물문화구반(青花人物紋花口盤)(1670~1690).

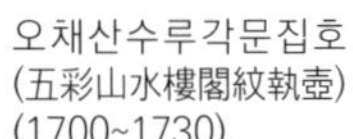
오채산수루각문집호(五彩山水樓閣紋執壺)(1700~1730).

오채지산미인도반(五彩持傘美人圖盤)(1700~1730).

대련 현대박물관과 중국 내 여타 박물관, 일본 오사카 시립 동양도자기미술관의 협조를 얻어 작가가 직접 촬영한 것임. 《원도서양(遠渡西洋)-에도 시대 이마리 도자기전》, 2012.11.3.

*일본 에도 시대 이마리 자기(아리타야키). 제작 기법이 경덕진과 대동소이하다. 양식도 비슷해 청화, 분채도 있고 또 휘장자(徽章瓷)도 있다.

오채상박인상(五彩相撲人像)(1680~1710).

청화남만인문완(青花南蠻人紋碗)(1800~1840).

오채휘장문반(五彩徽章紋盤)(1700~1730).

대련 현대박물관과 중국 내 여타 박물관, 일본 오사카 시립 동양도자기미술관의 협조를 얻어 작가가 직접 촬영한 것임. 《원도서양(遠渡西洋)-에도 시대 이마리 도자기전》, 2012.11.3.

요시(豊臣秀吉)가 조선을 침략하고 수많은 도예공을 포로로 잡아가서 일본 서부 각지로 압송했다. 이후 일본에서 도자기 생산이 크게 발전한다.

일본 도자기 역사에서 가장 유명한 아리타야키(有田燒, 이마리(伊万里)항을 거쳐 수출되어서 "이마리 자기"라고도 부름)는 조선인 포로 이삼평(李參平)이 처음 만든 것이다. 명나라 말기에 이르면 일본의 아리타, 교토 등지에서 자기를 굽기 시작하고 아울러 유럽으로 수출한다. 청나라 정권이 엄격한 해금 정책을 시행하면서 한동안 해외무역을 금지하자, 일본인은 이 기회를 틈타 중국 자기를 모방해 대량으로 제작하고, 자기의 바닥에 중국 연호를 새겨 유럽으로 수출했다. 이 덕분에 일본 도자기 산업은 크게 발전한다.

대만에서 기지를 잃은 네덜란드인들은 일본 자기를 수출하기 시작한다. 네덜란드 선원들은 일본 자기를 몰래 싣고 가 본국에서 팔았는데 영업 이익이 100%였다. 나중에 이런 밀무역은 네덜란드 동인도공사에 의해 제지당한다. 원래 중국 경덕진의 자기를 수입하던 네덜란드인들은 1650년을 기점으로 일본 아리타에서 만든 자기를 수입해 유럽에 팔기 시작한다.

1668년 일본 정부가 시행한 "금사령"은 일본 자기를 보호하는 역할을 했지만, 중국 자기 무역에도 직접 영향을 미쳤다. 이후 일본의 대유럽 자기 수출은 끊임없이 증가했고, 어느 정도 중국 자기를 대체하기 시작한다. 비록 "금사령"이 중국 자기의 일본 유입을 완전히 막지는 못했지만, 수입량은 상당히 많이 줄어든다. 심지어 중국 상선이 일본 자기를 싣고 돌아오는 경우도 발생한다. 예를 들면, 1683년 중국 상선 25척이 일본 자기 2만 5,251묶음을 실었는데, 1묶음은 자기 20점 정도이므로 총 50여만 점을 실은 것으로 보인다. 폴커(T. Volker)의 주장에 따르면 당시 중국 상인 중에는 일본산 자기를 아시아 다른 시장에서 거래하는 이도 있었다고 한다.

유구 사람이 중국 상품을 중개무역하던 것을 포함한 중국과 유구 무역에 있어서 자기는 중요한 상품 중 하나였다. 명청 황제가 유구 국왕이나 사신에게 내린 하사품에는 당연히 자기가 많았다. 예를 들면 옹정 2년(1724) 유구국에 내린 하사품은 다음 품목이 있다. 태소금법랑유개파완(胎燒金琺琅有蓋把碗) 6점, 청화백지룡봉개완(青花白地龍鳳蓋碗) 12점, 청화백지룡봉개충(青花白地龍鳳蓋盅) 10점, 남자설(藍瓷碟) 12점, 제홍설(霽紅碟) 12점, 제홍완(霽紅碗) 12점, 첨백팔촌반(甛白八寸盤) 12점, 녹룡륙촌반(綠龍六寸盤) 24점, 청화여의오촌반(靑花如意伍寸盤) 20점, 청단룡대완(靑團龍大碗) 20점, 오채궁완(伍彩宮碗) 14점, 녹지자운다완(綠地紫雲茶碗) 10점, 자단목합녹단연(紫檀木盒綠端硯) 1점, 종근합록단연(棕根盒綠端硯) 1점.

명청 시기, 남양 방향인 동남아시아 각국에서도 중국 자기는 인기가 많았고, 또 중국 상품 중에서 비단 다음으로 많이 수출되는 상품이었다. 마환(馬歡)이 쓴 『영애승람』의 참파(Champa) 조(條)에 다음과 같은 기사가 있다. "중국 청자, 청반, 청완 등은 (……) (나라 사람이) 아주 좋아한다."[44] 또 자바(Jawa) 조에도 다음과 같은 기사가 있다. "국민이 제일 좋아하는 것은 중국산 청화자기이다."

『해국광기(海國廣記)』에서는 "화폐는 청화 자기를 사용한다"라고 했다. 심덕부(沈德符)는 북경에서 "해외 각국에서 조공을 바친 이국인이 하사품을 실은 수레 중에 다른 것을 제외하고 오직 자기만 실은 수레가 10대가 넘는" 것을 보았다고 기록을 남겼다. 해외 각국에는 당연히 자바국도 포함된다. 대량의 자기가 해외로 흘러나가자, 정통 12년(1447) 명나라 조정은 "몰래 외국 사신과 백토 청화 자기를 거래하는 것을 불허한다"라는 금지령을 내리지 않을 수 없었다. 그래서 자바 사신이 명나라에 들어와 조공을 바치고는 명나라 정부에 광동에서 "완(碗)이나 자기 종류"를 살 수 있도록 허가해달라고 특별히 요청한다. 중국 황제 하사품 중에는 자기의 수량은 매우 많았고, 예를 들면 홍무 16년(1383) 명 조정은 한 차례 참파, 시암, 키미르(Kmir)•[20]의 각 국왕에게 매우 많은 자기를 하사하는 것과 같다.[45]

중국 자기를 자바로 수출할 때 주요 통로는 민간 해상무역이다. 명청 정부가 바닷길을 막지 않으면 중국 상인과 서방 상인을 포함한 매우 많은 민간 상인들이 동남아로 자기를 대량 수출하고, 만약 바닷길을 막으면[海禁] 명청 정부의 추적을 피해 "자기와 비단을 (……) 갈 때 가득 싣고, 올 때는 (다른

44 馬歡. 瀛涯胜覽 [M]. 北京: 中華書局, 1985.
45 楊國桢. 十六世紀東南中國与東亞貿易网絡 [J]. 江海學刊, 2002 (4).

인도네시아 국가박물관 소장 중국 자기.
印尼國家博物館館藏中國瓷器. 雅昌藝術网論壇, 2012.2.1. (http://bbs.artron.net/forum.php?mod=viewthread&tid=2130281)

필리핀 국가박물관
尋找散落菲島的中國瓷器. 人民网, 2006.3.31. (http://art.people.com.cn/GB/41067/41121/4257219.html)

말레이시아 국가박물관
"靑花瓷"印証鄭和是文化交流大使. 國際在線, 2010.12.24. (http://city.cri.cn/29464/2010/12.24/4185s2551163.htm)

베트남 국가박물관에서 전시 중인 중국 자기.
越南國家博物館的几件中國瓷器. 雅昌藝術网論壇, 2009.3.12. (http://artron.net/forum.php?mod=viewthread&tid=1393687)

물건을) 가득 싣는다. 별을 좇고 달을 따라가는 것이 익숙해졌다."

임천우(林天佑)가 쓴 『삼보롱역사(三寶壟歷史)』에 다음과 같은 기록이 있다. "스마랑(Semarang)•21 (……) 화교 상인과 각종 중국 화물이 가면 갈수록 많아졌다. (……) 자기 수십 묶음이 스마랑에서 자바 내지로 흘러갔다."

서양인 문헌에도 이와 관련 있는 문헌이 상당히 많다. 마자파히트(Madjapahit)•22 왕조가 강성했을 때 "아주 멀리서 중국인들이 자기와 보석, 주단을 자바섬으로 가지고 왔다."[46] 만력 2년(1574) 중국 상선 3척이 마닐라에 도착해서 무역 가능성을 타진했다. 화교 상인이 가져온 화물은 자질

46 湯開建, 彭蕙. 爪哇与中國明朝貿易關系考述 [J]. 東南亞縱橫, 2003 (6).

蘇麻离青. 百度百科, 2012.9.30. (http:/baike.baidu.com/view/664691.htm)

蘇麻离靑瓷器. 百度百科, 2012.9.30. (http://baike.baidu.com/albums/664691/664691/1/948809.html#948809)

"소마리청"을 유약으로 사용해 만든 자기.

구레한 일용품이었는데, 그중에 필리핀 무어인(Moor)이 상용하던 중국산 큰 옹기, 추자(粗瓷)●[23], 철제 잡기도 있었고 이외에 질 좋은 자기와 생사 직물도 있었다. 이것을 관원에게 제공하면 이들은 별로 신통치 않게 여겼다. 그래서 화교 상인들은 더 정미한 도기를 가지고 다시 돌아왔다. 네덜란드인 하우트만(Cornelis de Houtman)은 만력 연간 인도네시아 반튼(Banten) (아래 항구)에서 중국 상인이 판매하는 상품 중에서 자기를 보았다고 한다.

특히 복건에서 생산하는 질 낮은 "추자"를 갖고 동남아로 와서 향료와 교환해 갔다. 중국인뿐만 아니라 서양인도 이 사업에 종사했다. 예를 들어, 네덜란드 동인도공사의 기록을 보면 네덜란드 상선 또한 중국산 추자를 자카르타에 수출해 이윤을 남겼다고 한다.

1602~1644년, 네덜란드 동인도공사가 인도네시아 각 섬에 판매한 명나라 자기의 총량은 42만 점 이상이었다고 한다. 그러나 1639년 단 한 해 동안 자카르타에서 자바, 반튼, 지리펀, 아보라, 디지얼, 페칼룽간(Pekalongan), 상탄(Santan), 다링, 암본(Ambon), 수마트라(Sumatra) 일대, 인드라가, 팔렘방(Palembang), 수마트라 서해안, 아체(Ache), 보르네오

(Borneo), 수카다나(Sukadana), 마다푸라, 반자르마신(Banjarmashin) 등지로 운반한 자기의 총수는 38만 점이라고 한다.

중국산 자기를 수입함으로써 동남아인은 생활 방식 어떤 부분에서 반드시 영향을 받는다. 예를 들면, 자바인은 원래 “밥 먹을 때 숟가락이 없었고 (……) 큰 그릇에 밥과 수유(酥油)를 끓인 탕을 가득 담고 손으로 먹었다”라고 한다. 중국 자기가 자바로 들어오고서, 자바인 생활 방식에 일부 변화가 일어난다. “백성들은 중국에서 들어온 도기와 사발, 접시를 이용하기 시작했다.” 『동서양고(東西洋考)』에서는 칼리만탄(Kalimantan)섬의 “반자르마신(Banjarmashin)”국 사람들 풍속이 다음과 같이 바뀌었다고 한다. “처음에는 바나나 잎을 식기로 사용했는데, 중국인과 교역하면서 차츰 자기를 쓰기 시작했다.”[47] 이외에도 동남아 각국에서 수많은 사람이 자기를 이용해 건축 장식을 하고, 사원의 공동 식기나 부장품으로 썼다.

동남아와 무역이 잦아지면서 동시에 중국 자기 산업도 발전한다. 동남아는 중국 자기 산업의 주요 수입국일 뿐만 아니라 또 자기 생산의 매우 중요한 원료 공급지이기도 했다. 특히 정화하서양의 선박이 귀국할 때 동남아에서 가져온 ‘소마리청(蘇麻離靑)’•[24]으로 유약을 만들었는데, 이 덕분에 청화자기를 더 잘 구울 수 있게 되어 청화 자기가 더욱 정치하고 곱게 나왔다.

3. 유럽과 아메리카

앞서 말한 바와 같이 명대 이전에 이미 중앙아시아와 유럽으로 중국 자기가 유입되었다. 정화하서양을 이어 유럽인이 동쪽으로 진출하면서 중국과 서방 사이의 항로가 개척되었다. 이와 동시에 중국과 유럽의 사회 경제

47 張燮. 東西洋考 [M]. 北京: 中華書局, 1981.

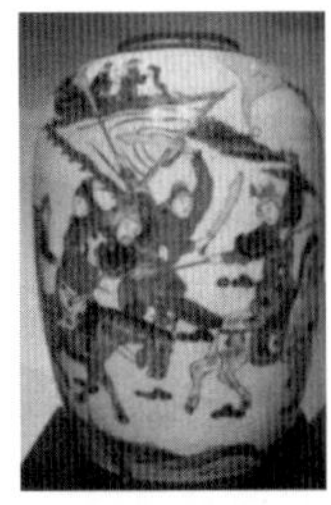

스리랑카 국가박물관.
古中國和斯里蘭卡瓷器的渊源. 瓷庫中國, 2010.8.31. (http://www.gogochina.cn/news/info_2578_1.html)

이란 국가박물관 소장품.
元靑花瓷. 華夏收藏网, 2012.12.18. (http://libmycollect.net/image-5-298p65.aspx)

터키 톱카피궁 자기관 소장, 명대 청자기.
藍色土耳其. 書畫傳奇网藝術論壇, 2010.9.29. (http://shcqw.com/bbs1/dispbbs.asp?boardid=11&replayid=137526&id=119887&page=1&skin=0&star=2)

가 발전하자 서양인의 중국산 자기에 대한 수요가 늘어났고, 중국 또한 자기 공급을 늘리게 되었다. 따라서 중국 자기가 유럽으로 대량으로 수출되는 서막이 열리고, 아울러 명대 중기부터 청대 중기까지 중국 자기의 대유럽 수출은 수백 년 동안 최고봉을 지속한다.

이슬람교를 믿는 중서아시아 지역에서는 중국 자기를 오랫동안 높이 평가했으며 많은 사람이 청화 자기를 마치 신기(神器)처럼 받들기도 했다. 중국 자기는 국왕과 귀족에게 먼저 공급되었으며, 궁전에서도 많이 썼고 사원에서는 장식과 예식에 많이 사용했다. 아프리카에도 중국 고대 자기가 많이 남아 있다. 그러나 명청 시기에는 중국 자기는 서양 방향, 즉 유럽으로 더 많이 유입되었다. 중국 자기가 들어오기 전 유럽인들은 도기, 목기, 금속기를 주로 사용했다. 이 중에서 도기를 제일 많이 사용했는데, 도기는 조잡하고, 무겁고, 투박했다.

중국 자기가 전파되자 전체 유럽이 매료되어 국왕에서 시민까지 모두 진귀하다고 여겼고, 부와 신분을 상징하게 되었으며, 심지어 자기가 초자연적인 마력이 있다고 생각하는 사람도 있었다. 예를 들면, 16세기 어떤 유럽인들은 중국 자기 안에 독약을 가득 넣어두면 자기가 금이 갈 수 있는데, 이것으로 독을 검사할 수 있다고 생각했다고 한다. 중국 자기가 진귀하고 마력이 있다고 생각했으므로 이 시기 종교 회화 중에서 중국 자기의 흔적이 남아 있는 것을 볼 수 있다. 유명한 이탈리아 화가 조반니 벨리니(Giovanni Bellini)가 1514년에 창작한 《신들의 향연》 중에는 명대 자기가 나온다.

소량의 중국 자기를 소유한 국왕과 귀족 중에서도 실제 중국 자기를 꺼내 사용하는 경우도 아주 드물었는데, 귀중품으로 여겨 소중하게 보관했다가 중요한 행사가 있으면 교회, 궁전, 저택, 전시실 등에서 꺼내 썼다. 당시 중국 자기 가격은 매우 비쌌는데도 멀리서 물건이 도착하자마 모두 팔려 나갔다. 16~18세기 거의 모든 유럽 왕실이 중국 자기를 대량으로 소장하고 있었다. 제일 먼저 중국과 무역했던 포르투갈의 왕후와 공주도 모두 중국산 팔찌를 차고 있었다. 포르투갈 국왕이 이탈리아 국왕에게 선물한 예물 역시 늘 중국 자기였고, 왕후는 자기 초상을 넣은 찬구를 구워달라고 주문했고, 이를 공을 세운 병사에게 선물했으며, 왕후 재산 목록 중에 제일 중요한 부분 중 하나였다. 1662년 포르투갈 공주가 영국 찰리 2세에게 시집갈 때도 자기를 혼수품으로 지참해 갔다. 1522년 포르투갈 국왕은 '동인도에서 귀국하는 상선은 수하물 중에 3분의 2는 반드시 자기여야 한다'

조반니 벨리니(Giovanni Bellini)의 명화.

貝利尼作品欣賞. 教育部全國中小學教師繼續教育網, 2011.10.21. (http://courese.teacher.com.cn/displayinfo.aspx?id=66250&subject=42&oitem=20)

벨기에 화가 장 에티엔 리오타르트(JeanÉtienne Liotard) 1781~1783년 제작 《정물 다구》.

首都博物 館 "中國淸代外銷瓷展"(-). 网易博客, 2010.5.20. (http://wzqwang263net.1613.com/blog/static/550279022010420122305431/)

는 칙령을 내리기도 했다. 1651년 네덜란드 연합성 집정 프레데리크 헨리(Frederic Henry)가 딸을 독일의 브란덴부르크(Brandenburg) 선제후에게 시집보낼 때에도 혼수품은 대량의 중국 자기였다.

16세기 스페인 국왕 찰리 5세의 소장품 중에는 중국에 특별 주문한 휘장이 들어간 자기가 있었고, 페리 2세는 중국 자기를 거의 3,000점을 소장했다고 한다. 스웨덴 국왕 구스타프 2세(Gustav II Adolf)는 중국 자기를 대량으로 소장하기 시작한 최초의 국왕이었다. 18세기 독일 궁전은 이미 중국 자기가 넘쳐났고, 중국 자기를 개조해 각종 장식품을 만들기도 했다. 오스트리아 대공 페르디난트 2세도 중국 자기 233점을 소장했다. 폴란드 작센 선제후 아우구스투스 2세는 자기가 좋아하는 중국 자기를 값을 따지지 않고 수집했고, 1717년 아우구스투스 2세는 이웃 프러시아 빌헬름 국왕의 왕비가 고급 자기를 많이 소장한 사실을 알게 되자, 외교적으로 담판하고 빌헬름 국왕과 협의를 거쳐 빌헬름 왕비가 소장한 청화 대병 12점을 근위

병을 보내 가져오게 했다. 이 화병 12점과 아우구스투스 2세가 소장한 자기는 현재 독일 드레스덴(Dresden)박물관에 진열되어 있다.

프랑스 루이 14세와 왕비 맹트농(Maintenon)은 중국 자기를 매우 좋아해서, 별도로 부부 초상을 경덕진으로 보내 오채자반에 초상을 넣어 구워달라고 주문한다. 이 자반은 지금까지 박물관에서 보관하고 있으며 또 1670년 베르사이유궁을 완공하고서 궁내에 특별히 중국궁을 지었다. 이 궁을 지을 때 "남경자탑(南京瓷塔)"의 수법을 빌려왔고, 지붕은 채유도약을 썼다. 그래서 "트리아농(Trianon) 자기궁"이라고도 부른다. 프랑스 국왕 루이 15세는 궁정 내에 중국 자기를 사용하라고 강력히 권고하면서 궁정 내에 금은 그릇은 모두 녹여 다른 용도로 사용하라고 명령을 내렸다. 프랑스 국왕 프랑스와 1세도 아랍과 포르투갈에서 적지 않은 자기를 수집했다. 16세기 후반부에 집권했던 영국 여왕 엘리자베스(Elizabeth)도 중국 자기 많이 가지고 있었다. 1620년대 메리 2세는 "기괴할 정도로 자기를 많이 모아서, 자기가 찬장 천장을 넘어 (……) 천장 천화반까지 닿았다."[48]

중국 자기 대유럽 수출이 증가하자 귀족 같은 부자만이 중국 자기를 구매한 것은 아니다. 17세기 후반, 당시 유럽 많은 도시 이를테면 포르투갈의 리스본, 네덜란드의 암스테르담, 영국의 런던, 스웨덴의 스톡홀름, 덴마크의 코펜하겐, 프랑스의 파리 같은 도시에는 중국 자기를 파는 상점이 있었다. 이후, 중국 자기가 대량으로 수입되자 이제 자기는 유럽인이 매일 쓰는 찬구, 다기 같은 생활용품이 되었다. 17세기 후반과 18세기에 중국 자기의 대유럽 수출은 급속 성장한다.

18세기 초 유럽에는 차 마시는 풍속이 유행하기 시작하자, 차 맛을 해치지 않는 다기가 필요했다. 이때부터 중국 다구(茶具)가 유럽에 수출되기 시작했으며, 찻잎과 같이 다구도 자기 수출의 상당 부분을 차지하게 된다.

48 簡·迪維斯. 歐洲瓷器史 [M]. 杭州: 浙江美術學院出版社, 1991.

네덜란드 "겔더말슨"호에서 인양된 자기 일부.

百度圖片, 2012.12.18.(http://t.sxnews.cn/images/topic/d/41/1754_o.jpg)

2004년 말레이시아 쿠알라 둔군(Kuala Dungun)에서 인양한 포르투갈 상선에서 나온 명나라 자기.

馬來西亞沉船發現大批明朝瓷器. 新華网, 2004.7.6. (http://news.xinhuanet.com/photp/2004-07-/06-content_1576001.htm)

당시 주문서나 혹은 인양된 난파선의 적재물을 보면, 다기의 비중이 상당히 높다는 것을 알 수 있다. 예를 들면, 지금까지 보존된 네덜란드 동인도공사의 주문서를 보면 1752년 침몰한 "겔더말슨(Geldermalsen)"호가 적재한 자기는 약 225만 점이고, 이 중 다기는 6만 2,623점, 초콜릿과 관련된 자기는 1만 9,535점, 다호(茶壺)는 578점으로 전체 자기 수량의 약 3분의 1을 차지하는데 다른 어떤 자기보다 수량이 많다. "1752년 이전 어느 해에 유럽에 도착한 네덜란드 동인도공사 선박은 모두 자기를 최소 10만 점은 싣고 왔다."[49] 당시 유럽 상선은 돛대가 매우 높았고 한편 당시 대량 상품이었던 비단과 찻잎은 중량이 비교적 가벼웠으므로, 상선이 거친 파도를 헤쳐가면서 선체 균형을 유지하려면 무거운 화물이 필요했다. 그래서 무

49 汪熙. 約翰公司—英國東印度公司[M]. 上海: 上海人民出版社, 2007.

무역과 해상 운송, 게오르그 파울리(Georg Pauli)(1895년 작) 스웨덴 예테보리(Goteborg)박물관 소장 계단 벽화

首都博物館 "中國清代外銷瓷展"(-). 网易博客, 2010.5.20. (http://wzqwan263net.blog.163.com/blog/static/55027902201042012230543/)

겁고 파도의 영향을 덜 받는 자기가 좋은 화물이었다. 자기를 전문적으로 싣는 선박이 아니더라도 찻잎과 비단을 싣는 상선도 보통은 자기를 실을 수 있었다. 이후 18세기 후반까지 유럽에서 중국산 자기에 대한 수요는 많았으나 18세기 후반 유럽에서 자기를 대량 생산하자 수요가 급격히 줄어든다.

16세기에 중국과 자기 무역을 했던 유럽 국가는 주로 네덜란드와 포르투갈이었다. 포르투갈인은 최소 16세기 초부터 중국과 직접 무역을 시작했고, 명 정덕 9년(1514) 안드레아 코르살리(Andrea Corsali) 등은 중국 연해에 도착하고서 경덕진에서 오채 자기 10만 점을 사서 포르투갈로 돌아갔다. 이전에 포르투갈은 동남아 지역과 간접 무역은 한 적이 있다. 1522년 포르투갈 국왕이 동방에서 돌아오는 선박은 모두 수하물의 3분의 1을 자기로 실어오라는 명령이 있고 난 후, 포르투갈인은 유럽으로 대량의 자기를 지속적해서 사가기 시작했다. 스페인은 필리핀을 점령하고서 필리핀을 거점으로 중국 자기를 사들였고, 1573년 "마닐라 대범선 무역"의 서막을 연 스페인 대범선 2척은 자기 2만 2,330점을 실었다. 포르투갈은 1522년부터 1599년까지 매년 상선 2척, 스페인은 1573년부터 상선 2척에 매년 한 번씩 선박마다 자기 1만 점을 적재했다고 가정한다면, 16세기 동

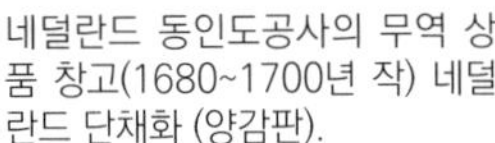

네덜란드 동인도공사의 무역 상품 창고(1680~1700년 작) 네덜란드 단채화 (양감판).

수도박물관, "中國淸代外銷瓷展"(-).(http://wzqwang263net.blog.163.com/blog/static/55027902201042012230543/)

프랑스 기메(Guimet)박물관 중국 자기.

法國吉美博物館, 中國文物网.(http://www.wenwuchina.com/museum/museumdetail.aspx?museumid=1751)

독일 드레스덴 츠빙거(Zwinger)궁 자기관.

流淌歐陸的中國瓷韻, 江蘇文明网. (http://wm.jschina.com.cn/9652/201007/t455099.shtml)

안 중국은 이 두 국가에 200만 점 이상 자기를 수출한 것이다.[50] 당연하게도 당시 선박 운항은 일정하지 않았고, 또 선박에 적재한 자기 수량도 일정하지 않았기 때문에 이런 통계는 지극히 개략적이다.

17세기에는 네덜란드가 포르투갈과 스페인을 제압하고 해상의 패권을 장악해, "해상마차부(海上馬車夫)"라는 칭호를 얻는다. 1602년에 네덜란드 동인도공사가 설립된다. 1603년 네덜란드 무장 함대가 말레이시아 해협에서 포르투갈 상선 "산타 카타리나(Santa Catarina)"호를 나포한다. 포르투갈 상선에는 중국산 자기 약 10만 점(60톤가량)이 실려 있었다. 네덜란드인은 이때 포획한 자기를 "크라크(kraak)"라 불렀는데, 네덜란드어로는 "포르투갈 전함"이라는 뜻이다.•[25] 이 자기를 암스테르담으로 싣고 가 헐값에 넘겼다. 대만을 점령하기 전에는 네덜란드인이 유럽으로 싣고 간 자기의 수량은 그리 많지 않았는데, 천계(天啓) 5년(1625) 대만을 점령하고서부터는 유럽으로 싣고 간 수량이 가파르게 증가한다.

동인도공사의 당안에 따르면 명 숭정 9년(1636), 10년(1637), 12년(1639)에 네덜란드가 경덕진에서 구매한 자기를 분류한 것이 10만 점을

50 何芳川. 澳門与葡萄牙大商帆[M]. 北京: 北京大學出版社, 1966.

19세기 초 제홍대병(祭紅大甁).

벨기에 황가 역사예술박물관 "중국정(中國亭)"과 소장 중국 자기.

18세기 중엽 분채커피병(粉彩咖啡壺).

17세기 청화자(클라크).

李力. 記載中國瓷器的輝煌. 光明网, (http://www.gmw.cn/01gmrb/2006-04/14/content_403417.htm)

상회한다. 현존하는 조잡한 통계에 근거해 주장하는 일부 학자들의 말을 따르면, 17세기 초에 중국 자기 300만 점 이상이 유럽으로 건너갔고 이 중 대부분은 네덜란드인이 구매한 것이다. 네덜란드가 대만을 점령한 1625년부터 1650년까지 25년 간 대략 550척 정도 상선이 네덜란드와 동남으로 출항했는데, 동인도공사의 자료에 따르면 그중 중국과 직접 무역을 한 상선은 한 해에 2~3척에 지나지 않는다고 한다. 당시 큰 상선은 대개 나무 상자 200개 정도를 바닥짐으로 실을 수 있었는데, 상자 200개 안에는 자기 20만 점 정도가 들어간다. 만약 평균 선박 수를 2.5척으로 잡는다면, 적재한 자기의 총수량은 1,600만 점 정도가 된다.

허홍(何鴻)은 다음과 같이 주장한다. "유럽 학자가 네덜란드 동인도공사의 당안에 근거해 만든 도표를 참고하면 1602년부터 1682년까지 네덜란드 상선이 중국산 자기를 네덜란드와 세계 각지로 운반한 것이 1,600만 점이었다고 한다." 서양 학자 마우라 리날드(Maura Rinald)는 저서 『부서지

균요람유관(鈞窯藍釉罐), 북송, 빅토리아&알버트박물관 소장.

자주요(磁州窯) 계열로 제기(題記)를 새긴 베개. 북송. 대영박물관 소장.

청화어조문대반(靑花魚藻紋大盤), 원대, 경덕진산, 대영박물관 소장.

중국 국가박물관, 작가 직접 촬영. "자기의 운(瓷之韻)"-대영박물관, 빅토리아&알버트박물관 주최 자기 정품전, 2012.11.30.

*영국박물관 소장 송원 자기. 영국 대영박물관, 빅토리아&알버트박물관 소장 진대(晋代)에서 청대(淸代)까지 산지가 다른 중국 자기. 이 중 국보급 자기가 적지 않다.

용천요과지문화구대반(龍泉窯果枝紋花口大盤), 명, 영락, 빅토리아&알버트박물관 소장.

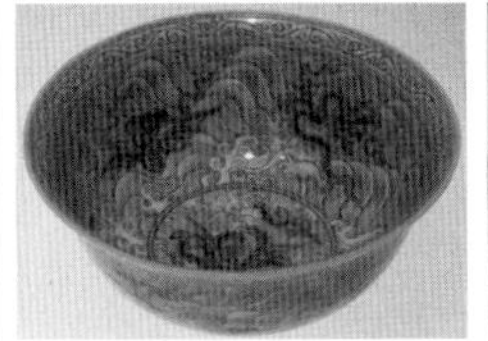

청화해수문완(靑花海獸紋碗), 명 성화, 경덕진 산품, 대영박물관 소장.

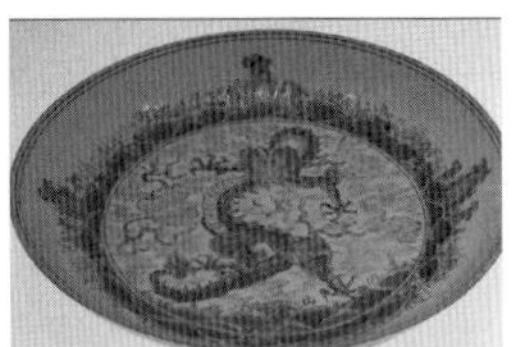

오채운룡문반(五彩雲龍紋盤). 명 숭정. 경덕진 산품, 대영박물관 소장.

중국 국가박물관, 작가 직접 촬영, 2012.11.30.

*영국박물관 소장 명대 자기.

기 쉬운 자기(Kraak porcelain)』에서 다음과 같이 주장한다. "동인도공사의 상선에 대한 기록을 보면 자기를 화물로 취급하지 않는데, 따라서 자기를 기록하지 않는 것은 당연히 관례였다. 다시 말하자면 이 기간에 동인도공사의 자기 운송에 관한 기록은 완전하지 못하다."[51] 청나라 초 해금령이 내리자 네덜란드 동인도공사는 기본적으로 중국에서 자기를 대량으로 수입하지 않고 일본으로 방향을 틀어 자기를 수입한다. 해금령 동안 소량일지

51 馮先銘, 馮小琦. 荷蘭東印度公司与中國明淸瓷器[J]. 南方文物, 1990 (2).

부영도반(婦嬰圖盤), 청화조문항(青花鳥紋缸), 청 옹정, 빅토리아&알버트박물관 소장.

아형개완(鵝形蓋碗), 청 건륭, 대영박물관 소장.

청화당영(青花唐英) (경덕진어요독도관, 景德鎮禦窯督陶官) 제목을 새긴 촛대, 건륭 6년(1741), 경덕진 산품, 빅토리아&알버트박물관 소장.

중국 국가박물관, 작가 직접 촬영: "자기의 운(瓷之韻)"-대영박물관, 빅토리아&알버트박물관 주최 자기 정품전, 2012.11.30

라도 중국 자기가 다양한 방식으로 네덜란드로 흘러들었겠지만, 이전보다 수량은 훨씬 줄어들었다.

국외에 이와 다른 통계도 있다. 네덜란드 동인도공사를 건립한 시기부터 강희 34년까지(1602~1695) 유럽에서 판매된 중국산 자기는 2,000만 점이다. 네덜란드 학자 폴커(T. Volker) 는 저서 『자기와 동인도공사』에서 다음과 주장한다. "명말청초 80년간 네덜란드 동인도공사를 거쳐 해외로 운송된 중국산 자기는 6,000만 점 이상이다."[52]

17세기 말부터 영국, 프랑스가 중서(中西) 자기 무역 행렬에 동참하고, 스웨덴, 노르웨이, 덴마크, 미국도 뒤따른다. 18세기 중국과 자기 교역을 한 유럽 국가는 많았지만, 주요 국가는 영국과 네덜란드이며, 1830년대에는 영국이 네덜란드보다 자기 수입을 더 많이 해 유럽 국가 중 수입 1위가 된다. 특별히 이 시기는 강희, 옹정, 건륭의 태평성세였고, 중국의 대유럽 자기 수출은 최고봉에 다다른다. 이 시기에 몇몇 국가는 광주로 직접 취항하는 것을 허가받자(이전에 이러한 허가는 일시적인 것이었음), 영국, 프랑스,

52 馬斌. 明清時期中國對西方的瓷器[J]. 收藏·拍賣, 2005 (10).

네덜란드, 덴마크, 스웨덴 등 여러 나라가 광주에 무역 기구를 설립하고 광주 주재 중국 상행이 직접 자기 무역 계약서에 서명하고, 중국 자기를 편리하게 유럽으로 직접 운송할 수 있게 되었다. 이와 동시에 몇몇 유럽의 상업 중심 도시에는 중국 자기를 맞춤 제작으로 주문하거나 위탁 판매, 중개 판매를 하는 전문 상점이 생기기 시작한다. 1774년 영국의 『런던지남[倫敦指南]』을 보면 "이러한 상점이 런던에만 적어도 52곳이 있다"[53]라고 한다.

1699년 영국 동인도공사의 "매클스필드(Macclesfield)"호가 광주항으로 들어온 최초 영국 상선이었고, 돌아갈 때 실은 화물 중에 자기 53상자도 있었다. 1717년 영국 동인도공사의 상선 "에세스(Esses)"호와 "타운센드(Townsend)"호 2척이 30.5만 점을 운송했다. 1721년 상선 4척이 80만 점 이상을 운송했다. 영국 동인도공사가 1730년 1년간 구입한 도자는 51.7만 점이다. 1735년 "그래프턴(Grafton)"호와 "해리슨(Harrison)"호라는 화물선 2척이 24만 점을 영국으로 운송했다. 건륭 39년(1774) 영국으로 운송된 자기는 40만 점이었다. 중국 자기가 유럽 시장에 약세를 보이던 상황에서도 1780년 영국은 여전히 중국에 자기 80만 점을 주문했다. 서양학자 조그(C. J. A. Jorg)의 연구에 따르면, 1729~1794년 사이 네덜란드 동인도공사가 운송/판매한 자기는 4,300만 점이라고 한다. 또 다른 문헌에는 1741년 한 해간 영국, 프랑스, 네덜란드, 스웨덴의 상선이 자기 120만 점을 유럽으로 운송했다고 한다.

1698년 프랑스 상선은 중국으로 향한 먼 항해를 성공했고, 1700년에는 자기 181상자를 싣고 돌아갔다.[54] 펑위에(馮玥)는 저서 『거울 안에서 본 중국』에서 다음과 같이 말한다. "스웨덴 예테보리시의 동인도공사에서 양웨이민(楊衛民)이 명세서 1장을 보았는데, 1723년부터 1735년까지 스웨덴은 중국 자기 2,500벌을 수입했고, 같은 시기 네덜란드는 7,500벌을 수입

53 馬斌. 明清時期中國對西方的瓷器[J]. 收藏·拍賣, 2005 (10).

54 馬斌. 明清時期中國對西方的瓷器[J]. 收藏·拍賣, 2005 (10).

阮一峰. "哥德堡" 號: 從瑞典到上海. 2006.9.11. (http://www.ruanyifeng.com/blog/2006/09/gotheborg_in_shanghai.html)

海底發現: "哥德堡" 號沉船留下的寶藏. 南海網, 2007.1.25. (http://www.hinews.cn/ocean/system/2007/01/25/010071964.shtml), " 哥德堡" 號透視歐洲航海文明. 新華網, 2006.07.17.(http://news.xinhuanet.com/world/2006-07/17/cintent_4842955.htm)

해저 발굴: "예테보리" 침몰 후 남은 보물.

했다."[55] 스웨덴 동인도공사는 1741년, 1743년, 1745년 3차례 중국에 왔고, 1745년 "예테보리"호는 귀국하다 예테보리 근처에 난파했고 난파선에는 자기 50만 점 이상이 실려 있었다. 다른 통계에 따르면 1750~1751년 스웨덴이 싣고 간 자기는 110만 점이라고 한다.

명말청초 200년간은 중국 자기의 대유럽/아메리카 수출의 황금기였다. 자기를 싣고 가다 침몰한 선박은 기록된 것만 2,000척을 상회한다. 17세기 매년 유럽과 아메리카로 수출한 자기는 약 20만 점, 18세기는 약 100만 점, 명청 시대 전체는 최소 1.5억 점으로 추정된다.[56]

명청 시기에 유럽과 아메리카로 수출한 자기는 대개 경덕진의 청화자와 채자, 광동의 석난사, 복건의 덕화백자와 청화자, 안계의 청화자 등이다. 자기 수출은 중국의 전통적인 화색(花色) 종류를 제외하고는 대개가 상대의 예약 주문으로 이루어졌다. 17세기에 네덜란드의 동인도공사는 상

55 馮玥. 鏡子中看中國[J]. 中國青年報, 2004.12.01.

56 馬斌. 明淸時期中國對西方的瓷器[J]. 收藏·拍賣, 2005 (10).

당히 많은 양의 자기를 구워달라고 주문했다. 서양 학자의 연구에 따르면 "예테보리"호가 싣고 간 자기 중에 제작을 주문한 양식은 7가지라고 한다.[57] 현재 발견에 따르면 네덜란드 동인도공사가 경덕진에 최초 주문한 때는 1608년이며, 당시 말레이시아 동해안에서 사업하던 중국 상인이 주문서를 발주했으며, 주문서를 보면 종류, 재질, 크기 등을 아주 상세하게 요구하고 있다. 특히 18세기에 각국이 광주에서 회사를 열고 직접 무역하고서부터는 자기 생산에 외국인의 입김이 세져, 중국은 외국인 취향과 외국 시장의 수요에 맞춰 자기를 제작해야 했다. 『경덕진도록(景德鎭陶錄)』에 다음과 같은 기록이 있다. "양기(洋器)는 외국에만 파는 것으로, 유활양기와 니양기 두 종류가 있다. 외국인[鬼子]•26이 사 가서 외국 시장에 거래한다. 모양과 양식이 기괴하고 해마다 요구하는 모양이 다르다."[58]

양기(洋器) 중에 어떤 것은 경덕진 장인이 비교적 유행하는 서양 양식의 설계도대로 채색해서 "양반(樣盤)"을 만든 것이며, 외국인의 선택을 참고해서 결정한 것이다. 어떤 경우 외국인이 양식과 표준을 중국 상인에게 주면, 중국 상인은 다시 이 주문을 따라 제작하기도 한다. 이런 "정소자(定燒瓷)" 중 상당 부분은 경덕진에서 구운 백자인데, 이 백자를 광동으로 옮겨, 다른 장인이 서양 화법을 모방해 백자에 그림을 넣고 한 번 더 구워 채자(彩瓷)를 만든다. 이를 '광채(廣彩)'라고 부른다. 이를 다시 유럽과 아메리카 상인에 판매한다. 이런 방식은 기성품을 운송하는 중에 생기는 파손으로 인한 손실을 피할 수 있고 또 외국 상인의 요구에 맞춰 제작하므로 수출 주기가 더 빨라졌다. 어떤 미국인 여행객이 건륭 34년(1769)에 광주 주남강(珠南江) 해안에서 "광채" 가공 공장을 둘러보고 다음과 같은 기록을 남겼다. "긴 라인에 약 300명 정도 사람이 바쁘게 자기 위에 도안을 그리면서 한편 각종 장식으로 꾸미고 있었다. 노인이나 6~7세 정도 어린이

57 英格麗·阿倫斯伯格. 瑞典哥德堡号再度揚帆[M]. 广州: 广州出版社, 2006.
58 蘭浦. 景德鎮陶录[M]. 南昌: 江西人民出版社出版. 1996.

영국 군대 사병 도상, 청 건륭, 경덕진 산품, 빅토리아&알버트 박물관 소장.

청화, 프랑스 부녀상을 그려 넣은 항아리와 뚜껑, 청 강희, 경덕진 산품, 빅토리아&알버트 박물관 소장.

요한 빌커스(John Wilkes)의 초상이 들어간 큰 술잔, 경덕진 산품, 대영박물관 소장.

중국 국가박물관, 작가 직접 촬영. "자기의 운(瓷之韻)"-대영박물관, 빅토리아&알버트박물관 주최 정품전, 2012.11.30.

*서양 인물이 들어간 청대 수출용 자기들.

돈키호테와 하인 그림이 들어간 접시, 청 건륭, 경덕진 산품, 빅토리아&알버트박물관 소장.

돈키호테와 하인 그림이 들어간 접시, 청 건륭, 경덕진 산품, 빅토리아&알버트박물관 소장.

아킬레스(Achilles) 침례(浸禮)도 접시, 청 건륭, 경덕진 산품, 대영박물관 소장.

중국 국가박물관, 작가 직접 촬영. "자기의 운(瓷之韻)"-대영박물관, 빅토리아&알버트박물관 주최 정품전, 2012.11.30.

도 있었는데 대략 100명 정도였다."[59]

당시 수출한 중국 자기에는 유럽의 인물상, 그리스와 로마 신화의 고사와 성서의 고사, 유럽의 풍경 같은 유럽식 도안이 매우 많았다. 어떤 유럽

59 方李莉. 中國陶瓷[M]. 北京: 伍洲傳播出版社, 2005.

프랑스 복장을 착용한 유럽 인물 소조상, 경덕진 산품, 청 강희, 약 1700년, 빅토리아&알버트박물관 소장.

유태인 여성 소조상, 청 옹정, 약 1700년, 대영박물관 소장.

토비(Toby) 잔, 복건 덕화, 청대, 약 19세기, 빅토리아&알버트박물관 소장.

중국 국가박물관, 작가 직접 촬영. "자기의 운(瓷之韻)"-대영박물관, 빅토리아&알버트박물관 주최 정품전, 2012.11.30.

*청대 수출용 자기 중 유럽 인물상.

프랑스 문장의 찻 주전자, 청 옹정, 경덕진 산품, 대영박물관 소장.

프러시아 프리드리히 2세 문장이 들어간 자기, 청 건륭, 경덕진 산품, 빅토리아&알버트박물관 소장.

중국 국가박물관, 작가 직접 촬영. "자기의 운(瓷之韻)"-대영박물관, 빅토리아&알버트박물관 주최 정품전, 2012.11.30.

*문(휘)장 자기.

인은 유명한 화가의 그림을 모은 화책을 중국에 가지고 와서 화공에게 주며 그리게 했다. 선박 그림은 흔했고, 선박 위에 국기를 넣거나, 선박의 명칭이나 선장 이름, 해당 연월(年月)을 그리기도 했다. 그림이 들어간 자기를 생산하면서 서양 화법과 서양 유약이 함께 들어왔으며, 법랑채(琺琅彩)는 강희, 건륭 연간에 유럽에서 들어온 것이다. "정소자(訂燒瓷, 주문 제작 자기)" 중에는 "문장자(紋章瓷)" 혹은 "휘장자(徽章瓷)" 같은 유명한 상품도 있다(자기에 왕실, 귀족, 군대, 도시, 회사, 단체 등의 휘장이나 갑주들을 그려 넣은 것). 유럽에 현재까지 남아 있는 자기나 난파선에 인양한 자기

청화, 영국 국가 방패 문장, 청 강희, 경덕진 산품, 대영박물관 소장.

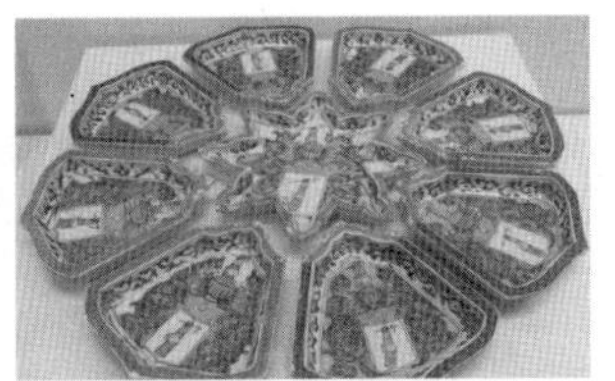
네덜란드 크람푸스(Krampus) 가족 문장이 들어간 사이드 접시, 청 강희, 경덕진 산품, 빅토리아&알버트박물관 소장.

중국 국가박물관, 작가 직접 촬영. "자기의 운(瓷之韻)"-대영박물관, 빅토리아&알버트박물관 주최 정품전, 2012.11.30.

를 살펴보면, 품질면에서 절대 다수가 중국 내수용 자기보다 훨씬 뛰어나며, 어떤 자기는 매우 정밀하고 세밀하며 품질은 당시 관요보다 매우 뛰어나다. 현재 명청 시기의 자기는 세계 자기 시장에서 가장 비싼 것 중 하나이다.

18세기 말부터 중국의 자기 수출은 황금기가 지나가고 점점 쇠락하기 시작한다. 유럽 국가들도 중국에서 자기 수입을 줄였다. 1810년 후반부터 영국이 매년 중국에서 수입하는 자기는 5,000점이 넘지 않았지만, 1880년대에는 오히려 중국 자기 수입이 다시 늘었다. 하지만 이 시기에 영국이 수입한 자기는 대개 가정과 정원의 소형 장식품뿐이었고, 비교적 크기가 큰 찬기(餐器)나 다기(茶器)는 없었다. 19세기에 중국 자기의 주요 수출국은 미국밖에 없었다. 그러나 도광(道光) 이후 미국도 중국산 자기 수입하지 않았다. 19세기 중국이 서양에 수출한 자기의 총량을 정확하게 계산하기 어렵지만, 18세기보다 매우 적었다는 것은 확실하다. 대략 3,000만 점에서 5,000만 점 정도 사이인 것 같다. 수출이 감소하자 중국의 요업은 더욱 위축된다.

중국의 요업이 쇠퇴한 주요 원인은 다음과 같다. 첫째, 중국의 자기 제조업 자체가 기울었고, 품질이 떨어지기 시작한 것이다. 강희, 옹정, 건륭의 태평성대 이후 중국의 자기 생산 기술은 크게 발전하지 않는다. 또 건

제프리 해밋 오닐(Geoffrey Hammett O'Neal)이 만든 자기 접시. 경덕진 초벌, 청 건륭, 약 1740~1750년, 1760~1767년에 런던에서 그림을 넣음, 빅토리아&알버트박물관 소장.

토마스 백스터 주니어(Jr. Thomas Backster)가 1810년 그린 수채 연필화, 《자기화공(부분)》, 빅토리아&알버트박물관 소장.

유럽에서 중국 풍속을 그림을 넣고 재벌로 구운 화병, 경덕진 초벌, 청 강희, 약 1710~1720년, (폴란드) 브로츠와프(Wrocław)와 보헤미안(현 체코공화국), 크론슈타트(КронштадтКронштадт)의 그림, 빅토리아&알버트박물관 소장.

중국 국가박물관, 작가 직접 촬영. "자기의 운(瓷之韻)"-대영박물관, 빅토리아&알버트박물관 주최 정품전, 2012.11.30.

*중국에서 초벌을 굽고 유럽에서 그림을 넣어 재벌한 자기.

륭 말기(1794)부터 고령산(高岭山)의 고령토 매장량이 고갈되기 시작하자, 정부에서 고령토 채굴을 통제하면서 좋은 원자재 공급이 중단되었다. 국제 경쟁에서 더는 우수한 품질로 대결할 수 없게 되었다. 지금까지 남아 있는 수출한 자기를 살펴보면, 건륭 말기부터 특히 가경(嘉慶) 중기부터 수출용 자기의 품질이 현격히 떨어진다는 것을 알 수 있다.

둘째, 일본과 유럽의 자기 제조업이 발전한 것이다. 일본의 자기 생산과 수출에 대해서 앞서 설명했다. 유럽인은 중국 자기를 수입하기 전에는 자기가 어떤 물건인지 전혀 몰랐고, 어떤 재료로 어떻게 만드는지 몰랐다. 『마르코 폴로(Marco Polo) 여행기』에서 중국 자기와 자기의 제작 방법에 대해서 설명하고 있는데, 자기를 도기 제작 방식과 비슷하다고 소개하고 있다. 마르코 폴로를 기점으로 유럽인들은 약 400년간 각고의 연구 끝에 비로소 자기 제작 초보 단계로 들어선다. 1708년 1월 15일에 독일인 뵈트거(Böttger)가 처음 백자를 구워낸다. 이날이 바로 유럽 자기의 생일이

청화, 영국식 은(銀) 손잡이가 달린 찻주전자, 명 만력 경덕진 초벌, 대략 1600~1610년경 장식품 부착.

청화 영국식 은 장식품을 단 잔, 경덕진 산품, 명말 청초 경덕진에서 구운 것, 대략 1650~1690•[27]년경 런던에서 장식품 부착.

청화, 포르투갈 방패형 휘장 손잡이가 달린 찻주전자, 명 만력 경덕진에서 구운 것, 대략 19세기 터키에서 장식품 부착.

청화, 은 장식품이 달린 목이 두 개인 식초병, 청 강희, 약 1690~1700년경 경덕진에서 구운 것, 대략 1700년경 네덜란드에서 장식품 부착.

*중국에서 초벌을 굽고 유럽에서 장식하거나 개조한 자기 (빅토리아&알버트박물관).

중국 시녀 인물 초상이 들어간 잔, 영국 우스터(Worcester) 자기 공장, 약 1775년, 대영박물관 소장.

중국 인물도 잔, 영국 우스터 자기 공장, 약 1775년, 대영박물관 소장.

청화, 중국 인물도 접시, 영국 런던 바우만 공장 제작, 1759~1762년, 빅토리아&알버트박물관 소장.

중국 국가박물관, 작가 직접 촬영. "자기의 운(瓷之韻)"-대영박물관, 빅토리아&알버트박물관 주최 정품전, 2012.11.30.

*유럽에서 중국 인물 그림을 넣은 자기.

다. 이 이후에 마이센(Meissen) 부근에서 양질의 고령토가 발견되자 유명한 마이센 광산 개발이 시작되면서, 중국 자기를 모방하기 시작했다. 잔 디비스(Jan. Divis)는 저서 『유럽 자기사』 「자기 제작의 비밀을 파헤지다」에서 다음과 같이 말한다. "중국에서 온 정보 중에는 프랑스 예수회 소속으

청화, 중국 시녀 그림 병, 영국 우스터(Worcester) 자기 공장, 약 1770년, 대영박물관 소장.

중국 인물 초상이 들어간 "뵈트거" 찻주전자, 독일 드레스덴 마이센 자기 공장 1722년 제작, 빅토리아&알버트박물관 소장.

여동빈(呂洞賓) 소조상 (왼쪽: 경덕진 산품, 청 건륭-가경, 약 1750~1800년, 대영박물관 소장. 오른쪽: 영국 브리스토우 벤자민(Bristow Benjamin) 런드(Rend) 자기 공장, 약 1785년, 빅토리아&알버트박물관 소장).

중국 국가박물관, 작가 직접 촬영. "자기의 운(瓷之韻)"-대영박물관, 빅토리아&알버트박물관 주최 정품전, 2012.11.30.

*유럽에서 중국 인물 그림을 넣은 자기.

로 중국으로 파견된 선교사 프랑수아 자비에 당트레콜(Fran çois Xavier d' Entrecolles)가 보낸 편지도 포함되어 있었다. 이런 편지를 받고 실험하는 사람들은 힘을 얻었다. 선교사들은 편지로 경덕진 공장의 자기 제작법을 알려왔다." 이 책에는 다음과 내용이 부가되어 있다. "1700년대 전 시기에만 해도 자기의 진짜 제작 공정은 엄격히 지켜야 할 비밀이었다."[60] 18세기 중, 후반에 이르러 독일, 프랑스, 영국, 스페인, 네덜란드 등 서양 국가는 공장을 짓고 자기를 생산하기 시작했다.

요업의 이윤은 매우 높았으므로, 유럽 국가가 처음 자기를 생산하자마자 요업은 가파르게 발전한다. 공업화가 진행됨에 따라 생산 효율성도 높아지고 시장 접근도 쉬워지면서 서양인 취향에 더 잘 맞는 자기를 생산하

60 簡·迪維斯.歐洲瓷器史[M].杭州: 浙江美術學院出版社, 1991.

19세기 영국 웨지우드(Wedgwood).

자소첨품대(瓷塑甛品臺), 독일 드레스덴 마이센 자기 공장, 약 1735년, 빅토리아&알버트박물관 소장.

독일 드레스덴에서 발굴된 19세기 자기.

토비(Toby) 잔, 영국 스태퍼드셔(Staffordshire), 약 1785년, 빅토리아&알버트박물관 소장.

중국 국가박물관, 작가 직접 촬영. "자기의 운(瓷之韻)"-대영박물관, 빅토리아&알버트박물관 주최 정품전, 2012.11.30.

대련 현대박물관, 작가 직접 촬영: 동풍서점(東風西漸) - 상해시 역사박물관 소장 유럽 자기전, 2012.6.2.

*독일 드레스덴에서 발굴된 19세기 자기.

자 유럽 각 국가가 생산한 자기는 매우 빨리 대중 시장을 점유한다.

셋째, 유럽 산업 자본이 상업 자본의 지위를 대신한 것이다. 18세기 후반에는 유럽의 상업 자본은 점점 영향력과 지위를 잃어가고, 산업 자본의 영향력은 점점 증대되어 거의 전 자본을 아우르게 된다. 유럽 각국이 자기를 생산하면서 동시에 자국에서 생산한 자기를 보호하려고 중국산 자기에 관세를 높게 매겼다. 이 때문에 중국에서 자기를 수입해도 이윤이 거의 없었다. 각국의 동인도공사는 옛날 영광을 재현하지 못했으며, 서서히 몰락의 길로 접어든다.

04 찻잎

찻잎의 생산과 판매 과정을 담은 외소화: 차나무 식목에서 원양 운송을 위한 포장까지. 마지막 그림에는 유럽 상인이 그려져 있음

劉明倩, 18~19世紀 羊城風物 [M]. 上海: 古籍出版社, 2003.

1. 초기 찻잎 생산과 외전

사람들이 마셨던 차는 차나무 잎으로, 찻잎이라고 부른다. 여타 인류가 심고 이용했던 식물과 마찬가지로 차나무도 원래는 야생식물이었다. 식물학자의 보편적 관점을 따르면 차나무는 6,000만 년 혹은 7,000만 년 전에 출현했다고 한다. 근대 발견에 따르면 원시 상태의 야생 차나무는 중국에만 있었던 것이 아니라고 한다. 1824년부터 1839년 인도에 주둔했던 영국의 군인 로버트 부르스(Robert Bruce)와 그의 동생 알렉산더 부르스(Alexander Bruce)는 인도 동북부와 미얀마(Myanmar) 경계의 아삼(Assam)주 사디야(Sadiya) 산지에서 잇따라 야생인 큰 차나무를 발견했다. 이를 근거로 그들은 인도가 차의 원산지라고 단정했다.

이 사건을 기점으로 약 100년간 차나무 원산지에 대한 논쟁이 있었다. 현재까지 중국에서는 최소 10개 성 198곳에서 야생하던 큰 차나무가 발견되었다. 지금까지 세계에서 발견된 차과(茶科) 식물은 모두 23속, 380여 종이고 그중 중국에서는 15속 260여 종이 발견되었다. 중국의 주요 분포 지역은 운남, 귀주, 사천 일대이다. 지금까지 발견된 최고령 차나무는 운남성 진원현(鎭沅縣) 천가채(千家寨) 상패(上壩)의 1호 고차수(古茶樹)로 나이는 2,700년 정도라고 한다.

식물학자의 견해를 따르면 차나무 속(屬) 대부분은 기원이 한 지역에 집중되어 있고, 이 지역이 어떤 식물군의 중심 발원지라고 한다. 이 견해대로라면 중국에서는 서남 지역이 차나무 속의 발원 중심이 된다. 인도 차나무와 중국의 차나무를 분석할 결과, 인도에서 발견된 차나무는 중국에서 들어간 것으로 중국의 차나무와 속(屬)이 같은 중국 차나무의 변종이라고 한다. 이로써 차나무의 원산지는 중국이라는 것이 정론이 되었다.[61]

중국에서 차를 마시거나 차나무를 심었던 역사는 오래되었으며, 이와 유관한 문헌의 역사도 길고 매우 풍부하다. 『신농본초(神農本草)』에는 다음과 같은 기록이 있다. "신농은 수많은 풀을 맛보았고, 어떤 날은 독초 72가지를 만났는데 그때마다 차를 얻어 해독했다." 신농 시대는 지금으로부터 약 5,000년 전이다. 신농이 채취한 차는 당연히 야생일 것이고 신농은 이미 이를 채취해 먹었다.[62]

---

61 郭孟良. 中國茶史. 太原: 山西古籍出版社, 2003.

62 『신농본초』는 『신농본초경(神農本草經)』, 『신농백초경(神農百草經)』, 『본초

진원현 천가채에서 야생하는 큰 차나무 군락.

천가채 상패 1호 고차수(古茶樹).

世界古茶樹新記录-云南双江縣勐庫鎮野生古茶樹群落. 易茶网, 2007.8.18. (http://www.11tea.com/culture/148)

진대(晉代)의 『화양국지(華陽國志)』에는 다음과 같은 기록이 있다. "주 무왕이 은나라 주(紂)왕을 정벌하고 파촉의 군대를 실제 병합했다. (……) 주사(朱砂), 옻, 차, 꿀 (……) 모두 공물로 바쳤다." 이는 서주(西周) 초에 이미 차가 공물이었다는 것을 설명해준다. 또 『화양국지』에는 차를 인공 재배했다는 기록이 남아 있다. 춘추전국시대, 진, 한, 삼국, 남북조의 문헌 모두에 '차를 마셨다'는 기록이 있다. 수나라(581~618) 때부터 차를 마시는 것이 점점 보급되기 시작했다. 당대(618~907)에 와서는 "당시 풍속에 깊숙이 스며들어 온 나라에 성행했고 -육우(陸羽). 『다경(茶經)·육지음(六之飮)』-"[63]

경(本草經)』, 『본경(本經)』 등 다른 서명도 있다. 중국에 현존하는 최초의 의약 전문 서적으로 평가된다. 작가는 알려지지 않았고 "신농"이라는 이름을 가탁했다. 책의 성립 연대는 예로부터 이론(異論)이 많았는데 대체로 전국시대에서 한대(漢代) 사이에 이루어진 것으로 본다. 원본은 일찍 유실되었고, 현행본은 역대 『본초』 책을 모아 편집한 것이다. 이 책에 관한 기록은 『수서·경적지』에 제일 먼저 나온다. 역대부터 원전과 주석본이 상당히 많았고, 현존하는 최초의 편집본은 명나라 때 노복(盧複)이 편집한 『신농본경』(1616)이다. 비교적 널리 퍼진 것은 청나라 손성연(孫星衍)과 손풍익(孫馮翼)이 편집한 『신농본초경(神農本草經)』(1799)과 청나라 고광관(顧觀光)이 편집한 『신농본초경』(1844)이다.

63 陸羽. 茶經·六之飮[M]. 昆明: 云南人民出版社, 2011.

청나라 사람이 그린 염제신농상(炎帝神農像).

炎帝. 愛歷史网, 2009.7.10. (ttp://www.ilshi.cn/html/shangguchuanshuo/shanggurenwuchuan/200907/10-22.html)

상해 갑북(閘北) 공원 "다성(茶聖)" 육우 소조상.

儒家之后. 閘北公園拜謁宋敎仁陵墓. 网易博客, 2010.1.11. (http://kxq.1973.blog.163.com/blog/static/12690368620100114230624/)

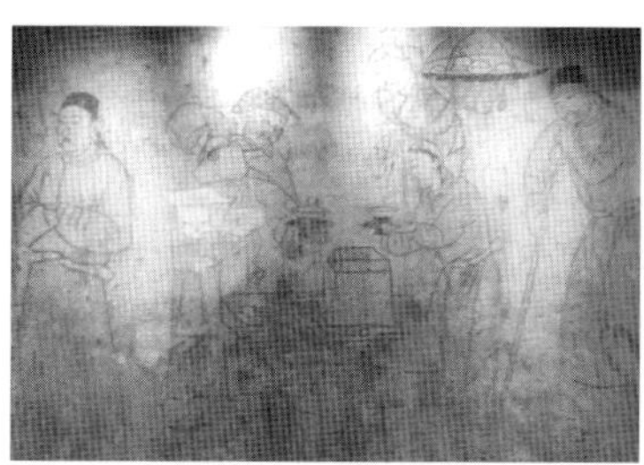

고대팽차도(古代烹茶圖)(부분).

북경 수도박물관, 작가 직접 촬영, 2012.12.1.

옛 북경의 연화(年畫)(부분).

이때부터 이미 전용 다기가 등장한다고 한다. 세계 역사에서 제일 먼저 차에 관한 책은 육우(733~804)의 『다경』으로 당나라 때 작품이다. 이 이후 음차(飮茶)의 풍속은 더욱 유행했는데 다음과 같은 송나라 시가 있을 정도였다. "육우가 인간 세상에 오면서부터, 사람들은 봄 차 마시는 것을 배웠네." 송대에 오면 차는 이미 전국 각지로 전파된다. 송나라 때 차 재배 지역과 현재 차 재배 지역은 범위가 거의 일치한다.

인류가 처음 찻잎을 이용할 때는 신선한 찻잎을 씹어 먹다가 점차 간단하게 달여 마시거나 불에 말려 마셨다. 나아가 물에 달이거나 우려내 음료

염립본(閻立本): 투차도권(鬪茶圖卷)●28, 북경 고궁박물관 소장 진품.
吳思强. 宋代的斗茶歌与斗茶圖. 文匯報, 2008.10.22., 轉自中國經濟网, 2009.1.12. (http://cathay.cle.cn/file/200901/12/t20090112_17934722.shtml)

조맹부(趙孟頫): 투차도, 대만 고궁박물원 소장.
黃執优. 中國古代茶制茶規. 西江都市報多媒体數字版, 2009.8.15. (http://www.xijiangdsb. com.cn/html/2009-08/15/content_90372. htm)

요묘(遼墓) 출토 벽화: 다작방도(茶作坊圖) 1993년, 하북성(河北省) 장가구시(張家口市) 선화구(宣化區) 하팔리촌(下八里村) 6호
淸明前古代風靡的斗茶. 綿陽晩報, 2011.3.19. (http://epaper.sulong.com/mywb/html/2011-03/19/content_76003. htm)

유송년(劉松年): 연다도(撵茶圖), 대만 고궁박물원 소장
徐累人間饗宴: 中國藝術中的愛欲食色. 北京: 中國人民大學出版社. 轉自搜狐网. (http://lz.book. sohu.com/chapter-12543-111284000.html)

수로 마셨다. 삼국 시기 이미 찻잎을 가공하는 기술이 생겨서 채취한 찻잎을 우선 병(餠)으로 만들고 다음 햇빛에 말리거나 불로 덖었다. 당나라에 와서는 증기로 쪄서 병을 만드는 기술이 거의 완벽한 경지에 이르고, 공정을 "채취하고, 찌고, 찧고, 비비고, 덖고, 거르고, 싸는 -육우, 『다경·지조(之造)』-"같은 순서대로 나눈다. 송대에는 제조 기술이 매우 발달하고, 신품종도 계속 나왔는데 그중에 특별히 성행했던 것이 용봉단차(龍鳳團茶)이다. 송에서 원까지는 병차, 용봉단차, 산차(散茶)가 모두 있었다. 명나라

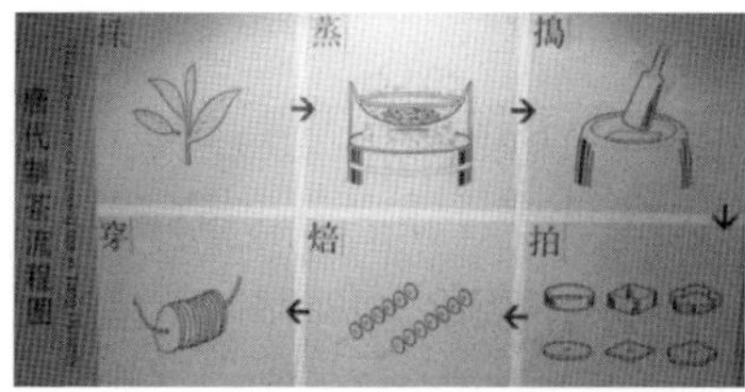

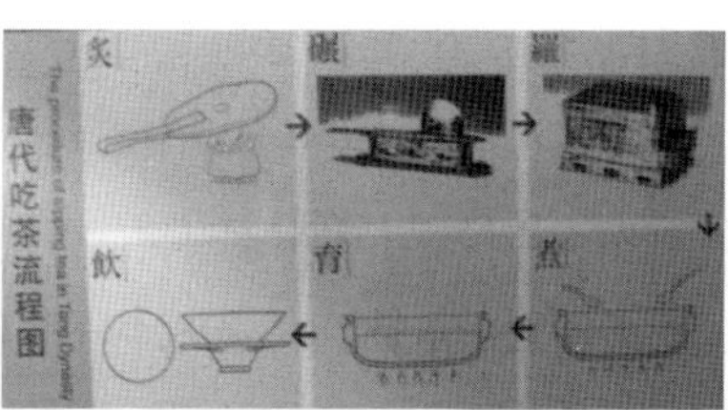

당나라 때 차 제조와 차를 마시는 과정.
서안 법문사, 2012.5.10.

하북 당현(唐縣)에서 출토된 오대 시기의 백자 다기와 육우 상(象).
북경 국가박물관, 작가 직접 촬영, 2012.11.30.

태조 주원장은 홍무 24년(1391)에 단차를 폐하고 산차를 흥하게 하라는 칙령을 내린다. 이때부터 전차(磚茶)와 병차(餅茶)보다 산차가 성행했고, 자차(煮茶)보다 포차(泡茶)가 성행한다.

차나무에서 찻잎을 딴 다음 각종 다른 방식으로 가공을 거쳐 발효시킨다. 발효 방식에는 완전 발효, 반 발효, 일체 발효하지 않는 것 3가지가 있고, 발효 정도에 따라 차의 품질이 달라진다. 제조 공법에 따라 색, 향, 맛, 모양이 달라진다. 이에 따라 녹차, 황차, 흑차, 백차, 홍차, 청차(오룡차)로 분류한다. 앞서 말한 차에다 향과 모양이 다른 꽃을 넣고 다시 가공하면 화차가 된다. 차를 마시는 방식에 따라 자차(煮茶), 포차(泡茶), 긴압차(緊壓茶), 속용차(速溶茶)로 나눈다. 차나무가 성장한 환경에 따라 평지차, 구릉차, 고산차, 암차(巖茶), 탄차(灘茶) 등으로 분류한다. 이외에도 산지에

심천 일대의 차 농장.
심천에서 작가 직접 촬영, 2008.11.15.

유명한 원생 대홍포(오룡차) 몇 그루.
복건 무이산에서 작가 직접 촬영, 2012.12.4.

청나라 황실에 공납한 차 (용정).

청나라 황실에 공납한 차 (소종차향).

청 건륭 때 사용한 다기.

북경 고궁박물관, 작가 직접 촬영, 2012.12.2.

따라 분류하는데 예를 들면 산지의 성(省)에 따라 절차(浙茶), 민차(閩茶), 천차(川茶) 등으로 분류하는 것과 같다.

요즘은 차와 커피, 코코아가 세계 3대 음료이다. 대략 120개 국가의 20억 인구가 차를 마시는 습관이 있고, 이 중 50개 국가가 차를 재배하고 있다. 세계 각국의 차 품종, 차 재배 기술, 차 마시는 풍속은 모두 중국에서 직·간접적으로 영향을 받았다. 세계 각국에서 사용하는 '차'라는 말과 발음은 중국의 각 지방의 방언에서 퍼져나간 것이다. 일어와 인도어의 'cha'는 중국 발음을 그대로 차용한 것이다. 영어의 'Tea', 프랑스어의 'The', 독일어의 'Tee', 이탈리아어와 스페인어의 'Te', 네덜란드어의 'Thee', 스리랑카어의 'They', 라틴어의 'Thea' 등은 모두 민남어(閩南語)의 '茶' 발음인 'Dei'에서 유래한 것이다.

다음과 같이 주장하는 사람도 있다. "중국 찻잎이 처음 해외로 전파된 것은 남북조 시기로 추정된다. 당시 중앙아시아 상인들이 상품을 들고 중국 서북쪽 변경에 와서 중국 상인의 차와 바꾸어 갔다." 또 어떤 사람은 "중국 찻잎이 해외로 전파된 것은 아마도 기원후 4세기에서 5세기 사이 수나라 불교가 고려에 전해지면서 같이 들어간 것 같다"라고 주장하기도 한다. 물론 이와 다른 주장도 있다. "한나라 때 서역을 통해서나 또는 중국 동남아 연해에 외국 선박이 정박할 때 해외로 전해졌을 것이다." 그러나 찻잎의 해외 전파에 대한 최초의 문자 기록을 따르면 당나라 때부터 시작되었다고 한다. 그렇더라도 명대 이전 시기에 찻잎의 해외 전파는 수량도 많지 않았을 뿐만 아니라 지역도 넓지 않아 대개 중국 주변 국가에만 국한되었다.

교역 방식은 대개 물물교환했고, 이외에 선물이나 개인이 가지고 간 것이었다. "비단길"과 마찬가지로 "찻잎길"도 해로와 육로로 나뉜다. 사실, 비단과 자기, 차 이 세 가지 상품의 유통 노선은 늘 겹친다.

남양(南洋)과 서양(西洋) 방향에 관해서는 다음과 같은 기록이 있다. 비교적 이른 시기인 851년에 아랍인 술레이만(Suleiman)이 『중국과 인도 견문록』에서 중국 광주의 상황을 설명하는 중에 찻잎을 언급했다. 송원 시기에 해로가 크게 열리면서, 중국인이 대거 남양으로 이주했고 이때 찻잎도 같이 수출되었다. 동양 방향으로 전파한 것에 대해서는 당나라 때 이미 조선과 일본으로 찻잎을 전파했다는 확실한 기록이 남아 있다. 한반도 고려 때 인물인 김부식(金富軾)이 쓴 『삼국사기』「신라본기」에 "선덕여왕께서 차를 가지고 계셨다"라는 기록이 있다. 선덕 여왕의 재위 기간은 632~647년이다. 따라서 당나라 때부터 한반도에서는 차나무를 심기 시작한 것이다. 12세기 고려에 이르면 이미 차 마시는 풍속은 민간에까지 널리 퍼진다.

사이초(最澄) 법사(767~ 822).
불멸법등2: 사이초 법사와 일본 천태종, 2005.12.25. (http://www.ttz.lib.tzc.edu.cn/art2008/news_view.asp?newsid=918)

쿠가이(空海) 법사(774~835), 사이초와 쿠가이 이 두 승려는 일본견당사(日本遣唐使)를 따라 당나라에 들어와서 불법을 배웠다. 이들이 처음으로 차나무 종자를 일본에 가져갔다고 전해진다.
史誠. 遣唐使開辟中日"書籍之路冶. 中國民族宗教网, 2010.6.22. (http://www.mzb.com.cn/html/Home/report/132380-1.htm)

우지(宇治) 적차도(摘茶圖).
茶道/花道/香道. 易博樂, 2010.3.19. (http://cn.explore.ne.jp/news/article.php?id=3039)

일본 문헌『오기쇼(娛儀抄)』에는 일본 덴표(天平)•[29] 원년(당 현종 개원 17년, 729) 4월에 쇼무 텐노우(聖武天皇)가 승려 여럿을 궁정으로 불러『대반야경』을 강의하게 하면서 차를 선물했다는 기록이 있다. 당나라 때 많은 일본인이 당나라로 사절단으로 파견되었는데, 그중에 특히 당나라에 유학 온 승려들은 귀국할 때 찻잎과 차 종자를 가져갔다. 차 마시는 습관이나 방법을 가져갔을 뿐만 아니라 차 종자, 나무 심는 법, 제작 기술도 가져갔다. 명나라 때 일본인은 그들만의 특유한 문화인 "일본 다도"를 형성한다.[64]

중국의 차에 관해 기록을 남긴 유럽인은 베니스 출신 조반니 바티스타 라무시오(Giovanni Battista Ramusio)이다. 그는 명 세종(1521~1566) 시기 중국을 방문했고,『중국차』와『항해여행기』라는 책 2권을 썼다. 여기서

64 湯正良. 日本茶道逸事[M]. 北京: 世界知識出版社, 2001.

"일본 다성(茶聖)"으로 추존된 에이니시(榮西, 1141~1215). 에이니시는 남송 소흥 초기 천태산으로 유학을 와서 불법을 배웠다. 귀국할 때 수많은 경전 이외에 다량의 차 종자도 같이 가져갔다. 에이니시는 일본 최초로 차에 관한 책인 『삿사요죠키(喫茶養生記)』를 썼다.

日本禪宗主要流派及其開祖. 大渡网, 2011.6.30. (http://www.dadunet.com/106-111-view-111-201106-42658-2.html)

일본 다도의 "개산지조(開山之祖)"로 추앙받는 무라타 쥬코(村田珠光, 1423~1502).

日本茶道的形成与發展. 网易博客, 2008.2.08. (http://blog.163.com/cat2213990@126/blog /static/51413216200818425852 5/)

일본 다도 역사에서 가장 영향력 있는 인물인 다도 대사 센리큐(千利休, 1522~1591).

SAKAICITY. (http://www.city.sakai.lg.jp/chinese/visitors/whats/notable/rikyu.html)

그는 다음과 같이 말한다. "중국은 곳곳에서 차를 마신다."[65] 같은 시기 포르투갈 선교사 크루제(Cruze)는 1569년에 출판한 『광주(廣州) 여행』에서 "중국의 귀족 집안에서는 손님이 오면 항상 차를 마신다"[66]라고 했다. 마테

65 陳椽. 茶業通史[M]. 北京: 農業出版社, 1984. 陳琿, 呂國利鄖中國茶文化尋踪[M]. 北京: 中國城市出版社, 2000. 威廉·烏克斯. 茶叶全書. 北京: 中國茶叶研究社, 1949.

66 C.R. 博克舍. 十六世紀中國南部行紀 [M]. 何高濟, 譯. 北京: 中華書局, 1990.

얀 요제프 호레만스(Jan Josef Horremans) 《차 마시는 여인들》.
수도박물관, "中國淸代外銷瓷展" (一), 网易博客, 2010.5.20. (http://wzqwang263net.blog.163. com/blog /static/55027902201042012230543/)

오 리치(Matteo Ricci, 1552~1610)는 저서 『마테오 리치의 중국 찰기(札記)』에서 중국인이 차 마시는 습관에 대해서 자세하게 기록했다.[67] 15세기 말에서 16세기 초, 대항해시대가 도래하자, 중국의 차는 먼저 포르투갈로 들어가 왕실과 소수 귀족 가정에서 마시기 시작했다. 17세기에는 차 마시는 습관이 포르투갈과 네덜란드에서 전 유럽으로 퍼져나갔다. 이와 동시에 유럽의 식민지였던 아메리카, 아프리카, 호주로도 전파되었다.

중국 문헌을 살펴보면, 명나라 때 이미 차 무역은 규모가 상당했다. 그러나 실제로는 차의 해상무역 비율은 그리 높지 않았고, 수출한 외국 국가도 그리 많지 않았다. 명나라 시기, 일본 차나무 재배와 차 가공 기술은 이미 상당히 발전했고, 중국에서 수입도 많이 하지 않았다. 당시 남양 지역으로 차 수출이 증가하기는 했지만, 남양 지역의 주요 소비자는 화교이거나 약간 뒤에 들어온 서양인이었으며 수량도 그리 많지 않았다. 명나라 때 비록 포르투갈인과 네덜란드인이 중국의 차를 수입해 갔지만, 유럽인은 아직 차 마시는 습관이 들지 않아서 수입 물량도 그리 많지 않았다. 청나라에 와서야 대량으로 차를 해상무역하기 시작한다. 중국과 서양 무역 중에서 차가 대량 상품이 된 것은 이때부터이다. 달리 말하면, 중국과 서양 국

67 利瑪竇, 金尼閣. 利瑪竇中國札記 [M]. 何高濟, 譯. 北京: 中華書局, 1983.

가 간에 차 무역을 시작한 이래 1870년대까지 세계 차 무역 중에서 대부분은 중국과 서양의 각 국가가 거래한 무역이었다.

2. 네덜란드

앞서 말한바와 같이, 15세기 말에서 16세기 초에 포르투갈은 중국의 차를 많이 수입하기 시작했는데, 유럽 국가에서 중국의 차를 진정 대량으로 수입하기 시작한 것은 네덜란드이다. 1637년 네덜란드 동인도공사의 세벤틴(Seventeen) 후작은 바타비아(Batavia)[30]의 총독에게 편지를 보내 찻잎, 찻잔, 찻주전자 등 차와 다기를 유럽에서 구매할 수 있도록 허가해달라는 편지를 보낸다. 이로부터 정식으로 유럽으로 차 수출이 시작된다. 명말청초 중국은 전쟁의 소용돌이에 휩쓸렸으므로 강희 연간에 와서 중국 국내가 차츰 안정된다. 이때 서양의 여러 나라에서 차 마시는 것이 보편화되는데 비로소 중국과 서양 사이의 대규모 해상 차 무역이 전개된다. 다시 말하자면, 중국과 서양 간의 차 해상무역이 본격화된 것은 청대(淸代)라는 것이다. 청나라 때 유럽 국가가 중국과 차 무역을 할 때 네덜란드가 처음에는 거의 독점하다시피 했다. 이후 네덜란드는 영국의 도전을 받았고, 점점 영국이 네덜란드를 초월해 시장을 독점하기 시작했고 그다음 미국이 제2의 수입국이 된다.

초기에는 유럽 차 시장을 거의 네덜란드가 장악하다시피 했고, 18세기까지 줄곧 네덜란드가 유럽 국가 중에서 최대 차 판매국이었고, 본국에서 소비하는 차를 제외하고는 유럽 다른 국가와 북미로 중개무역을 했다. 당시 차 무역은 이윤이 많이 남았다. 예를 들자면, 1666년 영국 귀족 오쏘리(Ossory)와 알링톤(Arlington)은 암스테르담에서 파운드 당 3실링(Shilling) 4펜스(pence)에 구매해, 영국으로 돌아가 2파운드 18실링 4펜스[31]에 되

네덜란드 동인도공사 VOC 동전.

네덜란드 동인도공사, 字典通. (http://baike.zidiantong.com/h/helandongyindugongsi130668. htm)

네덜란드 동인도공사 암스테르담 총부(현 암스테르담 대학 기숙사).

荷蘭東印度公司. 互動百科, 2011.3.10. (http://www.baike.com/wiki/%E8%8D%B7%E5%85%B0%E4%B8%9C%E5%8D%B0%E5%BA%A6%E5%85%AC%E5%8F%B8)

네덜란드 동인도공사의 암스테르담 소재 선박 공장.

源荷蘭最大造船 厂-阿姆斯特丹的東印度公司船厂. 船舶數字博物館, (http://digitalmuseum.zju.edu.cn/shanghaijiaoda.do?methede=Showjiaodagood&oid=297ebbaf286 c5b8d01286c9cf92700ed)

1726년 바타비아(Batavia) 항구(현 자카르타).

愛菱說. 東南亞地名古称. 网易博客, 2010.5.15. (http://ewzq.blog.163.com/blog/stati /172336318201041542522267/)

네덜란드 동인도공사의 무장 상선.

三次英荷戰爭. 搜狐网, 2008.11.02. (http://cvbnm001.i.sohu.com/blog /view/105303217.htm.)

광주 차 창고.
17~20 世紀茶叶貿易的海上之路(法國), 中國茶叶博物館. (http://jp.teamuseum.cn/ViewContent8.aspx?contentId=925)

차를 선박으로 옮겨 싣는 장면.
朱大可. 上海与世博的隱祕情史, 2010.5.24. (http://blog.workercn.cn/?uid-1181-action-viewspace-itemid-7353)

팔았다고 한다.[68]

비단, 자기와 마찬가지로 초기 중국과 네덜란드의 무역은 바타비아를 경유한 간접 무역이었다. 중국 상인이 찻잎을 비롯한 여러 상품을 바타비아로 가지고 가면, 네덜란드인이 유럽으로 수입해 갔다. 특히 강희 연간에 개항하고서부터는 동남아로 항해하는 상선이 급격히 증가했는데, 1690년에서 1718년까지 매해 평균 17척이 바타비아와 중국을 왕복했다. 이외에도 네덜란드인은 페르시아를 거쳐 중국의 차를 수입했다. 17세기 말에 와서는 네덜란드의 차 수입은 일정 규모에 도달한다. 예를 들면, 1658년 네덜란드 동인도공사의 이사회가 인도 주재 총독에게 '품질이 좋은 차 2만 파운드를 보내 달라'는 편지를 보낸다. 1715년 네덜란드 동인도공사의 이사회는 네덜란드 당국에 차 6~7만 파운드를 예약 구매해달라고 요구한다. 다음 해는 더 증가하여 10만 파운드를 요구한다. 1719년에 이르러서는 네

68 Osbert Lancaster. The Story of Tea [J]. "The Geographical Magazine", 1938.

덜란드가 예약한 수량이 20만 파운드까지 증가하게 된다.

이윤이 많이 발생하자 유럽 각국은 앞 다투어 차 무역에 뛰어들었고, 유럽으로 들어가는 차의 양이 급증하자, 차 가격은 하락한다. 1698년 네덜란드에서 무이차(武夷茶)는 파운드당 7.75휠던(gulden)에 팔렸지만, 1701년에는 2.32휠던까지 떨어진다. 상황이 이렇게 바뀌자, 네덜란드인들은 바타비아에서 중국 상인들에게 구매하던 차의 가격을 제멋대로 낮춘다. 중국 상인들이 항의해도 먹혀들지 않았고 중국 상선 14척은 어쩔 수 없이 네덜란드인이 원하는 가격대로 차를 판다. 그러면서 다시는 네덜란드인과 거래하지 않겠다고 맹세한다. 1718년부터 1722년까지 어떤 중국 상선도 바타비아로 항해하지 않았다.

그럼에도 불구하고 포르투갈인은 기회를 틈타 차 무역에 개입했다. 네덜란드인은 유럽 차 시장에서 지위를 유지하려고 1717년에 비해 75%로 비싼 가격으로 포르투갈인 상인에게 차를 구매한다. 하지만 차 판매량이 전과 별 차이가 없어 네덜란드인은 막대한 손해를 입는다. 이 때문에 네덜란드 동인도공사 이사회는 네덜란드 당국에 중국 상선을 다시 올 수 있게끔 법을 제정해달라고 요구한다. 1722년 중국 상선은 바타비아로 차 운송을 재개한다.[69]

한편, 네덜란드 동인도공사 이사회는 중국과 직접 무역하기로 결정한다. 1722년, 네덜란드 동인도공사는 중국에서 직접 차를 구매하려고 상선을 보낸다. 이때부터 중국과 네덜란드 간의 무역은 간접 무역에서 직접 무역으로 바뀐다. 1728년 12월 초 코스호른(Coxhorn)호가 30만 휠던 상당의 백은을 싣고 중국으로 출발한다. 1729년 8월에 광주에 도착하고, 1730년 7월에 텍셀(Texel)로 돌아간다. 돌아갈 때 차 27만 파운드와 비단, 자기 등의 상품을 실었는데 구매 총액은 27~28만 휠던 정도였다. 각종 비용을 제외하면 이윤은 32.5만 휠던이었다. 첫 항해가 성공하자 네덜란드인들은 고

69 張應龍. 鴉片戰爭前中荷茶叶貿易初探[J]. 暨南學報: 哲社版, 1998 (3).

무되었다. 1731년부터 1735년까지 네덜란드는 상선 11척을 중국으로 출항시킨다. 중국보다 네덜란드에서 차 값은 2~3배 비쌌으므로 이윤이 많아 남았다. 1729년, 네덜란드가 광주에서 구매한 차의 총액은 24.2만 휠던이었고, 네덜란드에서 판매한 수익이 35.5만 휠던이었으므로, 수익률이 147%였다. 1733년, 네덜란드가 광주에서 구매한 차의 총액은 33.7만 휠던이었고 네덜란드에서 판매해서 얻은 수익은 98.9만 휠던이었으므로, 이익이 65.2만 휠던이며 수익률이 194%였다. 이 때문에 1729년에서 1735년까지 중국과 네덜란드 간의 직접 무역은 중세 시종 절대 중요한 지위를 유지한다. 〈표 4-1〉를 참고하라.[70]

〈표 4-1〉 1729~1733년도 암스테르담과 중국의 차

무역 단위: 네덜란드 휠던

연도	무역 총액	차 가격	차의 비율
1729	284,902	242,451	85.1%
1730	234,932	203,630	86.7%
1731	524,933	330,996	63.1%
1732	562,622	397,466	70.6%

* C.J.A.Jry, Porcelain and Dutch China Trade, Martinus Nijhoff, 1982, p.217. 장잉롱(張應龍)의 다음 책에서 인용했다. 張應龍. 鴉片戰爭前中荷茶叶貿易初探 [J]. 暨南學報: 哲社版, 1998 (3).

한편 차 무역이 활발하여지자 네덜란드의 백은(白銀)이 대량으로 유출되었고, 공사의 은행이 텅 비게 되어 신용 위기가 발생한다. 매우 심각했던 선원의 밀수와 관리 무역을 담당하는 직원이 차 구매 가격을 허위로 보고하면서 횡령하는 것, 상선의 원가가 내려가지 않는 등 여러 문제로 공사의 이익은 끊임없이 추락한다. 1731년, "뒤이피(Duijfie)"호는 "코스호른"

70 張應龍. 鴉片戰爭前中荷茶叶貿易初探[J]. 暨南學報: 哲社版, 1998 (3).

보다 이윤이 20%나 적었다.[71] 공사 이사회가 중국과 직접 무역에서 발생하는 이런 적자 상황을 개선하려 일련의 대책을 강구해도 상황이 호전되지 않는다. 1734년 봄, 공사 이사회는 중국과 직접 무역하는 방식을 바꾸기로 최종적으로 결정하면서 바타비아를 경유했던 간접 무역을 부분적으로 재개한다. 1735년부터 1756년까지 간접 무역과 직접 무역을 병행한다. 그러나 1740년 식민지 거주 네덜란드인들이 바타비아의 화교들을 처참하게 살해하자, 바타비아 주재 화교 상인의 연락망이 완전히 무너져, 중국 상인은 바타비아에서 하던 차 무역을 그만둔다. 한편 차 밀수 무역은 더 커져 1747년 한 해 동안 민간인이 네덜란드로 싣고 간 차의 총량은 183.3만 파운드였다(Ibid, p.28.). 이와 동시에 차가 대량으로 유입되자 네덜란드에서는 차의 가격이 더 떨어지고 공사는 차 무역으로 손실을 더 보게 된다. 게다가 바타비아를 경유해 들어온 차는 품질도 떨어지고, 또 유럽 국가가 광주에서 수입한 차 가격보다 40~50%가 낮았으므로 네덜란드는 유럽 다른 국가와 차 무역 경쟁에서 뒤떨어지게 된다. 1754년 네덜란드의 차 무역으로 남긴 이익은 7%까지 떨어져 심각한 위기를 맞게 된다.[72] 〈표 4-2〉를 보라.

앞서 교훈을 바탕으로 네덜란드 동인도공사는 대중국 무역 부채에 대한 전문위원회를 구성한다. 1755년 다시 중국과 직접 무역을 하기로 결정하고, 동남아에서 중국으로 주석, 아연, 향료 같은 토산품을 더 수출하기로 노력하면서 동시에 중국과 무역하는 과정에 대해 통제와 감독을 강화하기로 했다. 1756년에서 1763년까지 영국과 프랑스의 7년 전쟁은 네덜란드에게 천재일우의 기회였고 네덜란드의 차 무역은 다시 활기를 띠기 시작한다. 1758년 네덜란드의 차 무역의 이익은 196%까지 치솟아 18세기에서 정점을 찍는다.

1758년 네덜란드가 광주에서 수입한 차의 총액은 77.8만 휠던이고,

71 張應龍. 鴉片戰爭前中荷茶叶貿易初探[J]. 暨南學報: 哲社版, 1998 (3).
72 庄國土. 茶叶, 白銀和鴉片: 1750~1840 年中西貿易結构[J]. 中國經齊史研究, 1995 (3).

〈표 4-2〉 1736~1756년 대중국 차무역 통계표

무역 단위: 네덜란드 휠던

연도	수입 중국 화물 총액	차 가격	차 점유 비율
1736~1740년	2,957,034	1,767,707	59.8%
1742~1750년*	8,808,457	5,936,858	67.4%
1751~1756년	14,234,595	10,524,017	73.9%

* 1747년 자료는 빠져 있다. 모두 장잉룽(張應龍)의 다음 책에서 가져왔다. 張應龍. 鴉片戰爭前中荷茶叶貿易初探[J]. 暨南學報: 哲社版, 1998 (3).

1765년에 220만 휠던으로 대폭 증가하므로, 증폭이 거의 3배에 달한다.[73] 1759년부터 1762년까지 네덜란드와 중국 간의 무역 전체 중에서 차 무역이 차지하는 비율이 78.9%에서 89.6%에 이른다. 7년 전쟁이 끝나고 유럽 국가 중 특히 영국은 중국과 무역을 활발하게 재개한다. 네덜란드도 대중국 무역 정책을 조정한다. 1756년부터 1762년까지 네덜란드의 차 수입 연평균은 1.6단(担)이고, 1763년에서 1769년까지 연평균은 2.9단, 1770년부터 1777년까지 연평균은 3.5단, 1778부터 1780년까지 연평균은 3.5단이다.[74]

18세기 이후부터 영국은 해상무역에서 네덜란드가 차지한 패권에 부단하게 도전한다. 특히 1780년에서 1784년까지 영국과 네덜란드 사이에 전쟁할 때, 네덜란드는 해상에서 영국에게 심하게 타격을 받았고 또 많은 상선이 영국 함대에 노략질을 당하면서 네덜란드의 대중국 무역 자체가 흔들리게 된다.

1784년 이전까지 영국의 차에 관한 세금은 매우 무거워서 차 가격이 다른 유럽 국가보다 훨씬 비쌌다. 네덜란드는 수입한 차 대부분을 영국에 되팔았다. 1784년 영국은 차 세금을 대폭 낮추었는데, 이 덕분에 중국과 직접 차 무역도 매우 빠르게 성장한다. 미국의 "중국 황후"호도 같은 해 광주

73 張應龍. 鴉片戰爭前中荷茶叶貿易初探[J]. 暨南學報: 哲社版, 1998 (3).
74 張應龍. 鴉片戰爭前中荷茶叶貿易初探[J]. 暨南學報: 哲社版, 1998 (3).

〈표 4-3〉 1784~1793년 네덜란드 차 무역 통계표

단위: 단(担), 네덜란드 휠던

연도	선박/척	찻잎 양	광주 수출 점유 비율(%)	차 가격	수입국 화물 점유 총비율(%)
1784	4	40,011	20.6	2,225,619	70.9
1785	4	33,441	14.4	1,768,428	67.9
1786	5	44,774	18.5	3,342,391	73.7
1787	5	41,162	15.4	3,435,415	72.5
1788	4	31,347	13.8	3,171,942	78.5
1789	5	38,302	18.5	3,316,479	76.7
1790	3	9,964	5.3	367,316	53.7
1791	2	15,385	10.8	1,017,519	66.3
1792	3	22,039	12.2	1,821,461	80.2
1793	2	17,130	9.1	2,150,190	79.2

* 馬士. 東印度公司對華貿易編年史 [M]. 广州: 中山大學出版社.

〈표 4-4〉 1729~1793년 네덜란드에서 대중국 수입 중 차가 차지하는 비율

단위: 네덜란드 휠던

연도	화물 총액	차 가격	비율(%)
1729	284,902	242,420	85.1
1730	234,932	203,603	86.7
1736	365,036	201,584	55.2
1740	1,075,001	590,328	54.9
1746	1,228,130	875,529	71.3
1750	1,366,760	960,403	70.3
1756	2,067,312	1,351450	65.4
1760	1,803,274	1,614,841	89.6

연도	화물 총액	차 가격	비율(%)
1766	2,584,402	2,087,036	80.8
1770	2,405,232	1,777,256	73.9
1776	2,451,597	1,723,870	70.3
1780●32	2,471,829	1,738,936	70.4
1786	4,538,034	3,342,391	73.7
1790	683,971	367,316	53.7
1793	2,714,789	2,150,192	79.2

* Jorg, Prcelain, pp. 217~220. 轉引自庄國土.茶叶, 白銀和鴉片: 1750~1840 ; 年中西貿易結构[J]. 中國經濟史研究, 1995 (3).

에 도착했고, 또 1789년부터 유럽 중개무역에 대한 수입세를 징수하면서 네덜란드의 차 무역의 진로를 가로 막는다. 네덜란드에는 본래 차세(茶稅)가 없었으므로, 이 시기의 유럽의 다른 국가들은 되레 차를 네덜란드에 팔기 시작한다.

이와 동시에 네덜란드는 동남아 토산품을 중국에 팔면서 얻었던 수익이 점점 줄어들기 시작했다. 또 식민지 인네도시아의 네덜란드 당국이 세금을 무겁게 거둬들이자 중국 범선들은 다른 곳으로 옮겨 갔고, 이로 인해 바타비아에서 네덜란드 무역은 급속히 하락한다. 네덜란드 동인도공사 자체도 심각한 경제 위기를 맞으면서 대규모 적자를 보고 빚더미에 깔렸다. 광주의 상점에 차관이 갈수록 많아져 네덜란드인의 신용이 땅에 떨어지게 된다. 또 네덜란드인이 취급하던 차는 대부분 질이 떨어지는 진차(陣茶)나 저당차(低檔茶)였다. 그래서 유럽에서 네덜란드 차는 명성이 추락하고, '네덜란드 차'라는 말은 곧 질 낮은 차와 동의어가 된다. 〈표 4-3〉과 〈표 4-4〉를 보라.

1795년, 네덜란드에서 정권 교체가 일어나고, 사회가 동요하면서 네덜란드의 대중국 무역은 급속히 추락한다. 네덜란드 동인도공사는 1799년

12월 31일 정식으로 문을 닫는다. 광주에서 차를 수출하던 국가 중에서 네덜란드는 이제 언급할 필요조차도 없을 정도로 미미해진다. 1829년 네덜란드의 차 구매 총량은 7,860단이고, 1832년은 1.2만 단이다. 광주에 수출한 차 전체에서 2.4% 내지 3%에 불과하다.

3. 영국과 여타 서양 국가

영국과 중국은 1664년 차 무역을 시작했다. 그해 영국 동인도공사 런던 총부에서 반튼 주재 대리에게 "100만 파운드 최상품 차"를 구매하라는 지령을 내린다. 또 1669년(강희 8) 반튼에서 출발한 중국의 차가 영국으로 들어간다. 당시 영국 시장에서 거래되던 차는 대개 네덜란드에서 들어왔고 아시아에서 영국 상선이 직접 영국으로 운송한 양은 매우 적었다. 17세기 말, 영국은 동인도공사를 통해 중국과 안정적 무역 거래를 성사시키면서 광주에 상무처(商務處)를 설립한다. 1687년 영국 동인도공사는 봄베이

영국인의 "오후 차". 영국 민요 1수. "시계가 오후 4시를 울리면 일순간 세상이 차를 위해 멈춘다."
用优雅凝固時間[J]. 世界, 2011. (6)

1800년 런던의 영국 동인도공사.
중국 국가박물관, 작가 직접 촬영. 复興之路, 2012.12.1.

자기 쟁반 위에 그린 영국 동인도공사 휘장.
중국 국가박물관, 작가 직접 촬영. 《자기의 운-대영 박물관, 빅토리아&알버트박물관 주최, 자기 정품전》, 2012.11.30.

(Bombay)에서 중국으로 들어가는 상선에는 반드시 차 150단을 실어야 한다고 규정한다. 1699년, 영국 동인도공사가 중국에 주문한 것은 상품(上品) 녹차 300배럴과 무이차 80배럴이다.

1704년 영국 상선 "켄트(Kent)"호는 광주에서 차 470단을 구매했는데, 값은 백은 1.4만 냥이고, 적재한 화물의 총량의 11%에 해당한다. 1715년, 영국 상선 "다트먼스(Dartmonth)"는 자본금 5.2만 파운드를 들고 광주로 들어가서 5,000파운드만 차에 투자했다. 1716년부터 중국과 영국의 무역에서 차는 이제 주요 상품이 된다. 영국 상선 2척이 광주에서 차 3,000단을 실었는데, 총액은 3.5만 파운드이고, 선적한 화물 총액의 80%에 해당한다. 1720년대를 기점으로 영국 중국에서 수입한 차의 양은 급속도로 증가한다.

이후, 영국 동인도공사(EIC)가 상당히 오랜 기간 중국에서 수입한 물품 중에서 절반 이상이 차였다. 17세기부터 1860년대까지 영국은 이미 네덜란드를 추월하고 세계 최대의 차 구매국이 되었다. 1765년부터 1774년까지 10년간 영국이 중국에서 수입한 상품 총량 중에 차가 71%를 차지한다.

외소화.
차 만드는 과정을 순서대로 그렸고, 또 황보(黃埔) 수도(水道)를 거쳐 차를 운반하는 주강(珠江) 하구의 정경을 그렸다.

이 시기에도 비단과 자기 같은 중국 상품에 대한 수요는 여전히 증가하지만, 영국의 동인도공사는 비단과 자기 같은 상품은 선장과 선원이 자신들에게 할당된 "특권 톤수"(Privilegetonnage)"를 이용해 스스로 경영하게 맡기고 본부는 차 무역에 집중하는 것이 낫다고 판단한다.

1784년●33 이전까지 영국은 차에 대한 관세를 계속 올렸다. 18세기 상반기 수입 관세는 수입 가격의 53%였고, 1783년에 이르러 114%까지 뛰었다. 1784년 영국 국회는 소위 "감세 법안(Commutation Act)"을 통과시켰다. 차의 수입 관세를 평균 120% 이상 내려 12%로 정해 차의 소비를 대대적으로 장려했다. 이후 영국 동인도공사가 수출한 차 수량은 급속히 증가한다. 1784년 이전 영국 공사가 매년 중국에서 수입한 차 수량은 평균 8만 단(단은 600근 혹은 60kg에 해당함)에 미치지 못했다. 1784년부터 18세기 말까지는 매년 평균 16만 단이 된다.[75]

1784~1794년, 매년 평균 중국에서 수입하는 화물 중에서 차가 차지하는 비중은 85%까지 올라갔다(다음 〈표 4-5〉 참고). 1786년 광주에서 수출

75 陳國棟. 東亞海域一千年: 歷史上的海洋中國与對外貿易 [M]. 濟南: 山東畵報出版社, 2006.

한 차 중에서 반 이상을 영국이 구매했고, 이는 여타 국가의 전체 구매량보다 많았다.[76] 이후에도 이 비율은 점점 높아져 영국이 중국의 차 무역을 거의 독점하다시피 한다.

건륭 말년에 매카트니(Macatrney) 사절단 부사로 중국에 온 조지 스턴튼(George Staunton)은 "채 100년 안 되어 차 판매량은 400배 증가했다"[77]라고 했다. 방식을 바꾸어 말하면 영국이 동인도공사를 통해 광주에서 수입한 차는 18세기 초만 하더라도 5만 파운드를 넘지 않았는데, 18세기 말에 와서는 2,000만 파운드를 넘어선다는 것이다. 동인도공사가 매년 차 값으로 지불한 은화는 400만 냥 정도에 달한다. 차 무역에 영국 동인도공사의 존망이 걸려 있을 뿐만 아니라 영국 정부의 재정 문제도 걸려 있었다. 1815년을 기점으로 공사는 매년 차 무역으로 100만 파운드 이상을 벌었고, 이는 상업 총이익의 90%를 차지하며 영국의 국가 전체 수입의 10%에 해당한다.[78] 〈표 4-5〉를 참고하라.

〈표 4-5〉 영국 동인도공사가 중국에서 수입한 총액 중에 차의 비율 (1722~1833년)

단위: 냥, 단

연도	수입 총액	차 수량	차 가격	총 화물 중 차의 비율(%)
1722	211,850	4,500	119,750	56
1723	271,340	6,900	182,500	67
1730	469,879	13,583	374,311	73
1733	294,025	5,459	141,934	48
1736	121,152	3,307	87,079	71

76 Morse HR. The Chronicles of the East IndiaCompany Trading to China 1635~1834 [J]. Oxford, 1926, 119.

77 斯当东. 英使謁見乾隆紀實[M]. 上海: 上海書店出版社, 2005.

78 庄國土. 茶叶, 白銀和鴉片: 1750~1840 年中西貿易結构[J]. 中國經濟史研究, 1995 (3).

연도	수입 총액	차 수량	차 가격	총 화물 중 차의 비율(%)
1740	186,214	6,646	132,960	71
1750	507,102	21,543	366,231	72
1761	707,000	30,000	653,000	92
1766	1,587,266	69,531	1,370,818	86
1770	1,413,816	671,128	1,323,849	94
1775	1,045,433	22,574	498,644	48
1780	2,026,43	61,200	1,125,983	55
1785	2,942,069	103,865	2,564,701	87
1790	4,669,811	159,595	4,103,828	88
1795	3,521,171	112,840	3,126,198	89
1799	4,091,892	157,526	2,545,624	62
1817	4,411,340	160,692	4,110,924	93
1819	5,786,222	213,882	5,317,488	92
1822	6,154,652	218,372	5,846,014	95
1825	5,913,462	209,780	5,913,462	100
1833	5,521,043	229,270	5,521,043	100

Chaudhuri, Pritchard Morse, 395~396. 장궈투의 다음 책에서 인용함. 庄國土. 茶叶,白銀和鴉片: 1750-1840年 中西貿易結构 [J]. 中國經濟史研究, 1995 (3).

* 1파운드(당시 영국 화폐)= 3냥, 1냥= 1.388은화(스페인 은화 기준)

19세기로 들어선 이후에도 영국 동인도공사가 중국에서 차를 수입하는 양은 여전히 증가한다. 1810년 이후에는 매년 평균이 24만 단이었으며, 이는 중국이 수출하는 차의 총액의 90% 이상에 해당한다. 1820년대와 30년대 사이 어떤 해는 영국 동인도공사가 광주에서 수입한 유일한 상품이 차였다. 위원의 『해국도지』의 자료를 살펴보면, 도광 17년(1837)[•34] 영국이

중국에서 수입한 차의 총액은 1,400만 원이었다.[79]

18세 이후 영국 이외의 다른 서방국가들 예를 들면 프랑스, 스웨덴, 덴마크, 미국 등의 국가의 대중국 무역에서 차가 차지하는 비율은 65%에서 75%로 고르지 않다.[80] 그러나 이들의 수입한 차의 총량은 영국에 훨씬 못 미친다. 예를 들면, 프랑스 1776년 4.3만 단, 1777년 2.7만 단, 1782년 3.2만 단, 1787년 1.3만 단이다. 덴마크는 1776년 1.9만 단, 1777년 1.6만 단, 1780년 1.8만 단, 1781년 3.1만 단, 1782년 2.4만 단, 1786년 1.5만 단, 1787년 2.0만 단이다. 스웨덴은 1776년 2.3만 단, 1777년 2.1만 단, 1780년 3.1만 단, 1781년 3.0만 단, 1782년 3.7만 단, 1787년 2.2만 단이다.[81] 1784년부터 영국이 차의 관세를 인하하자, 다른 유럽 국가에서 밀무역으로 영국에 차를 들여가도 이익이 남지 않았다. 게다가 몇몇 국가에는 백은이 점점 고갈되어 1885년 이후에는 차 무역을 점점 퇴출하기 시작한다.

유럽 각국이 중국의 차 시장에서 점점 떠나기 시작할 무렵 미국은 중국의 차 시장에 뛰어든다. 1784년 미국 상선 "중국 황후(Empress of China)"호가 광주로 첫 항해를 했고, 회항할 때 3,002단을 실었는데 총액은 백은 6만 6,100냥이고 선적 화물의 92%에 해당한다. 이 상선이 중국에 처음 발을 딛고서부터 이후 미국이 중국에서 수입하는 상품 중에서 차가 제일 중요해진다. 미국은 중국의 차 무역 시장에 비교적 늦게 들어왔지만, 얼마 지나지 않는 18세기 말이 되면 영국 다음으로 최대 수입국이 된다. 1792년, 광주에서 회항하는 미국 상선 6척이 선적한 화물의 총액은 백은 31.7만 냥이고, 그중 차는 1.2만 단이었는데 총액은 백은 16.5만 냥이었다. 화물 전

79 魏源. 海國圖志 [M]. 北京: 中華書局, 2000.

80 Zhuang Guotu. International Trade in Chinese Tea in 18th Century. A Paper Presented to the 34th International Congress on the Asian and North Africa Studies, Hongkong, 1993, 30~33.

81 庄國土. 茶叶, 白銀和鴉片: 1750~1840 年中西貿易結构 [J]. 中國經濟史研究, 1995 (3).

보이차, 중국의 차박물관 소장, 침몰한 스웨덴의 "예테보리"호에서 인양한 것임. 예테보리호는 1745년 9월 12일 예테보리항으로 들어가다가 침몰했고, 당시 차 370톤을 선적하고 있었다.

千里探祕揭開普洱茶神祕面紗. 普洱网, 2007.4.5. (http://www.petea.net/peczk/c43/200704/4166. html)

1986년 중국이 발행한 "중국 황후"호 기념 동전

机會難得-86年 美國中國皇后号帆船紀念銀幣. 紀念幣收藏网/紀念交易. (http://www.51coin. com/jiaoyi/20006349.html)

1984년 미국 필라델피아박물관에서 "중국 황후"호 광주 취함 200년 기념하여 출판한 『중국 황후호』의 영문판 표지.

청대 중국과 러시아 무역 항구. 그림 왼쪽이 러시아의 캬흐타(Kiakhta), 그림 오른쪽은 중국의 매매청.

搖難忘買賣城鄙中國記憶論壇, 2007.4.17. (http://www.memoryofchina.org/bbs/read.php? tid=7323)

시를 사용해 차를 마시는 러시아인.

搖我負丹青. 俄羅斯畫家尼古拉 波格丹諾夫 貝爾斯基鄙新浪博客, 2012.11.23. (http://blog.sina. com.cn/s/blog_51164a1e0101a2it.html)

체 총액의 반을 조금 넘어섰다. 1840년, 미국 상선이 광주에서 구매한 화물 총액은 백은 276.6만 냥이었고, 그중 차의 총액은 141.1만 냥으로 여전히 화물 전체 총액의 절반이 넘는다. 1800년 초부터 1830년까지 대부분 해에 미국이 중국에서 수입한 화물 중에 차가 30~40%를 차지한다. 1837년에는 미국 상선이 중국에서 구입한 화물 중에 차가 차지하는 비중이 처음으로 60%를 넘어 65%까지 이른다. 1840년 미국은 차 1,933만 파운드를 샀고 점유 비율은 81%가 된다.[82] 위원의 『해국도지』에 나오는 통계를 보면, 도광 17년(1837) 미국이 수입한 중국의 차는 519.8만 원(12만여 섬)이라고 한다.[83]

4. 중국의 차 무역의 지위

중국 측면에서 보면, 차를 외국으로 수출한 기점에서 아편전쟁 이전까지 중국은 세계 유일의 차 수출국이었고 국제 차 무역 시장을 독점했다고 할 수 있다. 청나라 강희 연간부터 서양으로 차를 대량으로 수출하기 시작했고, 서양인의 차에 대한 수요가 증가함에 따라 수출량도 부단하게 증가했다. 또 성장 속도가 매우 빨랐으며, 수출 대상 국가와 지역도 끊임없이 확장되어 매우 빨리 중국에서 제일 많이 수출하는 상품으로 자리 잡는다. 아울러 유럽 각국의 동방 무역공사의 제일 중요한 상품이 되었고 이윤이 제일 많이 남는 무역이었다. 당시 활동했던 광주 주재 프랑스인 로베르 콩스탕(Robert Constant)은 다음과 같이 말한다. "차는 많은 나라가 중국으로 몰려가게 하는 주요 동력이다. 차 이외 다른 상품은 구색을 갖추는 상품에

82 庄國土. 茶叶, 白銀和鴉片: 1750~1840 年中西貿易結构 [J]. 中國經濟史研究, 1995 (3).
83 魏源. 海國圖志[M]. 北京: 中華書局, 2000.

지나지 않는다."[84]

역사학자 얼 프리차드(Earl H. Pritchard)는 다음과 같이 말한다. "차는 황제이고, 차 앞에서 다른 상품은 희생(犧牲)에 지나지 않는다."[85] 아편전쟁 전야까지 광주는 매년 차 35만 단을 수출했고, 이는 은화 9,445원으로 중국 총수출액의 70%를 차지한다.[86] 아편전쟁 동안 임칙서(林則徐)는 "찻잎과 대황은 외국에서 하루라도 없으면 안 되는 것이다"라고 했다. 또 임칙서는 도광 황제에게 상소를 올려 건의한다. "만약 오랑캐 이름으로 아편 1상자를 내놓으면, 차 5근을 상으로 내려주십시오." 아편전쟁 이후에도 서방국가에서 차에 대한 수요는 여전히 증가하여, 1886년(광서 12년)에 중국의 차 수출은 1884년 이전의 역대 최고 기록에 다다른다. 이해 차 수출 총량은 13.41만 톤이다.

중국과 서양의 차 무역은 이윤이 매우 높았는데, 서양인뿐만 아니라 중국 상인도 큰 이익을 얻었다. 1701년부터 1736년까지 차 1단마다 가격은 다음과 같다. 공부차(工夫茶) 23~38냥, 무이차(武夷茶) 15~27냥, 백호(白毫) 24~38냥, 송라(松蘿) 16~22냥, 조편(瓜片) 24냥 정도, 제일 귀한 공희세차(貢熙細茶)는 54.9냥이었다. 도광 초기에 중국 국내 시장에서 차는 매 단(担)마다 3.7~15냥 정도였다. 이를 근거로 계산해보면 "공사(公司)"가 중국에서 매입한 차 가격은 중국 시장 가격보다 최소 3배 이상 비쌌다.[87]

천궈동(陳國棟)의 연구에 다음과 같은 내용이 있다. "광동의 중국 상인은 차를 중개무역하면서 매 단마다 평균 4에서 5냥 정도 이윤을 남겼다. 매 단마다 4냥 이윤을 남겼다고 가정한다면, 1784년 이전 영국과 무역하

84 Louis Dermigny. La Chine et l'Occident. Le Commerce a Canton au XVIIIe Siecle, Paris, S.E.V.P.E.N, 1964. 1732~1833.

85 Earl H. Pritchard. The Crucial Years of Early Anglo-Chinese Relations 1750~1800 [J]. Washington, 1963, 163.

86 姚賢鎬. 中國近代對外貿易史資料: 1870~1875 [M]. 北京: 中華書局, 1962.

87 陳東有. 明末淸初的華東市場与海外貿易 [J]. 厦門大學學報, 1996 (4).

면서 광주 상인 전체가 매년 남긴 이윤은 은 32만 냥 정도가 된다. 1784년부터 1800년까지 매년 얻은 이익은 64만 냥이다. 1810년 이후에는 매년 96만 냥에 달한다. 이로써 본다면 영국 동인도공사가 단순히 차만 교역한다 하더라도 상인 전체가 얻는 총수입은 상당하다는 것을 알 수 있다." "1827에서 1825년까지 1년 동안 교역하면서 광주 상인들은 차 21만 단을 동인도공사에 팔았는데, 총매출액은 750만 원(540만 냥)을 초과한다. 이윤을 13%로 계산한다면 상인 전체가 얻은 수익은 70.2만 냥 정도가 된다."[88]

1886년은 명청 시기 중 중국의 차 수출이 제일 많았던 해이며, 또한 세계시장에서 중국산 차의 지위와 중국의 차 수출이 크게 변하는 전환기이기도 했다. 1866년 이전에는 여전히 아편전쟁이 일어나기 전의 발전적 추세를 유지하고 있었다. 청대 말기에 와서 중국의 차 수출은 10만 톤 이하로 떨어졌고, 세계의 차 무역 시장에서 3분의 1도 채 점유하지 못했다. 이렇게 된 주요 원인 중에 하나는 외국의 차 생산이 발전해서 경쟁해야 하는 것이었다. 앞서 말했듯이 일본과 조선으로 중국의 차가 일찍 유입되었다. 중국이 당나라일 때 일본은 이미 차를 재배하고 만들었으며, 송원 때는 차의 재배와 제작이 이미 보편화되었고, 명청 때는 일본은 중국에서 차를 많이 수입하지 않았다. 또 중국이 서양으로 차를 대량으로 수출할 때 일본도 이미 소량이나마 서양으로 수출하기 시작했다.

차의 재배와 제작이 남양으로 전해진 것은 비교적 늦었다. 명대에 화교가 동남아로 이주하면서 차나무도 갖고 가 일부 국가나 지역에 심을 수도 있었겠지만, 수량이 매우 적었고 또 주의를 끌지도 못했다. 서양인이 동남아를 식민지로 지배하면서부터 동남아에서 차나무를 많이 심고 차를 만들기 시작한다. 중국과 서양의 차 무역을 독점했던 네덜란드인이 자연히 차를 심는 것도 먼저 주도했다. 1827년에서 1833년까지 네덜란드 소속 동인

88 陳國棟. 東亞海域一千年: 歷史上的海洋中國与對外貿易 [M]. 濟南: 山東畫報出版社, 2006.

19세기 영국의 차 공사 광고, 그림 중앙은 차를 맛보는 방.
茶叶与中 央帝國的興衰. 鳳凰网. (http://news.ifeng.com/history/special/chaye/)

스리랑카의 차밭.
(http://www.srilankatour.cn/picture.asp?id=2&page=1)

도공사에서는 자국인 하코브손(Gacobson)을 중국으로 6차례 파견해 차의 재배 및 제작을 배워 갔고, 그는 돌아갈 때마다 제작 기술자를 데려가면서 차나무와 제작 기구를 가지고 가 자바에 심었다.

하지만 실제 차를 대량으로 남아시아와 동남아시아에 유입한 것은 영국인이었다. 유명한 매카트니(Macatrney)가 사절단을 끌고 중국에 와서는 1794년 2월 28일 오문에서 콘월리스(Cornwallis) 훈작에게 다음과 같은 편지를 보낸다. "가능하다면 나는 좋은 차나무 몇 그루를 손에 넣고 싶었다. 신임 총독의 호의로 나와 그는 함께 좋은 차나무가 자라는 곳에 가 보았다. 차나무를 관찰할 수 있었고 좋은 품종도 얻을 수 있었다."

1834년, 영국은 인도에서 식차(植茶)연구발전위원회를 발족하고, 비서 기든스(Giddens)를 중국으로 파견해 차의 생산과 제작 기술을 배우게 하면서, 차 종자와 묘목을 사 갔고, 차 기술자와 공인을 모집했다. 1836년 기든스는 중국 기술자를 데리고 돌아가 아삼(Assam)에서 홍차를 만드는 데 성공한다. 이후에 지금까지도 유명한 아삼 홍차와 다즐링(Darjeeling) 홍차를 만드는 데 성공한다.

1848년, 동인도공사에서 스코틀랜드인 포춘(Fortune)을 중국으로 보내 좋은 차나무를 찾아오게 했다. 그러면서 차를 재배하는 농부, 차를 만드는 기술자도 찾으라고 했다. 포춘은 작은 차나무 2.4만 주와 차 종자 1.7만 알을 가지고 돌아갔고, 또 차 기술자 8명을 데리고 갔다. 1886년은 중국의 차 수출이 하락하는 시점이었다. 이때 영국은 이미 인도와 스리랑카에서 대규모 차 농장을 만들고, 근대 기술로 차를 만들기 시작했다. 이와 동시에 자신들의 차 산업을 보호하는 정책을 펴면서 중국 차와 경쟁력을 갖춰 중국이 점유한 세계 차 시장을 잠식하기 시작한다. 1889년에는 인도의 대영국 차 수출은 중국을 넘어선다. 20세기 초에는 스리랑카도 차 수출에 있어서 중국을 넘어서기 시작한다.

당시 중국은 오래전부터 차를 생산하는 기술을 발전시키려 노력하지도 않았고 신품종도 개발하지 않았다. 또 차에 대한 수요는 급속히 증가했지만 가격은 떨어지지 않았고, 동시에 차를 지배하는 면적은 급속히 넓어졌지만 가공 기술은 조잡했다. 따라서 중국이 수출하던 차의 질의 떨어져 중국의 차는 세계의 차 무역 시장에서 경쟁력을 잃게 된다.

05 기타 수출 상품

1. 면포(綿布)

생사와 자기, 차와 달리 면화의 원산지는 결코 중국이 아니다. 면화 재배법 및 면방직 기술은 중국의 남부와 서북부 두 갈래에서 중국 내지로 들어왔다. 중국의 방직 역사에서 유명한 황도파(黃道婆)는 송말원초 해남(海南)에서 방직 기술을 배우고, 이후 더 발전시켜 고향 송강부(松江府)에 전파했다. 원나라 정부는 면방직업을 중시해서 정권 초기에 목면제거사(木棉提擧司)를 설치하고 면포를 징수했다. 매년 10만 필을 거뒀고 나중에 면포 징수를 "하세(夏稅)•35(포, 견, 사, 면)" 중에 제일 앞에 두고 징수했다. 명나라 초기, 중국의 방직업은 이미 기초를 잘 갖춘다. 이후, 면화 재배와 면방직 산업이 중국 전역으로 퍼져나갔고, 면포는 생사, 마, 모직품을 제치고 중국인 의복의 주요 원자재가 되었다.

명 만력 연간에 송응성(宋應星)이 쓴 『천공개물(天工開物)』에 다음과 같은 기록이 있다. "자투리땅에도 면화를 심었고, 집집이 베틀을 갖췄다."[89] 어느 정도 규모를 갖춰 면방직업의 중심이 된 지역은 특히 송강으로 나중에 전국 최대의 면포 생산 중심이 되며 "의피천하(衣被天下)"라는 칭호를 받는다. 우청밍(嗚承明)과 쉬신우(徐新吳)의 통계에 따르면, 명나라 말기 송강부 한 지역에서만 면포를 2,000필을 생산했고, 청나라 중기 이후에는 3,000필을 생산했다고 한다.[90] 리푸밍(李伏明)은 이 통계가 과장되었다고 하지만, 명나라 말기에는 최소 1,500여 필, 청나라 중기에는 3,000필에 조금 못 미쳤을 것이다.

---

89 嗚承明. 中國的現代化: 市場与社會 [M]. 北京: 三聯書店, 2001.

90 宋應星. 天工開物 [M]. 長沙: 岳麓書社, 2002.

상하이 쉬후이취 화징전 소재, 황도파 기념관의 황도파 조각상.
黃道婆.玩轉上海灘, 2017.7.28. (http://www.playingshanghai.com/newsread.aspx? id=113)

황도파 기념관 내 방직기구.
黃道婆.玩轉上海灘, 2011.7.28. (http://www.playingshanghai.com/newsread.aspx? id=113)

청 가경 25년 송강부 지도.
上海市閔行區圖書館. (http://www.mhlib.sh.cn/Dsn/pages/1820_gif.htm)

염방(染房)과 남인화포(藍印花布).
于秋華拍于烏鎮, 2008.11.17.

청대 채격면포(彩格棉布).
중국 국가 박물관, 작가 직접 촬영, 2012.11.30.

방거(紡車), 직기(織機).
광안(广安) 덩샤오핑 고거, 작가 직접 촬영, 2004.1.4.

면화 재배와 면화 방직업이 발전함에 따라, 명나라 때 중국 면포는 이미 해외 판매를 시작한다. 명나라가 일본, 조선, 유구와 동남아 각국에 사신을 파견할 때나 또 이런 나라에서 명나라에 조공을 올 때도 명나라 황제는 다른 하사품과 같이 면포와 면포 제품을 하사했다. 예를 들면 '정화하서양' 때 갖고 간 물품 중에는 면포와 면포 제품이 있었다. 1407년 명나라 사신이 일본으로 가지고 간 하사품 중에는 승의와 휘장, 금욕(衾褥)이 있었다. 성화(成化)•36 2년(1466) 아시카가(足利) 막부가 사신을 보내 조공을 바쳤을 때 황제가 내린 하사품 중에는 장화융면(妝花絨綿) 4필, 보상화람(寶相花藍) 1필, 세화연(細化緣) 1필이 있다. 명대의 민간 해상무역과 관련된 문헌에는 면포와 관련한 기록이 많이 남아 있다. 예를 들면, 가정 연간에 주환(朱紈)은 다음과 같은 글을 남겼다. 당시 복건 등지에서 해상무역을 하는 중국 상인과 월항(月港)에 와서 무역하는 외국 상인들은 서로 거래했다. "외국인은 후추, 은자를 가지고 와서 쌀, 포, 비단으로 바꿔 갔는데, 일봉(日奉)과 장주(漳州), 영파 사이를 왕래했다."[91]

융경(隆慶)•37 때 바닷길을 열자, 민간 무역선은 선적한 면포만 기록하는 경우가 많았다. 만력 37년(1609) 중국의 민간 무역 상인이 일본 상선에

91 朱紈.《甓余雜集》卷2《議處夷賊以明典刑以消禍患事疏》.

보낸 『장재화물청단(裝載貨物淸單)』에도 면포에 대한 기록이 있다. 만력 때 요사린(姚士麟)은 다음과 같이 말한다. "대개 일본에서 필요한 것은 모두 중국에서 수입해 간다. (……) 송강의 면포를 일본에서는 매우 귀중하게 생각한다."[92] 이와 마찬가지로 명말의 정지룡(鄭芝龍)이 일본 나가사키항으로 가는 선박에도 면포를 실었다.

판수지(樊樹志)는 『만명사(晩明史)』에서 다음과 같이 말한다. "1591년, 필리핀 총독은 필리핀 군도의 토착민이 중국 원단을 사용하고 더는 면직포를 짜지 않는 것을 발견한다. 그래서 토착민이 중국 비단이나 다른 원단을 쓰지 못하도록 금령을 내린다. 1592년 이 총독은 스페인 국왕에 보고한다. '중국인들이 필리핀에서 목화를 사가고, 얼마 지나지 않아서 중국에서 면포가 들어옵니다.' 면포는 이미 중국이 필리핀에 수출하는 최대 상품이 되었다. (……) 토착민은 중국 원단으로 옷을 많이 지어 입었다. (……) 중국 방직품은 마닐라를 거쳐 스페인령 아메리카 식민지로 수출되었다. 16세기 말부터 중국 면포는 멕시코 시장에서 스페인의 면포를 제쳤다. 어떤 문헌에서는 '중국 면포가 가격이 저렴해서, 인디언과 흑인은 중국 면포를 이용하지 스페인 것은 쓰지 않는다'라고 한다. 만력 연간(1573~1620) 인도네시아 반튼에서 네덜란드인 하우트만(Cornelis de Houtman)도 중국 상인이 파는 상품 중에 면포가 있는 것을 보았다고 한다."[93]

청대에는 목화 재배와 방직 기술이 더 발전해 수출도 많이 증가한다. 청나라 때, 유럽과 아메리카, 일본과 동남아 각국으로 면포 수출이 많이 증가하지만 증가 속도는 그렇게 빠르지 않았다. "중국이 일본 시장에 팔았던 면포는 수량이 매우 제한적이었다. 많은 청나라 상인이 백포(白布)를 일본으로 싣고 갔는데, 나가사키에서 염색이나 표백하는 것이 목적이었다. 이

92 姚士麟. 見只編 [M]. 濟南: 泰山出版社, 2000.
93 樊樹志. 晩明史 [M]. 上海: 复旦大學出版社, 2003.

과정이 끝나면 중국으로 되가져와 팔았다."[94] 동남아 지역도 중국 상품에 대해 구매력이 높지 않았다.

그러나 이 시기 서방국가로 면포 수출은 급속히 증가한다. 옌중핑(嚴中平)이 지적했듯, 강남에서 생산한 면포를 해외 멀리까지 수출하면서, 18~19세기에는 영국 등 해외 시장으로 진출하기 시작한다.[95] 서양인은 늘 중국산 면포를 "남경포(南京布)" 즉 "Nankeen"이라고 불렀다. 남경포는 토포(土布)라고도 하는데, 강남 지역을 가리키는 것으로 주로 송강에서 생산된 면포를 일컫는다. 남경은 청대 양강총독부가 있었던 곳으로, 서양 각국으로 나가는 면포를 먼저 남경에서 모은 뒤 수출했기 때문에 서양인은 "남경포"라고 부르게 된 것이다. 무스의 연구에 따르면, 1730년대 영국 동인도공사의 이사회 문건에 "남경산 수공 면제품을 구매하라. 특히 너비가 1영마(英碼)•[38]인 남경 면포를 사야 한다"[96]라는 기록이 있다고 한다. 예씨엔인(叶顯恩)은 다음과 같이 말한다. "주의해야 할 것은 토포와 설탕은 18세기 말에서 19세기 초를 지나면서 나날이 중요해졌다. 영국과 무역한 것을 보면, 토포의 무역 총액이 부단하게 상승하는 추세이다."[97] 1820년에 이르러서 면포는 이미 차와 비단만큼 중요한 수출 상품이 된다. 당시 토포(남경포)가 제일 환영 받았다. 1830년대에는 "중국산 남경포는 품질이나 원가 면에서 맨체스터 면포보다 훨씬 뛰어났다."[98] 이 시기에 영국인이 중국의 토포를 소비하는 것이 중국인이 영국산 면포를 소비하는 것보다 많았다. 1830년대에는 송강산 "자호포(紫花布)"로 만든 바지가 영국 신사들 사이에 크게 유행했다. 이 바지는 9세기에 프랑스에서도 크게 유행해, 빅토르 위고(Victor Hugo)의 소설에도 나올 정도였다.

---

94 陳樺. 關于中日近代棉紡織品貿易的考察 [J]. 清史研究, 2000 (2).

95 嚴中平. 中國近代經濟史 [M]. 北京: 人民出版社, 1989.

96 馬士. 東印度公司對華貿易編年史 [M]. 广州: 中山大學出版社, 1991.

97 叶顯恩. 世界商業擴張時代的广州貿易(1750~1840 年) [J]. 广東社會科學, 2005 (2).

98 彭新雨. 中國封建社會經濟史[M]. 武漢: 武漢大學出版社, 1993.

청대 광주에서도 면포는 중요한 수출 상품이었다. 통계에 따르면 광주에서 면포를 수출한 주요 국가는 영국, 미국, 프랑스, 덴마크, 네덜란드, 스웨덴, 스페인 등이다. 면포 수출량은 다음과 같다. 건륭 6년(1741) 1.57만 필, 59년(1794)에는 59.8만 필까지 증가한다. 가경 원년(1796) 82만 필까지 증가하고 가경 3년(1798) 212.5만 필로 증가한다. 가경 24년(1819)에는 또 330만 필까지 증가하며 판매 총액은 은화 170만 냥 정도가 된다.

모스가 수집한 자료에 따르면, 건륭 55년에서 가경 4년(1790~1799) 수출한 토포의 총량은 762.7만 필이다. 가경 25년부터 도광 9년(1820~1829)까지 1,221만 필을 수출했는데 50% 증가한 것이다.[99] 췐한청(全漢升)은 모스의 자료를 참고해서 계산했는데, 1786년부터 1833년까지 48년 간 영국, 프랑스, 네덜란드, 스위스, 덴마크, 스페인, 이탈리아 등 국가가 광주에서 구매한 "남경포"의 총량은 약 4,400만 필이라고 한다. 각국 상선이 광주에서 구매한 "남경포"가 제일 많았던 해는 1819년으로 모두 330만 필로 은화 170여만 원에 상당한다. 1817년부터 1833년까지 16년 간 각국 상선이 구매한 "남경포"는 1,900만여 필이고, 매해 평균으로 110만여 필로 은화 78만 원 상당이다.

이외 다른 문헌에 따르면, 건륭 46년(1781), 48년(1783), 51년(1786), 가경 12년(1807), 14년(1809)에 스페인 상인이 하문(夏門)으로 들어와서 중국 면포를 대량을 구매해 루손으로 운송했다고 한다. 도광 9년, 하문에서 싱가포르로 수출한 화물에는 토포도 포함되어 있었다.[100] 게다가 일본과 동남아 여러 나라로 수출한 면포의 수량은 꽤 많았다.

이후로 서양에서 면방직 공장을 짓는 단가가 줄어들고 또 기계화하면서 품질이 좋아졌다. 그래서 서양 국가에서는 중국산 면포 수입을 줄였으며 오히려 서양의 공장에서 생산하는 면방직 제품이 중국 시장으로 유입

99 馬士著. 東印度公司對華貿易編年史 [M]. 中山: 中山大學出版社, 1991.
100 周凱. 道光厦門志(卷伍)·船政略·洋船 [M]. 厦門: 鷺江出版社, 1993.

되기 시작한다. 판수지(樊樹志)는 강남 여러 지역의 방직업의 현황을 깊이 연구하고서는 "송강부의 방직업계는 청 동치(同治), 광서(光緒) 연간에 쇠락한다"[101]라고 발표했다. 그러나 청말, 즉 아편전쟁 이후에 만약 중국이 면포를 계속 수출했더라면 어떤 시기에는 면포 수출이 오히려 증가했을 것이다. 예를 들면, 옌중핑이 지적했듯 "1870년대를 기점으로 중국산 토포의 수출량은 해마다 상승하는 추세였다. 1890년대 전기에는 수출량이 8.85만 단으로 은화 320만 관냥(關兩)•[39]이고, 20년 전과 비교하면 물량은 22배이고 총액은 16배가 많다."[102]

2. 당(糖)

중국은 세계 다른 나라보다 비교적 이른 시기에 설탕을 만들었다. 설탕을 처음으로 만들 때 대개가 이당(飴糖)이나 자당(蔗糖)이었는데, 이당이 훨씬 더 중요했다. 이당은 쌀, 곧 정분(淀粉)과 맥아당을 당화(糖化)시켜 만든 설탕으로 속칭 맥아당(麥芽糖)이라고 한다. 『시경·대아(大雅)』에 "周原膴膴(아름다운 저 주원 땅), 菫荼如飴(여뀌 씀바귀도 엿처럼 달구나)"라는 구절이 나오는데, 이로써 보면 서주(西周) 시대 때 이미 이당이 있었다는 것을 알 수 있다. 흔히 말하는 당은 사탕수수[甘蔗]나 사탕무[甛菜]를 원료로 해서 만드는데 사탕수수가 주가 된다.

사탕무는 원산지가 지중해 연안이고, 아주 이른 시기에 중국으로 들어왔다. 당시에는 주로 채소로 썼고 수량도 그리 많지 않았다. 사탕무로 설탕을 만든 역사는 길지 않은데, 1802년에 와서야 비로소 독일이 세계 최초로 사탕무로 설탕을 만드는 공장을 세웠고, 20세기 초 러시아를 통해 중국 동

101 樊樹志. 明清江南市鎮探微 [M]. 上海: 复旦大學出版社, 1999.
102 嚴中平. 中國棉紡織史稿 [M]. 北京: 科學出版社, 1955.

백당.
昵圖网, 2010.6.24. (http://www.nipic.com/show/1/57/46472337abff518e.html)

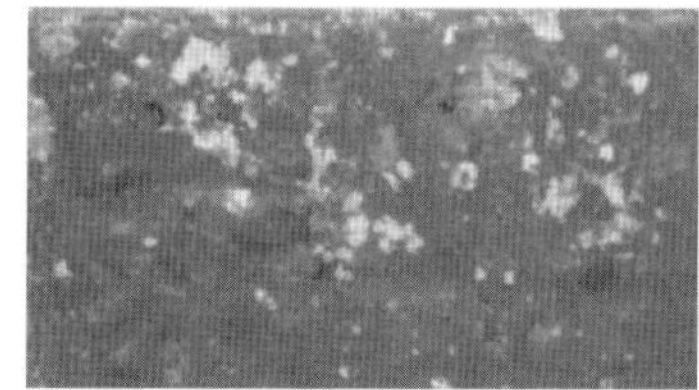
홍당.
云購网. (http://www.yungou.cn/? product-1116.html)

흑당.
美麗說. (http://www.meilishuo.com/share/74365474)

북 지역으로 들어온다.

명청 시기의 설탕은 대개 사탕수수로 만든 자당이었다. 사탕수수로 만든 것이 아닌 이당과 밀당(蜜糖)도 있었지만, 수출량이 적어서 굳이 언급할 필요가 없다. 사탕수수의 원산지에 대해서는 3가지 주장이 있다. 인도, 뉴기니(New Guinea), 중국이 원산지라는 것이다. 사탕수수로 설탕은 만든 것에 관한 최초의 기록은 기원 전 300년경에 나온 인도의 『베다(Veda)』와 전국시대의 『초사(楚辭)』이다. 이 두 책으로 중국과 인도가 세계 최초로 사탕수수를 심었다는 것과 사탕수수로 설탕을 만든 발원지라는 것을 알 수 있다. 굴원(屈原)의 『초사·초혼(招魂)』에 "자라를 삶고 양을 볶아(胹鱉炮羔), 자장으로 먹네(有柘漿些)"라는 구절이 나오는데, 여기서 말하는 '柘(자)'는 곧 '蔗(자)'이고, '柘漿(자장)'은 곧 사탕수수 즙이다.[103]

동한 때 장형(張衡)의 『칠변(七辨)』에 "사이석밀(沙飴石蜜)"이라는 말이 나오는데, 여기서 "사이"가 사탕의 결정이라고 볼 수 있다.[104] 서진의 진수(陳壽)가 쓴 『삼국지·오서·손량전(孫亮傳)』에 "손량이 환관 황문에게 덮개가 있는 은그릇을 들고 궁중 장리에게 가서 교주에서 바친 사탕수수

103 楚辭 [M]. 昆明: 云南大學出版社, 2007.
104 程大昌. 演繁露 [M]. 北京: 中華書局, 2000.

를 갖고 오라고 시킨다"[105]라는 기록이 있다. 북조 때 도홍경(陶弘景)의 『명의별록(名醫別錄)』에 다음과 같은 내용이 들어 있다. "강동에서 나오는 자(蔗)는 비린 냄새가 난다. 노릉(盧陵)에서 나는 것이 좋다. 광주에는 다년생이 있는데 모두 대나무처럼 생겼다. 길이는 1장(丈)이 조금 넘는다. 즙을 짜 사탕(砂糖)을 만든다. 사람 몸에 매우 좋다."[106] 이처럼 사탕에 관한 명확한 기록이 남아 있다. 당나라 때 와서는 제법 규모를 갖춘 공방이 출현하기 시작한다. 송기(宋祁)가 편찬한 『신당서(新唐書)』에 다음과 같은 기록이 있다. "정관(貞觀) 21년(647) (……) 태종이 사신을 보내 사탕수수 볶는 법을 배워 오라고 했다. 그리고 양주에 있는 사탕수수를 모아 짜고 가라앉혀 환제(丸劑)처럼 만들었다. 색과 맛이 서역 것보다 훨씬 뛰어났다."[107] 다시 말하자면, 당 태종이 인도로 사람을 보내 사탕수수 볶는 법을 배워 오게 했다. 이후 적루법(滴漏法)을 발명하여 인도의 백당보다 맛과 색에 있어서 더 좋은 것을 만들었다는 것이다. 또, 당나라 대력(大歷) 연간(766~779)에 사천 수녕(遂寧)에서 사탕수수로 빙당(氷糖)을 만들기 시작한다.

송나라 때는 이미 제당업이 상당히 발전했다. 1130년 왕작(王灼)은 설탕 제조에 관한 전문 서적인 『당상보(糖霜譜)』를 편찬한다. 원나라 때 책인 『마르코 폴로 여행기』에도 제당업에 관한 기록이 있다. 모로코 여행가인 이븐 바투타(Ibn Battuta, 1304~1377)가 쓴 『이븐 바투타 여행기』에 다음과 같은 내용이 나온다. "중국에서 자당을 많이 생산하는데, 그 품질은 이집트와 비교하면 뛰어나기도 하며 비슷하기도 하다."[108]

당, 송, 원 시기에 중국의 설탕은 이미 외국으로 전파되었다. 당나라 때 이미 제당 기술이 일본으로 건너갔다. 송원 시기에 사탕수수 심는 법과 제

105 陳壽. 三國志·嗚書·孫亮傳 [M]. 北京: 中華書局, 1959.
106 陶弘景. 名医別录 [M]. 北京: 人民衛生出版社, 1986.
107 歐陽修, 宋祁撰. 新唐書 [M]. 北京: 中華書局, 2003.
108 伊本·白圖泰. 伊本·白圖泰游記 [M]. 北京: 海洋出版社, 2008.

『천공개물(天工開物)』 중 알자취장도(軋蔗取漿圖).
当今琉球 "琉球村冶 中砂糖車与《天工開物》的描繪出于一轍).2011.11.11. (http://tieba.baidu.com/p/1278713705)

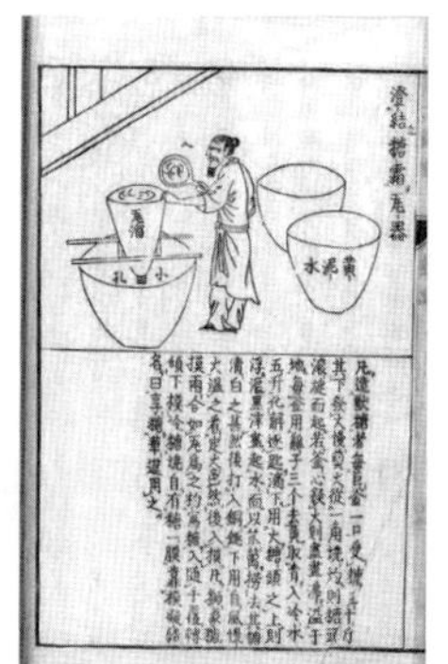

『천공개물』 중 황니수림법(黃泥水淋法).
中國古代百科全書《天工開物》, 网易博客, 2012.2.19. (http://hubao.an.blog.163.com/blog/static/4188684320121196582792/)

당 기술이 자바와 동남아 일부 나라로 전파되었다. 중국산 백당은 인도까지 수출되어서, 인도어로 백당을 "cn"라고 하는데 "중국적(中國的)"이라는 뜻이다. 인도와 서역을 거쳐, 중국의 백당은 페르시아, 로마 같은 원거리까지 수출된다. 이와 같은 시기에, 또 다른 사탕수수로 설탕을 만든 발원지인 인도도 사탕수수 재배법과 제당 기술을 아랍과 남유럽으로 전파한다. 명청 시기에 이르면 많은 국가에서 사탕수수를 재배하고 사탕수수를 이용해 설탕을 만들었지만, 중국의 제당 기술은 여전히 앞섰고 중국산 자당이 세계 시장을 주도한다. 특히 명나라 때 중국인은 "황니수림법(黃泥水淋法)"을 발명한다. 이 공법으로 설탕을 만들면 색깔이 순백색에 가깝다. 당시 세계에서 질이 가장 좋은 설탕이라고 할 수 있다.(송응성의 『천공개물』에 이 공법에 대한 자세한 설명이 나온다.)

명말청초 시기에는 중국은 상당히 많은 양의 설탕을 수출한다. 이와오

토법오당(土法熬糖).
傳統土法制糖工藝. 海口市龍華區文化館, 2012.1.10. (http://www.hklhqwhg.com/newslistxx.php?catid=90&id=43)

상서 봉황 고성 안에서 강당 제작.
鳳凰姜糖. 互動百科, 2012.4.1. (http://tupian.baike.com/a3_28_53_01300001385827133327538612886_jpg.html)

북방의 빙탕 후루.
糖葫芦圖片, 昵圖网, 2009.11.15. (http://www.nipic.com/show/1/55/d10a2ab8f4b951c5. html.static/41886843201211196582792)

세이이치(岩生成一)가 조사한 통계에 따르면, 1637년부터 1683년까지 중국 상선이 오직 일본으로만 운송한 각종 설탕의 수량은 매해 평균 169만 근 정도라고 한다. 이 통계 안에는 비록 일본에서 시암, 캄보디아, 광남 등지로 수출하는 설탕의 수량도 포함되어 있었지만, 대부분 일본으로 수출하는 설탕이었다.[109] 1641년 정지룡이 나가사키항으로 싣고 간 화물 중에 각종 설탕이 572만 근이었다. 1644년에는 141.8만 근이었고, 1645년에는 337.8만 근이었다.[110]

17세기 초에는 네덜란드가 중국의 주요 무역 대상국이었으므로, 중국이 유럽에 수출한 설탕의 대부분은 네덜란드인의 손을 거친 것이다. 나중

109 岩生成一. 近世日中貿易數量的考察 [J]. 史學雜志, 1953 (11).
110 陳東有. 明末清初的華東市場与海外貿易 [J]. 厦門大學學報(哲社版), 1996(4).

설탕으로 만든 예술품.
수도박물관, 작가 직접 촬영, 2012.12.1.

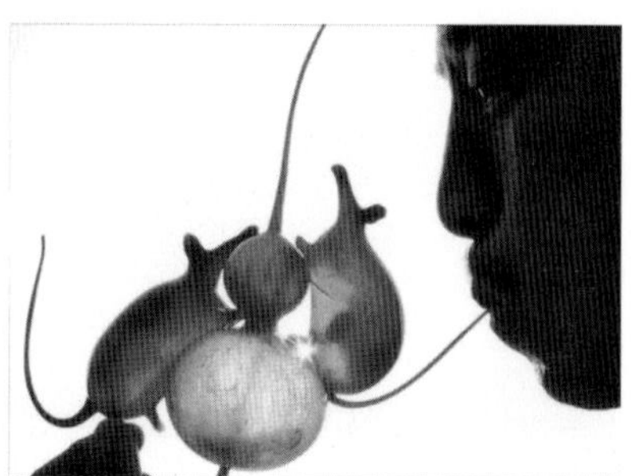

설탕을 불어 작품을 만드는 사람.
民間吹糖人技藝, 中國糖畵藝術. (http://www.mjyspx.com/content.asp?id=7109&bg=202)

에 영국인이 이 자리를 대신한다. 1716년 말버러(Marlborough)호가 선적한 화물 목록에는 설탕과 설탕 제품이 대부분이었다. 명 숭정 10년(1637), 영국 동인도공사 소속 상선은 광주에서 백당 1만 3,028단과 빙당 500단을 구매한다.[111] 이외에 다른 문헌에도 중국이 일본, 남아시아, 동남아, 유럽 국가에 수출한 기록이 남아 있다.

18세기 중기에는 제당업이 매우 빨리 발전한다. 원래 소수 귀족만 소비했던 제당 제품은 이제 보통 시민도 소비하는 일용품이 된다. 예씨엔이 지적했듯, 18세기에서 19세기로 넘어가면서 설탕은 이미 토포와 같이 중국의 주요 수출 상품이 되었다.[112] 영국 동인도공사의 많은 배가 중국에 들어와서 오직 찻잎만 수십만 파운드 선적한 적도 있다.(선박들이 선적한 평균 수량은 40만~80만 파운드 사이이다).

1833년까지 설탕 무역은 전체 무역 중에 약 4분의 1 가까이 된다.[113] 아

111 穆素洁. 全球擴張時代中國海上貿易的新网絡(1750~1850 年) [J]. 广東社會科學, 2001 (6).

112 叶顯恩. 世界商業擴張時代的广州貿易 (1750~1840) [J]. 广東社會科學, 2005 (2).

113 穆素洁. 全球擴張時代中國海上貿易的新网絡(1750~1850) [J]. 广東社會科學, 2001 (6).

당화(糖畵).
國家級非物質文化遺産-糖畵. 華夏百科网, 2012.11.28. (http://www.86baike.com/Content.aspx?ItemID=931)

편전쟁 전까지는 중국의 자당은 전 세계로 수출되었다. 아편전쟁 이후에는 설탕 제품의 수출이 더 확대되었고, 수출 대상국도 더 많아졌다. 특히 유럽 여러 나라에서 설탕 수요가 급증하자, 이에 따라 중국의 설탕 수출도 급증한다. 1880년대와 1890년대에는 수출이 매년 10만~20만 단 증가하여, 이 기간 어떤 해에는 수출이 30만 단 이상일 때도 있었다.[114] 그러나 1890년대에 오면 설탕 수출은 감소하기 시작한다. "그러나 세관의 통계에 따르면 감소했지만, 액면 그대로 믿어서는 안 된다. 주강 삼각지의 자당은 다른 수출 상품과 마찬가지로 민간인이 몰래 홍콩으로 싣고 간 양도 상당하다. 이런 것은 통계에 잡히지 않는다. 중국이 수입한 설탕 소위 양당(洋糖)은 종종 국내산으로 둔갑해 내수 시장에 팔리는 경우도 있었다."[115]

3. 약재

중국의 제약 문화는 역사가 오래되었다. 서양 의학이 들어오면서 서약(西藥)에 반하여 중약(中藥)으로 부른다. 중약은 가공 여부에 따라 성약(成藥)

114 方志辦. 近代广州口岸經濟社會概況 [M]. 广州: 暨南大學出版社, 1995.
115 叶顯恩. 世界商業擴張時代的广州貿易(1750~1840) [J]. 广東社會科學, 2005 (2).

옛날 약국.
于秋華拍于烏鎮香山堂, 2008.11.17.

과 약재(藥材)로 분류한다. 명청 시대와 그 이전 시대에는 대부분 약재를 직접 사용했고, 성약은 아주 드물었다. 다른 수출 상품과 마찬가지로, 중국 약재도 명대 이전부터 수출했었다. 명청 시대에 약재는 중국이 수출하는 상품 중에서 중요한 품목이 된다.

명청 시대에 동북아시아 국가, 즉 조선과 일본은 중의약을 중시했고, 중국으로 사람을 보내거나 중국에서 초청하는 형식으로 중국의 의학 지식을 배웠다. 중의 서적을 대량으로 수입하거나 직접 출판하면서 중국 약재를 대량으로 수입했다. 예를 들면, 중국이 명나라일 때 한반도 조선의 세종은 다음과 같이 말한다. "약재 같은 물품은 중국에 의뢰해 준비해야 한다. 무역을 단절시킬 수 없다." 조선은 자주 중국으로 사신을 보내 각종 약재를 구해갔다. 정통 3년(1438)과 홍치 2년(1489)에 중국은 조선의 요구를 받아들여, 마황과 감초 등 약재를 보내면서 종자도 같이 보내 재배하게 한다. 일본도 사정이 조선과 비슷했다. 서광계는 『해방우설』에서 일본이 요구하는 것에 대해 언급한 적이 있다. "일본은 필요한 모든 물건을 중국에서 가져 간다. (……) 제일 긴요한 것이 약이다."[116] 자급자족을 장려하면서

116 徐光啓. 徐文定公集[M] // 徐家匯天主堂藏書樓, 1933.

약왕(藥王).
自拍于泰安老君堂藥王殿, 2012.10.21.

신농상백초(神農嘗百草).
中國歷史人物 神農圖片昵圖网, 2007.12.10. (http://www.nipic.com/show/3/66/62d7606e7354c29d.html)

범증(范曾)이 그린 이시진(李時珍)이 약초 캐는 모습.
李時珍采藥圖, 大千畫廊. (http://www.daqiangallery.com.cn/showproduct.asp?id=9362)

무역을 제한했던 아라이 하쿠세키(新井白石, 1657~1725)조차도 의약품을 수입하는 것을 승인했다. (그는 다음과 같이 말했다.) "일본의 귀한 화폐로 쓸모없는 선박이 싣고 온 상품을 구매하는 것을 허용하는 것은 매우 형편없는 정책이다. 의약품을 제외하고 일본은 아예 외국산 상품을 살 필요가 없다."[117]

동남아 지역도 마찬가지였다. 정화가 함대를 7번 이끌고 서양으로 내려갈 때마다 의관과 의사가 180명 정도가 수행했고, 또 약재를 선별하는 약

117 本庄榮治郎. 幕末日本的海外貿易 [J]. 經濟學評論, 1939 (14).

대황 잎과 대황으로 조제한 약재.
大黃. 互動百科, 2012.6.8. (http://www.baike.com/wiki/%E9%BB%84%E8%89%AF)

사도 따라갔다. 이들은 무역 상대 국가의 약재를 감정했다. 인삼과 사향 같은 중국 약재도 싣고 갔다. 이러한 점은 안남(安南)•[40]과 일본, 조선이 모두 같았다. 천순(天順) 원년(1457), 안남국 신하 여문노(黎文老)가 표주문을 올렸다. "시(詩)와 서(書)는 사람의 마음을 맑게 해주고, 약석(藥石)은 수명을 늘려준다고 합니다. 옛날부터 본국은 상국의 서적과 약재에 힘입어 도리를 밝히고 태평성대를 누려 왔습니다. 지금 관례대로 본국의 토산품과 향료 등을 가지고 와서 저희에게 없는 것으로 바꿔 사용하려고 합니다." 동남아 화교들에게도 약재는 매우 필요했다. 약재도 역시 명청 시기에 유럽으로 수출한다.

명청 시기의 약재 수출에 관한 자료는 여기저기 흩어져 있어 그 수량을 통계로 잡을 수 없다. 민국 초기, 즉 1912년과 1923년 『중국 연감』에 다음과 같은 기록이 나온다. "1906년부터 1910년까지 매년 중국이 약재를 수출한 총액은 홍콩 화폐로 200만에서 400만 정도가 된다. 1917년에서 1920년까지 홍콩, 오문, 태국, 동남아시아 각국, 조선, 일본으로 수출한 약재는 매년 340만 달러(홍콩)이다." 이때부터 서양 의학이 이미 세계시장을 주도했고, 이전에는 중약의 수출이 앞서 말한 숫자보다 작지는 않다는 것을 상상할 수 있다.

명청 시기 중국이 수출한 약재는 종류가 아주 많지만, 대개가 중국에서 생산되는 것이었다. 수출 약재 중에서 양도 제일 많고 영향력도 제일 큰 것은 대황(大黃)이다. 대황은 "천균(川軍)"이라고도 부른다. 성질이 차고, 맛이 쓰며, 열을 내리고 독을 푼다. 어혈을 풀고 경맥을 통하게 한다. 주로 설사나 종기 같은 증상을 치료한다. 동북아, 동남아, 유럽 각국에서 늘 필요로 했다. 중국 역대 정부에서 심지어 명청 정부도 "오랑캐"를 통제하는 수단으로 대황을 이용했다. 아편전쟁 중에 임칙서는 다음과 같이 말했다. "차와 대황은 외국에서 하루도 없으면 안 되는 것이다."[118] 19세기 초 광주에서 매년 수출한 총량은 6만에서 10만여 근 정도이다. 당시 일본이 매년 수입한 총량은 10만 근 이상이었는데, 1816년에는 39.8만 근이나 수입했다.[119] 선박이 선적한 평균 수량은 1.4만 근이었다. 가경 9년(1804) "당선(唐船)" 11척이 일본으로 싣고 간 약재는 91만 근이었고, 선박마다 대략 8.2만 근을 선적했다. 이로써 다음과 같은 사실을 알 수 있다. '1711년에서 1804년까지 대일 수출에서 비단과 설탕의 수량은 감소하지만, 오히려 약재는 대폭 증가한다.'

나가즈미 요코(永積洋子)가 편찬한 『당선수출입품수량일람(唐船輸出入品數量一覽, 1637~1833)』을 따르면, 다음과 같은 사실을 유추할 수 있다. '1780년대부터 1800년대 초반까지 일본에서 중국산 약재를 수입한 총량이 100만 근을 초과하는 해가 많았다. 선박 1척당 평균 10만 근을 선적했다. 1812년에는 더욱 증가해 284.9만 근에 달했다. 이때 평균 선적량은 20.3만 근이었다. 1820년대 이후 수량은 줄어들긴 했어도 여전히 50만 근에서 100만 근 정도까지 수입했다. 평균 선적량도 여전히 10만 근 정도가 되었다.' "약재 수입이 대폭 증가한 것은 아마도 18세기 중기 이후 일본에

118 編委會. 中國近代史資料叢刊 鴉片戰爭 [M]. 上海: 上海人民出版社, 2000: 325.

119 劉序楓. 財稅与貿易: 日本 "鎖國" 期間中日商品交易之展開 [C]. 財政与近代歷史論文集, 1999 (6): 296.

서 사회/경제가 발달하고 서민 생활이 풍요로워지면서 고급 약재에 대한 수요가 나날이 증가하고 제약업이 흥기했기 때문인 것 같다. 또 상인들은 생사와 비단의 수출이 줄자 이를 보충할 것을 일본인의 생활품에서 찾았는데, 값도 비싸면서 일본에 생산되지 않는 것이나 생산되더라도 양이 적은 대체재로 중국 약재를 선택했기 때문이다."

이로서 약재는 중국의 대일 무역의 주요 상품이 된다. 일본으로 수출한 약재는 수량도 많을 뿐만 아니라 종류도 매우 많았다. 1804년 상선 11척이 선적한 약재 중에 대황이 제일 많았고, 18.2만 근에 달한다. 1804년 일본에 수출한 주요 약재를 수량이 많은 것 순서로 아래에 열거한다.

대황, 빈랑자, 감초, 마황, 황금, 웅황, 후추, 부자, 창술, 회향, 산인, 산귀래, 노감석, 오약, 양강, 감송, 숙사, 두중, 오수유, 호황연, 산내, 육계, 익지인, 자두숙, 목과, 사삼, 곽향, 대회향, 대복피, 승마, 용골, 황대해, 대풍자, 몰약, 우슬, 여목, 사군자, 아선약, 상산, 행인, 육총용, 서각, 울리인, 여실, 강삼, 하수오, 산수유, 백사, 저령, 용뇌, 광동인삼, 금천박, 목별자, 연호색, 우황, 두구, 정자피, 천동자, 유향.

가경 19년(1814) 왕광평(翁廣平)이 편찬한 『오처경보(吳妻鏡補)』에 다음과 같은 기록이 있다. "거의 모든 약재가 건너갔지만, 오배자와 복령 이 두 가지는 일본에서 많이 생산되기 때문에 제외되었다." 미야시타 사부로(宮下三郎)는 『나가사키 무역: 오사카(長崎貿易: 大阪)』의 부록에서 수입 약재 735종을 실었다.(여기에는 네덜란드 선박이 수입한 것도 포함되어 있다. 아울러 효능을 간단하게 설명하고 있다.[120])

120 劉序楓. 財稅与貿易: 日本 "鎖國" 期間中日商品交易之展開 [C]. 財政与近代歷史論文集, 1999 (6): 296.

4. 서적

중국 고대에는 서적 또한 중요한 수출 상품이다. 심지어 왕용(王勇), 허위홍(賀宇紅) 등 몇몇 사람은 "비단길", "도자기길", "찻잎길" 같은 말을 따라 동아시아의 '서적길'이라는 개념을 만들고자 주장한다. 이들은 또 서적길은 중국에서 시작해, 기원 전후로 조선 반도까지 통하며, 5세기 중엽 백제를 거쳐 일본 열도까지 뻗어 갔다고 한다. 수당 때에는 일본까지 직항하는 해로가 열려 서적 교류는 전에 없이 성황을 이루고, 명·청대까지 이어진다.[121]

중국 문화 및 그 중요성이 실려 있는 서적은 최초로 동쪽 조선 반도로 전파되었고, 일본이 처음으로 서적을 접한 것은 조선을 통해서이다. 사절단, 유학생, 승려, 상인 신분으로 당나라로 들어온 조선인과 일본인, 또 조선과 일본으로 들어간 중국인 모두 서적을 많이 갖고 갔다. 이 중에 황제의 하사품도 있었고 개인이 선물로 준 것도 있었다. 조선인과 일본인이 중국으로 사절로 온 주요 목적은 서적을 구매해 갖고 가는 것이었다. 『구당서(舊唐書)』를 보면 당나라 개원(開元) 초 일본 견당사가 "하사품을 모두 시장에서 서적으로 바꾸고 배를 타고 돌아갔다"라는 기록이 나온다. 중국으로 유학 온 일본 승려들도 불경 이외에 다른 세속의 서적도 상당히 많이 사서 갔다. 유학생은 당연히 책을 많이 사 갔을 것이고, 중일 사이를 왕복하는 선박도 책을 많이 싣고 다녔다.

명청 시기에 서적은 일본이 중국에서 수입하는 중요 상품이었다. 일본 천황이 명나라에 보낸 국서에는 다음과 같은 내용이 있다. "서적과 동전 때문에 상국을 우러러봅니다." 명나라 초기에는 영파만 유일한 합법 무역 항구였으므로, 영파는 대일본 서적 수출의 주요 항구가 된다. 허위홍은

121 王勇. 中日書籍之路研究[M]. 北京: 北京圖書館出版社, 2003.

곡부(曲阜) 공부(孔府)에 있는 공자상(孔子像), 공묘대성전, 공묘와 은행나무.
곡부 공부와 공묘, 작가 직접 촬영, 2012.10.21.

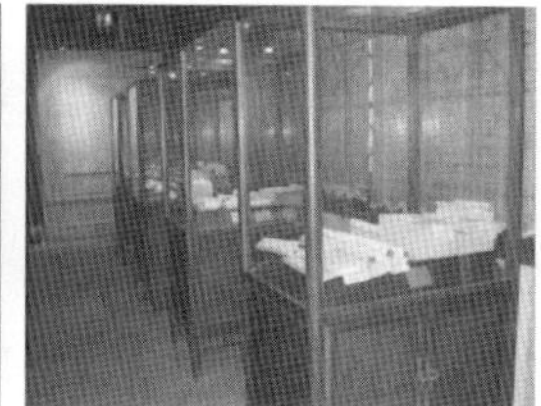

영파 천일각(天一閣)과 소장 장서.
영파 천일각, 작가 직접 촬영, 2006.1.17.

『서적동점(書籍東漸)』, 「영파 "중일 해상 서적의 길"을 통한 전파와 교류(宁波 "中日海上書籍之路"的傳播与交流)」에서 다음과 같이 말한다. "명나라 때는 영파에 일본 시장을 목표로 한 전문 서점과 대여소가 출현한다. 일본으로 수출하는 서적 대부분은 영파에서 인쇄했고 그중에는 영파 지역의 지방지나 영파의 고승이나 유명한 학자의 책도 포함되어 있었다. 명청 교체기에 명나라 유민이 일본으로 망명했는데 이때에도 서적을 많이 가지고 갔다."[122]

청나라에 들어와서도 중국 서적은 동쪽으로 상당히 많이 흘러갔다. 일본 나가사키의 『당만화물장(唐蠻貨物賬)』에 아래와 같은 기록이 있다. "1771년 나가사키에 입항한 중국 상선은 모두 54척이다. 그중 6척에 책을

122 賀宇紅. 書籍東漸---宁波"中日海上書籍之路"的傳播与交流 [J]. 中國文化遺産, 2006 (5).

싣고 왔다. 10호 영파선 2상자, 15호 남경선 93상자, 19호 영파선 4상자, 35호 남경선 1상자, 37호 영파선 1상자, 51호 남경선 1상자이다." 관련 사료에 따르면, 이 서적은 대개 궁정에서 필요했던 것이라고 한다.[123]

일본 에도 시대에 출판된 『촌상문서(村上文書)』에도 다음과 같은 기록이 있다. "건륭 58년(1793, 일본 칸세이(寬政)•41 5년), 사포를 출발해 나가사키로 입항한 남경 상선 '왕개태(王開泰)'의 인이(寅二)호는 『홍루몽(紅樓夢)』 심(沁)부 18벌과 기타 서적 67종을 싣고 왔다. 가경 8년(1803) 사포에서 나가사키로 입항한 '왕개태' 해칠(亥七)호는 『홍루몽』 심부 4벌을 싣고 왔다."

에도 시대 중기에서 말기까지 즉 쇼토쿠(正德) 4년(1714)에서 안세이(安政) 2년(1855)까지 140년 간 중국 상선이 일본으로 싣고 간 서적은 6,630종, 5.7만 부이다. 만약 다른 경로로 일본으로 들어간 서적도 합산한다면 1만 종이 넘을 것이다. 그중 절강성의 지방지가 44종이 있었는데, 거의 절강성 전 지역에 해당된다.

이런 서적 중에는 청 정부와 일본 정부가 금지한 서적도 있었다. 해당 서적에 대해 일본 세관이 금서 심사관 자격으로 중국 선주와 사포 상인을 심문할 때, 이들은 떳떳하게 자신을 위해 변론한다. "사포 서점의 책을 있는 대로 다 실었다. 내용을 다 검사하려면 배가 나가사키 도착하기 전에 끝날 수 없다."[124] 1825년, 절강 상선 "득태(得泰)"호 사무장•42이 일본 상선과 필담을 나눌 때 이렇게 말했다. "우리 중국에는 서적이 참으로 많은데, 이 중 80~90%가 최근 나가사키로 실려 나갔다."

아편전쟁 이후에도 중국 서적은 여전히 일본으로 대량 수출된다. 1840년부터 1850년까지 단 16년 간 "해상 서적길"을 통해 일본으로 건너

123 賀宇紅. 書籍東漸---宁波"中日海上書籍之路"的傳播与交流 [J]. 中國文化遺產, 2006 (5).

124 徐明德. 論淸代中國東方明珠---浙江乍浦港[J]. 淸史硏究, 1997 (3).

한국 성균관 문묘.
개성, 中文百科, 2011.7.6. (http://www.zwbk.org/mylemmashow.aspx?lid=185353)

일본 나가사키 공묘.
中國道家网, 2011.3.29. (http://chinataoja.org.tw/show.asp?id=190)

간 서적은 3,407종에 달한다.[125] 또 일본의 수입 속도가 더욱 빨라졌고, 어떤 책은 중국에서 출판되자마자 바로 일본으로 수출되었다. 1846년 심균(沈筠)이 편집한 『사포집영(乍浦集咏)』에 이러한 기록이 있다. "출판하자마자 곧 24부가 나가사키로 수출되었다." 중국인이 쓴 글이나 서학 관련 서적은 아주 빨리 일본으로 들어갔고, 또 중국보다도 일본에서 더 큰 반향을 불러일으키기도 했다. 위원의 『해국도지』가 이런 경우이다. 1856년 영파 화화성경서방(華花聖經書房)이 출판한 『지구약설(地球略說)』은 일본으로 수출되고 얼마 후 1860년 미츠쿠리 겐보(箕作阮甫)가 표점을 찍어 바로 간행했다. 이 책을 메이지 초기에 일본 학교에서 세계 지리 교과서로 채택하기도 했다.

일본이 수입한 중국 서적은 종류도 다양하고 양도 많았다. 경사자집(經史子集)뿐만 아니라 유교, 불교, 도교 관련 서적 및 정치, 경제, 문학, 예술, 의약, 점성, 건축 거의 모든 종류가 망라되어 있다. 일본인은 중국 서적을 얻고 나면 아주 정성스럽게 보관하면서 한편 이를 더 크게 만들거나 일본식 훈독을 달아 다시 찍기도 했다. 이런 책을 "화각본(和刻本)"이라고 한다.

125 賀宇紅. 書籍東漸-宁波 "中日海上書籍之路"的傳播与交流 [J]. 中國文化遺産, 2006 (5).

화각본 중국 고전.

宁波: 海上書籍之路的 "起航碼頭治. 中國宁波网, 2005.12.6. (http://www.cnnb.com.cn/gb/node2/newspaper/nbrb/2005/12/node54616/node54620/userobject7ai1252323.html)

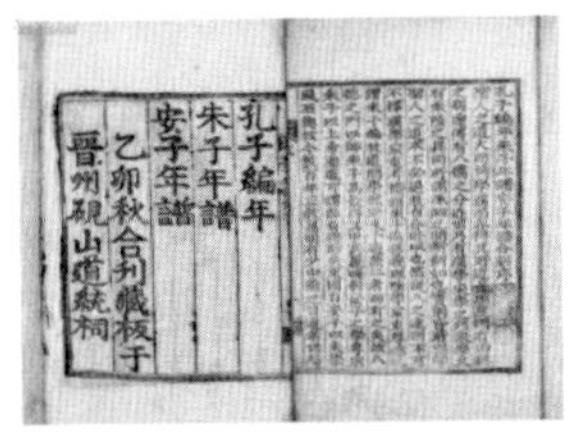

고려각본 『공자 주자 안자합각(孔子朱子安子合刻)』.

孔夫子旧書店. (http: // pmgs. kongfz. com/detail/ 26_ 230726.)

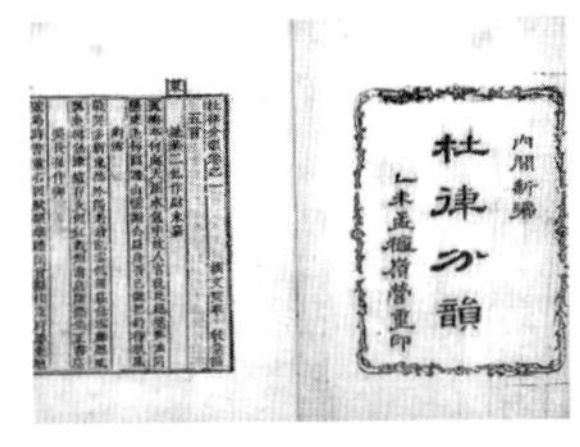

고려각본 『두율분음(杜律分韻)』.

宁波: 海上書籍之路的 "起航碼頭治. 中國宁波网, 2005.12.6. (http://www.cnnb.com.cn/gb/node2/newspaper/nbrb/2005/12/node54616/node54620/userobject7ai1252323.html)

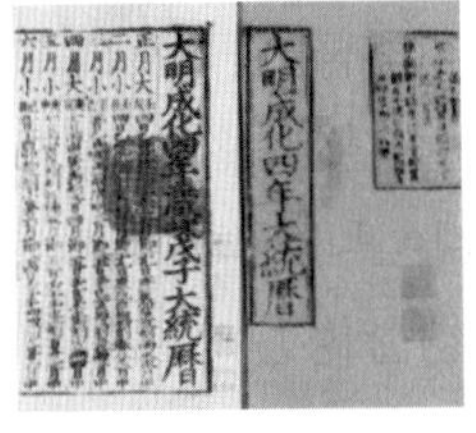

명청 시기 속국의 필수품인 대통력.

大明成化四年大統歷. 中國古代印 刷探源虚擬展示, 2009.2.26. (http://res.bigc.edu.cn/gudaiyinshuaziyuanku/html/20090226-287.html)

중국에서 대대로 전해오다 사라진 책이 일본에는 보존된 경우가 발생한다. 당나라 초기 중요한 서적인 『군서치요(群書治要)』 50권(위징이 편찬한 것)은 북송 초기까지만 해도 남아 있었는데 원나라 초기에 사라졌다. 그러나 일본 겐나(元和) 2년(1616) 도쿠가와 이에야스(德川家康)가 가나자와(金

澤) 문고의 소장본을 참고해서 구리 활자로 다시 간행했고, 『절강도서관고적선본서목(浙江圖書館古籍善本書目)』의 부록에 목록이 있다.

이 중에 어떤 책은 "일서회귀(佚書回歸)" 형식으로 중국으로 돌아온다. 당나라 때 장행성(張行成)이 쓴 『유선굴(游仙窟)』은 중국에서 이미 실전되었으나, 일본에서 발견되어 다시 중국으로 돌아왔다. 오대 오월 국왕은 일본에 사신을 보내면서 금을 선물하며 천태의 유서를 필사하게 해달라고 다음과 같이 요청한다. "종교 문서이므로 중국으로 돌려보내 주십시오." 청나라 때 여서창(黎庶昌), 양수경(楊守敬) 등은 시작한 '동영방서(東瀛訪書, 동쪽으로 가서 책을 찾는다는 뜻)'의 열풍 속에 중국에서 이미 유실된 서적들이 완벽하게 중국으로 되돌아온다. 고구려 승려 제관(諦觀)과 일본 승려 니치엔 오세이(日延應清) 등이 자국에 남아 있던 한문 서적을 스스로 중국으로 보내온 적도 있다.[126]

정리하자면, 동남아인들은 중국 서적을 수입하는 데 조선과 일본만큼 열정을 보이지 않았다. 다만 베트남(안남)은 다른 동남아 국가와 달리 조선과 일본에 비견할 정도였다. 앞서 인용한 안남국 배신(陪臣) 여문노의 상소에 이런 부분이 잘 나타나 있다. 『동서양고』 교지교역조(交趾交易條)에 다음과 같은 글이 있다. "선비는 책을 좋아해, 값이 비싸더라도 반드시 구매한다."[127]

명청 시기 동남아시아로 수출된 중국 서적 수량도 상당하다. 당시 명 조정에 조공을 바쳤던 각국에 명 조정은 반드시 《대통력(大統曆)》을 하사했다. 번국(藩國)이나 속국은 중국의 역법을 따르라는 뜻이 담겨 있다. 정화가 서양으로 내려갈 때나 명청이 주변국에 사신을 파견할 때도 반드시 《대통력》을 갖고 갔다. 《대통력》에는 제사, 관례, 사신, 혼례, 수로를 내거나 우물을 파는 법, 성곽 수리, 파종, 목양 등의 내용이 들어 있었다. 역서와 함께

126 陳文源, 鳴青. 明朝与安南朝貢及民間貿易問題探析 [J]. 江蘇商論, 2005 (7).
127 陳文源, 鳴青. 明朝与安南朝貢及民間貿易問題探析 [J]. 江蘇商論, 2005 (7).

월남의 문묘.
越南河內文廟. 國際儒學网, 2012.6.13. (http://www.ica.org.cn/yingyong.php?ac=view&id=9467)

19세기 말 중국 과거시험에 참가한 월남 유생.
維基百科, 2009.1.8. (http://zh.wikipedia.org/wiki/File:19%E4%B8%96% E7%B4%80%E6%9C%AB%E5%8F%83%E8%88%87%E7%A7%91%E8%88%89%E8%80%83%E8% A9%A6%E7%9A%84%E8%B6%8A%E5%8D%97%E5%84%92%E7%94%9F.jpg)

중국의 제도, 사회 풍습, 과학 기술도 동남아 여러 나라로 들어갔고, 그 나라의 사회, 과학 기술 문화에 지대한 영향을 미쳤다. 이외에, 동남아와 무역하는 중국 상선에는 항상 서적이 실려 있었다. 현지인 외에도 그 지역에 거주하는 화교 또한 중국 서적의 중요한 독자층이었다. 이들은 이민을 갈 때나 다시 중국으로 돌아올 때도 늘 책을 휴대하고 있었다.

서양인도 중국을 왕래하면서 중국 서적을 가지고 귀국했다. 어떤 중국 책은 서양의 현대화 과정을 좋은 영향을 미쳤을 것이다. 중국에 왔던 선교사들도 돌아갈 때는 동양의 학문을 서양에 전한다는 미명 아래 중국 책을 가지고 갔다. 1682년 쿠플레(Couplet)는 중국 서적 400여 책을 갖고 가서 바티칸(Vaticana) 도서관에 기증했다. 부베(Bouvet)는 귀국할 때 중국 서적 300권을 가지고 가서 루이 14세에게 헌정했다. 프랑스 국가박물관의 전신인 프루몽(Fourmont) 황가의 소장 문고에는 중국 책 수천 권 이상이 보관되어 있었는데, 대부분 선교사가 수집한 것이다. 1604년(명 만력 32), 옥스포드의 보들리안 도서관(Bodleian Library)도 중국 서적을 소장하기 시작한다. 1635년에서 1640년까지(중국 숭정 연간) 당시 캐드베리(Cadbury) 대주교이자, 옥스포드대학 총장이었던 윌리엄 랜드(Wm Land)는 보들리안 도서관에 중국 서적 1,151책을 기증했다. 19세 말에서 20세기 초에 웨일리(Alexanda Wylie)와 배크하우스(Edmend Baekhouse)는 보들리안 도서관에 두 번에 걸쳐 5만여 권을 기증했다. 1638년(강희 22) 창건한 애시몰린 박물관(Ashmolean Museum)은 중국 문물과 예술품 이외에도 매우 많은 중국 고대 도서를 소장하고 있다.[128] 일본과 마찬가지로 서양으로 들어간 책 또한 상업적인 것도 상업적이지 않는 것도 있다.

5. 동전

중국은 세계에서 비교적 이른 시기에 화폐를 사용했고 주조했던 국가이다. 고고 발굴 자료에 따르면 중국은 은상 시대의 중·말기에 이미 조개를 본뜬 청동 동전을 주조했다고 한다. 춘추전국시대에 각국은 저마다 다른 화폐를 사용했다. 전국 중기 무렵 진(秦)나라는 화폐를 주조하면서 공원전(孔圓錢)을 사용하기 시작했다. 진나라는 중국을 통일하고서 화폐 제도도 통일했는데, 이가 명나라까지 이어졌다. 중국은 기본적으로 구리로 동전을 만들었고 원형에다 중간에 구멍을 뚫는 형식이다. 그래서 '전(錢)'을 "공방형(孔方兄)"이라고도 부른다.

중국이 대외 왕래가 잦아지면서 동전도 밖으로 흘러나가기 시작한다. 동전은 상품을 구매하는 화폐로서 유출되었을 뿐만 아니라 그 자체로 이윤을 남기는 상품으로도 수출되었다. 정도는 다르지만 중국 역대 정부는 동전이 외국으로 유출되는 것을 제한했는데 여전히 대량으로 유출되었다. 당·송·원 시기부터 중국 역대 동전은 해외로 광범위하게 유출되었다. 특

128 許正林. 明清之際西方傳教士与中學西傳 [J]. 文化中國, 2004 (3).

중국 고대 동전 : 전국시대 제나라 동전과 월나라 동전. 진나라 반양(半兩), 한나라 오수(五銖).

『천공개물』 주전도(鑄錢圖).
중국 국가박물관, 작가 직접 촬영, 2012.11.30.

별히 동북아와 동남에서는 지역 화폐로 통용되었다. 동북아와 동남아 지역에서 출토된 중국 고대 동전의 수량은 매우 많아 놀라울 정도이다. 그중에 송나라 동전이 제일 많이 나왔다. 동전 위에 표시된 연대는 그것이 수출된 연대도 아니며, 그것이 주조된 연대도 아니다. 심지어 이런 동전이 중국에서 주조된 것인지도 확실하지 않다. 왕조가 바뀌어도 전 왕조가 썼던 동전을 폐지하지 않았으므로 역대 왕조의 동전은 시장에서 같이 사용되었다.(당연히 동전의 색깔도 달랐고, 환율도 달랐다.)

중국, 조선, 일본, 동남아 각국, 심지어 이슬람 왕국에서도 중국 역대 동전을 사사로이 주조했으며 포르투갈 상인과 스페인 상인도 마찬가지였다.

怀古. 宋代錢幣: 皇宋通宝. 大潮州文化网, 2010.2.17. (http://www.xxaxfly.cn/html/shoucangjianshang/cangpinjianshang/qianbi/zhongguoqianbi/305.Html)

摩尼 BBS 討論區, 2010.4.3.
(http://bbs.moninet.com.tw:8088/board/topic.cgi?forum=134&topic=839)

摩尼 BBS 討論區, 2010.4.3.
(http://bbs.moninet.com.tw:8088/board/topic.cgi?forum=134&topic=839)

怀古: 宋代錢幣: 宣和通宝, 元宝. 大潮州文化网, 2010.2.23.
(http://www.xxaxfly.cn/html/shoucangjianshang/cangpinjianshang/qianbi/zhongguoqianbi/332.Html)

怀古. 宋代錢幣: 紹興通宝, 元宝. 大潮州文化网, 2010.2.23.
(http://www.xxaxfly.cn/html/shoucangjianshang/cangpinjianshang/qianbi/zhongguoqianbi/340.Html)

怀古. 宋代錢幣: 嘉泰通宝, 元宝, 大潮州文化网, 2010.2.23.
(http://www. pan鄄chaozhouculture.com/html/shoucangjianshang/cangpinjianshang/qianbi/zhongguoqianbi/367.html)

*임의로 선별한 송나라 연호가 들어간 송대 동전.

명나라 때 유통되던 동전 중에 명나라가 주조한 동전은 별로 없었고, 대부분 당나라와 송나라 때 주조했던 것이다. 그중 송나라 동전이 제일 많았다. 명나라 때 복건에서 밀무역하던 상인들 대개는 사사로이 송전(宋錢)을 만들었고 이를 조선과 일본, 동남아로 퍼뜨렸다.(명나라에서 동전을 개인이 주조하는 것은 중범죄였다. 명나라 동전 중에 위조할 수 있는 것은 몇 종

송대 동전 몇 개.
중국 국가박물관, 작가 직접 촬영, 2012.11.30.

류가 없었다.) 장리성(江日升)의 『대만외기(臺灣外記)』에 다음과 같은 내용이 있다. 순치 8년 12월 정성공(鄭成功)이 "구리와 아연을 지원받고 일본 정부의 협조를 얻어 동공(銅熕, 대포)을 만들고 영력전(永歷錢)을 주조했다". 강희 5년, 13년 정경선(鄭經先)이 "일본과 내통하여 (……) 영력전을 주조했고" 다시 관리를 보내 "일본에서 영력전을 주조했다".[129]

명청 시기, 중국 동전의 최다 수출국은 일본이었다. 수출 경로는 조공 무역과 민간 무역(밀무역 포함)이 있었다. 일본의 고대 화폐 역사를 보면 상당히 오랜 기간 중국 화폐에 의존했다는 것을 알 수 있다. 명나라 초기 조공 무역을 통해 일본으로 유입된 동전이 매우 많았다. 명 홍무 27년부터 영락, 선덕 연간에 보초(寶鈔)의 유통을 보호하려고, 명 정부는 동전 사용을 금지하는 정책을 시행한다. 하지만 동전을 어느 정도는 주조해야 했는데 매년 10만 관(貫) 정도는 유지했다.

대개 "외번(外蕃)"에 하사하거나 "채판(采辦)"으로 썼다. 그중 상당 부분은 일본으로 유입되었는데, 영락과 선덕 연간에 특히 그랬다. 명 영락 3년(1405) 일본 국왕에게 하사한 물품 중에 동전이 150만 매(枚)였다. 다음해는 국왕에게 1,500만 매, 왕비에게 500만 매를 하사한다. 3년 후에 다시 1만

129 江日升. 台湾外紀[M]. 福州: 福建人民出版社, 1983.

명대 영락 연호가 들어간 동전.
极美永樂通宝. 紀念幣收藏网, (http://www.51coin.com/jiaoyi/20071931.html#bigpic)

명대 선덕 연호가 들어간 동전.
宣德通宝, 互動 百科, 2012.10.31. (http://www.baike.com/wiki/%E5%AE%A3%E5%BE% B7%E9%80%9A%E5%AE%9D&prd=button_doc_jinru)

명대 영력 연호가 들어간 동전.
永歷通宝. 互動百科. (http://upian.baike.com/ta403_84_0100000000000001190884 28679303_jpg.html)

정성공이 주조한 것.
永歷通宝. 互動百科. (http://upian.baike.com/ta403_84_0100000000000001190884 28679303_jpg.html.)

정성공이 주조한 것.
北京誠軒拍賣有限公司. (http://www.chengxuan.com/antiques/44536/)

5,000관(貫)을 하사한다.[130](중국 고대 동전의 단위는 통상 100매 1꾸러미를 1조(吊)라고 하고, 1,000매 1꾸러미를 관(貫) 또는 민(緡)이라고 한다.) 선덕 8년(1443)에는 "일본 국사로 온 도엔(道淵) 등 220인에게 영사, 사(紗), 나포, 습의, 견의, 동전을 신분에 따라 하사한다".[131] 일본 사절단이 싣고 온 물품 중에 도검 한 자루 값으로 준 것이 영락과 선덕 연간에는 최소 동전 100만 관이 되었다. 대략 명나라가 10년 동안 주조한 총량과 비슷하다.

130 王世貞. 弇山堂別集. 卷十四, 《皇明异典述》.
131 明宣宗實彔. 卷102, 宣德八年伍月丙子.

명대 동전 3종.
중국 국가박물관, 작가 직접 촬영, 2012.11.30.

명 영종 정통 연간에 "동전 사용을 금지했던 것을 풀자" 동전에 대한 국내 수요가 늘어났다. 또 일본을 포함한 외국 국가는 조공 무역으로 막대한 이익을 얻자 조공도 더 자주 왔고 정식 공물과 부대 진상품의 수량도 증가했다. 이는 명 조정에 큰 부담이 되었다. 명 정부는 부대 진상품을 시장 가격대로 값을 쳐주기 시작하면서 동전 대신 견포 등을 상품으로 주었다. 경태 4년 12월 일본 조공선이 싣고 온 부대 진상품에 대해 선덕 8년을 기준으로 값을 책정한다. "절견포(折絹布)를 제외하고, 동전 총액은 10만 7,732관 100문이고, 시가로는 은화 21만 7,732냥 정도였다." 그러나 "공물을 계산하면 시가가 매우 저렴"했다. 그래서 예부에서 "시가대로 주셔야 합니다"라고 하면서 "은전(銀錢) 3만 4,790냥, 동전(銅錢) 3만 4,790관(貫) 정도 값을 쳐주어야 합니다"[132]라는 상소를 올린다. 최종적으로 "은과 견포를 제외하고, 동전 5만 관을 하사"[133]하는 것으로 결정 난다. 상을 내리자 일본 공사 인포(允澎)가 더 내려달라고 상소를 올린다. "부대 진상품에 대한 하사금이 선덕 연간에 비하면 10분 1밖에 되지 않습니다. 바라옵건대 옛날대로 상을 내려주십시오." 그러자 다시 칙령이 내려왔다. "동전 1만 관을 더 주어라." 그래도 인포가 적다고 여기자 결국 "견포를 더 주어라"[134]

132 《明英宗實彔》, 卷二三六, 景泰四年十二月甲申.
133 《續文獻通考》, 卷11, 《錢幣伍》.
134 《續文獻通考》, 卷11, 《錢幣伍》.

명대 침몰선 남오(南澳) 1호, 8호에서 인양된 동전들, 대부분 "상부통보(祥符通寶)", "황송통보(皇宋通寶)", "희녕통보(熙寧通寶)"로 북송 연호가 들어간 동전이다.
南澳玉号船体傾斜 10度 保存可能不如預測完整. 广東文化网, 2010.7.14. (http://www.gdwh.com.cn/wwtd/2010/0714/article_2735.html)

라는 칙령을 내렸다.

성화 5년 일본 무로마치 막부가 조공선 3척을 파견했다. 국서를 통해 동전을 하사해 백성을 구휼할 수 있게 해달라고 요청했다. 국서 내용은 다음과 같다. "지금 서적과 동전을 요청 드립니다. 엎드려 바라옵건대 저희가 원하는 것을 들어 주십시오. (……) 영락 연간에는 동전을 많이 내려 주셨습니다. 근래에는 이런 일이 없습니다. 본국의 창고가 텅 비었으니 어떻게 백성을 돌볼 수 있겠습니까? 바라옵건대 재난에 빠진 백성을 구해주소서."[135]

이해 3월 일본 조공선 3호의 사관 겐키(元樹)가 "중국으로 오는 도중에 태풍을 만나 싣고 오던 물건을 잃어 버렸다"라는 구실로 "동전 5,000관을 하사해주기를 바라자 예부에서 들어주지 않았으나 황제가 특별히 500관을 하사했다."[136] 성화 13년 9월 일본 공사(貢使)가 또 "일본 국왕이 예외로 하사품을 더 내려 주길 바라자, 동전 5만 관을 하사한다."[137]

135 《善鄰國宝記》.
136 《明憲宗實彔》, 卷六三, 成化伍年二月甲吾, 所記元木作玄木.
137 《明史》, 卷三二二卷, 《外國三日本》.

일본에서 모방한 중국 동전.
王裕巽, 王廷洽: 日曾向中國求取銅錢供其國用-明錢東流對日文化影響. 華夏收藏网, 2011.1.13. (http://news.mycollect.net/infos/201101/138650.html)

실제 일본만 고려한 것이 아니고 다른 국가의 조공에 대해 상을 내릴 때도 동전을 더 준 경우도 있었다. 경태 5년 "유구국 국왕 쇼타이큐(尙泰久)가 영락, 선덕 연간의 기준대로 부상으로 동전을 달라"라고 했다. 예부에서 "동전은 본국에서도 사용해야 하므로 일본에 주기 어렵습니다. 옛날 방식대로 적지견포를 내려 주십시오"라고 상소를 올렸다.[138] 황제가 이들이 요구하는대로 동전을 하사하지 않았다.[139] 성화 10년 4월 유구국 사신 진만시(沈滿志)가 조공을 바치러 중국을 들어왔다. "옛날 법대로 동전을 내려주십시오"라고 하자 황제가 허락하지 않았다.[140] 이 시기 조공 무역 중에 거액의 동전이 해외로 유출되었지만, 일본만 예외였다. 해외로 유출된 액수는 영락, 선덕 연간에 와서는 현저하게 줄어든다.

가정 연간에 와서는 밀무역이 중국 동전이 해외로 유출되는 주요 통로였다. 명나라 때 일본의 상업은 비교적 발달했기 때문에 화폐에 대한 수요도 매우 많았다. 그러나 "왜국은 동전을 주조하지 못하고 옛 중국 동전을

138 《續文獻通考》, 卷11, 《錢幣伍》.
139 《續文獻通考》, 卷11, 《錢幣伍》.
140 《明憲宗實錄》, 卷一二七, 成化十年四月丙辰.

중국의 생소전(生肖錢) 압승전(厭勝錢).
중국 국가박물관, 작가 직접 촬영, 2012.11.30.

사용했을 뿐이었다".[141] 일본 천황은 명나라에 다음과 같은 국서를 보낸다. "서적과 동전은 상국만 바라보고 있습니다".[142] 일본 국내 동전 가격이 비쌌으므로, 중국 동전을 수입해 가면 몇 배 이익을 남겼다. 중국 정부가 허가한 조공 무역 이외의 물건으로 개시(開市) 무역을 할 때나 민간 무역을 할 때 중국 동전이 일본으로 유출된다. 명 조정이 해금 정책을 시행하고 동전의 해외 유출을 제한하는 상황에서도, 중국과 일본 상인을 비롯해 심지어 서양 상인도 쌍서(雙嶼)와 월항(月港) 등지에서 밀무역을 하면서 상당히 많은 양의 동전을 일본으로 반출한다. 이때 밀거래한 동전은 대부분 동남아 연해에서 제조한 가볍고 질이 떨어지는 사전(私錢)이었다. 그래서 "옛날 복건 용계(龍溪)에서 몰래 주조해 시장에 내놓았다. 저것은 중국의 진짜 동전보다 무거웠다. 동남아에서 주조한 것은 용계의 가짜보다 품질이 떨어졌다".[143]

융경 이후 일본에서는 중국의 생사, 면포, 자기 등 상품에 대한 수요가 급증하고 무역의 이윤도 많이 남았다. 동전을 밀거래해도 앞서 말한 상품

141 《籌海圖編 古文錢》.
142 《善鄰國宝記》.
143 馬歡. 瀛涯胜覽 [M]. 北京: 海洋出版社, 2005.

林振榮. 世界錢幣博覽. (http://shiba.hpe.sh.cn/jiaoyanzu/zhengzhi/shijieqianbiblan1.htm)

林振榮. 世界錢幣博覽. (http://shiba.hpe.sh.cn/jiaoyanzu/zhengzhi/shijieqianbiblan1.htm)

林振榮. 世界錢幣博覽. (http://shiba.hpe.sh.cn/jiaoyanzu/zhengzhi/shijieqianbiblan1.htm)

叶偉奇. 朝鮮歷史上最長壽錢幣 "常平通宝". 東方收藏网, 2010.9.23. (http://www.dfsc.com.cn/2010/0923/41712.html)

*중국 명청 시기 일본, 조선, 유구, 월남에서 주조한 동전 및 철전.

을 정상 거래한 것보다 이윤이 남지 않아 동전 밀거래는 점점 줄어든다. 이와 같이 민간에서 동전을 해외로 반출하는 것도 줄어든다. 만력 중기에 오면 일본도 동전을 주조하기 시작하면서 자국 동전이 중국 동전을 대체하기 시작한다. 이 시점에서 중국 동전이 동쪽 일본으로 유출되는 역사는 종지부를 찍는다.

중국 동전이 동쪽으로 유출될 때 동시에 남쪽으로도 유출된다. 명대 이전 많은 양의 동전이 동남아 지역으로 유입된다. 자바에서는 중국 동전이 현지 화폐로 쓰였다. 명대에 이르러 이 지역에 중국 동전은 더 유행했다. 명나라 때 마환의 『영애승람·자바국조』에 다음과 같은 기록이 나온다. "번인(番人) 중에 큰 부자가 상당히 많았다. 이들은 매매 교역을 할 때 중국 역대 동전을 사용했다."[144] 명 만력 연간에 나일경(羅日耿)이 쓴 『함빈록(鹹賓錄)·자바조』를 보면 "시장에서 중국 동전 썼던 것"과 관련이 있는 기록이 나온다. 명나라 때 황성증(黃省曾)도 다음과 같이 말한다. "삼포자(Samboja)•43 왕국은 교역할 때 중국 역대 동전과 삼베, 비단을 사용한다."[145]

144 馬歡. 瀛涯胜覽 [M]. 北京: 海洋出版社, 2005.
145 黃省曾. 西洋朝貢典彔 [M]. 上海: 中華書局, 1982.

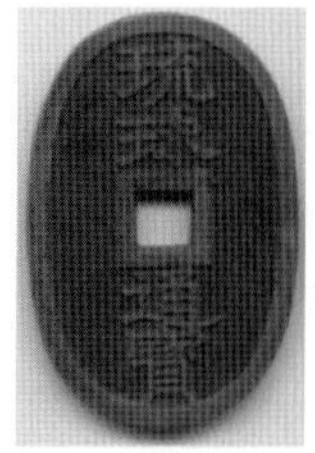
林振榮. 世界錢幣博覽. (http://shiba.hpe.sh.cn/jiaoyanzu/zhengzhi/shijieqianbiblan1.htm)

北京誠軒拍賣有限公司 (http://www.chengxuan.com/antiques/36059/)

林振榮. 世界錢幣博覽. (http://shiba.hpe.sh.cn/jiaoyanzu/zhengzhi/shijieqianbiblan1.htm)

林振榮. 世界錢幣博覽. (http://shiba.hpe.sh.cn/jiaoyanzu/zhengzhi/shijieqianbiblan1.htm)

*중국 명청 시기 일본, 조선, 유구, 월남에서 주조한 동전 및 철전

당시 자바에 주재하던 서양인들은 자연스럽게 이런 상황을 관찰했을 것이다. 명나라 초 정화와 여타 사절단은 동전을 많이 싣고 항해했고 도착하는 국가에 선물로 주거나 교역할 때 사용했다. 일본과 마찬가지로 동남아에서 공물을 바치러 온 사신들은 귀국할 때 각종 상품을 사갔지만 또 명나라 황제가 선물로 준 동전도 많이 가지고 갔다. 명나라는 진상품을 늘 동전으로 값을 지불했다. 또 밀무역을 포함하여 중국과 동남아의 민간 무역을 통해서도 대량의 중국 동전이 자바 등지로 흘러들었다. 광동의 신녕(新寧), 호강(蠔岡) 사람들은 몰래 동전을 주조했고, "신회(新會) 사람과 장사할 때 교지(交趾)나 광서 혹은 하해(下海)에서 거래했다."[146]

자바에서는 중국 동전이 마치 자국 화폐처럼 쓰였고, 또 종교 의식이나 민간 풍속 등에 일상 생활에도 사용했다. 중국 동전을 몸을 보호하는 부적으로도 썼다. 심지어 중국 동전을 완전히 모방해 "압승전(壓勝錢)"을 주조하는 경우도 있었다.

명청 시기에, 중국 동전은 주변 국가와 직접 거래하는 화폐로 썼을 뿐만

146 嘉靖本《新宁縣志 食貨 錢法》.

아니라, 주변 국가의 동전 문화에도 지대한 영향을 미쳤다. 많은 국가에서 중국 동전을 모방해 자국의 화폐로 사용했다. 중국 고전 중에 정사(正史), 유서(類書),●[44] 지방지, 필기(筆記) 등을 보면 외국이 중국 동전을 사용하거나 모방했다는 기록이 많이 남아 있다. 일본은 최초로 동전을 모방했던 국가 중에 하나이다. 708년(일본 나라 시대 와도●[45] 원년) 일본은 정식으로 동전을 주조했고, 당나라 "개원통보(開元通寶)"를 모방해 "와도카이친(和同開珎)"●[46]이라고 하는 동전과 은전을 주조한다. 이후부터 사적으로 주조한 각종 "중국전"이 출현한다. 중국 역대 연호를 넣은 동전을 직접 주조하기도 하고, 또 중국 동전을 다시 가공하기도 했다.

조선도 중국 동전을 모방해 많이 사용했다. 월남(안남)도 "중국전"을 많이 모방했고, 중국의 동전과 이름이 같은 것도 15종이 있었다. 민국 시기에 중국은 이미 원형방공(圓形方孔, 원형에 사각 구멍을 낸 것)을 동원, 은원으로 대체했는데, 월남은 여전히 원형방공 형태인 "보대통보(保大通寶)"를 사용했고 1945년에 되어서야 시장에서 퇴출된다. 인도네시아의 옛 왕국 자바도 원형방공의 형태를 모방한 동전과 은전을 주조했고, 18세기 치르본(Cirebon) 왕실은 동전을 주조하는 권력을 화교 실력자에게 직접 넘겨주기도 했다. 태국도 일찍부터 태수(泰銖)전을 주조했는데, 이 동전 또한 중간에 구멍을 뚫은 형태로 중국 동전을 모방했다는 것이 분명하게 드러난다.

중국 역대 특히 명과 청 두 시기에 중국 동전이 외국으로 유출되면서 동시에 외국의 각종 동전도 중국으로 유입된다. 중국으로 들어온 외국 동전 중에 조선과 일본 동전이 제일 많았고 광범하게 유통되었다. 각국 동전 및 중국 동전과 모양이 비슷한 "공방형(孔方兄)"이라는 동전이 중국에 출현했고 중국 시장에서 중국 동전과 나란히 유통되었다. 명청 시기, 특히 청나라 때 서양 각국 동전이 중국으로 상당히 많이 들어온다.

6. 기타

현대 상황을 말하자면 중국은 비록 크기는 하나 결코 부유하지는 않다. 그러나 아편전쟁 이전이었던 명청 시대에 확실히 "지대박물(地大博物, 땅은 넓고 물산이 풍부하다는 뜻)"이라는 개념을 가졌어야 했다. 앞서 말한 상품 이외에도 명청 시대에는 오화팔문(伍花八門, 각양각색이라는 뜻)의 각종 상품이 세계 각국과 무역하면서 중국으로 들어온다. 상품을 나열하자면 다음과 같다.

금속 : 금, 은, 동, 철, 아연, 납, 주석.

원자재 : 옻, 수은, 금은박, 우근(牛筋), 전와(磚瓦), 석조(石條), 석판(石板), 못, 염료, 향료, 유황, 백반(白礬), 녹반(綠礬), 명반(明礬), 주사(朱砂), 유황, 초석(硝石), 화약.

생활 용품 및 종교 의례에 사용하는 각종 금속 제품 : 옥기, 칠기, 도기, 석기, 유리 그릇.

그릇 : 목기, 죽기, 등나무 만든 것 이외에도 각종 그릇.

공구와 무기.

문구 : 붓, 먹, 종, 벼루.

보물 : 자화, 자수, 고동(古董), 진주, 상아, 주보, 수석산(壽山石) 이외에도 각종 예술품과 완구.

방직물 : 비단과 면포를 이외에 삼베 제품 및 모피 제품. 모전(毛氈), 피단(被單), 장만(帳幔), 수건(手巾), 커튼, 면사, 모자. 양말과 혁대.

잡화 : 각종 가구, 돗자리, 장뇌(樟腦), 선향(線香), 지폐, 부채, 우산, 초, 안경, 면도기, 머리빗, 참빗, 금사, 여홍(女紅), 바늘과 실, 지분(脂粉), 장신구 상자.

가축 및 가금류, 수산물.

식품 : 수산물, 밀가루, 국수, 기름, 과자, 말린 고기, 햄, 죽순, 조선 과자.

각종 담배.

해안에 정박한 정화 함대.
專家揭鄭和下西洋謎團确有 2 万吨巨型宝船. 新華网, 2010.10.29. (http://news.xinhuanet.com/fortune/2010-10/29/c_12714000_7htm)

이 중에서 한번 언급할 가치가 있는 것은 황금 수출이다. 16세기 말부터 17세기 초까지 중국에서 금과 은의 가격 비율은 1:5.5~7, 일본은 1:12~13, 유럽은 1:10.6~15.5이었다.[147] 당시 중국에서는 일본, 인도, 유럽, 아메리카보다도 은의 가치가 높았다. 그래서 일본이나 아메리카의 백은을 중국으로 들여와 금으로 바꾸면 1배 이상의 이윤을 챙길 수 있었다. 플랑크는 『백은자본(白銀資本)』에서 다음과 같이 말한다. "중국의 황금이 가격이 비교적 쌌기 때문에 백은 값이 다른 지역보다 1배 이상 더 비쌌다. 중국으로 백은은 들어오고 황금은 나갔다. 이렇게 중국 황금은 수출이 된 것이다. 유럽 무역 공사의 대변인이 한 말은 사실이었다. 그들에게 중국은 황금의 원산지 중 하나였다."[148]

147 全漢升. 明代中叶后澳門的海外貿易 [J]. 中國文化研究所學報, 1996.
148 貢德 弗蘭克. 白銀資本: 重視經濟全球化中的東方 [M]. 北京: 中央編譯出版社, 2000.

제 2편

수입 상품

輸 入 商 品

06 | 아편(鴉片)

1. 명대 이전의 아편 재배와 사용

명청(明淸) 시기 아편은 두말할 것 없이 가장 유명한 것이고, 악명 높은 수입품이라는 인상이 아직까지 현대 중국인에게 남아 있다. 아편을 영어로 'Opium', 그리스어로 'Afyun', 라틴어로 'Afyum'이라고 한다.(중국어로 "阿片", "阿芙蓉"이라고 번역하기도 한다.). 속칭으로 '아편연(鴉片煙)', '대연(大煙)', '연토(煙土)', '수복고(福壽膏)' 등으로도 불린다.

아편은 앵속(罌粟)의 열매로 즙을 짜서 만든다. 앵속(라틴어: *Papaver somniferum L*)은 초본 식물이고, 꽃이 크고 농염하며, 색상이 화려하다. 열

아름답고 농염한 앵속화, 죄악의 아름다움.
雨霖鈴的日志. 网易博客, 2010.7.14. (http://blog.163.com/hurricane_sl/blog/static/6172149420106140533310/2010-07-14)

고호의 명화《앵속화》.
凡高名畵大白天埃及失窃. 遼沈晚報, 2010.8.23. (http://epaper.lnd.com.cn/html/lswb/20100823 /lswb527455. html, 2010-8-23)

모네의 야생 앵속화《양귀비 들판》.
印象風景, 銘心佳人. 搜狐新聞, 2011.2.24. (http://roll.sohu.com/20110224/n303573819. shtml.)

영국 화가 존 윌리엄 워터하우스(John William Waterhouse)《마법에 걸린 정원》.
約翰 威廉姆 沃特豪斯. 被施法的花園. 新浪网, 2012.9.19. (http://ishare.iask.sina.com.cn/f/33939103.html)

*여러 화가의 앵속화 그림.

매는 술병[酒罌]을 닮았고, 열매 안에는 쌀알 같은 알갱이가 들어 있고, 기름을 50% 정도 함유하고 있어 짜서 기름으로 만들 수 있다. 이 때문에 미낭화(米囊花), 미낭(米囊), 낭자(囊子), 어미화(禦米花), 어미(禦米), 상곡(象穀), 앵자속(罌子粟), 앵속(鶯粟) 같은 이름으로도 불린다. 앵속 종류는 매우 많은데 28속 250여 종이 있다. 이 중에 아편을 만들 수 있는 것을 아편 앵속이라고 부른다.(이하 앵속이라 하는 것은 특히 아편 앵속을 가리킨

페데리코 안드레오티(Federico Andreotti) 《앵속화를 꽂은 밀짚 모자》.

呢圖网, (http://www.nipic.com/show/2/27/5130746kf9a233d2.html)

청대(淸代) 앵속을 그려 넣은 부채.

作者拍故宮博物院, 2012.12.2.

*여러 화가의 앵속화 그림.

다.) 중의에서는 앵속 껍질을 약으로 쓰는데, 이 처방을 "어미각(禦米殼)" 혹은 "앵각"이라고 하며, 성질이 조금 차고, 맛은 신맛이 나며, 독성이 약간 있다. 모르핀(morphine)과 같은 알칼로이드(alkaloid)와 다당을 소량으로 함유하고 있어 염폐(斂肺)•[47], 삽장(澀腸)•[48], 지통(止痛) 작용을 한다. 그래서 통증, 기침, 설사를 멎게 하는 약으로 쓴다.

앵속 열매가 완전히 익지 않았을 때 칼로 상처를 내면 우유 같은 흰 즙이 나온다. 이를 말려 산화시키면 갈색이나 검은색 고약 같은 모양으로 변한다. 이것이 바로 생아편이다. 앵속 과일 1개에 보통 0.5g 정도 아편이 나온다. 과일이 1,000개 있어야 1근 정도 아편을 만들 수 있다. 생아편을 볶고 발효시켜 숙성한 아편을 만든다. 완성된 아편은 표면에 빛이 나고 부드러우며, 기름기가 감돌며 갈색이나 황금색이 돈다. 아편은 알칼로이드 몇 종류가 함유하고 있는데 모르핀을 포함해 코데인(Codeine)과 테바인(Thebaine)이 들어 있다. 중추 신경을 자극해 흥분, 진통, 지해(止咳, 기

경기 중인 영국 축구 선수.
祥胜. 印罌粟花? 不行! FIFA 拒英格蘭請求称因德國. 東南网, 2011.11.8. (http://www.fjsen.com/p/2011-11/08/content_6699146.htm.)

기념 의식에 참석한 영국 여왕 엘리자베스 2세, 영국 등 일부 서양국가에서는 전몰 용사를 기리는 기념일에는 붉은색 앵속화 배지를 다는 전통이 있다.
祥胜. 印罌粟花? 不行! FIFA 拒英格蘭請求称因德國. 東南网, 2011.11.8. (http://www.fjsen. com/p/2011-11/08/content_6699146.htm.)

침을 멈춤), 최면 등의 작용을 일으킨다. 파파베린(Papaverine), 니코틴(Narcotine), 나르세인(Narceine) 등은 평활근에서 일어나는 경련을 멈추게 한다. 의학계에는 아편을 마취 및 진통제로 사용하고, 의약품이 아니라면 곧 독약이 된다.

아편을 피우는 방법은 보통 다음과 같다. 숙성된 아편을 손으로 비벼 환을 만들거나 담배 개비처럼 만든다. 불 위에 올려 부드럽게 만들고 아편대의 대통으로 안으로 밀어 넣는다. 대통을 불 위에서 이리지리 뒤집어서 나오는 연기를 흡입한다. 아편 환 1~2개를 먹기도 하며 물에 녹여 주사로 주입하기도 한다. 아편을 흡입하거나 먹으면 현기증, 구토, 두통 같은 증상 뒤에 환각적 쾌락을 느낀다. 아편은 쉽게 중독이 되며, 장기간 피우면 얼굴에 혈색이 사라지고, 눈빛에 초점이 없고, 정신은 퇴폐해지고 신체는 쇠약해지며, 면역력이 약해진다. 한 번에 양을 많이 쓰면 급성 중독이 되며 질식해 죽기도 한다.

앵속의 원산지는 남유럽과 소아시아이다. 6,000년 전 수메르인(Sumerian)이 관상용으로 앵속화를 심기 시작했다. 스위스에서 기원전 4,000년 전경의 신석기 유적을 발굴할 때, 고고학자들은 인공 교배를 거친 앵속 종자와 열매를 발견했다. 기원전 3,400년 유프라테스(Euphrates)강과 티그리스(Tigris)강 하류에서는 이미 대규모로 앵속을 인공 재배했다. 기원전 2,000년 아편은 이미 동물 약이나 부인과 병에 사용했다. 기원전 1,500년 고대 이집트 묘에서 "명품"인 "테베(Thebes) 아편"이 나왔다.

적어도 기원 전 5세기 무렵에 고대 그리스인도 앵속을 재배하면서 사용하기 시작했다. 그리스는 아편이 정신을 안정시키고, 통증을 누르고, 설사를 멎게 하며, 걱정을 잊게 한다는 것을 발견했다. 앵속 꽃이나 과실을 즙으로 짜서 약에 넣었다. 호메로스(Homeros)는 『오디세이(Odyssei)』에서 앵속을 "망우약(忘憂藥)"이라고 불렀다.[1] 추수를 축하하는 카니발(Karneval)에서 그리스인들은 술에 앵속을 타서 마셨다.

그리스 신화에도 앵속과 관련된 고사가 있다. 잠의 신이자 밤의 아들인 힙노스(Hypnos)는 날개가 달린 소년이다. 사신 타나토스(Thanatos)가 그의 형이다. 힙노스의 머리는 앵속의 꽃처럼 생겼고 자그마한 뿔이 달려 있다. 그러나 모든 신이 힙노스에게 복종한다. 힙노스의 세 아들 모두 꿈의 신이다. 아테네의 황금시대에 곡물의 관장한 여신 데메테르(Demeter)의 조각상을 보면, 손에 보리 싹과 앵속화를 쥐고 있다. 기원전 2세기경 명의 갈레노스(Galenos)는 아편으로 치료할 수 있는 병에 관한 기록을 남겼다. 두통, 목현(目眩, 눈앞이 캄캄하고 꽃 같은 헛것이 어른거리는 증상), 이농(耳聾, 소리를 듣지 못하는 증상), 간질, 중풍, 약시, 기관지염, 천식, 기침, 각혈, 복통, 황달, 변비, 신장 결석, 소변이 세는 것, 발열, 붓는 것, 마풍병(痲風病, 한센병), 월경불순, 우울증, 해독 및 벌레 물린 것 등을 치료한다고 한다.

앵속이 언제 중국에 들어왔는지 주장이 엇갈린다. 장건(張騫)이 서역에 사신으로 갔다 중국으로 가져왔다는 주장이 있다. 심지어 어떤 사람은 삼

1 荷馬. 娛德賽[M]. 北京: 華夏出版社, 2007.

국시대 화타(華佗)가 마취제로 썼던 마비산(痲沸散)에 아편이 함유되어 있었다고 주장하기도 한다. 하지만 이런 주장에는 명확한 증거가 없다. 역사학자 덩지청(鄧之誠)은 위진 시대 때 앵속이 들어왔다고 생각한다. 덩지청은 다음을 근거로 앵속이 위진 시대에 들어왔다고 주장한다. 송나라 때 혜홍(惠洪)이 『냉재야화(冷齋夜話)』를 쓰면서 남조 때 도홍경(陶弘景)의 『선방주(仙方注)』에 나오는 "단장초(斷腸草)인지 모르겠다. 꽃이 매우 곱다. 부용화라고도 한다"를 인용하는 것을 덩지청은 근거로 제시한다. 또 "옛날은 부용화처럼 고왔는데, 지금은 단장초처럼 시들었네. 미색으로만 다른 사람을 받들면, 즐거움이 어찌 오래 가겠는가?"라는 이백의 시를 근거로 든다. 여기에서 묘사하고 있는 단장초가 곧 앵속이라는 것이다. 이 때문에 "앵속은 오래전 남북시대에 중국에 유입되었다"[2]라고 그는 굳게 믿는다. 하지만 단장초에 대한 다른 의견이 있어 덩지청의 주장은 논쟁의 여지가 많다.

앵속에 관한 명확한 기록은 당나라 때부터 나온다. 역사 기록을 따르면 당나라 건봉(乾封) 2년(667) 비잔틴(Byzantine)제국(대진 즉 동로마제국)이 사신을 보내 테리아카(Theriaca)를 헌상했다. 테리아카는 고대 서양에서 썼던 영단(靈丹) 묘약으로 주요 성분이 아편이다. 해독 작용을 하며 이질 같은 질병을 치료한다. 그러나 당시 중국에 왔던 외국인은 대부분 상인이었다. 그래서 아편과 앵속을 약재로 중국에 처음으로 가져온 것은 아랍 상인이라는 것이 정설이다. 늦어도 당나라 때부터는 중국은 이미 앵속을 재배한 것이 확실하다. 하지만 명나라 때까지 앵속을 재배한 주요 목적은 관상용이나 약용이었다. 관상식물로서 앵속은 고대 시가에 많이 등장한다. 예를 들면 다음과 같은 시가 있다.

2 鄧之誠. 骨董瑣記全編 [M]. 北京: 北京出版社, 1996.

꽃이 풀보다 낫다고 사람들은 괜한 소리 한다네!
열매가 백성을 구제한 적이 있던가?
들판의 벼와 기장을 비웃지만,
악기로 청춘을 지냈다는 소리를 듣지 못했네.
開花空道勝於草
結實何曾濟得民
卻笑野田禾與黍
不聞弦管過青春
-당나라 곽진(郭震) 「미낭화(米囊花)」

험한 잔도를 지나니 포사(褒斜)의 큰 길이 나오네.
평지를 걷다 보니 마치 집에 도착한 것 같네.
만리를 떠돌았던 수심이 오늘 사라지네.
말 앞에 미낭화 처음 보는 것이네.
行過險棧出褒斜
歷盡平川似到家
萬裏愁容今日散
馬前初見米囊花
-당나라 옹도(雍陶) 「서귀사곡(西歸斜谷)」

쌍육을 엎은 듯,
벽아주를 성글게 듬성듬성 꽂은 듯,
희생으로 바치는 소젖 같고,
영마두(鈴馬兜)[●49] 같네!
북채와 화살촉,
앵속을 본떠 만들었구나!

倒排雙陸子
希插碧牙籌
旣似檥牛乳
又如鈴馬兜
鼓捶並瀑箭
直是有來由
-당나라 이정백(李貞白) 「영앵속자(咏罌粟子)」[3]

새가 지저귀고 벌은 윙윙거리며 나비는 바쁘게 날아다니면서,
하늘의 말을 화왕에게 다투어 전하네.
동황의 호위병이 아무것도 주지 못해도,
봄바람 열흘 양식을 빌려주겠다 하네!
鳥語蜂喧蝶亦忙
爭傳天語詔花王
東皇羽衛無供給
探借春風十日糧
-송나라 양만리(楊萬里)의 「미낭화(米囊花)」

이뿐만 아니라 옛사람들은 앵속화 중 어떤 종이 좋은지 연구했다. 당나라 곽탁타(郭槖駝)의 『종수서(種樹書)』에 다음과 같은 기록이 나온다. "앵속은 (음력) 9월 9일이나 추석 밤에 심으면 꽃이 매우 크고, 씨앗도 많이 난다."

앵속은 약재로 각종 의서에 많이 나온다. 당나라 개원 연간 사람인 진장기(陳藏器)는 『본초습유(本草拾遺)』에서 다음과 같이 말한다. "앵속은 꽃

3 中華書局編輯部点校. 全唐詩 [M]. 北京: 中華書局, 1999.

國家嚴控非法食品添加劑成都火鍋拒絕罌粟殼.58 同城, 2011.6.22. (http://q.58,com/chengdu/topic_721633. shtml)

앵속 열매.
初中學生毒品預防專題-毒品常識. 綜治安全网, 2009.8.26. (http://safe.lledu.cn/web/9/200908/26154147546. html.)

즙.
罌粟果. 搜搜百科, 2007.7.12. (http://baike.soso.com/v36824230.htm)

미(米).
罌粟: 從名花, 名藥到鴉 片烟. 天津禁毒在線, 2012.11.22. (http://www.tjjd.org/system/2009/05/24/010023980.shtml)

잎이 4장이고 홍백색이며, 상단에 잔홍이 감돈다. 씨방은 화살촉처럼 생겼고, 씨방 안에 작은 쌀알 같은 것이 들어 있다."[4] 북송 유한(劉翰)의 『개보본초(開寶本草)』의 기록은 다음과 같다. "앵속 씨앗은 미낭자 또는 어미(御米)라고도 한다. 이것은 단석(丹石)의 독이 내려가지 않는 것을 주로 치료한다. 쌀과 죽력(竹瀝)을 같이 넣고 삶아 먹으면 맛이 매우 좋다."

송 휘종(徽宗) 때 구종석(寇宗奭)은 『본초연의(本草衍義)』에서 다음과 같이 말한다. "앵속 알갱이는 성질이 차므로, 많이 먹으면 설사한다. 방광의 기운을 돋운다. 이것을 갈아 물에 달이고 꿀을 넣고 마시면 매우 좋다."[5] 왕육(王繆)은 『시재백일선방(是齋百一選方)』에서 "앵속은 이질을 치료하는 처방"이라고 했다. 송대 의학은 이와 다른 앵속의 약효를 발견한다. 송나라 때 앵속 씨앗과 껍질을 보양식품으로 보고 "어병(魚餅)"과 "불죽(佛

4 陳藏器撰, 尙志鈞輯釋. 本草拾遺輯釋 [M]. 合肥, 安徽科學技術出版社, 2002.
5 寇宗奭. 本草衍義 [M]. 北京: 人民衛生出版社, 1990.

鬻)"으로 만들어 먹었다. 어병은 다음과 같이 만든다. 앵속 씨앗을 깨끗하게 씻고 우유에 간다. 찌꺼기를 제거하고 물에 달인 후 걷어내어 작은 덩어리로 만든다. 먹을 때는 홍곡수주(紅曲水酒)로 쪄서 물고기 비늘 모양처럼 얇게 만든다. 이것이 바로 앵속 씨앗으로 만든 어병이다. 불죽은 앵속 씨앗을 죽주(竹酒)에 삶아 만든다.

소식(蘇軾)도 다음과 같은 시를 지었다. "도인은 계소(雞蘇)•50수를 마시라 권하고, 동자는 앵속탕을 달이는구나!" 소철은 『종약묘(種藥苗)』에서 앵속의 자양 효능에 관해 더 자세히 설명한다. "앵속 어린싹은 봄나물보다 낫고, 씨앗은 가을 곡식과 비슷하다. 우유처럼 갈아서 불죽을 만든다. 노인이 기운이 쇠약해져 음식을 거의 먹지 못하는 경우가 있다. 즉 고기도 소화하지 못하고 채소 맛도 느끼지 못할 때가 있다. 유퇴석(柳槌石) 그릇으로 달여 꿀을 넣고 먹으면 입과 목이 시원하게 뚫리는 것 같다. 폐를 다스리고 위의 기운을 돋운다. (……) 깊은 산에 사는 승려가 이 말을 듣고 망언이라고 여겼다. 한 번 마시고는 절로 웃음이 터져 나왔다."

송나라 사채백(謝采伯)의 『밀재필기(密齋筆記)』에도 다음과 같은 기록이 나온다. "유명한 시인 신기질(辛棄疾)은 이질을 앓았다. 어떤 특이한 승려가 묵은 앵속을 달이고 인삼을 넣고 패독산을 만들어 위통환(威通丸) 10여 알과 같이 먹게 했더니 바로 나았다."

원나라 때로 오면 의학계는 앵속의 부작용에 대해서 파악하고 신중하게 사용할 것을 권장한다. 명의 주진형(朱震亨)은 다음과 같은 의견을 제시한다. "허로(虛勞)와 해수(咳嗽)를 앓는 사람에게 앵속 씨앗 껍질을 많이 쓰면 병이 낫는다. 습열로 인한 설사병에도 쓰면 설사가 멎는다. 약 효과는 매우 빠르나, 칼처럼 살인을 할 수도 있으니 매우 조심해서 사용해야 한다."[6] 그러나 당송 시대에 약품이나 식품으로 썼던 것은 제조한 아편이

6 轉引自冼波. 烟毒的歷史[M]. 北京: 中國文史出版社, 2005.

아니라 앵속 씨앗, 껍질이었다. 원나라 때 일부 사람들이 아편을 먹었지만, 이 식용 아편은 중국 본토에서 만든 것이 아니라 몽골이 페르시아 등지를 정복하고 얻은 전리품이었다. 게다가 관상용이든 약용이든 상류층 소수만 사용했다.

2. 명·청 전기의 아편의 수입

명나라에 들어와서도 앵속은 여전히 관상용이나 약용으로 재배하거나 사용했다. 명 만력 연간에 왕세무(王世懋)가 편찬한 『학포잡소(學圃雜疏)』에 다음과 같은 글이 실려 있다. "작약 다음으로 앵속꽃이 제일 화려하다. 모양이 잘 변하는데 관심을 두고 물을 주면 여러 모양으로 아주 예쁘게 바뀐다. 황색이나 녹색도 있다. 멀리서 보면 매우 예쁘다." 이것은 분명 관상적 시각에서 묘사한 것이다.

명말 여행객 서하객(徐霞客)은 귀주성 귀정 백운산 아래에서 앵속화를 보고서는 관상적 시각에서 글을 남겼다. "앵속화는 겹꽃잎이고 꽃봉오리가 매우 크고 촘촘하다. 농염한 것이 단약(작약)에 뒤지지 않는다." 이시진(李時珍)도 『본초강목(本草綱目)』에서 식품과 약품으로서 앵속을 묘사하고 있다. "앵속은 가을에 심는 겨우살이이다. 새싹은 나물로 먹으면 맛이 아주 좋다. 잎은 백거(白苣)•[51] 잎처럼 생겼고, 3~4월 꽃대가 뻗어 나와 청포를 맺는다. 꽃이 피면 씨주머니가 터진다. 꽃잎은 대개 4장이다. 크기는 술잔을 엎어 놓은 것 만하고, 앵은 꽃 안에 꽃술이 감싸고 있다. 3~4일 정도 꽃을 피우다가 곧 시든다. 앵은 꽃대 끝에 있는데 길이는 1~2촌 정도이고, 크기는 마두령만하다. 위에 덮개가 있고 아래에 꼭지가 있다. 둥근 것이 마치 술 사발 같다. 가운데 백미(白米) 같은 것이 있는데 매우 가늘다. 죽을 끓여 먹는다. 열매는 마치 앵두 같고, 씨앗은 쌀 낟알 같다. 황제에게

麥朵: 抓捕毒販行動中他搜出 "緝毒警察黑名單". 中國西藏新聞网, 2011.6.22. (http://www.chinatibetnews.com/fazhi/2011-06/22/content_725259.htm)

青春有悔 珍愛生命, 遠离毒品. 云南网, 2011.6.24. (http://special.yunnan.cn/feature4/html/2011-06/24/content_1683548_3.htm)

*추악한 아편(대연(大烟)).

바칠 만하다."[7]

그러나 명나라 때 중국은 이미 아편을 생산했다. 이시진은 아편을 취하는 방법에 관해 기록을 남겼다. "앞 시대에서 아부용(아편)을 이야기하는 것을 거의 듣지 못했다. 근처에 쓰는 사람이 있었다. 앵속의 진액을 사용한다고 했다. 앵속화가 씨앗 주머니를 맺을 때 오후에 침이나 바늘로 외청피를 찌른다. 이때 안쪽을 다치지 않도록 조심해야 한다. 3~5곳을 찔러두면 새벽에 진액이 나온다. 대나무 칼로 받아 자기 안에 넣어 둔다. 그늘에 말려 쓴다." 이것은 지금도 아편을 취하는 본고장에서 쓰는 방법이다. 당연히 이시진은 다른 사람 말을 옮긴 것이고 직접 본 것이 아니다. 그래서 이런 방식으로 아편을 취하는 사람은 거의 본적이 없다고 설명한 것이다. 즉 "앞 시대 이야기를 거의 듣지 못했고 근처에 쓰는 사람이 있다"라고 한 것이다. 이시진은 정덕(正德) 13년(1518)에 태어나 만력 21년(1593)년에 죽었다.

다시 말하자면 명 만력 연간에 이르러 아편은 비로소 약품으로 유기 시

7 李時珍. 本草綱目 [M]. 赤峰: 內蒙古科學技術出版社. 2004.

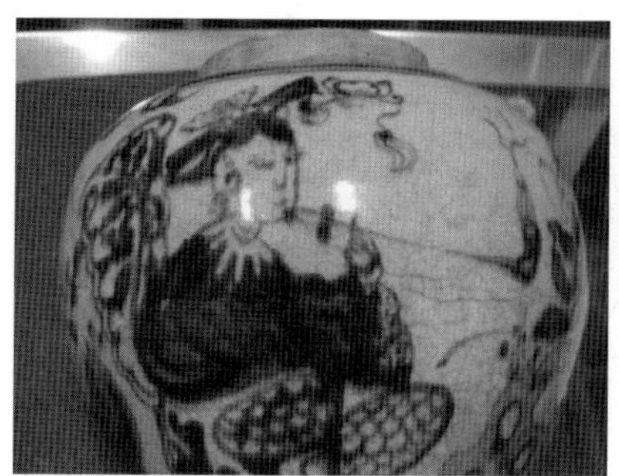
아편을 피우는 기생을 그려 넣은 청화자기.
明代仕女抽烟罐. 賞瓷网, 2009.7.15. (http: //www.shangci.net/jiaoyi/30170875.html)

아편을 흡입하는 만대인.
英國使團畵筆下的華夏大地. 寬帶山第一城市消費門戶, 2011.6.19. (http://kdslife.com/thread_1_15_6378846__.html)

작한 것이다. 명말청초 방이지(方以智)는 『물리소식(物理小識)』에서 말한다. "앵속 진액을 걷어 자기 그릇에 넣고 종이로 입구를 막고 햇빛에 14일 말려 쓴다. 전해 내려오는 말에 따르면 설사를 치료하며, 한편 일종의 방중약으로 사용한다고 한다. 이를 먹고 성생활을 해도 크게 해가 되지 않는다고 한다. 옛날에 지방에서 아편을 공물로 바쳤다. 지금 말하는 광복(廣福) 아편은 다른 것으로 소위 아편토라는 것이다. 네덜란드인이 만든 것이다."[8]

명대와 청대 이전에는 아편의 주요 용도는 약재였다.(지금도 민간에서나 정식 의료 기관에서도 아편과 가공 제품을 약재의 일종으로 사용한다.) 그러나 이미 어떤 사람은 의료 목적이 아니라 마약으로 사용하기 시작했다. 명 천순(天順), 순화 때, 서백령(徐伯齡, 1458~1487)이 편찬한 『담정준(蟫精雋)』에 실린 글이다. "성화 계묘년(성화 19, 서기 1483), 환관에게 아편을 사들이라고 명령한다. 그 값이 황금과 같았다."[9] 수쯔량(蘇智良)은 "만력 황제가 중국의 '아편 황제'의 시조"라고 주장한다. 명나라 때 동

8 方以智. 物理小識 [M]. 台北: 商務印書館, 1977.
9 徐伯齡. 蟫精雋 [M]. 上海: 上海古籍出版社, 1993.

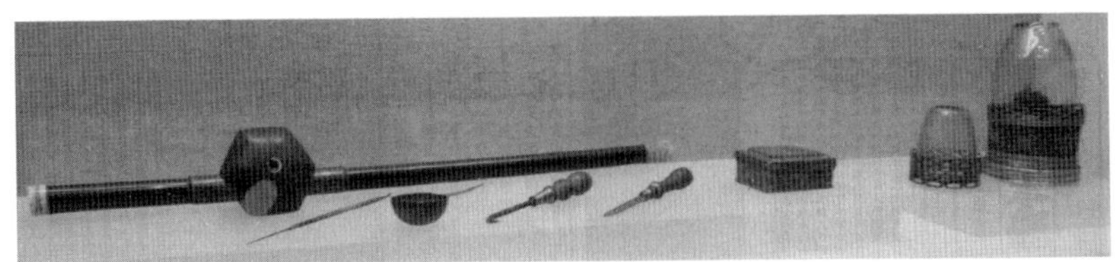

아편 흡입 기구.
작가 베이징에서 직접촬영: "复兴之路", 2012.12.1

한유(董漢儒, 1562~1628)가 말한 적 있다. "신종(神宗)•52 황제께서 재위하신 지 23년이 되었다. 처음에는 부지런하셨는데 끝에는 어째서 나태해졌는가? 나라가 나날이 기울고 있다." 다른 문헌에도 만력 황제가 오랫동안 병을 앓아서 "황제께서 날마다 화가 치솟고, 때로는 현기증에 나셨다"라는 기록이 많다. 청나라 유정섭(俞正燮, 1775~1840)은 『계사유고(癸巳類稿)』에서 "오향(烏香)의 독에 중독되셨다"라고 했다. 1958년 정릉(定陵)을 발굴하고서 만력 황제의 두개골을 화학 실험했더니 분명히 모르핀 성분이 검출되었다.[10]

주닝(周宁)은 『아편제국(鸦片帝國)』에서 아편을 소비하는 방식의 변화를 강조한다.[11] 즉 약용과 식용에서 향락성 사치품으로 변했고, 끓이거나 달여 마시던 것을 담배처럼 피우기 시작했다는 것이다. 아편이 마약으로 쓰이면서 상류층 소수에서 일반 대중에게로 보급되었다. 아편을 피우는 방법은 외국에서 중국으로 들어왔다. 아편을 흡입하는 방식은 동남아 현지인이 처음 발명한 것으로, 채취한 아편 즙을 달이고 찌꺼기를 제거한 후 담배 가루와 섞어 환을 만든다. 혹은 숙성된 아편을 환 모양으로 만들고 대나무 관에 넣고 불을 붙여 흡입한다. 담배의 원산지는 미주(美洲)이고 담배와 인디언이 흡연하던 방식을 스페인인이 동남아로 가져왔고, 아편은

10 蘇智良. 中國毒品史[M]. 上海: 上海人民出版社, 1997.
11 周宁. 鸦片帝國 [M]. 北京: 學苑出版社, 2004.

포르투갈인과 네덜란드인이 동남아로 처음 가져왔을 가능성이 높다. 따라서 아편과 연초를 혼합하는 방식은 유럽인이 동남아로 전래했을 것이다. 이렇게 흡입하는 방식이 발견된 것은 17세기였다.

1689년에 독일 의사 캐모페로(Kaemofero)가 자바에서 현지인이 아편을 흡입하는 것을 이미 발견했다. 바타비아 주재 네덜란드 동인도공사에서는 네덜란드인이 아편을 피우는 것을 금지했지만 자바 현지인이 피우는 것은 금지하지 않았다. 여문의(余文儀)의 『대만부지(臺灣府志)』에 다음과 같은 기록이 나온다. "야오바인(자바인을 가리킴-역자)은 본래 민첩하고 싸움을 잘했는데, 서양 오랑캐가 아편 담배를 만들어 이들을 유혹해 흡입하게 했다. 점점 약해져 제압당하고 그 나라는 지배를 당하게 되었다."[12]

대만 또한 네덜란드의 식민지였으므로, 네덜란드인이 동남아로 아편을 전파했을 때 대만으로도 유입했을 가능성이 높다. 또 당시 동남아와 무역하던 중국 상인이나 이민자들이 아편과 흡입하는 방식을 가져왔을 가능성도 있다. 황숙림(黃叔林)의 『대해사사록(台海使槎錄)』에 다음과 같은 글이 있다. "아편 연초와 삼[麻], 칡으로 아편토(阿片土, affion)를 만든다. 구리 종기에 잘게 썰어서 삶고 이겨 담배처럼 만든다. 대나무 담뱃대 안으로 꼬챙이로 가득 밀어 넣는다. 이를 피우면 기가 단전(丹田)으로 바로 흘러들어 밤에 잠을 자지 못한다. 사인(士人)들은 음란 도구로 사용하기도 했다. 몸이 축 늘어지고 장부가 문드러진다. 아편토는 야오바인이 만든 것이다."[13] 명나라 말기, 중국 동남아 연해 특히 복건과 광동 지역에서는 이미 아편을 흡입하기 시작했다. 청나라 초기에 아편을 흡입하는 사람들이 점점 늘어나 건륭 연간에 이르면 동남 연해 지역에 상당히 널리 퍼졌다.

명대에 중국인도 아편을 만들기 시작했지만, 중국 국내에 유통되는 아

12 蔣毓英等纂修. 台湾府志 [M]. 厦門: 厦門大學出版社, 1985.

13 林淑慧. 黃叔璥及其 掖台海使槎录業 研究 [M]. 台北: 万卷樓圖書股份有限公司, 2004.

편은 대부분 외국에서 수입한 것이었다. 왕옥해(王玉海)의 『속감주집(續紺珠集)』을 보면 정화가 서양으로 내려갈 때 "완약(碗藥)"을 가지고 갔다고 하는데, 이 "완약"이 바로 아편이다. 명나라 초기 조공 무역 중에 동남아 일부 국가의 진상품에는 아편도 들어 있었다. 예를 들면 『명회전(明會典)』에 다음과 같은 기록이 있다. "시암(태국), 자바, 방거라이(말라카의 고대 지명) 등지에서 오향(즉 아편)을 많이 생산했고 약재로 중국에 진상했다."[14] 시암은 아편을 처음 진상할 때 300근을 했다. 그러나 당시 중국으로 들어온 아편 수량은 매우 적었고, 가격도 매우 비싸 금값과 거의 차이가 없었다.

만력 연간에는 아편의 수입이 점점 증가하자, 만력 17년(1589) 아편을 제일 먼저 징수 항목으로 넣었다. 만력 43년(1615) 명 조정은 "아편 1근당은 1전 7푼 3리를 세금으로 징수한다"라고 법으로 정했다.

아편의 수입 경로는 조공 무역 이외에, 동남아와 무역을 했던 중국 상인, 포르투갈 상인, 네덜란드 상인이 중국으로 들여왔다. 중국에서 제일 먼저 아편을 판매한 것은 포르투갈인과 네덜란드인이었다. 동남아에 처음 들어갔던 포르투갈인들이 아편의 무역 가치를 발견했는데, 1518년 포르투갈 원정군 사령관 아부켈케(Abuquerque)가 말라카에서 마누엘 2세(Manuel II)에게 아편 무역을 하자는 편지를 보낸다. 초기에 아편 무역에 종사했던 이들 중에 네덜란드인이 비교적 많았다. 명말청초에 방이지는 "아편토는 네덜란드인이 만들었다"라고 분명히 말한다. 포르투갈인은 오문을 점거하여 기지로 삼고, 인도 마와(痲洼)산 아편을 광주로 들여왔다. 이제 포르투갈인이 아편의 주요 수입업자가 되었다. 1773년 영국인이 인도산 아편을 중국으로 수출하기 전까지 아편을 중국으로 들여온 것은 대개 포트투갈인이었다.

---

14 申時行. 明會典 [M]. 北京: 中華書局, 1989.

초기 청나라 정부는 명나라가 했던 대로 아편을 약재로 보고 수입세를 징수했다. 강희 23년(1684) 청 조정은 '수입 아편 100근당 은 3냥을 징수한다'고 법으로 정한다. 청나라 초기 매년 수입한 아편 수량은 200여 상자 정도였다.(1상자는 약 100근). 수량이 이 정도였다는 것은 당시 아편 중독자가 많지 않았다는 뜻이다. 그러나 흡입하는 사람이 날로 증가한다. 옹정 연간에 이르면 아편 수입이 증가해 황제와 일부 대신이 관심을 두게 된다. 옹정 7년(1729) 청 조정은 수차례 금연령을 반포한다. "아편을 판매하는 자는 위법 화물 수매에 대한 조례에 따라 가호(枷号)•[53] 1개월에 처한다. 발근변충군(發近邊充軍)•[54]이 몰래 아편 피우는 곳을 열어 양가집 자제를 유인하는 자는 이단 종교로 군중을 유혹하는 죄에 준하여 교감후(絞監候)•[55]에 처한다. 직접 종사한 자는 곤장 100대, 유배형 3,000리에 처한다. 선주, 하급 관리, 단순 가담자는 곤장 100대, 사(徙)•[56] 3년형에 처한다. 억지로 구매하려거나 장물을 취급한 자는 법률에 어긴 정도에 따라 처벌한다. 선박 관리를 잘하지 못한 지방 문무 관원과 세관의 감독을 감찰하지 못한 관원은 해당 부처에서 엄중히 처벌한다."[15]

아편을 흡입하는 자는 "완전히 끊은 것을 확인한 경우에만 석방"했다고 한다. 금령을 위반한 자에 대한 처별은 분명하게도 비교적 가벼웠다. 또 당시 일부 사람들은 잘못 생각했는데, 아편과 아편 연초는 다른 것으로 전자는 약품이고 후자가 마약이다. 정부도 아편연만 금지하고 아편은 금지하지 않았다. 옹정 7년 행호(行戶)•[57] 진원(陳遠)이 몰래 아편 34근을 구매했다. 장주(漳州)의 지부(知府) 이국(李國)은 유죄 판결하고 유배형에 처했다. 그러나 순무사 유세명(劉世明)이 재심한 결과 약재 상인이 아편의 성분을 실험한 것으로 드러났다. 진원을 무죄 석방했고 반면 지부 이국이 "고의로 죄를 주었다[故入人罪]" 하여 죄를 다스렸다. 이에 옹정 황제는 붉

15 李圭. 鴉片事略 [M]. 台北: 台北學生書局, 1973.

은 먹으로 글을 써 평가했다. "아편을 아편연으로 잘못 안 것은 매우 괴이하다."

건륭 32년(1767) 이전까지 매년 중국으로 들어오는 아편 양은 그다지 많지 않았다. 모스의 평가에 따르면 매년 200여 상자 정도라고 한다.[16] 도광 16년(1836) 태상시(太常寺) 소경(少卿) 허내제(許乃濟)가 "이금(弛禁, 해금을 푸는 것)"에 관한 상소를 올린 것을 살펴보면, 가경 연간까지 매년 수입한 아편은 몇 백 상자를 초과하지 않았다. 영국인이 아편전쟁을 일으키기 전까지는 대규모 아편 수입은 없었다고 할 수 있다. 아편 수입량에 대한 정확한 통계는 없지만 아편 수입은 점차 증가했는데, 당시 복건과 광주 연해 지역에 아편을 흡입하는 사람의 수가 점점 증가하는 것이 이를 뒷받침한다.

3. 아편의 생산과 소비의 체계

영국은 포르투갈과 네덜란드보다 늦게 중국으로 아편을 팔았지만, 매우 빨리 시장을 점령한다. 사실 청나라 후기에 중국에 아편을 대량으로 들여온 것은 영국인이었다. 영국이 가져온 아편은 대부분은 인도에서 생산된 것으로, 하나는 방글라(Bangla)산이며 또 하나는 말와(Malwa)산이다. 방글라산은 '공반토(公班土)'라고 하며, 말와 산은 '백피토(白皮土)'라고 부른다.

방글라 아편은 방글라, 비하르(Bihar), 오리사(Orissa) 이 세 지역에서 생산한 것이다. 1773년(건륭 18) 동인도공사는 영국 국회의 승인을 받아 영국이 인도 식민지를 통치하는 기관이 되면서 바로 이 세 지역의 아편에 대해 전매를 시행한다고 선포한다. 이후 전매제도를 더 완벽하게 정비한다.

16 馬士. 中華帝國對外關系史 [M]. 上海: 上海世紀出版集團, 2006.

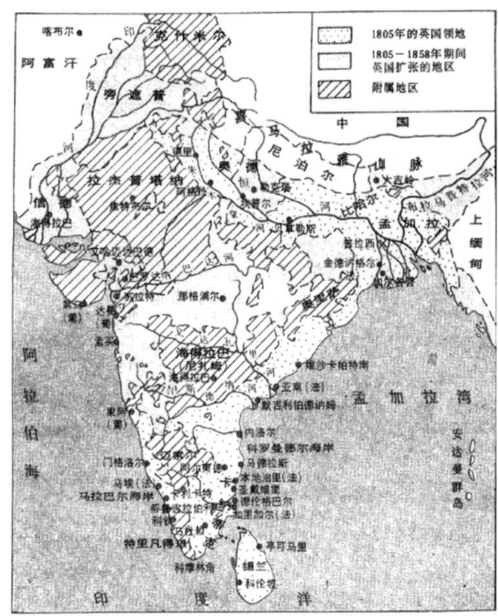

1858년 인도.
肖育才. 印度經濟的殖民地化. 中國鋼企网, 2010.3.4. (http://baike.gqsoso.com/doc-view-41464)

1799년(가경 4)을 기점으로 동인도공사는 앵속의 사적 재배를 금지한다. 앵속을 재배하는 농부는 반드시 계약서에 서명해야 했고 공사가 지정한 지역에서 규정한 수량만큼 재배해야 하며, 또 공사가 정한 가격에 따라 공사에 납품해야 했다. 이와 동시에 공사와 계약을 맺은 농부가 공사가 제공하는 대출을 받을 수 있었다. 만약 농부가 계약을 위반한다면 다시는 앵속을 재배할 수 없고, 또 대출금의 3배를 벌금으로 물어야 했다. 동인도공사는 아편을 수매하고 자카르타로 옮겨 한 번 더 가공하고 포장했다. 이 세 지역의 아편 산업은 여기저기 흩어져 있었는데, 동인도공사가 다시 조직해 집중화, 계통화하면서 국영기업으로 만들었다. 이후 동인도공사는 아편 산업을 독점한다.

영국 동인도공사가 봄베이에 지은 아편 제조 공장과 저장 창고.
一些關于第一次鴉片戰爭的圖片. 百度貼吧, 2012.4.7. (http://tieba.baidu.com/f?kz=1498407024)

이후 방글라 아편은 동인도공사의 선박으로 광주로 운송되고 중국 상인에게 판매했다. 1800년 가경 황제가 '아편의 재배와 무역'을 금지하는 칙령을 내리자, 중국 상인과 동인도공사의 감리회는 광주 내에서 아편 무역을 그만두어야 했다. 이후 동인도공사는 중국에 직접 아편을 판매하지 않고 겉으로 아편 무역을 하지 않는 것처럼 위장했다. 그러나 동인도공사는 아편 판매 특허권을 신청한 산상(散商)에게 질 좋은 자카르타의 아편을 박리로 넘겼다. 산상을 통해 아편은 다시 중국으로 들어왔다. 산상은 영국에서 왔거나 영국령 인도에 있던 개인 사업가를 지칭하는데 '항각(港脚)' 상인이라고도 부른다.

마르크스는 다음과 같이 말한 적이 있다. "동인도공사가 인도에서 아편을 독점하면서도, 동시에 자기들 선박이 아편 같은 마약을 취급하지 못하도록 위선적 조치를 취했다."[17] 산상들은 중국에서 아편을 판매하고 얻은 수익금을 공사의 광주 금고로 입고했다. 광주 금고는 산상들에게 런던에서 발행하는 어음을 주었다. 나중에 영국에서 어음을 현금으로 교환했다.

17 馬克思. 馬克思恩格斯選集 [M]. 北京: 人民出版社, 1995.

동인도공사는 전매제도를 이용하여 방글라 아편의 생산과 제작을 자기들 손 안에서 철저히 통제하면서 독점으로 경영했다. 아편 값을 고가로 유지하려고 동인도공사는 아편 생산량을 4,500상자 이내로 제한했다. 생산량을 제한하면서 가격을 높이 책정하는 정책은 동인도공사의 통제 밖에 있는 말와 아편의 공격을 받게된다.

말와 아편이란 인도 말와 지역에서 생산하는 아편을 말한다. 이 지역은 인도 토착 정부가 관할하던 지역으로 아편을 마음대로 재배하고 판매할 수 있었다. 말와의 "백피토"와 터키의 "금화토(金花土)"는 방글라의 "공반토"보다 품질은 떨어졌다. 그러나 방글라 아편은 매우 비쌌기 때문에 저렴한 말와 아편이 대량으로 중국에서 판매되었다. 동인도공사는 특권이 있는 산상이 말와 아편을 취급하는 것을 금지했지만, 이윤이 좋으므로 산상들은 동인도공사의 금령을 무시하고 대량으로 밀수했다. 그래서 동인도공사가 독점했던 방글라 아편을 강하게 압박했으며 공사의 수익에 영향을 미쳤다. 이후, "백피토" 약 3분의 2 정도가 포르투갈령 데마운(Demaun)을 통해 수출되었으며, 1831년에 동인도공사는 백피토 제한을 풀지 않을 수 없어 산상들이 봄베이에서 선적할 수 있도록 허가한다. 말와에서 봄베이로 가려면 영국령 관할지를 통과해야 하므로, 동인도공사는 관할지에서 매 상자마다 통행세 175루피(rupee)를 징수했다.

이후 백피토 90%가 봄베이에서 수출된다. 이와 동시에 동인도공사는 방글라 아편을 제한했던 정책을 풀고 대량 생산으로 전환한다. 이로부터 동인도공사가 추진했던 제한 생산과 고가 정책은 대량 생산과 저가 정책으로 전환되는데, 중국 수출은 매년 급증한다.

도광 13년(1833), 영국 정부는 동인도공사의 아편 독점권을 취소했다. 영국과 인도 상인들이 거의 미친 듯이 덤핑하자 각종 아편이 벌떼처럼 중국으로 들어왔고 수입 아편량은 급속히 증가한다. 이에 대해 마르크스는 다음과 같은 글을 썼다. "1833년 동인도공사가 독점권을 잃었는데, 이는 아편 무역사(貿易史)에서 시대의 전환을 나타내는 지표였다. (……) 동인도공사가 상업 기구에서 순수 행정기관으로 바뀌면서 영국 사기업에 대중국 무역의 큰 문이 활짝 열리게 된다. 그러자 천조(天朝, 중국을 가리킴) 정부가 제재를 가하더라도 영국 기업들은 매우 적극적으로 활동해, 1837년에만 아편 3만 9,000상자를 중국으로 밀반입했는데 미화 2,500만 달러 정도 순이익을 남겼다."[18]

반드시 짚고 넘어가야 할 것은 "산상"으로서 아편 밀무역에 종사했던 "영국 폐하의 신민" 중에는 영국인도 인도인도 있었다는 것이다.

유명한 영국 밀수회사 매그니악(Magniac)[●58] 양행(자딘[●59] 양행이라고도 한다. 1834년 이화(怡和)[●60] 양행으로 개명), 덴트[●61] 양행(Dent & Company, 이후 보순(宝順)[●62] 양행으로 개명) 등과 봄베이에서 온 인도 산상의 주요 인물들은 밀접한 업무 관계를 맺는다. 예를 들면, 매그니악 가문을 대리한 인도 산상은 봄베이 1곳에서만 50가구 이상이었다고 한다.[19] 인도 산상들은 영국 상인을 대신해서 아편 장사를 했을 뿐만 아니라, 직접 중국에 가서 아편 무역을 하기도 했다. 특히 "파시(Parsee, 인도 조로아스터교 교도) 상인"이 그렇게 했다.

조로아스터교는 6세기 전후로 중국에 들어왔다. 처음에는 천천교(天祆教)라고 불렀는데, 나중에 천교, 화천교(火祆教), 배화교(拜火教) 등으로 부른다. 1830년대에 광주에 거주한 외교(外僑, 중국 국적을 버리지 않고 외국에 사는 화교)는 약 150명 정도였는데, 그중 30%가 파시 상인이었다. 임칙서가 아편을 금지하면서 요구했던 "구결(具結, 면책 조건으로 관청에 제출하는 서약서의 일종)"에 서명한 42명 중, 20명 정도가 파시인이었다. "외국인이 중국 숙소에 잠시 머물면서[暫留夷館]" "상습적으로 아편을 판매했던" 16명 중 4명이 파시인이었다. 영국 외교 대신 파머스턴

18 馬克思. 馬克思恩格斯選集 [M]. 北京: 人民出版社, 1995.
19 聶宝璋. 19世紀中叶在華洋行勢力的擴張与暴力掠奪 [J]. 近代史研究, 1981.

십삼행상관 부두

程存洁. 十九世紀中國外銷通草水彩畵硏究. 上海: 上海古籍出版社, 2008.

오문에 있던 동인도공사

圖片集. 广州市荔湾區檔案局 (館), 2012.12.12. (http://www.lwa.com.cn/13h/tupianji/hongkong. html.)

경이 자전양행공사(渣甸洋行公司)와 창고, 해안에 정박한 서양 선박, 근경은 중국 선박과 중국인들.

圖片集. 广州市荔湾區檔案局 (館), 2012.12.12. (http://www.lwa.com.cn/13h/tupianji/hongkong. html.)

(Palmerston)에게 영국 정부가 보호를 요청했던 서명자 42명 중에 이름이 확실한 파시인은 28명이었다. 홍콩에서 파머스턴 총독에게 청원한 28명 영국 상인 중에 13명이 파시인이었다. 1840년 중국과 영국이 교전할 때 십삼행(十三行) 이관에 머물러 있던 파시인은 여전히 35명이었다. 그러나 "영국 폐하의 신민"으로서 아편 판매를 했던 파시인은 전쟁이 끝나고 영국 정부로부터 보상을 받지 못했고 나중에 중영 무역에서 퇴출당했다. 또 일부 파시인 중에서 보상을 받지 못하자 자살한 사람도 있었다.

대중국 아편 무역에서 미국은 순위가 영국 다음이었다. 미국은 중국으로 수출한 양삼(洋參)과 모피로만 중국 상품의 값을 치를 수 없었다. 그래서 백은이 중미 무역에 중요 지불 수단이 된다. 미국 상인들은 영국 상인들이 아편을 판매한 값으로 중국 상품을 쉽게 사는 것을 몹시 부러워했다. 영국이 인도 아편을 독점하자, 미국인은 줄곧 다른 길을 찾았고, 마침내 터키에서 아편 공급지를 발견한다.

1805년 미국 상선은 중국으로 터키산 아편을 운송하기 시작한다. 터키

아편 밀무역 선박들, 나룻배, 하역.
圖片集. 广州市荔湾區檔案局 (館), 2012.12.12. (http://www.lwa.com.cn/13h/tupianji/ypzj.html)

창고에 저장하는 것, 무게 측량, 포장.
圖片集. 广州市荔湾區檔案局 (館), 2012.12.12. (http://www.lwa.com.cn/13h/tupianji/ypzj.html)

광동 해안에 정박한 영국의 아편 범선.
중국 국가박물관, 작가 직접 촬영, 复兴之路, 2012.12.1.

아편을 중국에서는 "금화토(金花土)"라고 불렀고 품질은 인도 아편보다 떨어졌다. 가격이 매우 쌌고 또 중국에 시장이 많았기 때문에 미국은 포르투갈과 네덜란드를 넘어서고 영국 다음으로 중국에 아편을 많이 팔게 된다. 동아시아 무역을 동인도공사가 독점했기 때문에 다른 영국 상선이 서양 각국의 개항지 상품을 희망봉(Cape of Good Hope)을 거쳐 팔 수 없었고, 또 동인도공사의 선박도 희망봉을 거쳐 터키로 아편을 실으러 갈 수 없었다. 이 덕분에 미국 상인이 터키 아편을 독점하게 된다.

미국은 터키 아편을 운송할 때, 먼저 미국 항구로 싣고가 일부는 미국 시장에 팔고 나머지는 다시 중국으로 보내는 경우도 있었고, 또 영국 항구로 싣고가 포장을 거쳐 중국 상선에 실어 보내는 경우도 있었다. 어떤 때는 지브롤터(Gibraltar) 부근 해상에서 배를 바꿔 중국으로 보내기도 했다. 한편 터키에서 직접 중국으로 보내는 경로도 있었다. 1821년, 인도 아편의 생산량이 급증하자, 영국은 미국이 인도 아편을 운송, 판매하는 것을 허가한다. 미국은 아편의 최대 원산지를 갖게 되면서 대중국 아편 무역도 급증한다. 이때부터 영국인과 미국인은 한패거리가 되어 미친 듯이 중국으로 아편을 밀어 넣는다. 아편전쟁 전후에 올리펀트(Olyphant & Co, 同孚洋行) 양행 이외에도 광주에 주재하던 미국 회사와 상인, 심지어 광주 주재 미국 영사도 아편 밀무역에 동참한다.

이외에, 포르투갈인은 여전히 소규모로 아편 무역에 종사했다. 이들은 담맘(Dammam)에서 터키 아편을 중국으로 운송했다. 미국인과 경쟁 관계에 있어서 무역량은 그리 많지 않았다. 그러나 포르투갈인들은 아편을 직접적으로 무역했지만, 오문 항구에서 영국인과 미국인에게 서비스를 제공하거나 비용을 받아냄으로써 간접적으로 아편 무역에 참여하기도 했다.

아편이 처음 수입될 때는 주로 광주 해안으로 들어왔다. 그러나 청 정부가 아편 수입을 금지하고 엄격히 조사하자, 광주 부근으로 밀무역 중심지가 형성된다. 가경 황제가 아편을 엄금하고서 아편 무역은 광주 내륙으로 파고들어 오문이 광주 대신 아편 밀무역의 중심지가 되었다. 가경 14년(1809) 청 정부가 아편 조사를 풀어주자, 아편 밀무역은 다시 광주로 돌아왔다. 도광 원년(1821) 양서 총독 완원(阮元)이 아편을 엄금하자, 아편 밀무역은 다시 광주 내륙으로 숨어 들어가 광주 부근 영정양(伶仃洋)에 중심지를 형성한다. 아편 수요가 급증하면서 아편을 밀무역하는 지역도 같이 넓어진다. 주강(珠江) 삼각주 전 지역으로 확대되었고 심지어 북으로 요동 반도까지 퍼졌다. 이런 밀무역 중심지에서 혹은 개항 항이나 심지어 선상에서 중국 상인과 영미 상인의 매판(買辦)•63들은 직접 영국 상인에게 돈을 주고 아편을 구입해 중국 전역에 팔았다.

정리하자면 다음과 같다. 아편 주요 생산국은 인도였고, 터키의 생산량은 소량이었다. 인도 농민들은 영국 동인도공사의 지원을 받거나 때론 공사의 압박을 받으면서 아편을 재배했다. 동인도공사는 이를 수매하고 가공해서 산상에게 넘겼다. 산상은 아편을 중국으로 싣고 와서 중국 상인을 통해 각지로 팔았다.

4. 수입 아편의 수량

앞서 말했듯이, 명대 초기에 동남아 진상품 중에 아편도 있었고, 명대 후기부터 네덜란드인과 포르투갈인이 중국에 아편을 수출하기 시작했다. 그러나 영국인이 아편 무역을 시작하기 전까지 매년 중국으로 들어온 아편의 수량은 그리 많지 않았고 대규모 수입도 없었다. 모스의 통계에 따르면, 옹정 7년(1729)에는 200상자(1상자는 55~60근) 정도였다고 한다. 이후부터 1773년까지 매년 20상자가 증가한다. 다시 모스의 통계를 빌리면, 건륭 32년(1767)에 중국이 수입한 아편은 1,000상자에 육박한다고 한다.[20]

1773년 영국인이 인도산 아편을 자카르타에서 광주로 가져오면서 수량은 점점 증가하지만, 1820년대 이전까지 생산량을 통제하고 가격을 높이는 정책을 시행하면서 중국으로 들어가는 아편을 4,500상자 이내로 제한

20 馬士. 東印度公司對華貿易編年史 [M]. 广州: 中山大學出版社, 1991.

앵속을 농사로 삼은 농가.

1930년 감숙성, 이때 이미 아편을 대규모 재배함.

老照片-古老的世界. 百度贴吧, 2011.9.16. (http://tieba.baidu.com/f?kz=1211948779)

했다. 건륭 51년(1786) 아편 수입량은 처음으로 2,000상자를 넘어섰고, 가경 5년(1800)에는 4,750상자에 달한다. 1805년 이후 미국이 아편 수출의 행렬에 뛰어 들었는데, 모스의 계산에 따르면 도광 원년(1821) 영미 두 나라가 중국에 가져온 아편은 5,959상자라고 한다. 도광 4년(1824)에는 1.2만 상자로 1만 상자를 초과한다. 도광 15년(1835)에 와서는 3.02만 상자나 들어와 3만 상자를 넘어선다. 도광 18년(1838)에는 더욱 많아져 4.02만 상자로 4만 상자를 초과한다.

1800년부터 1811년까지 11년간 매해 평균 4,016상자가 들어오고, 1811년부터 1821년까지 10년간 매해 평균 4,494상자, 1821년부터 1828년까지 7년간 매해 평균 9,708상자, 1828년부터 1835년까지 7년간 매해 평균 1.87만 상자, 1835년부터 1839년까지 4년간 매해 평균 3.54만 상자가 들어온다.[21] 모스의 통계에 따르면, 1800년부터 1838년까지 중국에 들어온 아편은 모두 42.27만 상자였고, 이외에 1790년대 10년 동안 약 2만 상자가 들어왔다고 한다. 따라서 1790년부터 1838년까지 중국으로 들어 온

21 馬士. 東印度公司對華貿易編年史 [M]. 广州: 中山大學出版社, 1991.

아편의 총액은 백은 2.4억 냥 정도가 된다.[22] 이 액수를 매년 평균을 내보면 750은원(銀元)에 지나지 않아 값이 매우 싸게 나온다. 그래서 어떤 학자는 이 시기 중국에 들어온 아편의 총액은 백은 3억 냥 정도라고 한다.

아편전쟁 기간에 아편 수입은 한 차례 감소한다. 아편전쟁 이후에는 청 정부가 공개적으로 아편 무역을 허가하지는 않지만 엄밀하게 조사하지도 않았다. 2차 아편전쟁 이후에는 다시 "양약(洋藥)"이라는 이름으로 아편 수입을 허가한다. 아편전쟁 이후에 아편 수입은 계속 증가해 정점을 찍으며 매년 6만~7만 상자가 들어온다. 그러나 중국 본토에서 생산하는 "토연(土煙)"이 증가하면서 수입산 "양연(洋煙)"을 대체한다. 동시에, 서양 국가들도 아편 무역을 불법으로 간주하기 시작한다. 청 말에 이르러 아편 수입량은 급격히 감소한다.

아편 원산지를 분류하면, 영국령 인도산 아편이 압도적으로 많았고 그 다음이 터키산이다. 아편을 수출한 나라를 살펴보면, 영국이 압도적으로 많아 1위이고 미국이 2위이다. 1820년부터 1840년까지 약 20년간 영국이 중국에 수출한 아편 총액은 그 기간 중국이 수입한 모든 상품의 총액에 50%를 상회한다. 미국의 수출 총액은 중국의 수입 총액의 10%정도이다. 1773년 이후 포르투갈은 아편 무역에서 다른 국가에 점점 밀리기 시작한다. 영미 두 나라와 비교해보면 포르투갈이 수출한 아편은 무시해도 될 정도로 소량이다. 아편 수입의 주요 항구를 살펴보면, 아편전쟁 이전에는 광주, 오문, 영정양이 중요했고, 이후에는 홍콩이 광주 외항으로 가장 중요했고 이외에 여타 군소 항구의 수입량은 매우 적었다. 아편전쟁 이후에는 상해, 천지 등 항구가 아편 수입의 중요 항구가 된다.

22 庄國土. 茶叶, 白銀和鴉片: 1750~1840 年中西貿易結构 [J]. 中國經濟史硏究, 1995.

5. 아편 수입의 영향

아편을 수출하거나 수입하는 이들에게 아편 무역은 장점이 많았다. 우선 아편 거간꾼에게 이윤이 많이 남았다. 19세기 초, 밀무역으로 영국에서 중국에 들어온 아편의 원가는 상자 당 200~250원(元) 정도였는데 광주에서는 750~1,000원에 팔렸다. 만약 운송비와 부대비용을 고려하지 않는다면 상자당 500원 이상 남는다. 아편을 살 때는 대금을 선납해야 하므로 대금을 못 받는 경우도 없었다. 아편 무역은 밀무역이므로 관세를 낼 필요도 없었다. 이런 상황에 나가는 비용은 오직 뇌물밖에 없었다. 매매 이익도 많았을뿐만 아니라 안정적이었다. 그래서 영국 상은 아편 밀무역을 "최고 안전하면서 가장 신사다운 투자 사업"이라고 이야기했다.[23] 1830년대 어떤 미국인 거간꾼은 상자 당 250원에 아편에 사서, 몰래 복건 연해로 들여와서는 2,500원에 팔기도 했다.[24] 영국 최대 거간꾼인 자딘(W. Jardine)은 친구에게 이런 편지를 보냈다. "아편 1상자당 순이익이 1,000은원이나 된다."

어떤 통계에 따르면 1827~1847년 20년간 이화(怡和)양행이 아편 한 가지로만 300만 파운드를 벌었다고 한다. 방글라 아편을 독점했던 동인도공사는 이보다 훨씬 많이 벌었다. 어떤 자료에 따르면, 1830년대 동인도공사가 앵속 즙을 수매하고 아편을 가공해서 전매할 때 든 원가가 300~350루피였고, 산상에게 박리로 넘긴 가격이 400~3,000루피였으므로 이윤이 최고일 때는 900%에 달했다고 한다.[25] 또 동인도공사는 방글라 아편을 직접 취급하면서 얻는 수익 이외에도 말와 아편의 통행세로도 수입을 올렸다고 한다.

영국 식민지 당국도 중간에서 이익을 나눠가졌고, 아편 원가의 300%를

23 格林堡. 鴉片戰爭前中英通商史 [M]. 北京: 商務印書館, 1961.
24 李學勤. 中國通史 [M]. 北京: 華夏出版社, 2003.
25 姚賢鎬. 中國近代對外貿易史資料 [M]. 北京: 中華書局, 1962.

세금으로 거둬들였는데 매년 100만 파운드 이상을 세금으로 징수했다. 19세기 초 10년 간 전체 세액 중에 8%가 아편에서 발생하는 세금이었다. 10년 후에는 12%까지 증가한다.[26] 아편세는 토지세와 염세 다음으로 중요한 세금이었으며, 식민지 통치 비용의 중요한 원천이었다. 아편 무역은 영국 식민지인 인도 경제에도 크게 영향을 미친다. 아편 사업을 하는 인도 상인도 큰돈을 벌었고, 앵속을 대규모로 재배하자 "땅값이 4배까지 올랐고, 아편을 수집하고 가공하는 공정을 통해 수천 명 이상 생활비를 벌었으며 자카르타의 상업과 해운업도 수익을 많이 남기게 되었다."[27]

영국인의 아편 수입 중에 상당 부분은 "국내 지출(동인도공사가 부담한 "국내세")"이 영국으로 돌아온 것으로, 영국 본토 또한 아편으로 발생하는 수익을 얻었다. 영국 정부는 "아편 무역은 수입의 중요한 원천으로, 동인도공사가 방글라 아편 무역을 포기하는 것은 반드시 따져 보아야 한다"[28]라고 인식했다.

영국은 아편 밀무역을 통해 중국과 무역하면서 중·장기간 지속되었던 무역 불균형을 만회한다. 영국령 동인도공사는 유럽에서 중국으로 다시는 은화를 운반할 필요가 없어졌다. 1807년 인도 총독은 봄베이, 마드라스(Madras), 페낭(Penang)의 식민지 당국에 원래 중국으로 보내려던 백은을 자카르타를 돌려보내라고 지시한다. 왜냐하면 공사의 광주 감위회에서 이미 중국에 지불할 대금을 충분히 준비했기 때문이다. 오히려 이 해에 광주에서 자카르타로 백은 243만 냥이 되돌아온다. 이런 상황을 미국은 매우 부러워한다. "아편 무역으로 영국인은 차 구매 대금을 충분히 갖췄고, 또 미국이 중국에 치른 백은을 영국으로 가져갔다."[29] 1840년대에 오문에

26 姚賢鎬. 中國近代對外貿易史資料 [M]. 北京: 中華書局, 1962.
27 格林堡. 鴉片戰爭前中英通商史 [M]. 北京: 商務印書館, 1961.
28 广東省文史硏究館. 鴉片戰爭史料選譯 [M]. 北京: 中華書局, 1983.
29 馬士. 東印度公司對華貿易編年史 [M]. 广州: 中山大學出版社, 1991.

旧中國小脚女性悲慘寫眞. 大秦网, 2011.4.9. (http://xian.qq.com/a/20110409/000079_11.htm)

冼波.烟毒的歷史. 51愛人网, 2012.11.22. (http://www.51ar.net/read/book/5609/364560.htm)

鴉片戰爭与香港的割讓. 香港歷史, 2012.12.12. (http://www.welovehkasso.com/welovehkhist/story1.asp? topicid=7&topic=?color=cc0099&color=&headlineid=2&pageindex=3)

*각계각층이 아편을 피우는 광경.

살았던 한 영국인이 다음과 같은 글을 남겼다. "아편 무역이 없었다면, 동인도공사의 이사회가 저렇게 많은 '국내세'를 본국으로 보내지 못했을 것이다. (……) 영국 상인도 차를 대량으로 구매하지 못했을 것이다. 아편 무역 덕분에 백은은 중국으로 보낼 필요가 없어졌다. (……) 넓은 영국령 곳곳에 웃음이 그치지 않았다. 영국 공예품의 인도 수출이 늘어났고, 인도로 수출하는 항해와 일반 상업을 위한 항해도 늘어났다. 아울러 영국령 인도 국고에 막대한 수입이 들어왔는데, 봄베이에서 거둔 토지세 전체보다 많았다."[30]

아편 무역이 영국 다음으로 많았던 미국도 이득을 보기 시작한다. 아편 무역으로 이익을 얻자 중국과 무역 불균형이 어느 정도 개선된다. 아편 무역의 이익으로 무역 격차를 완전히 해소하지 못했지만, 중국 상품을 구매할 때 사용할 백은을 일부나마 확보하게 된다. 1827년 이후 미국은 아편 수출에 매진하자 아편으로 인한 수입이 한층 더 늘어났고, 중국에 구매 대

30 广東省文史研究館. 鴉片戰爭史料選譯 [M]. 北京: 中華書局, 1983.

(淸朝歷史繪畫資料. 百度貼吧, 2010.8.25. (http://tieba.baidu.com/f/tupian/pic/8b1f272dd78a4470359bf74f?kw =%D4%AA%C7%E5#id=8b1f272dd78a4470359bf74f)

(紅樓做夢. 1863 年上海森泰像館拍攝的老照片 PART1. ITPUB 技術論壇博客, 2012.12.12. (http://blog.itpub.net/post/29838/278039)

冼波. 烟毒的歷史. 51 愛人网, 2012.11.22. (http://gz.eywedu.com/zhongguoshehuishi/06html/mydoc06061.htm)

*각계각층이 아편을 피우는 광경.

금으로 지불하던 백은도 전보다 많이 줄어든다. 1821년부터 1830년까지 10년간 중미 무역은 확대되었지만, 미국이 중국으로 보낸 백은은 406.4만 냥으로 10년 전의 21.5%에 지나지 않았다. 영국을 제외한 다른 유럽 국가를 살펴보면, 포르투갈은 아편 무역에 직접 혹은 간접적으로 참여하면서 이득을 많이 챙겼고, 다른 국가들은 영국과 간접 무역을 하면서 장점이 많았다.

아편 무역으로 영국과 다른 국가들은 이익을 많이 챙겼겠지만, 중국에는 거대한 재앙이었다. 우선 중국인의 몸과 마음이 망가졌다. 일종의 독약인 아편을 흡입하면 몸과 마음이 망가진다는 것은 두말할 나위가 없다. 한 민족을 두고 말한다면 흡입하는 사람이 많으면 많을수록 민족은 상해를 더 입는다. 건륭, 가경 연간에 복건과 광동 일대에는 아편 흡입이 상당히 널리 퍼져 있었다. 당시 사람 유교(俞蛟)는 다음과 같이 말했다. "최근 백성 중에 농민만 아편을 흡입하지 않는다. 과거를 준비하는 자들 중에 아편을 탐닉하는 자들이 많다. 창가에서 아편으로 손님을 유인하지 않은 곳이 없을 정도이다. 지나치게 탐하면 해를 입는 것이 더 심하게 된다." 도광 초기 사람인 정춘해(程春海)도 비슷한 말을 했다. "오문 온 천지가 아편이다.

심지어 거지도 아편을 한다."

아편전쟁 전후로 아편을 흡입하는 악습은 연해에서 내륙으로 즉 성(城), 진(鎭), 향촌(鄕村)까지 퍼졌다. 사농공상에서 고급 관리까지 하지 않은 사람이 없을 정도였다. 소위 "위로는 관청의 진신(縉紳)부터 아래로는 공인과 상인, 노예까지 심지어 부녀, 승려, 도사까지도 아편을 했다. 아편 도구를 펴놓고 대낮에도 아편을 팔았다."[31] 중국 전역에 최소 수백만 명 이상이 아편에 중독되었다.

아편 값은 상당히 비싸서, 일반 지주라도 그 비용을 감당하기 어려웠다. 그래서 다음과 같은 말이 떠돌았다. "땅값이 수만 전(錢)이었는데, 연말에 아편 한 모금 살 돈만 남았다." 중인의 가정은 급속도로 무너졌다. 아편은 사회도덕을 파괴했고 사회를 요동치게 만들었다. 중독자들은 아편을 사려고 못하는 짓이 없을 정도였다. 이렇게 죄를 지은 자가 헤아릴 수 없었다. 아편 무역은 불법이었기 때문에 거간꾼들은 뇌물로 관리를 매수해 아편 장사를 했다. 그래서 관리의 부패가 더욱 심해졌다.

다음으로, 아편의 대량 수입은 중국 경제에 거대한 재난이었다. 경제를 살펴보면, 경제적 자원의 대부분이 아편 한 가지에만 쏠려 무의미하게 사라졌고, 정상적 상품을 생산하는 자원과 정상 상품에 대한 사회적 구매력을 감소시켰다. 1838년 임칙서는 소주(蘇州)와 한구(漢口)를 조사하고 상소를 올렸다. "근래 각종 화물의 판로가 막혔습니다. 20~30년 전에는 어떤 상품의 거래가 많았는데 지금은 반으로 줄었다고 합니다. 그 반으로 어떤 상품을 거래 하느냐고 물었더니 한 마디로 잘라 '아편연(阿片烟)뿐입니다'라고 대답했습니다." 관료와 백성 모두 심신이 피폐해져 사회적 효율이 떨어졌고, 이 때문에 사회는 불안정해졌고 당연히 경제적 손실도 따라왔다.

200년 동안 지속되었던 무역 흑자와 백은 유입이 아편을 수입하면서부

31 蘇智良. 中國毒品史 [M]. 上海: 上海人民出版社, 1997.

터 무역에서 적자가 났고 백은은 유출되기 시작했다는 것이 아마도 중국 경제가 입은 최대 손실일 것이다. 아편 무역으로 백은 유출된 수량에 대해서는 학자마다 의견이 다르다. 아편전쟁 전후로 청조의 많은 관원이 황제에게 "누은(漏銀, 은이 해외로 유출되는 것)"의 수량에 대해 상소를 올렸다. 도광 9년(1829), 어사 장원재(章沅才)도 말했다. "매해 유출되는 은이 100만 냥 정도 된다." 도광 16년 홍노시(鴻臚寺)의 장관인 황작자(黃爵滋)는 다음과 같이 말했다. "도광 3년부터 11년까지 해매다 빠져나간 은이 대략 1,800만 냥 정도였다. 도광11년부터 14년까지 매년 2,000만 냥 정도 빠져나갔다. 도광14년부터 현재까지 해마다 3,000만 냥 정도가 빠져나갔다. 이외에도, 복건, 강소, 절강, 산동, 천진 등 항구에서도 수천만 냥이 빠져나갔다." 그러나 임칙서는 생각이 달랐다. "황작자는 수천만 냥이 빠져나갔다고 했는데, 극히 일부에 지나지 않는다." 도광 16년(1836), 태상시 소경 허내제(許乃濟)도 언급했다. "매년 은 1,000만 냥 이상이 빠져나갔다."[32] 이외에도 1820년(가경 25) 포세신(包世臣)은 다음과 같이 말했다. "아편 밀무역으로 인해 정식 세금의 두배 이상이 외국 오랑캐로 빠져나갔다." 당시 정식 세금은 매년 4,000만 냥 정도이었으므로 포세신의 말을 따르면 밀무역으로 8,000만 냥이 유출된 셈이다. 풍계분(馮桂芬)은 "함풍 초기에는 매년 2,000~3,000만 냥이 빠져나갔다"[33]라고 했다.

현대 중국 학자들 중에 일부는 '아편 수입으로 백은이 제일 많이 유출될 때 매해 평균 1,000만 냥 이상'이라고 주장한다. 이와 생각이 다른 학자도 있다. 우청밍(嗚承明)은 다음과 같이 지적한다. "요즘 사람들이 주장하는 백은 유출량은 청대 말기 유명 인사들의 말을 근거로 삼는데, 적지 않게 과장되어 있다. 필자가 여러 통계를 살펴본 결과 은 유출량은 이렇다. 1817년 하반기에서 1818년 상반기까지 은 유출량은 150만 냥이었

32 賀力平. 鴉片貿易与白銀外流關系之再檢討 [J]. 社會科學戰線, 2007 (1).
33 嗚承明. 中國的現代化: 市場与社會 [M]. 北京: 三聯書店, 2001.

임칙서 초상.
국가박물관, 작가 직접 촬영, 复兴之路, 2012.12.1.

영국 외상 파머스턴.
圖片集. 广州市荔湾區檔案局 (館), 2012.12.12. (http://www.lwa.com.cn/other/13h/tupianji/tupianji.htm)

전쟁을 주장하는 영국 수상.
圖片集网, 2012.12.12. (http://www.lwa.com.cn/other/13h/tupianji/ypzj. html)

다. 그러나 1824년 제외한 이후 10년 동안 소량만 유출되었고 여전히 백은은 유입되었다. 1827년을 기점으로 지속적으로 은이 유출되는데 매해 평균 350~400만 냥 정도였다. 1833년이 제일 많았는데 699만 냥이었다. 이후에는 자료가 없지만 다음 문장 즉 '1855년 이후에는 은이 유입되었다'를 통해 유추할 수 있다."

우청밍의 통계에 따르면 1800년부터 1843년까지 백은 유출량은 총 2,941.6만 냥이 된다.[34]

허리핑(賀力平)도 우청밍과 생각이 비슷하다. "당시 청나라 관원의 주장은 아주 많이 과장되어 있다. 아편 무역으로 해외로 유출된 백은은 당시 중국이 보유한 백은의 전체 중 3.6~6.7%에 지나지 않는 소량이었다."[35] 페이정칭(費正淸)•[64]이 편찬한 『캠브리지 중국 만청사(晚淸史)』에는 다음과 같은 내용이 나온다. "19세기 처음 10년간 중국은 국제무역에서 약 2,600만 냥 흑자를 냈다. 그러나 1828년부터 1836년까지 아편 무역 탓에

34 嗚承明. 中國的現代化: 市場与社會 [M]. 北京: 三聯書店, 2001.
35 賀力平. 鴉片貿易与白銀外流關系之再檢討 [J]. 社會科學戰線, 2007 (1).

호문에서 아편을 판매 하는 광경.

1840년 4월 영국군이 호문을 공격하는 광경.

1842년 8월 남경조약 체결.
북경 국가박물관, 작가 직접 촬영, 复兴之路, 2012.12.1.

중국은 3,800만 냥 적자를 보았다."[36]

어쨌든, 아편전쟁 전에 백은은 많이 유출될 때는 매년 최소 수백만 냥은 되었다. 지난 200년 동안 비단, 자기, 차 등을 수출하면서 들어온 백은은 아편을 수입한 10년 동안 일부가 유출되었다. 이 이외에도 많은 학자가 다음과 같이 현상을 지적한다. "백은의 유출로 인해 '은귀전천(銀貴錢賤)'이라는 시대적 상황이 생겨났으며, 시장의 교역 질서가 어지러워졌다. 또 농민, 수공업자, 상인 등은 평소 수입은 동전이었는데 정부가 각종 세금을 백은으로 납부하라고 하자 세금 부담이 가중되었다. 각 성(省)마다 세금 연체가 크게 증가해서 청 정부의 재정 위기를 가중시켰다." 한편 우청밍은 "가경, 도광 연간 은귀전천과 시장 불경기 현상은 아편 밀무역과 백은 유출 때문에 발생한 것은 틀림없다. 그러나 종종 지나치게 과장될 때도 있

36 費正清. 劍橋中國晚清史 [M]. 北京: 中國社會科學出版社, 1985.

다"라고 했다. 아편이 중국에 끼친 해악에 대해서는 일부 서양인도 인식을 같이하면서 다양한 의견을 피력한다. 일부 서양인이란 마르크스 같은 학자, 양심적인 일부 정치가, 당시 중국에 주재하던 일부 선교사와 아편 무역을 하지 않았던 일부 상인을 말한다.

반면 서양인 중에 궤변을 늘어놓은 이들도 있다. 아편이 중국인의 심신에 끼친 영향에 대해, 어떤 영국인이 당시 외교부 장관 파머스턴(Palmerston)에게 보낸 편지에 다음과 같은 내용이 있다. "아편은 일종의 약물(drug)이다. 만약 어떤 환자가 마취제를 사용하는데, 의사 처방보다 2~3배 양을 더 많이 쓴다면 이 일로 의사에게 책임을 물을 수 있는가? 마찬가지로 술은 마시기 꺼려하면서 아편 피우는 것은 좋아하는 사람이 있는데, 보통 하루 3통 피우는 것이 적당한데도 이 사람이 하루 6통 혹은 12통을 피우면, 이것은 누구의 잘못인가? 아편을 판 상인을 질책할 수 없다. 나는 중국에 40년 머물렀지만 아편으로 심신이 무너진 중국인을 단 1명도 본 적이 없다. 영국인과 미국인이 술 마시고 기운을 내듯이, 음주와 아편 흡연은 몸에 해로울지라도 그 정도는 아주 작다." 백은 유출 문제에 대해서 엘리엇 빙엄(Elliot Bingham)은 저서 『원정중국기실(遠征中國紀實)』에서 다음과 같이 말한다. "중국인이 아편을 구매하면서 백은이 대량으로 유출된 것은 일종의 '환채(還債)'이다. 왜냐하면 영국이 중국에 아편을 팔기 전 영국이 중국에서 차를 수입할 때 늘 스페인 백은으로 지불했기 때문이다."[37]

아편이 중국에 끼친 해악 중에서 아편전쟁보다 더 참혹한 것은 없다. 아편 거간꾼, 뇌물을 받은 관리, 소수의 중독자를 제외하고 당시 중국인은 아편의 해악에 대해서 공통된 인식을 가지고 있었다. 해악에 대해서 저마다 강조하는 부분은 다른데, 어떤 사람은 심신과 도덕에 해악을 끼친 것을 강조하고, 또 어떤 사람은 경제적 해악을 강조한다. 아편의 해악에 대해서 청

37 艾略特 賓漢. 遠征中國紀實 [M] //北京: 學苑出版社, 2004.

정부도 눈여겨보았고, 옹정 7년(1729)에 금연령을 내린다. 통계가 완전하지는 않지만, 건륭 45년부터 도광 19년까지(1780~1839) 청 조정과 독무를 포함한 지방 관리가 40~50 차례 금연령을 포고한다(유지와 문고). 그러나 성과는 대체로 미미했다. 이에 청 조정에서는 '아편 수입을 어떻게 대체할 것인가'에 대한 논쟁이 있었다. 아편 수입을 풀어주자는 주장과 엄금하자는 주장이 난립했다. 엄금을 주장하는 말 중에 가장 유명한 것은 임칙서의 주장이었다. "아편이 세상에 조금씩 풀리기 시작하면, 중원에 적을 막을 병사가 거의 없을 것이고 또 병사를 기를 은도 사라질 것입니다."

최후, 도광 황제는 임칙서 등이 양성할 것을 받아들였다. "아편을 완전히 막지 못해 내지로 흘러든다면, 가정이 파탄할 뿐만 아니라 나라도 망한다." 이로부터 중국 전역에 금연 활동이 거세게 일어난다. 1838년 연말에 임칙서를 흠차 대신으로 임명하고 광주로 보내 아편을 조사하고 막게 했다. 1839년 6월 3일, 임칙서는 호문에서 아편을 공개적으로 소각했다. 영국인들은 이를 구실 삼아 아편전쟁을 일으켰다. 전쟁이 발발하자 청군은 맥없이 무너졌고 영국과 〈중영남경조약〉을 체결해야 했다. 〈남경조약〉 중에 아편에 대해서 언급한 것은 몇 글자 없지만, 이후 청 정부는 아편을 금하지 않았다. 아편전쟁이 끝나고 아편 밀무역은 급속히 커진다. 그렇지만 영국인은 여전히 불만이었고 아편 무역을 합법화하라고 요구하면서 2차 아편전쟁을 일으킨다. 마침내 아편을 "양약(洋藥)"이라는 이름으로 정식으로 중국에 수출하는 상품이 된다. 향후 중국은 여러 국제 분쟁에 휩쓸리지만 이때 처음으로 실패, 양보, 배상 같은 고난을 경험한다.

07 | 구리(銅)

1. 중국이 일본 구리를 수입한 원인

중국이 구리를 세계 최초로 사용하지는 않았지만, 역사는 상당히 오래되었다. 섬서(陝西)의 강채(姜寨) 유적지, 감숙(甘肅)의 마가요(馬家窯) 유적지에서 모두 청동기가 출토되는데, 이는 중국인이 청동기를 사용한 역사가 최소 5,000년 되었다는 것을 말해준다. 하, 상, 주 및 춘추, 전국시대는 중국 청동기의 전성기였다. 당시 청동기는 주로 예기(禮器)와 병기로 쓰였다. 초기 중국의 청동기에는 그것만의 특징이 있다. 하나는 화학 성분상 아연 함유량이 비교적 높다는 것이다. 또 다른 하나는 가공할 때 주조(鑄造)가 많았고 단조(鍛造)•[65]는 드물었다는 것이다. 한나라 이후 예기, 악기, 종교 기물(불상, 향로 등), 냉병기(冷兵器)•[66]를 제외하고 금속 재료로서 구리는 광범위하게 사용되었다. 송나라 이후는 대포도 구리로 주조했고, 또 장식품이나 구리 거울, 구리 화분 같은 일용품을 만들었으나, 역시 화폐를 주조할 때 구리를 제일 많이 썼다.

전국시대부터 중국은 구리로 화폐를 주조하기 시작했다. 한나라부터 민

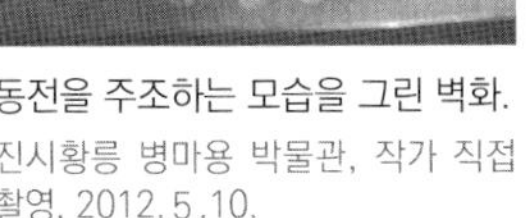

동전을 주조하는 모습을 그린 벽화.
진시황릉 병마용 박물관, 작가 직접 촬영, 2012.5.10.

고대 동전, 솥, 종을 만드는 그림.
宋应星. 天工开物 [M]. 沈阳: 万卷出版公司, 2008 ; 老于拍于 2012.11.22.

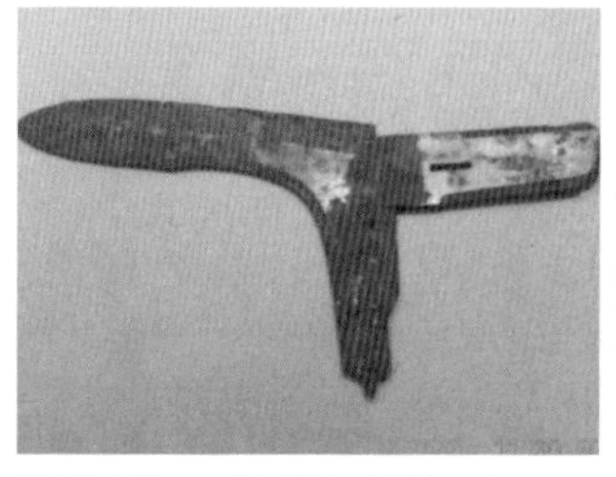

"연왕리(燕王詈)" 청동 과(戈), 전국 시대 연나라, 1958년 하북 북역현(北易縣) 연하도(燕下都) 출토.

후모무정(后母戊鼎), 사모무정(司母戊鼎)이라고도 함, 상나라 후기(기원전 14세기~기원전 11세기), 1939년 하남 안양(安陽) 무관촌(武官村) 출토.

삼성퇴(三星堆) 청동 면구(面具).

청동 잔, 1976년 하남 안양 은허(殷墟) 부호묘(妇好墓) 출토.

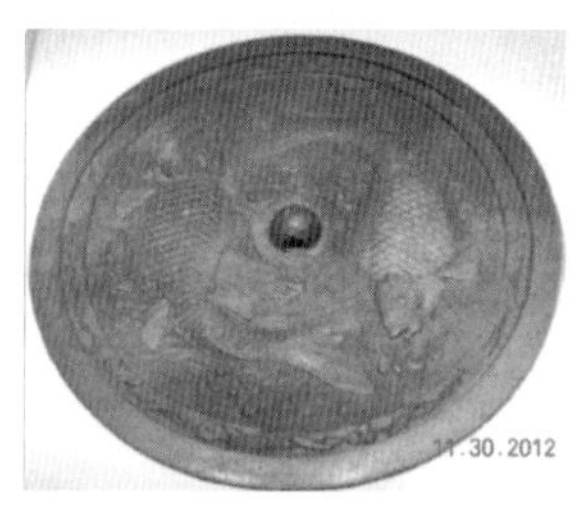

쌍어문청동경(双魚紋青銅鏡), 금(金).

"천하일목뢰대화부사강등원신중작(天下一木瀨大和富士康藤原信重作)" 구리 거울, 일본 에도 시대 (1603~1868) 제작, 1947년 복건 천주(泉州) 개원사 출토.

정화주동종(鄭和鑄銅鐘) (명 선덕 6년, 1431년), 정화 7차 하서양할 때 평안을 기원하며 만든 종, 1981년 복거 남평(南平) 채집.

중국 국가박물관, 작가 직접 촬영, 2012.11.30.

명나라, 동미륵불상(銅弥勒佛像). 청나라, 구리 화분.
북경 수도박물관, 작가 직접 촬영, 2012.12.1.

고궁박물관 소재 구리로 만든 동물상.
북경 고궁, 작가 직접 촬영, 2012.12.02.

국(民國) 초기까지 동전은 줄곧 중국인의 주요 화폐였다. 명대 중기 이후 백은이 주요 통용 화폐였으나, 여전히 동전은 일반 시장에서 교역할 때 널리 사용되었다. 한편 중국인이 직접 동전을 사용했을 뿐만 아니라, 상당히 많은 동전이 주변 국가로 유출되었다. 이 때문에 중국 구리의 수요가 매우 많았다. 명대 이전에 구리의 공급이 매우 부족해, 송·원 시대에는 지폐를 발행했는데 이는 동전을 주조할 금속이 부족했기 때문이다. 이 때문에 중국은 구리 원자재를 수출하다가 도리어 수입해야 했다. 실제, 명대 이전에 일본은 중국에 구리를 수출했었다. 원나라 때 선위사(宣慰使) 양재(楊梓, 1260~1327, 유명한 극작가)는 일본산 구리 5,480근으로 큰 종을 만들어 절강감포(澉浦) 선열사(禪悅寺)의 종루에 걸었다고 한다. 기록에 따르면 이 종의 소리는 수십 리 밖에서도 들려서 민간에서 신종(新種)이라 불렀다고 한다.[38]

명대 이후에는 구리 광산업이나 제련업이 크게 발전하지 않았고 오히려 전 세대가 개발한 광산이 고갈되어 갔다. 명대 구준(邱浚, 1421~1495)은 다음과 같이 말했다. "우리 조정이 구리로 얻은 이익은 전대에 10분의 1 혹은 10분의 2에도 미치지 못한다."[39] 중국 고대의 유명한 구리 광산인 동릉(銅陵)은 명대에는 지주부(池州府)에서 속한다. 『명태조실록』 77권에는 다음과 같은 기사가 있다. "홍무 원년 (……) 지주부에 채굴한 구리는 15만 근이다." 이는 전 시대와 비교하면 매우 적은 양이었다. 청나라 때는 지주부에서 채굴했다는 기록조차 보이지 않는다. 민간에서 여전히 구리를 채굴했다 하더라도 당시까지 발견된 구리 광산은 이미 고갈되기 시작했다. 명나라 때 주요 광산은 강서 덕흥(德興), 연산(鉛山)이고 선덕 연간(1426~1434)에 덕흥과 연산에서 채굴한 양은 50여 만 근이었다.[40] 명나라 중기 이후부터 운남 광산에서 구리를 채굴하기 시작했고 매년 채굴량은 약 15만 근이었다.[41] 위에서 열거한 정부의 채굴량에다 민간 채굴량을 더한다 하더라도 구리의 총 채굴량은 그리 많지 않았다.

38 1927年, 中日邦交恢复正常, 日本佛教人士来中国"寻宗", 提出要瞻仰当年用日本铜铸造的澉浦铜钟, 可惜该钟已毁于"文革". 2000年, 澉浦人集资一百伍十万元, 重建了澉浦钟楼, 重铸了"澉浦神钟".

39 陳子龍等選輯,《皇明經世文編》[M], (066~081) 伍百八卷.

40《明宣宗實录》卷二三.

41 白壽彝. 中國資本主義萌芽問題討論集 [M]. 北京: 三聯書店, 1957.

한편 명나라 때 상품 경제가 발달함에 따라 중국 국내에서 화폐 수요도 급증한다. 이와 같은 시기에, 중국 동전은 동남아로 유출되어 "경통화(硬通貨)"가 되었으며, 일본·월남 등으로 유출되는 동전도 부단하게 증가한다. 명나라 황제가 하사하는 것도 있었지만, 어느 정도는 "정상(正常)"적으로 거래되는 무역 상품이었다. 이 때문에 동전의 원자재인 구리가 더 부족했다. 이런 상황을 극복하려고 명 정부는 여러 차례 민간 소유의 동기(銅器)를 녹여 동전을 주조하라고 칙령을 내렸다. 심지어 남경 태복시(太仆寺)는 궁중에 있던 옛 동기 47만여 근을 모두 녹여 동전을 주조하기도 했고 아울러 전대(前代)의 동전을 유통시키기도 했다. 동시에 적극적으로 동전을 매입했다. 다음은 『명사』의 기록이다. "숭정 3년, 어사 요경(饒京)이 상소를 올렸다. '동전 주조하는 곳을 열어 천하에 유통시켰습니다. 그러나 지금은 이윤이 없어 힘든 상황입니다. 어떤 때는 주조소를 열었다 어떤 때 주조소를 닫기도 합니다. 남북에 주조소 2곳이 있고 이외에 호광(湖廣), 섬서, 사천, 운남, 선진(宣鎭), 밀진(蜜鎭)에도 있습니다. 주조해서 남는 이익이 조정으로 다 들어오지도 않습니다. 지금 다시 주조할 자본이 없어 힘든 상황인데 이는 구리를 수입한 탓이지 구리를 채굴하지 않아서 그런 것이 아닙니다."[42]●67 동전이 부족하고 백은이 들어오면 늘 "은천전귀(銀賤錢貴)" 현상이 발생한다. 구리 원자재도 부족하고 "동전을 주조하면서 이익을 남기려[錢息]" 하다 보니 동전의 품질은 크게 떨어지는데, 예전과 가치가 같은 동전도 무게가 가벼워지고 구리 함량도 줄어든다.

청나라 초기에는 예전처럼 여전히 구리가 부족했지만, 사용하는 양은 상당히 많아진다. 동전을 주조하면서 쓴 구리의 수량은 사람을 놀라게 할 정도이다. 순치 2년(1645)부터 강희 38년(1699)까지 55년 간, 북경 호부(戶部)의 옥천국(玉泉局)과 공부(工部)의 보원국(寶源局)에서만 동전을

42 張廷玉. 明史 [M]. 上海: 上海古籍出版社, 2003.

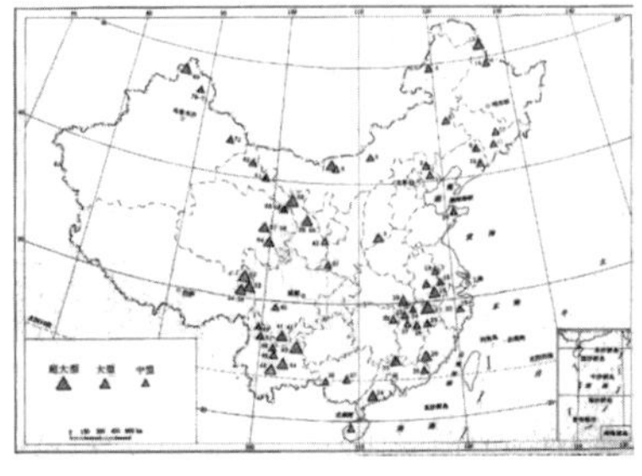

중국 동광 분포도. 전체적 상황을 설명하면, 중국의 구리 자원은 절대 풍부하지 않다. 또 고대부터 발굴하거나 채굴하는 것이 아주 적었다. 수요는 늘 많았지만 그것을 충족시키기에는 구리가 한참 모자랐다.

中國銅礦地理分布. 中國金屬新聞网, 2010.3.19. (http://www.metalnews.cn/ys/show-374233-1.html)

미로 같은 갱도.

銅綠山古銅礦遺址. 湖北黃石政府官网, 2007.10.2. (http://www.huangshi.gov.cn/lypd/wyyhs/lyjd/200710/t20071002_29385.html)

구리를 제련하는 광경.

小軍的博客. 銅綠山古銅礦遺址. 网易博客, 2010.8.28. (http://shijijunwf.blog.163.com/blog/static/28108973201072804534861/)

*대야(大冶) 동록산(銅綠山) 고동광(古銅礦) 유적박물관(遺址博物館). 동록산의 구리 광산은 상나라 말기에서 시작해 서주, 춘추전국시대를 거쳐 서한까지 약 1,000년간 지속되었다. 1973년 발견 당시 거의 완벽하게 보존되어 있었다.

안휘(安徽) 동릉(銅陵) 금우동(金牛洞) 광산 유적지.

小憨. 安徽-銅陵-金牛洞古采礦遺址. 网易博客, 2007.3.4. (http://88506108.blog.163.com/blog/static/1893776200724017497O1/)

소조상.
鄧邦五. 卓越的煉銅家張潛. 江西省德興市官网, (http://www.onlinece.com.cn/qianxianbolan/dexing/showarticle.asp?articleid=6764)

강서(江西) 덕흥시(德興市) 취원루(聚遠樓), 장잠(張潛)이 구리를 제련하는 광경을 그린 벽화
鄭大中. 張潛煉壁銅畵. 上饒博客网, 2009.8.6. (http://blog.srxww.com/space-903-do-album-picid-113.html)

*장잠(1025~1105년), 북송 덕흥인, 장잠은 완전히 습식으로 구리를 다룬 공예를 완성한다. 그는 또 『침동요략(浸銅要略)』을 썼다.

주조할 때 쓴 구리가 200만 근에 달했다. 옹정 때 관청의 환율은 은 1냥을 1,000전(1관)으로 교환했는데, "동전은 귀하고 은은 천하므로[錢貴銀賤]", 이에 거푸집을 더 많이 만들고 동전 주조를 장려했다. 옹정 황제가 막 즉위했을 무렵 조정 신하들은 뜻을 모아 건의했다. "동전 값이 치솟고 있습니다. 총연에서 만드는 동전은 오히려 많지 않습니다. (……) 동전이 많으면 가격은 저절로 안정될 것입니다."[43] 그래서 동전을 더 많이 주조하기 시작했다.

건륭 이후 경국(京局)에서 동전을 더 많이 주조한다. 관련 자료에 따르면, 건륭 4년 경성의 호부와 공부에서 동전을 주조할 때 구리 400만 근을 썼다고 한다. 건륭 58년 호부 보천국에서만 구리 400만 근 남짓을 썼고, 나중에 1년에 600여만 근을 썼다고 한다. 당시 청 정부는 지방 각 성에 주로(鑄爐)를 더 만들어 동전을 더 많이 주조하라는 명령을 내렸다. 건륭 4년부터 33년까지 복건, 섬서 등 몇 개의 성에서 화로를 복구했고, 운남, 귀주,

43 淸朝文獻通考 [M]//万有文庫 (十通本). 上海: 商務印書館, 1936.

16세기 스미모토 기업이 개발한 신기술 "남만취(南蠻吹)".
住友電气工業株式會社官网. 2009.7.30. (http://globalsei.cn/newsletter/2009/07/9a.html)

구리를 캐는 광경.
2010.4.14. (http://blog.goo.ne.jp/tahinoko/e/109b97aa31ffc7220e43270564f96ed6)
*벳시 동산(銅山) 기념관.

벳시 구리 광산 첫번째 갱도 남쪽 출구.

유적지.

2010.5.29. (http://semimechanizedunit.airnifty.com/blog/2010/05/10-e66e.html)

사천, 호남, 호북, 강서 등 여러 성에서 화로를 복구하고 동전을 더 많이 주조했다.[44] 이 중에서 특히 운남 소재 주조국 7곳에 주로가 많을 때 116좌까지 있었다. 다른 성에서도 동전을 주조하려고 구리를 많이 썼다.

건륭 57년, 섬서 보섬국에서 구리를 약 29만 근을 썼고, 건륭 58년 호남 보무국에서는 35만 근, 건륭 59년 절강 보절국에서 49만 근을 썼다. 청나라 초기에는 광업이 크게 활발하지 않았으므로, 순치와 강희 연간에 구리 채굴량은 많지 않았다. 강희 21년 오삼계(嗚三桂)의 난을 평정하고, 운남·귀주 총독 채육영(蔡毓榮)은 "광고주(廣鼓鑄)", "개광장(開礦藏)" 같은 재정 대책을 건의하고 운남에서 구리 광산을 개발하여 채굴하기 시작했다. 옹정 5년(1727)에 운남에서 탕단(湯丹) 광산을 개발하자 구리 생산량이 점점 증가했다. 하지만 연간 생산량이 300만 근 정도밖에 되지 않아 여전히 많이 부족했다. 이 때문에 각종 옛날 동전, 옛날 동기를 거둬들여 동전을 만들 때 구리 함유량이 부족한 것을 채울 방법을 강구해야 했다.

예를 들면, 순치 11년(1654) 보천국에 주조할 때 "옛날 동전 등 여러 종류의 구리" 220만 근을 이용했다. 청 정부는 동기 제작과 사용을 엄격하게 통제했다. 예를 들면 옹정 4년(1726)에 다음과 같은 칙령을 반포한다. "황동 악기나 저울의 천칭, 5근 이하 구리 거울을 제외하고 그릇이라든지 그 어떤 것도 크기와 관계없이 황동으로 만들어서는 안 된다."[45] "경성(京城) 내 3품 이상 관원은 규정대로 동기를 사용해야 하고, 나머지는 황동 그릇을 사용해서는 안 된다. 이를 3년 동안 시행한다. 관부는 가격대로 구리를 수매하라. (기한을 어기거나), 관청에 납부하지 않으면 '사장금물(私藏禁物, 개인이 금지한 물품을 감추는 것)'법에 따라 죄를 다스려라."[46] 1년 후

44 光緒大淸會典事例: 卷219 戶部 錢法 直省鼓鑄. 淸朝文獻通考. 万有文庫(十通本). 上海: 商務印書館, 1936.

45 黃鑒暉. 明淸山西商人硏究 [M]. 太原: 山西經濟出版社, 2004.

46 張廷玉. 淸朝文獻通考 [M]. 上海: 圖書集成局, 1901.

에 다른 칙령이 내려온다. "이전에 3품 이상 관원은 황동을 사용할 수 있다고 했는데, 지금 이를 어기고 사용한 자들이 많다. 이후로는 오직 1품 관원만 황동 그릇을 사용할 수 있고 그 나머지는 사용해서는 안 된다. 몰래 사용하는 자가 있다면 위법으로 치죄해야 한다."[47]

중국의 정황과 달리, 명대와 청대 초기에 일본은 중국 상품에 대한 수요가 많았다. 비단뿐만 아니라 중국 동전도 많이 필요했다. 일본이 백은과 기타 상품을 중국으로 수출하고 얻은 대금으로는 중국산 제품의 수입을 감당할 수 없었다. 한편, 명나라 때 일본은 구리를 다루는 기술이 낙후했고 동전 안에 은 성분이 남아 있어, 명나라 상인은 일본 동전을 사들이고 녹여서 은을 추출해 이윤을 남기기도 했다. 14세기 이후, 일본은 광산 개발을 시작하고 구리 제련 기술이 발달하면서 당시 세계에서 주요 구리 생산국이 된다. 16~17세기 일본은 또 부단하게 광산을 개발하면서 동시에 당시 선진국이었던 조선과 중국에서 기술을 받아들였다. 그래서 일본의 구리 산업은 크게 발전한다.

16세기 유명한 기업인 스미모토 그룹(住友集團)은 구리 광산으로 가업을 세운 것으로, 1690년 일본 제일의 구리 광산인 벳시(別子) 광산을 개발하고서부터 급속히 성장한다.[48] 당시 일본에서 구리 1타(馱)•[68]는 비단 2근과 교환했고 중국에서는 비단 7~8근과 교환했다. 비단과 구리의 교역은 이익이 많이 남아 상인들은 매우 적극적으로 뛰어 들었다. 이 때문에 상당히 많은 양의 일본 구리가 중국으로 유입된다.

47 張廷玉. 清朝文獻通考 [M]. 上海: 圖書集成局, 1901.

48 小島直記. 邦光史郎. 銅山銀坑掙出工業大亨 [M]. 台北: 時報文化出版企業有限公司. 1986.

2. 명대 일본 구리의 수입

명나라 초기에는 대외 무역이 조공 무역을 위주로 이루어졌고 일본과의 무역도 마찬가지였다. 당시 일본산 구리는 대개 조공 무역을 통해 중국으로 들어왔다. 1401년부터 1547년까지 일본은 견명사(遣明使)를 19차례 파견했다. 다른 주변 국가와 비교하면 그 횟수가 많은 편은 아니다. 같은 시기 유구는 117차례, 자바 37차례, 조선 30차례였다. 일본은 자발적으로 조공하러 온 것이 아니라, 명 황제가 지극히 후하게 하사하므로 적극적으로 조공을 오려고 했다. 일본 국내에서 각계 인물들이 서로 조공을 오겠다고 다투기도 했다. 이를 "쟁공(爭貢)"이라고 한다. 조공 규모는 작지 않았는데, 소규모일 때는 선박 3~4척이 왔고 대규모 일 때는 10척이 왔다. 선박 평균 용적량은 1,000휘[斛]●69 정도였고, 인원은 적을 때 수백 명, 많을 때 1,000명 이상이었다.

경태 4년(1453), 도요 인포(東洋允澎)가 인솔한 사절단 규모는 선박 10척, 인원 1,200명이었다. 하사품을 후하게 내리는 것은 명 정부에 큰 부담이었고 따라서 명 정부는 조공의 차수와 규모를 통제했다. 예를 들면 영락 연간에 다음과 같이 제한을 두었다. 일본은 10년에 1차례, 선박은 2척, 인원은 200명으로 제한해서 조공을 오라고 했다. 선덕 연간에 약간 풀었지만 10년에 1차례, 선박은 3척 이내로, 인원은 300명 이하, 도검(刀劍)도 3,000자루 이하로 제한했다.(소량의 진상품을 제외하면 모두 부대 상품이었다.) 그러나 실제로 들어온 "사단(使團)"은 규정을 훨씬 초과했다.

일본 막부가 파견한 선박은 '견명선(遣明船)'이라고 하는데, 민간에서는 '견당선(遣唐船)'이라고 부르기도 한다. 이러한 무역은 조공과 관련 있으므로 이를 조공 무역이라고 부른다. 일본 선박이 중국에 들어올 때 중국 정부가 발행한 감합(勘合)이 일종의 비자(Visa) 역할을 하므로 감합 무역이라고도 부른다. 그래서 이러한 선박을 감합선이라 칭한다. 견명선은 일본인에게 매우 중요했는데, 견명선이 돌아올 때쯤이면 관계 상인들은 바로 항구로 달려가 고개를 빼고 서쪽을 바라보았다. 어떤 일본 승려가 다음과 같은 일기를 남겼다. "당선(唐船, 실제는 견명선을 가리킴) 돌아올 때 선덕전(宣德錢)도 같이 온다."[49]

막부 시기 견명선은 막부 장군이 일본 천황의 명의로 파견한 것이고, 만약 당시 막부가 지방 다이묘를 통제하지 못하면 다이묘가 일본 천황의 명의로 견명선을 보냈다. 조공을 명분으로 파견한 것이므로 견명선에는 항상 정사와 부사가 있었다. 당시 일본에서 승려가 문화나 지식에서 수준이 가장 높았으므로 이들은 중국인과 쉽게 교류할 수 있었다. 그래서 처음을 제외하고 나머지 18차례는 정사와 부사가 모두 큰 사찰의 고승이었다. -특히 텐류지(天龍寺)가 유명하다.-

일본 견명선이 싣고 온 화물은 다음 3가지로 나눌 수 있다. 첫째, 진상품이다. 막부 장군 혹은 다이묘가 명나라 황제에게 진상하는 공물이다. 이것은 공식 무역 상품이다. 둘째, 사신이 진상하는 물품이다. 셋째, 부대 상품으로 장군, 다이묘, 대사찰, 대가족의 부대 상품 및 상인, 선원의 부대 상품이다. 앞 두 가지보다 세 번째가 수량이 훨씬 많다. 견명선이 영파에 도착하면 진상품과 장군, 다이묘, 사원, 대가족 및 상인들의 부대 상품은 북경으로 운송하여 진상한다. 나머지 상품은 영파와 항주 등지로 옮겨 명나라 정부를 대표하는 시박사(市舶司)의 감독 아래 관청과 거래한다. 그 나머지는 관청이 허가한 중개인을 통해 시장에서 매매한다.

견명선이 싣고 온 상품 중에 구리는 중요한 상품이었다. 보통 구리는 진상품이 아니었는데 견명선이 임의로 싣고 왔다. 진상품은 국서 혹은 진상품 목록으로 명확하게 기록하므로 후대에 역사적 사료가 된다. 하지만 일본 견명선의 부재물(附載物)은 정식 기록이 충분하지 않고 소수 문헌에만

49 小叶田淳. 中世日中通交貿易史研究[M]. 大阪: 刀江書院, 1941.

기록이 남아 있다. 예를 들자면, 선덕 8년(1433) 일본 무역 상단이 부가로 싣고 와 관청에 판매한 상품 목록은 다음과 같다. 소목 1만 600근, 유황 2만 2,000근, 홍동(紅銅) 4,300근, 칼과 검 모두 3,500 자루, 총 1자루, 부채 2,200개, 기타 소형 물건이다.[50] 경태 4년 인포가 인솔한 사절단이 갖고 온 화물 중에 홍동 15만 2,000근도 포함되어 있었다.[51] 일본 텐류지 승려 사쿠겐 슈료(策彦周良, 1501~1579)는 가정 18년(1539)과 26년(1547)에 한 번은 부사로 또 한 번은 정사로 명나라에 왔다 돌아가서 『쇼토슈(初渡集)』, 『사이토슈(再渡集)』를 썼다. 『쇼토슈』의 기록에 따르면, 슈료가 처음 중국으로 올 때 구리 29.85만 근을 갖고 왔다고 한다.

15세기에는 일본에서 황동 생산량이 증가했는데, 일본 학자 호소카와 타카유키(細川孝行)는 "아시카가 요시미츠(足利義滿)가 영락제에게 진상하고 영락전을 하사받았는데, 그때 공물 중에는 구리가 들어간 합금(合金)과 또 다른 물품이 있었다"[52]라고 한 적이 있다. 당시 일본에서는 구리 광업이 크게 발전했고, 일본 구리의 가격이 중국보다 매우 저렴했다. 그래서 다른 견명사절단도 반드시 구리를 가지고 왔다. 명나라 정책에 따라 구리는 민간에서 거래할 수 없는 금지 상품이었다. 명 정부를 대표하는 시박사의 관할 하에서만 관청에서 거래할 수 있었다. 중국은 이를 주조국에 보내 동전을 주조하거나 대포를 만들었다.

명나라 초기에 민간 무역을 금지했지만 그렇게 엄격하지 않아 민간 무역은 여전히 성행했다. 또한 엄금 시기에도 여전히 밀무역은 존재했다. 대일 무역 중 조공 무역과 감합 무역 시기에도 밀무역 규모 역시 매우 컸다. 중국 정부가 엄격히 금지하자 오히려 무장 밀무역 세력이 생겨났고 이 때문에 수십 년 간 "왜란(倭亂)"이 지속된다. 가정 후기에 중일 간 감합 무역

50 《皇明宜宗實录》, 宣德八年.

51 《皇明景宗實录》, 景泰八年.

52 細川孝行. 日本歷代政權通貨發行史概要 [J]. 考古与文物, 1994 (5).

교토 텐류지.
圖片來源 天龍寺. 2012.10.12. (http://cn.rinnou. net/zen_gallery/ex01.html)

도쿠가와 이에야스(德川家康).
山岡庄八. 德川家康 [M]. 海口: 南海出版公司, 2011.

사쿠겐 슈료(策彦周良) 초상.
范金民. 日本使者眼中的明后期社會風情-策彦周良〈入明記〉初解. 复旦大學文史研究院. 2011.07.18. (http://www. iahs. fudan.edu.cn/cn/historyforum.asp?action=page&class_id=31&type_id=1&id=106)

이 중단되자 갑자기 민간 무역이 급증한다. 양국 간 구리 가격 차이가 커서 막대한 이윤을 남기려는 중국 상인들은 일본에서 구리를 수입하지 않을 수 없었다. 특히 복건 등지에서 몰래 동전을 주조하는 자들이나(이런 동전 대부분은 일본으로 수출되었다) 대포를 주조하려 했던 정씨(鄭氏)와 같은 무장 집단들은 구리가 많이 필요했고, 이들은 대개 밀무역을 통해 일본 구리를 들여왔다. 중일 양국이 직접 거래하는 밀무역만 존재한 것이 아니라, 중국 상인이 남양 각지에서 진행하는 삼국간 무역도 있었다.

융경 원년(1567) 바닷길을 열면서 남양 무역만 허가하고 동양 무역은 허가하지 않았다. 남양에서 중국과 일본의 삼국간 무역은 더욱 성행했다. 도쿠가와 막부도 필요에 의해서 "주인선(朱印船) 무역제도"를 시행한다. 즉, 막부가 상인에게 주인장을 발부하고 주인선이 동남아로 가서 무역을 할 수 있게 하는 제도이다. 주인장을 받은 상인은 120명 정도였고, 그중에는 다이묘, 막부 관리, 부상(富商), 중국 상인, 유럽 상인도 포함되어 있었다. 이외에도 일부 상인은 뇌물을 써 주인선 선원이 되어 동남아로 건너가기도 했고 또 주인장을 위조해 선단(船團)을 조직하고 동남아로 진출하기도 했다. 이렇게 동남아를 왕래하는 이들이 제일 좋아하는 상품은 구리였다. 일본 학자 모리 카미츠(森克己) 외 몇몇 학자의 주장에 따르면 주인선 1척마다 평균 2만 근 정도의 구리를 운송했다고 한다. 이 추산에 따르면, 1604년부터 1635년까지 31년간 동남아로 향했던 주인선 311척이 최소 600만 근을 일본에서 수입한 셈이 된다.[53] 이 중 상당 부분은 중국으로 들어온다.

3. 청대의 일본 구리 수입

중국이 명말청초일 때 일본은 바로 막부 시대였는데, 이때 이미 일본은 쇄국 정책을 펼친다. 청나라 조정도 해금 정책을 시행했지만, 양국 사이의 민간 무역은 여전히 진행된다. 일본의 "쇄국"은 대외 왕래를 전면 봉쇄한 것이 아니었다. 일본 본국인의 해외무역이나 외국의 대일본 무역을 금지하기는 했으나 중국인과 네덜란드인에게 한 곳을 열어 주었고, 이들은 나가사키에서 무역을 할 수 있었다. 그래서 이 시기를 일본 무역사에서는 나가사키 무역이라고 부른다.

이때 중국의 구리 값은 매우 비쌌기 때문에, 나가사키로 물건을 싣고 갔던 중국 선박과 네덜란드 선박 중 회항할 때 일본 구리를 대량으로 선적한

53 尤建設, 鳴佩軍. 試論德川幕府時期日本与東南亞的朱印船貿易 [J]. 南洋問題研究, 2006.

선박이 많았다. 청나라 해금 정책을 시행할 때도 정씨와 삼번(三藩)은 막지 못했다. "대만을 통치했던" 정씨 집단이 일본을 왕래하는 것은 매우 자연스러운 일이고 삼번 중 광동을 차지했던 평남왕(平南王) 상가희(尙可喜)와 복건을 차지했던 경중명(耿仲明), 경계무(耿繼茂), 경정충(耿精忠)은 적극적으로 대외 무역을 전개한다. 중국은 여전히 구리가 부족했고, 동전이나 대포, 총을 만들려면 구리가 필요했기 때문에 이 무장 할거 세력의 무역에서 구리가 당연히 중요했다.

구리와 유황 등 중요 물자가 갑자기 부족하자, 청 정부는 구리와 유황 같은 긴급 물자에 한해서만 상인들이 해외에서 구매할 수 있도록 문을 열어준다. 순치 2년에 다음과 같이 칙령을 반포한다. "상인 중에서 많은 자본을 갖고 해외로 나가 구리를 사려는 자가 있다면 사관(司關)에서 신용장에 발부하라. 상인은 출항 명령을 들으면 동남아, 일본 등 오랑캐 땅으로 가서 구리를 구매하라. 사관은 시간에 맞춰 가격대로 거둬들여 관청에 공급하라. 여분이 있으면 시장에 임의로 팔아 민간에서도 쓸 수 있도록 하라."[54]

순치 12년 황제는 올라온 상소에 비준한다. "허가를 받고 출항한 선박 이외에 관리나 민간인이 돛대가 2개 이상인 큰 배를 마음대로 만들고 불법 화물을 번국에 팔거나 또 해적과 결탁해서 양민을 노략질하거나 큰 선박으로 번국과 무역하면서 이익을 취하거나 큰 선박을 임대해 번국에서 물자를 싣고 오거나 하는 경우 모두 교수형에 해당하므로 별도로 치죄하라."[55] 이 칙령은 법을 어기지 않는 선박에 한해서 출항을 허가한다는 것이다. 당연히 구리와 유황 같은 정부가 긴급하게 필요로 하는 물품을 구매할 수 있는 선박만 허가를 신청할 수 있다. 한편, 허가받지 않고 불법으로 밀무역하는 자들은 늘 있었고, 특히 구리를 운송하는 무허가 상선을 연해 지방 관청에 묵인했으니, 이런 상선이나 이들이 운송한 화물에 대해서는 어

54 張壽鏞. 皇朝掌故匯編 (內編) [C]. 卷一九. 錢法.
55 張廷玉. 欽定大淸會典則例 [C]. 文淵閣四庫全書本: 卷一一四.

떤 공식 기록도 남아 있지 않다.

강희제는 즉위 초, 정씨를 통제하려고 해금 정책을 엄격하게 시행하지만, 남양 무역만 금지했고 일본에 가서 구리 같은 중요 물자를 구매하는 무역은 엄격하게 금지하지 않았다. 이는 "명나라 융경 황제가 금령을 푸는 것"과 상반되는 것으로 명대에는 남양은 풀고 다른 바닷길은 막았다. 강희 20년 청군은 삼번을 평정했고, 강희 22년 대만까지 평정하자 해금 정책을 풀고 민간인이 해외무역하는 것을 허가한다. 이후 중일 간 직접 무역은 점점 회복된다. 강희, 옹정, 건륭 3대 모두 양동(洋銅)•[70]을 수입하는 것을 적극적으로 지지한다. 하지만 양국 정부가 공식적으로 왕래하지 않았기 때문에 청나라 때 일본의 구리를 수입하는 것은 민간 상인이 담당했다. 청나라 조정은 구리 수입을 통제하면서도 우대 정책을 펴면서 지지하고 상인이 해외로 가서 구리를 사오기를 장려한다.

구리 상인은 관상(官商)과 민상(民商) 둘로 나눌 수 있다. 관상은 내무부, 호부, 공부 및 국가가 지령한 각 해관과 지방정부가 모집했다. 이 중 내무부가 모집한 상인을 "황상(皇商)", "내무부 상인"이라 부르기도 했다.[56] 관상은 국가 경제를 위해 직접 복무하고, 국가 전매 상품을 관리했다. 관상은 대개 자본이 많은 부호로 신용이 좋았으며 통상 정부와 관계가 밀접했다. 예를 들자면, 유명한 구리 거상으로 산서 개체(介体) 범씨(范氏)가 명말에 명 정권과 청나라 군대가 대립할 때 청군 편에 서서 군수품을 대량으로 공급한다. 청 정부가 성립하자 이들은 곧바로 한 시대를 주름잡는 8대 황상 중 하나가 된다. 강녕직조(江寧織造)를 역임했던 조인(曹寅)도 구리를 구매하는 일을 맡았다. 심지어 조인은 일본과 구리 무역을 독점하려고 했는데, 강희제는 허가하지 않고 양동 일부만 취급할 수 있도록 했다.[57]

양동 수입을 위임받은 관상은 각종 혜택을 많이 누렸다. 관상들이 구리

56 徐明德. 論淸代中國的東方明珠---浙江乍浦港 [J]. 淸史硏究, 1997 (3).
57 馮佐哲. 曹寅与日本 [J]. 中國史硏究, 1990 (3).

다시 지은 남경의 강녕 직조부박물관.
鏡頭后的眼睛. 北京植物園 黃叶村 曹雪芹紀念館. 2009.7.7. (http://www.ccmedu.com/blog/u/81/archives/2009/200977195355. html)

조인(曹寅)의 유명한 손자-조설근(曹雪芹).
鏡頭后的眼睛. 北京植物園 黃叶村 曹雪芹紀念館. 2009.7.7. (http://www.ccmedu.com/blog/u/81/archives/2009/200977195355. html)

를 구매할 때 대금을 보통 정부가 출자했는데, "값을 미리 은으로 주거나" 혹은 정부가 저리로 대출해주었다. 어떤 때는 독점권을 가져 일본 구리의 수입을 좌지우지하기도 했다. 또 다른 상인은 취급할 수 없었던 이를테면 이윤이 많은 비단 수출은 청나라가 금지했는데 관상은 비단을 선적할 수 있다. "선박마다 주단 33권, 2~3등급 잠조사(蠶糙絲) 2,200근을 선적했는데, 구리 수입을 위임받은 관상이 아니라면 할 수 없는 것이었다."[58] 구리 관상은 "공무를 수행"했기 때문에 세금을 내지 않았으며, 다른 상품을 싣고 와도 감세를 받았다.[59]

이외에도 청 정부는 이들 관상을 위해 상인 호적을 따로 만들고 관상 자제들을 과거에 합격시키기도 했다. 이와 동시에 관상들은 정부의 엄격한 관리와 통제를 받았다. 관상은 규정된 시간, 노선, 수량, 지점을 따라야 했고 또 규정된 정부 기구에 규정된 가격으로 넘겨야 했다.

중일 구리 무역은 한동안 번성했다. 『황조문헌통고(皇朝文獻通考)』 17권에 다음과 같은 기록이 있다. "양동을 구매하러 상인 대부분은 동양

58 《淸朝文獻通考》卷三三, 市糴二.
59 《淸朝文獻通考》卷十六, 錢幣四.

일본으로 갔다. 강희 22년부터 해관을 설치했는데, 이때 이미 내지에 양동이 유통되고 있었다. 38년에는 경국(京局)에서 구매 대금을 관상에게 지급하고 운송을 맡겼다. 나중에는 8성에서 나눠 처리하다 다시 강절(江浙) 총반에서 모두 취합해 일본으로 보냈다. 건륭 3년에 와서 경국은 전동(滇銅, 화폐 주조 공장)을 수리했지만 강소성과 절강성 등지에서는 여전히 양동으로 동전을 주조했다. 이 해부터 상소대로 수입 총액이 정해지면 해마다 상선은 일본 나가사키 항구로 가서 구리로 바꿔 돌아와 주조국에서 분배했다. 만리 파도를 헤치고 왕복해도 두려워하지 않았다. 태평성대였고 백성들은 생업을 즐겨 동쪽 멀리까지 갔다 중원으로 돌아왔다. 해안과 내륙 모두 이익을 많이 보았다."[60]

청나라 초기 일본의 구리 자원은 풍부했고, 구매가 비교적 용이했으며 또 당시 중국이 일본으로 비단, 설탕, 약재 등 상품을 싣고 가 고가로 쉽게 판매할 수 있어 구리 상인은 이익을 많이 남겼다. 그래서 "구리 상인 중 부호는 남중(南中) 상인이 최고"[61]였다는 말이 있었다.

이 뒤로 구리를 수입하던 무역에 점점 변화가 발생한다. 청일 사이의 직접 무역은 일본을 왕래하는 중국 상선이 거의 장악했다. 하지만 일본도 결코 피동적 지위에만 머물러 있지 않고, 늘 대외 무역에 제한을 가했다. 구리 생산량을 줄고 수출이 늘어나자 일본은 구리 수출을 갈수록 더 엄격하게 통제한다. 중국 상인들에게 신패(信牌)를 발급하고, 구리의 종류, 수량 등을 통제했다.

이런 현상은 청나라 초기에도 이미 있었다. 옹정 2년(1724) 강소 순무의 책임자 하천배(何天培)는 상소를 올렸다. "일본에서 구리를 채굴한 지 오래 되었습니다만, 생산량은 나날이 줄어, 강소, 절강 두 성에서 매년 일

60 皇朝文獻通考, 文淵閣四庫全書本卷一七《錢幣考》.

61 金安淸. 東倭考, 王錫祺輯. 小方壺齋輿地叢鈔再補編: 十二帙 [M]. (鉛印本) 第7 册. 上海著易堂, 淸光緖二十三年.

본으로 구리를 매입하러 가는 상선은 36척 정도에 지나지 않습니다. 예전에는 선박마다 구리 9만 5,000근을 선적했지만, 근래 채굴량이 줄어 1척당 7만 5,000근 밖에 싣지 못합니다. 18~19척 선박에 강남 세관이 거둬들이는 구리는 130만~140만 근 정도이므로 필요한 양에 반 정도밖에 되지 않습니다. 부족한 반은 어디서 들여와야 할지 모르겠습니다."[62]

구리 매입이 원활하지 않자 중국 상선은 나가사키항에 장기간 체류해야 했고, 그러자 동전을 주조하는 원가가 올라갔다. 일본인은 신패를 빌미로 중국인에게 농간을 부리기 시작한다. "상인은 오직 일본의 허가[倭照]를 받지 못할까 걱정했다. 매번 역사(譯司)에게 뇌물을 많이 썼고 해마다 돈이 더 나갔다. 저쪽 장군은 이를 빌미로 거리낌 없이 뇌물을 요구했다. 왜조 1장 값이 은으로 7,000~8,000냥 정도 했다. 매년 출항하는 자는 10여 장이 필요했고, 일본은 막대한 이익을 챙겼다. 옹정 5~6년부터 역사(譯司)에게 뇌물을 적게 주면 중국 상선을 출발을 지연시켰다. 상선 1척마다 실을 수 있는 화물은 1만 냥 상당의 구리 400상자였지만, 그러나 대개 150~250상자 정도였고, 매 상선이 선적한 구리 양은 가면 갈수록 줄어들었다. 구리는 부족했고 수지는 맞지 않았다."[63] 이외에도 나가사키에서 중국 상인은 네덜란드 동인도공사와 경쟁해야 했다.

건륭 연간에 들어서 일본의 구리 채굴량은 더욱 줄어든다. 구리를 매입하기도 쉽지 않았던 중국 상인에게 이익도 남지 않았으며, 정부가 정한 수량을 맞추기도 어려웠다. 그러나 청 정부는 구리 상인은 반드시 연간 200만 근을 채우라고 책임을 물으면서 할당량을 줄여주지 않았다. 청 정부는 할당량을 채우지 못한 만큼 외상으로 처리하자 관상이 변제해야 할 외상은 해마다 늘어갔다. 또한 정부가 상인에게 구리의 구매 대금을 미리 지불했는데 이 원금도 늘 부족했다. 구리 원가는 나날이 올랐고, 체불 미납

62 嵇璜. 清朝文獻通考 [M]//卷十伍. 錢幣考三.
63 《硃批諭旨》第 40 册;"雍正六年十月十七日, 浙江總督管巡撫事李衛奏"

금도 매일 늘어났다. 관상의 부담이 가중되어 계속 경영할 수 없게 되었다. 정부는 곧바로 조사에 들어가 체포했다. 관상들은 가산을 털어 정부 대출을 갚았다.

산서 개체 범씨는 구리 무역으로 큰돈을 벌었었다. 건륭 29년(1764) 이전 중국 전체에 구리 상선은 15척이었는데, 범씨가 그중 3척을 소유했고, 매년 60만 근을 실어 날랐다. 이는 일본에서 수입한 구리 전체의 20%에 해당된다. 건륭 31년(1766) 범씨는 구리 상선 7척을 소유했고, 연간 140만 근을 수입했는데 이는 일본산 구리 수입량 전체의 50%를 상회한다. 이후 점점 기울기 시작해 정부가 정한 할당량을 맞추지 못하고 거액을 손해 보게 된다. 그래서 그들은 "구리 무역을 포기하며 헐값에 넘기고 관상에서 물러나겠다"라고 요청하지만 청 정부가 허락하지 않는다. 건륭 46년(1781) 적자가 이미 은 150만 냥을 초과했다. 최후 건륭 48년(1783) 체포되어 조사를 받는다.[64]

이런 상황에 직면하자 청 정부는 일단의 조치를 취한다. 그중 중요한 조치는 원래 있었던 관상 이외에 민간 상인을 부르는 것이었다. 실제 순치 연간에 민간 상인이 일본 구리 무역에 종사했지만, 강희 초기에 각지 상인에게 "대일본 무역"을 더욱 장려한다.[65] 강희 38년(1699) 이전까지도 민간 상인은 여전히 일본에 가서 구리 원자재를 구매했다. 그러나 이후 일본 구리 무역이 이윤이 많이 남자, 자본가, 세력가, 정부와 관계가 있는 자가 "관차(官差)" 자리를 꿰차고 들어가면서 관상들은 민간 상인을 배제하고 구리 무역을 독점한다.

이후 구리 무역의 수익성이 떨어지자 원래 관상들이 물러났고, 이들은 심지어 체포되어 조사를 받았다. 그래서 정부는 민간 상인에게 일본에 가서 구리를 구매해 오라고 독려한다. 건륭 원년(1736) 강절(江折) 순무가

64 黃鑒暉. 明淸山西商人硏究 [M]. 太原: 山西經濟出版社, 2004.
65 徐明德. 論淸代中國的東方明珠---浙江乍浦港 [J]. 淸史硏究, 1997 (3).

칙령을 하달한다. "만약 구리 무역에 종사하려 한다면 관청에서 신패를 발급하겠다. 일본에 가서 구리를 구매하고 귀국하면 세관에서 손실을 고려해서 수매하겠다."

건륭 5년(1740) 수매가를 인상하는 한편 다시 규정을 정한다. "민간 상인이 수입한 구리 총량 중 50%는 민간 상인이 자체적으로 판매하고, 나머지 50%는 강소성과 절강성에서 수매한다. 만약 상인들이 적극적으로 구리를 수입하고자 한다면 널리 불러들여 구리를 수입하게 하라."[66] 나중에는 법이 바뀌어 민간 상인은 수입한 구리 중에 60%를 관청에 납품하고 나머지 40%는 자유롭게 시장에 판매했다. 관청 수매가는 시장가격보다 낮았다. 당시 절강성에서는 구리 100근을 백은 17냥 5전으로 수매했는데 시장 가격은 25냥 7전 9리였다.

구리 무역의 관리를 강화하고 민간 상인을 통제하려고 또 "액상(額商)"제를 시행한다. 액상은 당시 광주에 있던 행상과 비슷한데, 자기 자본을 갖춘 민간 상인이다. 건륭 때 규정에 따르면 상인 12가(家)를 액상으로 선정했는데, 이를 "12가 액상"이라고 부른다. 이외에 구리 무역을 하려는 상인들은 "모두 12액상 아래 두고 소금 산상을 갑으로 두었던 관례를 따랐다"[67]라고 한다. 이와 동시에 관상을 남겨두면서 정부가 대출을 해주고 관청이 필요한 구리를 공급하게 했다. 여분이 있으면 시장에서 자유롭게 팔 수 있게 했다. 그래서 관상과 민상이 동시에 존재하게 된다. 이와 함께 청 정부는 구리 무역에 종사하는 민간 상인에게 일정한 특혜를 준다. 생사와 주단 같은 수출 금지 물품을 일정 정도를 선적할 수 있도록 하며 구리 수입의 관세도 낮춰 40% 감세해준다.

청나라 때 일본 구리를 얼마나 수입했는지에 관해서는 각기 다른 주장

66 清朝文獻通考 [M]//卷十六. 錢幣考四.

67 清朝文獻通考 [M]. 卷十七. 錢幣伍 ; 參閱傅衣凌. 明清時代商人及商業資本 [M]. 北京: 人民出版社, 1956.

이 있다. 1709년 나가사키 봉행(奉行) 보고에 따르면, 1662년부터 1708년까지 46년간 유출된 구리는 약 1만 1,450만근이다. 강희 23년부터 강희 55년까지는(1648~1716) 1.2억 근이다. 강희 55년부터 건륭 19년까지는(1716~1754) 1억 근이고, 건륭 20년부터 도광 19년까지는(1755~1839) 1억 근이다. 강희 23년부터 도광 19년까지(1684~1839) 일본에서 수입한 황동은 3만 70근으로 매년 평균 195만 근이다.[68]

매년 수입한 일본 구리의 수량의 관해서 대만 학자 리우쉬펑(劉序楓)에 따르면, 1684년 해금을 풀고서부터 일본의 구리 수출은 급증한다. 1684년부터 1695년까지 매해 평균 300만~400만 근을 수출한다. 1696년에서 1710년까지 일본의 구리 생산량은 최대에 달하고, 매년 중국 상인이 운송한 양도 400만~700만 근에 달한다.[69] 1715년 일본 정부가 "정덕신령(正德新令)"을 반포하고, 그 이후 수출량은 끊임없이 하락한다. 일본 정부가 반포한 수출 제한량을 살펴보면, 1715년부터 중국으로 수출하는 구리 총량을 매년 300만 근으로 제한하고 이후 점점 줄여나간다. 1742년에는 150만 근으로 줄이고, 1765년에는 130만 근, 1791년에는 100만 근으로 줄인다.

청 정부가 구리 수입량을 정할 때는 기본적으로 일본의 수출 제한을 참고하여 결정한다. 실제 수입량은 1816년 이후부터는 줄곧 100만 근 내외였고, 1820년을 제외하고 100만 근을 넘지 않는다.[70] 이외에 일본 역사서 『스이진로쿠(吹塵錄)』, 「당방도동액(唐方渡銅額)」을 참고하면, 매년 중국 상선이 수입해 간 구리의 양은 다음과 같다. 호레키(宝暦) 연간(1751~1763)은 200만 근 내외, 메이와(明和), 안에이(安永), 텐메이(天明) 연간(1764~1788)은 약 150만 근, 칸세이(寬政), 쿄와(享和) 연간(1789~1803)은

68 木宮泰彦. 中日交通史 [M]. 陳捷, 譯. 上海: 商務印書館, 1931.

69 劉序楓. 清康熙-乾隆年間洋銅的進口与流通問題 [M]. 湯熙勇. 中國海洋發展史論文集 [C].第七輯上册. 台北: 中山人文社會科學研究所, 1999.

70 劉序楓. 清康熙-乾隆年間洋銅的進口与流通問題 [M]. 湯熙勇. 中國海洋發展史論文集 [C].第七輯上册. 台北: 中山人文社會科學研究所, 1999.

곤명금전(昆明金殿). 청 강희 10년(1671) 평서왕(平西王) 오삼계가 구리 2,500톤을 써 만든 2층 갈산식(歇山式) 진무동전(眞武銅殿). 이는 중국 최대의 구리 건축물이다. (비교 대상으로 아주 유명한 "무당산금전(武当山金殿)"이 있는데, 사용한 구리가 "난지" 20톤에 지나지 않는다)

麥圈, 2012.12.12. (http://km.mapooo.com/place/ds-9df7036348ae4a32bb9f385044cf3bf8. html)

무당산금전.

武当山金顶金殿. 武当网, 2012.12.29. (http://cn.wudang.org)

우호동안(牛虎銅案).

戰國. 圖片來源 牛虎銅案. 王朝网絡, 2010.1.5. (http://tc.wangchao.net.cn/baike/detail_458485.html)

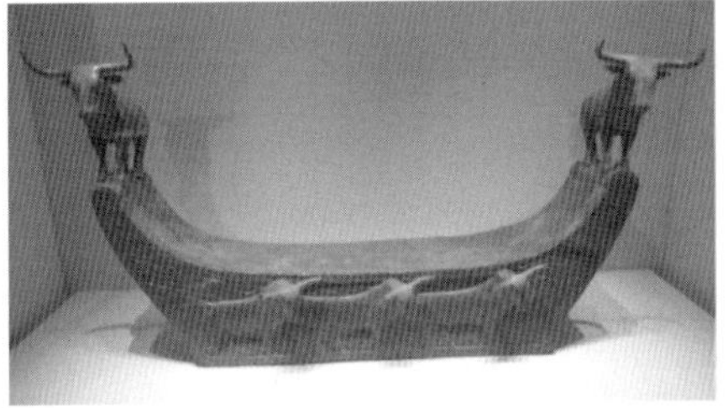

청동 베개(서한 시대).

중국 국가박물관, 작가 직접 촬영, 2012.11.30.

*1972년 운남(云南) 강천(江川) 이가산(李家山)에서 출토한 청동기.

약 130만 근, 분카(文化) 연간(1804~1817)은 약 100만 근, 분세이(文政) 연간(1818~1829)은 약 70만 근, 텐보(天保) 연간(1830~1843)은 60만 근 내외이다.[71]

71 木宮泰彦. 日中文化交流史 [M]. 胡錫年, 譯. 上海: 商務印書館, 1980.

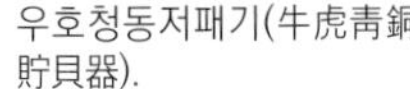

우호청동저패기(牛虎青銅貯貝器).

공납장면청동저패기(貢納場面青銅貯貝器).

저맹장면청동저패기(詛盟場面青銅貯貝器).

*1955~1960년 운남 석채산(石寨山) 출토, 서한 시대 청동기.

尋銅運古道遺址行. 百度空間, 2011.3.6. (http://hi.baidu.com/xunranxiaoyu/item/aa07819577ad00df1b49df1e)

尋銅運古道遺址行. 百度空間, 2011.3.6. (http://hi.baidu.com/xunranxiaoyu/item/aa07819577ad00df1b49df1e)

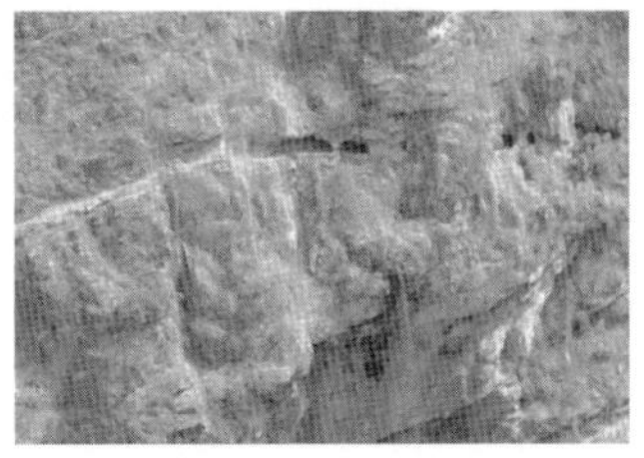

石匠房隧道: 洞穿絶壁的古驛路, 昆明信息港, 2009.04.17. (http://history.kunming.cn/index/content/2009-04/17/content_1859579. htm)

*구리를 운반했던 옛길.

정리하면, 청나라 건국 초기부터 일본에서 구리를 수입했고, 점차 수입량이 증가했다. 특히 1684년 바닷길을 열고부터 수입량이 급격히 증가한다. 1715년부터 일본의 구리 생산량이 줄고 또 일본 정부가 구리 수출을 제한하자, 중국의 일본 구리 수입량은 점점 줄어든다. 18세기 말부터는 매년 100만 근 내외였고, 1861년까지 줄곧 이 양을 유지한다. 태평군(太平軍)이 소주(蘇洲)를 점령하고 구리 상인들이 흩어지면서 중국의 일본 구리 수입은 역사상 마침표를 찍는다. 반드시 짚고 넘어가야 할 것은 강희 연간부터 청 조정은 국내 구리 광산 특히 운남 광산 개발을 시작했다는 것이다. 옹정 때 와서는 전동에서 생산하는 양이 점점 증가한다. 건륭 연간에는 전동에서 생산하는 구리가 수입 구리를 대체하기 시작한다. 건륭 말년에는 운남 광산에서 생산하는 양이 1,000만 근 내외가 되며, 일본 구리를 대체한다. 일본이 구리 수출을 줄이자, 이와 동시에 중국에서는 일본산 구리에 대한 수요도 실제적으로 줄어들기 시작했다.[72]

72 楊煜達. 清代中期 (1726~1855) 滇東北的銅業開發与环境變遷 [J]. 中國史硏究, 2004 (3).

08 병기

전체적으로 말하면, 명청 시기 수입한 병기의 수량은 면화 같은 상품보다 수량이 반드시 많은 것은 아니다. 하지만 그 영향력은 도리어 상당히 중요하다. 그래서 중요한 수입 상품으로 간주할 수 있고 아울러 장(章)을 별도로 만들어 다루고자 한다.

1. 도(刀)

인류는 일찍부터 칼[刀]을 노동 공구와 병기로 사용했다. 원시사회에서 고인류는 돌, 조개껍데기, 짐승 뼈로 다양한 칼을 만들었다. 석도(石刀)는 써는 것에 적합하고, 방도(蚌刀), 골도(骨刀)는 자르는 데 알맞아서 주로 노동 공구로 많이 썼다. 금속으로 만든 최초의 칼은 동도(銅刀)이다. 지금까지 중국에서 발견된 최초의 청동 병기는 동도인데, 당시에는 주로 베고 깎는 용도로 많이 썼다. 가축을 도축하거나 호신용을 썼으며 전쟁에서 정식으로는 거의 사용하지 않았다. 청동은 재질이 비교적 무르고 강도도 약하므로 동도로 무언가 자르고 베면 잘 부러져 정교하고 예리한 동검(銅劍)보다 못하다. 따라서 초기의 청동 병기는 자르는 데 더 적합한 검이 대세였다. 그래서 "검은 단병(短兵)•[71]의 조상이다"라는 말이 있다.

전국시대 또는 진한시대에 이르면 청동이 점점 동철(銅鐵)로, 기마전은 전차전으로 대체된다. 썰고 베는 데 적합했던 도(刀)가 검으로 대체된다. 양한 시대에 들어오면 칼은 이미 보병의 주요 무기가 된다. 도의 모양도 아주 다양해진다. 수당 시대에는 백련법(百練法)이 비교적 선진 기술인 관강법(灌鋼法)•[72]으로 바뀌는데, 칼을 담금질하면 더 강하고 예리해진다. 전

동한 "영초(永初) 6년(112)" 강도(鋼刀) 1974년 산동 출토.
중국국가 박물관, 작가 직접 촬영, 2012.11.30.

명대 척계광(戚繼光) "만력 10년 등주 척씨" 군도, 척계광이 계진(薊鎮) 총병 부임한 이후 제작.
중국 국가박물관, 작가 직접 촬영, 2012.11.30.

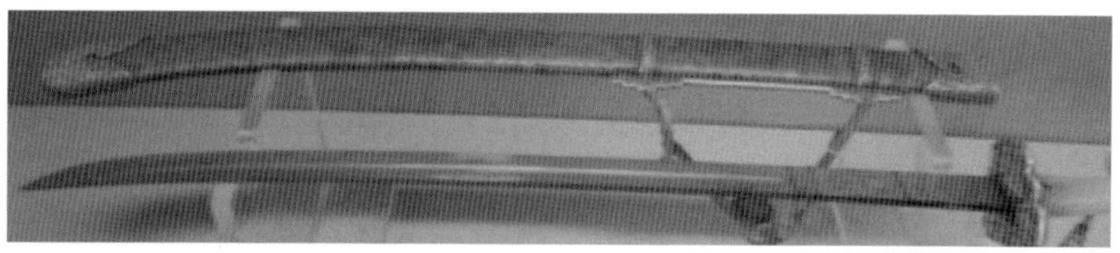

청대 건륭 황제의 칼.
북경 고궁박물원, 작가 직접 촬영, 2012.12.02.

쟁용 칼도 제작해 실전에서 많이 썼다. 당나라 때 오면 회갑(盔甲)•[73]이 매우 발전해 아무리 날카로운 검이라도 갑옷을 뚫지 못하자 검은 점점 공식 전쟁에서 사라지기 시작한다.

명청시대 때, 중국이 수입한 도검 같은 냉병기(冷兵器)는 매우 다양했다. 남양에 있는 많은 국가의 공품 중에 "보검(寶劍)" 같은 각종 냉병기가 적지 않았고 나중에는 서양도도 중국으로 들어온다. 하지만 실제 대량으로 들어 온 것은 명나라 때 수입한 일본도이다. 저명한 고대 병기 전문가 주위(周緯)는 『아주고병기도설(亞洲古兵器圖說)』에서 일본도의 원류를 고찰했는데, 대체로 인정하는 것은 일본도의 원류는 중국이라는 것이다. 일본인 시미즈 킷손(清水橘村)은 1932년 발간한 『도검대전(刀劍大全)』에서 이러한 사실을 솔직하게 인정했다. 그는 옛 일본도는 고려와 중국에서 건너왔다고 했는데, 고려의 문화는 본래 중국에서 건너간 것이니 이는 곧 일본도가 중국에서 건너갔다는 말과 다를 바 없다. 이와 다른 주장도 있는데, 중국도가 일본으로 최초로 건너간 것은 서복(徐福)•[74]이 바다를 건너 갖고 갔다고 한다. 통용되는 주장은 전국 혹은 진나라 때 중국 도검은 이미 일본으로 건너갔고, 대개 고조선을 거쳐 들어갔다는 것이다. 중국 도검이 일본으로 들어갈 때 제작 기술도 같이 들어갔으며, 이를 바탕으로 일본인은 기술 개량을 거쳐 자기들만의 독특한 일본도를 만들게 된다.

일본도의 종류와 명칭은 매우 복잡하다. 아라이 하쿠세키(新井白石)는 『본조군기고(本朝軍器考)』에서 다음과 같이 말한 적이 있다. "도검의 종류는 매우 많다. 옛날에 있던 것이 지금 없는 경우도 있고, 지금 있는데 옛날에 없었던 것도 있다. 이름은 같지만 형태가 다르기도 하고 이름이 다르지만 형태가 같은 경우도 있다. 따라서 일률적으로 논하기 어렵다. 일본도는 길이에 따라 다음과 같이 나눌 수 있다. 첫째, 태도(太刀)는 도신(刀身, 칼자루는 포함하지 않음)은 길이가 2척(67cm) 이상이고, 휜 정도가 비교적 크다. 길이가 2척 이하인 것은 소태도(小太刀), 3척 이상은 대태도(大太刀) 혹은 야태도(野太刀)라고 한다. 둘째, 다도(줄여서 그냥 도라고도 함)는 태도와 거의 비슷하다. 보통 태도와 비교하며 조금 짧고 도신이 휜 정도가 조금 작다. 셋째, 협차(脅差) 혹은 협지(脅指)는 길이가 30~60cm 사이이다. 넷째, 단도는 30cm 이하이며 실전에서 제일 많이 사용했다. 살상력이 뛰어난 것은 태도로 전통 중국도와 비교하면 길이, 휜 정도, 폭 등 품질 면에서 평범한 중국도보다 우수하다.[73]

일본도가 중국에 출현한 것에 대한 분명한 기록은 송나라 때 처음 등장한다. 『송사(宋史)·일본전(日本傳)』에 다음과 같은 기록이 있다. "송 태종 옹희(雍熙) 2년(985) 송나라로 불법을 구하러 온 승려 초넨(奝然)이 자

73 周緯. 亞洲古兵器圖說 [M]. 上海: 上海古籍出版社, 1993.

일본도를 담금질하는 과정을 그린 우키요에(浮世繪)•[75].
錦官劍鬼. 日本刀制作工藝簡說. 2012.11.11. (http://www.tieba.baidu.com/p/1059236)

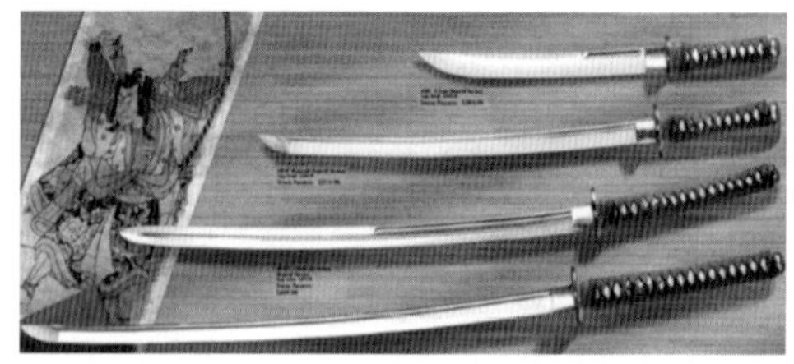

일본도(위에서 아래로, 단도, 협차(협지), 도, 태도(太刀)).
侯楊方. 閉關鎖國還是保家衛國 關于海禁的爭論. 中國网, 2008.4.18. (http://www.china.com.cn/aboutchina/zhuanti/lddw/ 2008-04/18/content_14974948_3.htm/)

신을 예우해준 송나라에 보답하려고 제자 젠인(喜因)를 보내 사례했다. 젠인이 송나라 황실에 헌상한 선물 중에 일본에서 만든 '철도(鐵刀)'가 있었다." 또 일본 서적 『우치습유물어(宇治拾遺物語)』에는 다음과 같은 기록이 있다. "태도 10자루를 맡기고, 당나라 사람(송나라 사람을 말함)에게 견사(絹絲) 6,000~7,000필을 빌려왔다."•[76] 이로써 당시에 이미 일본도가 중국으로 수출되었다는 것과 가격이 매우 비쌌다는 것을 알 수 있다. 송나라 때 명신이자 시인인 매요신(梅堯臣)은 「전군의학사일본도(錢君倚學士日本刀)」라는 시 한 수를 남겼다.

일본 대도에 푸른빛이 감도네,
어피로 감싼 누나무 자루에 별이 점점이 박혀 있네.
일본 사람이 허리에 칼을 차고 푸른 바다를 건너,

범선으로 옛 월 땅에 닿아 해안에 머무네.
구슬 하나 떼어내 시장에서 온갖 진귀한 것 사고,
끈을 풀어 비싼 술로 바꿔 마시네.
주점에서는 재물은 귀하게 보지만 보물은 귀하게 여기지 않아,
동전을 가득 꿰고 벗을 찾아 떠나네.
회계 관원이 새로 명성을 얻었는데,
처음 이 칼을 만져보고 더 일찍 얻지 못한 것을 한스러워했네.
벼슬길로 돌아와 친구에게 보였더니,
반짝이는 빛이 부상도까지 닿을 듯.
좌중에 홀로 빛나니 도깨비가 달아나버리네,
여건이 왕상에게 선물한 칼처럼 훌륭하구나![77]
옛날에는 문무를 겸비했다는데,
지금 선비는 무엇으로 평가하겠는가!
막야가 만든 간장검과 태아검은 이미 세상에 없으니,
일본도를 만지고 보면서 번뇌를 가라앉히네.

日本大刀色青熒, 魚皮帖槈沙點星.
東胡腰鞘過滄海, 舶帆落越棲灣汀.
賣珠入市盡明月, 解條換酒琉璃缾.
當壚重貨不重寶, 滿貫穿銅去求好.
會稽上吏新得名, 始將傳玩恨不早.
歸來天祿示朋遊, 光芒曾射扶桑島.
坐中燭明魑魅遯, 呂虔不見王祥老.
古者文事必武備, 今人褒衣何足道.
幹將太阿世上無, 拂拭共觀休懊惱.

구양수(歐陽脩)도 「일본도가(日本刀歌」라는 시 한 편을 남겼다.

곤이로 가는 길은 멀어 다시 열리지 않고,
옥을 자른다는 명검은 세상에서 사라졌네.
근래 명검이 일본에서 난다는데,
월 땅 상인이 바다 건너서 사오네.
향목 자루에 어피를 둘렀네,
황백색이 감도는데 구리가 섞여 있네.
거금을 들여 호사가가 손에 넣었으니,
명검을 차고 요망한 것들을 물리쳐야겠네.

昆夷道遠不復通, 世傳切玉誰能窮.
寶刀近出日本國, 越賈得之滄海東.
魚皮裝貼香木鞘, 黃白閑雜鍮與銅.
百金傳入好事手, 佩服可以禳妖凶.

이 시를 보면 당시 중국인은 이미 일본도를 "보도(寶刀)"라고 불렀고 강소·절강 상인들은 오로지 일본도를 구하려고 일본을 왕복했다는 것을 알 수 있다. -사마광(司馬光)의 시문집 중에 「화군의일본도가(和君倚日本刀歌)」라는 제목이 달린 시가 한 수 있는데, 구양수 시와 몇 단어를 제외하고 거의 일치한다. 그러나 구양수는 양주(揚州)로 좌천된 적이 있는데, 이때 "월가(越賈, 강소·절강 상인)"가 구매해 온 일본도를 보았을 것이다. 또 구양수의 『구양문충문집(歐陽文忠公集)』의 외집 4권에 다음과 같은 시가 실려 있다. "들으니 대마도는 땅이 비옥하고 풍속이 좋다하네. 옛날 서복이 진나라 백성을 속이고 불로장생약을 구하러 갔다 거기서 늙었는데 수많은 기술자와 곡식을 심으면서 살았다고 하네. 기술이 그들에게 전해져 지금은 매우 정교하게 발전했다네. 옛 왕조 때 자주 조공을 와서 사인들과 자주 시를 지었다고 하네, 서복이 떠날 때 분서갱유가 없었으니 그때 책을 가져간 것이 아직도 전한다네. 중국으로 전하는 것을 엄하게 금하니 세상에 고문을 아는 사람이 없게 되었네. 선왕의 대전이 오랑캐 땅에 숨겨져 있고 큰 파도 이는 바닷길 건널 길 없으니 흐르는 눈물 막을 길 없네. 녹슨 칼을 만지며 무슨 말을 보태리오. (傳聞其國居大島, 土壤沃饒風俗好, 其先徐福詐秦民, 采藥淹留至童老, 百工伍種與之居, 至今器玩皆精巧. 前朝貢獻屢往來, 士人往往工詞藻, 徐福行時書未焚, 逸書百篇今尙存, 令嚴不許傳中國, 擧世無人識古文. 先王大典藏夷貊, 蒼波浩蕩無通津, 令人感激坐流涕, 鏽澀短刀何足云.) 이 시와 앞서 인용한 구양수의 시가 거의 일치한다. 이 때문에 앞서 인용한 시는 사마광의 것이 아니라 구양수의 것일 가능성이 더 높다.-

일본도가 중국에 대량으로 들어온 것은 명나라 때였다. 명나라 전기에 일본이 중국으로 운송한 조공품과 "부재물(附載物)" 중에 도(刀)와 검(劍)은 제일 중요한 물품 중 하나였다. 건문(建文) 3년(1401) 일본 견명선이 싣고 온 공물 중에 검이 10자루, 도가 1자루가 있었고, 명 조정의 조서 중에 특별히 "보도(寶刀)"를 언급했다. 영락 원년(1403) 2차 조공 때 공물 중에는 단도의 수가 많아져 100자루나 되었다. 이후부터 일본 사절단이 올 때는 단도 202자루를 헌상하는 것이 관례가 되었다. 기록으로 선덕 9년(1434) 살금초태도(撒金鞘太刀) 2자루, 흑칠초태도(黑漆鞘太刀) 100자루, 장도(長刀) 100자 총 202자루를 "헌상"했다는 것을 확인할 수 있다. 경태 10년과 성화 19년 기록도 이와 똑같다. 품질이 뛰어난 이러한 일본도는 주로 "어림군(御林軍)"•[78]이 사용했으며, 지금까지 전해내려와 볼 수가 있다.

견명선이 싣고 온 화물 중에 정작 중요한 것은 "부재물"이지 공물이 아니다. "부재물" 중 도(刀)는 중요한 물품이었고 또 수량이 점점 증가한다. 영락 원년 일본이 명나라로 조공을 왔을 때 "부재물"로 갖고 온 병기를 민간에 팔려고 하자, 명 조정은 민간과 사적으로 병기를 거래하는 것을 허가하지 않았다. 따라서 예부 상서 이지강(李至剛)은 일본에 판매를 금지하라고 하면서 관청에서도 사들이지 않았다.

즉위 초 명 성조(成祖)는 "향모중국(向慕中國)"하는 주변 국가를 위하여 "명 조정의 관대함"을 보여주려고 관청에서 수매하기로 결정한다. 이로부터 일본 견명선이 싣고 온 단도는 모두 관청이 수매한다. 명 정부는 본래부터 "후왕박래(厚往薄來)"의 정신을 가졌으므로 수매 가격도 높게 쳐주었다. 단도 한 자루를 800~1,000문(文) 정도 값을 쳐주었고, 명 정부가 가장 많이 줄 때는 1만 문(10관)까지 올라갔으므로 일본에서 최고 10배 이익을 남겼다. 이에 일본인은 일본도를 점차 많이 가져와서, 명 정부에 재정적으로 심각한 부담을 주었고 은전이 대량으로 유출된다. 경태 4년 12월 예부에서 올린 상소는 이런 상황을 반영하고 있다. 상소 내용은 다음과 같다. "일본의 비공식 공물에 대해 (……) 옛날(영락 때를 말함)보다 10배 이상 더 주고 있습니다. 옛날대로 값을 주어도 많이 남으니 지금은 몇 배를 더 갖고 들어옵니다. (……) 영락, 선덕 시대의 관례대로 지불하기도 어렵습니다."

이에 명 정부는 일본이 싣고 온 도검에 대해서 통제하기 시작한다. 영락 2년(1404) 때 규정은 다음과 같다. "10년 한 번 조공을 오고, 선박은 3척, 인원은 200명을 초과하지 말아야 하고 반드시 우리 정부가 발급한 '감합(勘合)'을 휴대해야 한다." 선덕 때 이보다 완화하여 다음과 같이 정한다. "조공선은 3척, 인원은 300명, 도와 총은 3,000자루를 초과하지 말아야 한다."[74] 그러나 일본 조공선은 도검을 더 많이 가졌고 수량이 늘어난 만큼 품질도 떨어졌다. 그래서 명 정부는 도검의 가격을 낮추기 시작해 6관, 3관으로 주었고 심지어 1관까지 낮춰 지급했다. 그러자 일본 사절단과 명 정부와 자주 마찰을 일으켰다. 예를 들자면, 정덕 6년(1511) 정사 료안 케이

74 王裕巽, 王廷洽. 明錢的東流對日本錢幣文化的影響 [J]. 上海師范大學學報:哲社版, 1995 (4).

고(了庵挂梧)는 값에 대해 다음과 같은 글을 올린다. "만약 값을 올려주지 않으시면 우리 국왕의 마음을 잃게 될 것입니다. 이는 소국이 대대로 해적을 막았던 공을 버리시는 것입니다. 해적이 이 소문을 듣고 다시 결집하면 이 죄를 누가 감당하겠습니까?"[75]

일본 견명선이 선적한 일본도의 수량에 대해서 지금까지 남아 있는 자료는 매우 불완전하다. 중국 문헌에 따르면, 선덕 8년(1433) 일본 견명선이 공식 공품 이외에 별도로 선적한 화물 중에 관청이 수매한 도와 검은 3,500자루였다. 경태 4년(1453)년에는 장도가 417자루, 단도가 9,483자루였다. 성화 4년(1468) 3만여 자루를 싣고 왔고, 성화 19년(1483)에는 더욱 많아져 3만 7,000자루였다. 가정 17년(1538) 사절단은 2만 6,862자루를 싣고 왔다. 기미야 야스히코(木宮泰彦)가 조사한 통계는 다음과 같다. 1차, 2차 감합선은 도검 약 3,000자루를 싣고 왔고 3차 때는 급증하여 9,960자루, 4차는 3만 자루, 5차는 7,000여 자루였다. 6차 때는 무려 3만 7,000자루나 되었고 7차, 8차는 7,000자루, 10차는 2만 4,152자루였다고 한다. 이것은 소위 "국왕의 부재물"로 사신과 수행원들의 "부재물"은 포함되어 있지 않다. 감합선이 10차례 올 동안 사신과 수행원이 가져온 도검은 최소 20만 자루는 넘는다.[76]

상술한 것은 모두 합법적인 감합 무역이다. 일본도의 관청 수매가는 일본 본국의 시장가보다 비쌌고, 중국 국내시장에서 사적으로 거래되는 일본도의 값은 일본 시장가보다 훨씬 더 비쌌다. 명 정부가 병기의 민간 매매를 금지했기 때문에, 밀거래되는 상품은 시장가격보다 비쌀 수밖에 없었다. 시장가격으로도 이윤이 많이 남는데, 밀거래는 이윤이 더 많이 남으므로 결과적으로는 밀거래를 부추기게 된 것이다. 명나라의 전 시대에 걸쳐 정부에서 통제하는 감합 무역 이외에도 연해에는 늘 밀무역이 존재했

75 小叶田淳. 中世日支通交貿易史的研究 [M]. 東京:東京刀江書院, 1942.

76 木宮泰彦. 日中文化交流史 [M]. 北京:商務印書館, 1980.

다. 명 조정이 사적인 병기 거래를 아주 엄격히 통제했지만 민간에서 사적으로 병기를 소장하는 경우가 적지 않았다. 일본도는 품질이 매우 좋고 모양이 아름다웠기 때문에 명나라 문학 중에 이를 노래하는 작품을 볼 수가 있다. 확실한 것은 일본도 역시 밀무역의 중요 상품 중 하나라는 사실이다.

가정(嘉靖) 연간, 해적 및 왜구의 노략질이 가면 갈수록 극성을 부려, 연해 백성들에게는 심각한 재난이었고, 합법적 감합 무역과 조공 무역이 중지되자 밀무역이 더 성행하게 된다. 확실한 것은 왜란을 겪는 중에도 일본도의 중국 유입은 이전보다 더 많았다는 것이다. 왜도(倭刀)는 왜구들의 주요 무기였고, 중국 관군이 왜구를 토벌하면서 자연스럽게 상당히 많은 왜도를 노획했다. 또 왜구라고 하지만 실제는 중국인이 대다수였다. 왜도를 사용하는 중국인 "왜구"는 통상 해적이었거나 무장을 갖추고 밀무역하는 해상 상인이었다. 이들은 왜도를 무기로 사용하면서 한편 왜도를 상품으로 여타 중국인에게 판매하기도 했다.

가정 때 동남해에서 왜구와 결전을 주도했던 호종헌(胡宗憲)은 연왜도(軟倭刀) 한 자루를 노획하고 다음과 같이 말했다. "길이가 7척이고 칼집에서 칼을 꺼내면 위로 휘어 있다. 휜 것이 마치 반사(盤蛇) 같고 풀어놓으면 힘차게 울린다."[77] 호종헌과 동시대 인물인 당순지(唐順之)는 「일본도가(日本刀歌)」를 지었다. 내용은 다음과 같다.

친구가 일본도 한 자루를 보내왔네,
자루는 어피 무늬이고 푸른 실로 묶었네,
푸른 바다 겹겹을 건너온 듯 푸른빛이 감돌고,
몸체에 용 문양과 수초를 그렸네!
허전해 칼을 꺼내 자세히 보니,

77 鄭若曾. 籌海圖編 [M]. 北京:中華書局, 2007.

전면에는 명군이 검순수(劍盾手)와 장모수(長矛手)를 든 모습. 다음은 참마도.

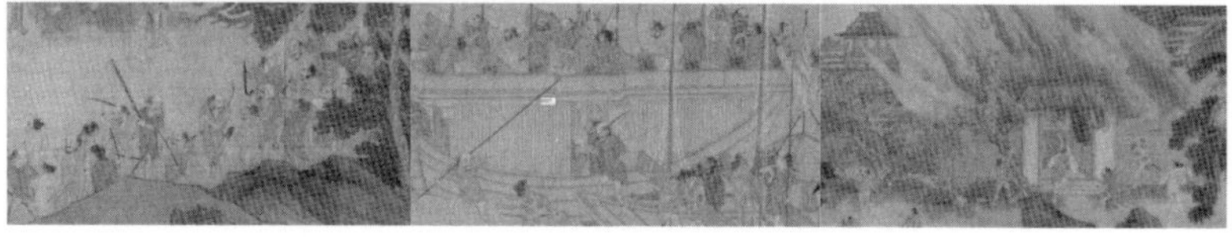

왜구가 상륙, 행진, 노략질하는 과정.

李如松. 明軍VS倭寇. 百度貼吧, 2011.8.16. (http://tieba.baidu.com/p/1178189314?pid= 13775628974&cid=0)

*구영(仇英)의 《왜구도권(倭寇圖卷)》(부분). 명군와 왜구의 도검을 비교할 수 있음.

칼 덕분 태양은 더 높이 뜨고 하늘은 더 맑아지는 듯하고,
머리카락이 쭈뼛 서고 온몸에 닭살 같은 소름이 돋네,
뜨겁던 날씨가 갑자기 서늘해지고 낮이 더 길어진 것 같네!
들으니, 일본 사람이 칼을 만들 때
깊은 우물에 몇 해 동안 숨겨 두었다고 하네!
밤낮으로 담금질하고서 불기운이 잦아들어
한 조각 얼음처럼 차가워진다고 하네!

有客贈我日, 本刀 魚須[79]作靶青綠綆.
重重碧海浮渡來, 身上龍文雜藻行.
悵然提刀起四顧, 白日高高天炯炯.
毛發凜冽生雞皮, 坐失炎蒸日方永.

聞到倭夷初鑄成, 幾歲埋藏擲深井.

日陶月煉火氣盡 一片凝冰鬥清冷.

(중략)

-당순지(唐順之)의 「일본도가(日本刀歌)」

명나라 때 왜구가 침략하기 전에도 일본도는 군대에 보급되기는 했지만, 중국 군대의 주요 무기는 아니었고 대부분 일본도는 공예품으로 관상용이었다. 왜란 중에 중국인은 일본도의 위력을 목격했다. 척계광(戚繼光)은 『기효신서(紀效新書)』에서 다음과 같이 이야기했다. "일본도를 왜구들이 침략해 올 때야 중국은 비로소 갖기 시작했다. 저들이 일본도를 갖고 날뛰며 섬광처럼 전진하면 우리 병사들은 벌써 기를 빼앗기고 만다. 왜구들은 희희낙락거리면서 더 날뛰는데 한 번에 1장(丈)•[80]을 전진하고 칼 길이가 5척(尺)이므로 사정거리가 1장 5척이다. 우리 병기는 짧아서 적에게 접근하기 힘들고 길면 민첩하게 움직이지 못한다. 적병과 맞붙으면 곧 신체가 양단되는데 날카로운 무기를 양손으로 쓰고 힘도 좋기 때문이다. 지금 우리 병기만으로는 방어할 수 없으니, 조총수(鳥銃手)가 멀리서 지원사격을 해야 한다. 하지만 적이 가까이 다가오면 공격할 마땅한 무기가 없다. 그러므로 살상 무기를 겸해야 하는데 총은 무겁고 화약이 많이 필요해 그렇게 할 수 없는 형세이다. 이 검은 가볍고 길어서 겸용할 수 있으니 총을 버리고 이 장도를 써 대비해야 한다. 하물며 살수(殺手)가 방어하고 있음에랴! 그러므로 장도로써 대비해야 한다."[78]

문헌의 기록과 현존하는 실물을 보면, 명나라 때 보통 일본도는 몸체가 길고 칼날이 종이처럼 날카로워 매우 예리하다. 길이와 무게가 살상용으로 적합하다. 물론 모양이나 실용적 가치 측면에서 보통 중국칼보다 훨씬

78 戚継光. 紀效新書 [M]. 北京: 中華書局, 2001.

뛰어나다.

그러나 척계광이 "왜구들 침략해 올 때 중국이 처음 일본도를 가지게 되었다"라고 한 말은 잘못된 것이다. 일본도는 이전에도 대량으로 들어왔을 뿐만 아니라, 이미 중국도 모방해서 제작했었다. 청나라 때 편수한 『속문헌통고』 131권 「병기」편을 보면, 명나라 홍무 13년 "군기국(軍器局)을 설치하고 각종 칼을 만들었는데 그중에 '왜곤도(倭滾刀)'도 있었다." 이외에도 다른 기록이 있는데, 명 무종(武宗) 정덕 연간에 "간신 강빈(江彬)이 전횡하면서 '병장국(兵仗局)'에 명령해 왜요도 1만 2,000자루, 장병왜곤도 2,000자루를 만들게 했다."[79]

하지만 중국인이 실전 무기로서 일본도를 중시하기 시작한 것은 확실히 왜란 때부터이다. 유대유(兪大猷), 척계광 같은 항왜 명장이 적극적으로 추천하면서부터 일본식 장도와 요도가 비로소 중국군의 주요 무기가 되었고, 나중에 북방의 변방에 주둔한 군대에서도 사용하게 된다. 명나라 군대가 대량으로 구비한 일본도 대부분은 일본에서 수입한 것이 아니라 중국에서 일본도를 본떠 만든 것이었다.

왜란이 평정되고서 중일 간의 정식 감합 무역도 중단되자, 민간 무역이 매우 발전하게 된다. 명나라 장섭(張燮)이 만력 45년(1617)에 완성한 『동서양고(東西洋考)』에 다음과 같은 글이 있다. "왜도는 매우 날카로워 중국인들이 많이 구매했다. (왜도 중) 정교한 것은 말면 원처럼 둥글게 만들 수 있다. 아주 많이 담금질해서 매우 유연하다."[80] 명 만력 연간의 송응성(1587~1661)은 『천공개물』에 일본도의 정교함을 감탄하는 글을 실었다. "왜도는 칼등의 두께가 2푼도 되지 않는다. 손가락 위에 걸쳐 놓아도 쏠리지 않는다. 어떻게 담금질했는지 모르겠다. 중국에는 아직 그 기술이 전해

79 馬明達. 中外關系史論叢 [M]. 北京:書目文獻出版社, 1996.
80 張燮. 外紀考 日本[M]. 北京:中華書局, 1981.

지지 않았다."[81]

송응성과 동시대 인물인 극작가 탕현조(湯顯祖)도 「왜구도자가(倭寇刀子歌)」라는 시 한 편을 남겼다.[82] 송무등(宋懋登)은 『일본도기』에서 "당시 내 나이 스물여덟 살이었는데, (……) 선생님을 통해 일본 장도 1자루를 얻었다"[83]라고 했다. 명말청초의 문인 중에 일본의 도검을 노래한 이들이 많은데, 진공윤(陳恭尹), 양패란(梁佩蘭), 왕방기(王邦畿) 등은 「일본도가」를 세상에 남겼다. 심지어 명나라와 청나라를 걸쳐 살았던 강남의 명기(名妓) 유여시(柳如是)는 책상 앞에 일본도 한 자루를 걸어 두었다고 한다.[84]

일본 간에이 11년(명 숭정 7년, 1634)에 일본 정부는 병기 수출을 엄금했지만, 일본도의 밀무역은 여전히 존재했다. 굴대균(屈大均)은 『광동신어(廣東新語)』 16권 「기어(器語)」에서 다음과 같이 말했다. "오문에 번도(番刀)가 많은데 어떤 사람은 이를 일본도라고 한다. 눈부실 정도로 빛나고, 무소뿔처럼 사람을 찌른다. 옥을 자르는 것을 마치 진흙 자르듯이 하고, 보리까끄라기를 베는 것을 머리카락을 베는 듯이 하고, 오래 지나도 막 숫돌에 간 것 같고, 부러지지도 않고 이도 빠지지 않는다."[85]

하지만 밀무역으로 일본도가 중국에 얼마나 유입되었는지 고증할 방도가 없다. 다만 확실한 것은 청나라 때 일본도 수입은 많지 않았다는 것이다. 병기 무역은 중일 양국 모두가 금지했기 때문이다. 또 청나라 때 나가사키 항구에서 중국 선박이 선적한 화물 목록 중에 일본도는 보이지 않는다. 한편 이전 시대와 마찬가지로 이개(李鍇), 주무원(周茂源), 마유한(馬維翰) 같은 문인들은 「일본도가」를 지었다. 청말의 황준헌(黃遵憲)은 『일본

81 宋應星.天工開物[M].長沙:岳麓書社, 2002.
82 湯顯祖. 湯顯祖集[M]. 上海:上海人民出版社, 1973.
83 宋懋登. 九齋集[M]. 北京:中國社會科學出版社, 1984.
84 陳寅恪. 柳如是別傳[M]. 上海:上海古籍出版社, 1980.
85 屈大均. 广東新語[M]. 北京:中華書局, 1985.

국지』에서 "일본도는 천하의 명품이다"[86]라고 했다. 심지어 지금도 수집가들은 일본도를 소장한다.

2. 화기

화기는 열병기(熱兵器)라고도 하는데, 화약을 사용하는 무기를 말한다. 화약은 중국이 세계 최초로 발명했고 마찬가지로 화약을 사용하는 무기도 중국에서 일찍 출현한다. 화약을 사용한 최초 전쟁은 북송과 남송 시대였고, 화기는 이 당시에 이미 공성전과 수성전에서 중대한 역할을 했다. 아울러 세계에서 최초로 사격식 화기인 "돌화창(突火槍)"도 등장한다. 원나라 중기에 오면 대나무 같은 나무 관 대신 구리로 관을 사용하는 화기가 등장하는데 이를 "총(銃)" 혹은 "화총(火銃)"이라고 한다. 원말의 전쟁에서 화기는 이미 상당히 널리 퍼졌다.

주원장(朱元璋)은 화기를 매우 중시했는데, 명나라를 개국하기 전에 주원장은 부분적으로 화총을 제작하기 시작했다. 『속문헌통고』에는 다음과 같은 기록이 있다. "홍무 13년 정월 군기국을 설치하고, 군기를 전담하게 했다."[87] 홍무 28년(1395)에 또 병장국을 신설하고 화총과 화약을 전담하게 했다. 영락제 주채(朱棣)도 화기를 중시했고, 세계 최초로 화기부대인 신기영(神機營)을 창설했다. 또 북경에 군기국, 안비국(鞍轡局), 병장국을 설립하고 화기를 생산하는데 종류도 많았고 수량도 적지 않았다.

『대명회전(大明會典)』, 『무비지(武備志)』, 『무편(武編)』 등 문헌에는 당시 중국이 직접 설계하고 제작한 화기에 대한 사례를 많이 다루고 있는데, 그중 어떤 화기는 당시 세계에서 제일 뛰어난 것이었다. 이후 화기는 몽골

86 黃遵憲. 日本國志 工藝志 刀劍 [M]. 上海:上海古籍出版社, 2001.
87 《續文獻通考》卷131《兵器》.

불화살과 돌화창(突火槍).

2012.12.17. (http://www.xhedu.sh.cn/cms/ls/kgjj/21tp.htm)

명대 신기영 화총수.

鄭直. 明朝朱棣創建的神机營干些啥?[M]//明朝歷史百科, 2012.2.17. (http://mingchao. baike.com/article-155287.html)

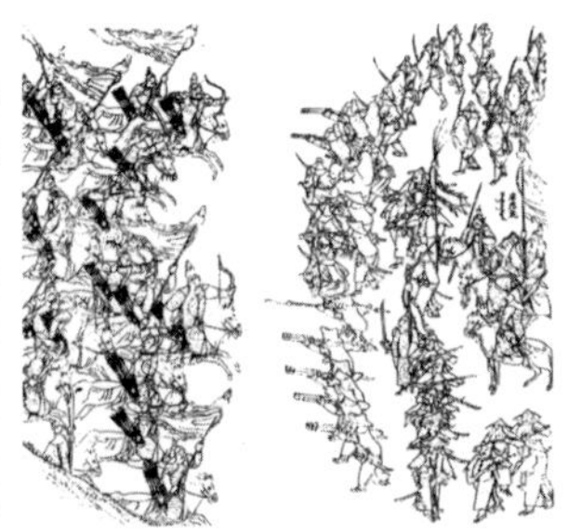

『청실록』에 실려 있는 살이호(薩爾滸) 전투 장면.

薩爾滸戰役. 互動百科, 2010.9.4. (http://www.baike.com/wiki/薩爾滸戰役)

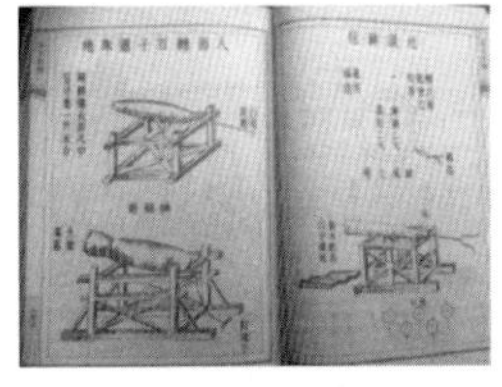

『천공개물』에 나오는 각종 화기.

宋應星. 天工開物 [M]. 沈陽:万卷出版公司, 2008. 추화(秋華), 작가 직접 촬영, 2012.11.22.

일와봉(一窩蜂).

窩蜂火箭. 互動百科, 2011.7.29. (http://www.baike.com/wiki/)

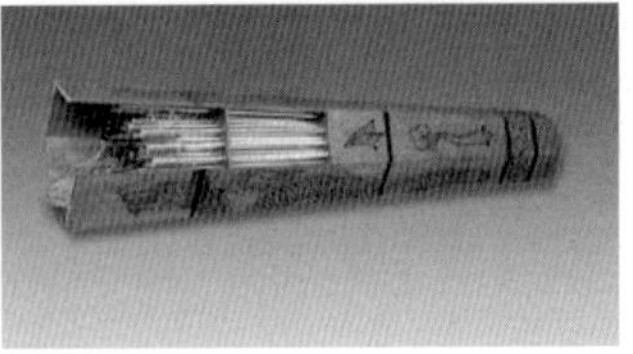

불화살.

一窩蜂火箭. 互動百科, 2011.7.29. (http://www.baike.com/wiki/)

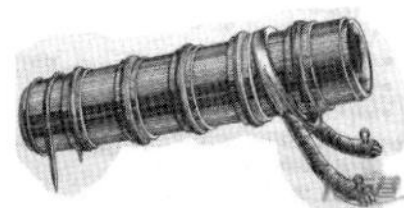

호준포(虎蹲炮).
武广. 大明王朝曾經創造的四个世界軍事第一. 中國老齡事業基金會官网, 2009.03.02. (http://www.capsc.com.cn/wenhua/lishixi/shihua/2009-03-02/91664. html)

화룡출수(火龍出水).
武广. 大明王朝曾經創造的四个世界軍事第一. 中國老齡事業基金會官网, 2009.3.2. (http:// www. capsc.com.cn/wenhua/lishixi/shihua/2009-03-02/91664. html)

신화비아(神火飛鴉).
神火飛鴉. 互動百科, 2008.11.7. (http://tupian.baike.com/a1__66__07__01300000207820122605076765862__jpg.html)

맹화유거(猛火油柜).
片來源 猛火油柜.w百度百科, 2011.10.23. (http://baike.baidu.com/view/143379.htm)

대총.

오뢰신기(五雷神機).

신뢰총(迅雷銃).

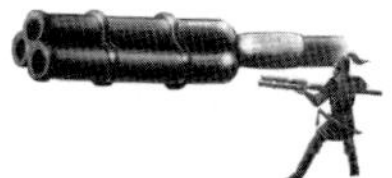

삼안총(三眼銃).

大明王朝的精銳火器. 百度貼吧, 2012.3.17. (http://tieba.baidu.com/f?kz=1460385428)

수뢰(手雷, 진천뢰).

지뢰.

수뢰(水雷, 수저룡왕포).

中國古代兵器中的火器大觀. 百度空間. 2010.11.3. (http://hi.baidu.com/mnb998866/item/67d0ebf35f773409c7dc45ff)

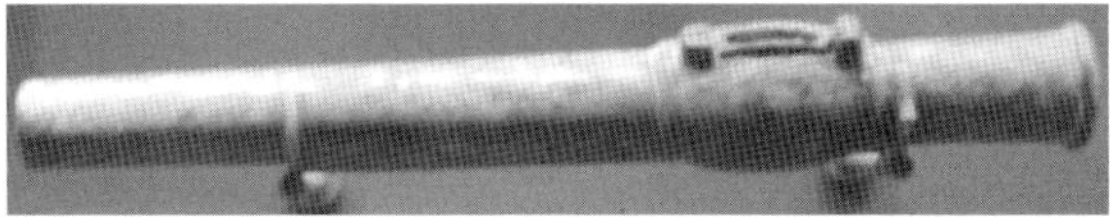

영락 연간 구리로 만든 작은 포.
북경 수도박물관, 작가 직접 촬영, 2012.12.1.

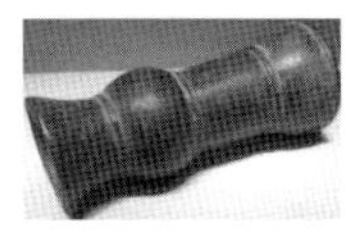

명 경태 원년(1450) 제조한 동화총(銅火銃).
중국 국가 박물관, 작가 직접 촬영, 2012.11.30.

원대의 질려도탄(蒺藜陶彈).
중국 국가 박물관, 작가 직접 촬영, 2012.11.30.

명대의 포탄.
수도박물관, 작가 직접 촬영, 2012.12.1.

명대의 포탄.
수도박물관, 작가 직접 촬영, 2012.12.1.

과 아랍을 거쳐 유럽으로 전파되었으며, 명나라 초기에는 유럽의 화기가 어떤 방면에서 중국의 화기를 앞지르기 시작했고, 소량이기는 하지만 유럽 화기가 중국으로 들어오기도 했다. 예를 들면, 『명사(明史)·병지(兵志)』에 다음과 같은 기록이 있다. "명나라 성조께서 교지(交阯, 지금의 월남)를 평정하고, 신기창포법을 얻었다. 특별히 신기영을 설치하고 배우게 했다."[88]

명대에서 서양 화기가 가장 많이 들어온 시기는 하나는 가정 왜란 때, 또 하나는 명말에 명과 청의 전쟁 때이다. 서양에서 수입한 화기 중에서 가장 유명한 것은 다음 3가지이다. 첫째는 불랑기(佛郎機), 둘째는 조총(鳥銃), 셋째는 홍이포(紅夷砲)이다.

1) 불랑기

불랑기는 일종의 총포로서 큰 것은 포(炮)로, 작은 것은 총으로 볼 수 있다. 명나라도 원래 불랑기와 비슷한 화기를 갖고 있었는데, 불랑기는 이보다 더 발전된 것으로 화력도 매우 셌다. 불랑기는 자모총(子母銃) 구조(이 때문에 "자모포"라고도 함)를 채택했기 때문에 발사 속도가 매우 빠르고, 포열을 길게 만들어서 사정거리가 늘어났고, 조준기를 설치했으므로 정확

88 張廷玉. 明史 兵志 [M]. 上海:上海古籍出版社, 2003.

도도 매우 높았다. 또 사용하는 화약도 위력이 상당했다.

명나라 때 중국에 체류했던 예수회 소속 선교사 알레니(Aleni)는 저서 『직방외기』에서 "불랑기"라는 명칭의 유래를 소개하고 있다. "스페인 동북쪽을 플랑크(Frank, 法蘭克)라고 하는데, 스페인이 유럽에 있어 이슬람인은 이 지역을 서양인 파랑기(Farangi, 佛郞机)라고 잘못 불렀다. 이를 따라 중국에서 이 대포를 '佛郞机(flngj)'라고 부르는 것이 굳어졌다."[89] 다시 말하자면, 불랑기라는 말은 이슬람교도가 중국에 전하는 중 발음이 변하면서 만들어진 것이다. 『명사·외국전』에는 명나라 사람의 말을 근거로 해서 다음과 같이 기록했다. "불랑기(佛郞机)는 말라카(Malacca) 부근에 있다. 정덕(正德) 연간에 말라카를 점령하고 국왕을 축출했다."[90] 다시 말하자면, 명나라 사람들은 포르투갈을 불랑기라고 잘못 생각했고 말라카의 이웃 나라라고 오해했다.

불랑기 총포는 명나라 정덕 연간(1506~1521)에 포르투갈인이 중국으로 들여왔다. 정덕 12년 말라카 주재 포르투갈 총독이 함대를 광주로 보냈는데, 광주 관원들은 포르투갈인이 해안에 오르는 것을 허가하지 않았다. 이에 포르투갈인은 북경으로 사람을 보내 통상을 요구하는 한편, 둔문(屯門) 등지에 거점을 구축하기 시작했다. 가정 원년(1522), 광동제형안찰사(廣東提刑按察司) 겸 해도부사(海道副使) 왕횡(汪鋐)이 병력을 이끌고 가 포르투갈 군대를 격파하고 포르투갈 무기를 노획했는데, 그중에 총포 20여 문이 있었다. 당시 명나라 사람들은 포르투갈을 불랑기라고 오인했는데, 그래서 노획한 화포를 불랑기라고 부르게 된 것이다.

이 전투에서 명나라 군대는 불랑기 총포의 위력을 절감했다. 『광동통지(廣東通志)』에 다음과 같은 기록이 있다. 포르투갈이 먼저 "대포를 발포해 관군을 패퇴시켰고", 명군은 비가 내리고 포르투갈 군대가 방비를 하지

89 艾儒略. 職方外紀校釋[M]. 北京:中華書局, 1997.
90 張廷玉. 明史 外國傳[M]. 上海:上海古籍出版社, 2003.

둔무(屯門) 해전. 1521년(명 정덕 16년), 왕홍(汪鋐)이 지휘한 두문 주둔군과 포르투갈군과의 전투 (심천박물관).
中西首戰:明朝與葡萄牙屯門及西草灣之戰. 黑鬱金香的博客, 2010.2.11. (http://blog.eastmoney.com/nb188/blog__150448616.html)

불랑기를 발포 중인 포트투갈인.
馬穆魯克. 佛朗機裝備的傳入. 大明帝國全搜索, 2012.11.22. (http://www.tieba.baidu.com/p/1506916)

않는 것을 틈타 포르투갈 함대를 격파하고 포르투갈인을 포로로 잡았다.[91] 사료에 따르면, 홍치 연간(1488~1505) 명나라 조정은 밀무역한 선박에서 화포 같은 무기를 압수한 적이 있는데, 그때만 하더라도 무기에 이름을 붙이지 않았다.

또 정약증(鄭若曾)의 『주해도편(籌海圖編)』에 다음과 같은 기록도 있다. "정덕 12년(1517), 포르투갈인이 광주에 왔을 때, 당시 광동 첨사(僉事)였던 고응상(顧應祥)이 통사(通事)•[81]에게서 불랑기 1문을 얻고 화약 제조법을 배웠다."[92] 『수역주자록(殊域周咨錄)·광동동조(廣東東條)』에는 다음과 같은 글이 있다. "백사순검(白沙巡檢) 하유(何儒)가 세금을 추징하려 불랑기 선박에 올랐다. 거기에서 양삼(楊三), 대명(戴明) 등 중국인을 만났는데, 이들은 오래전에 포르투갈로 건너가서 배를 건조하는 것이나 화약을 제조하는 것을 잘 알고 있었다. (……). 하유가 몰래 사람을 보내 술과 쌀을 판다는 구실로 양삼 등과 은밀히 이야기를 나누게 했다. 밤에 약속을 정하

91 郭裴. 广東通志 [M]. 山東:齊魯書社, 1997.
92 鄭若曾. 籌海圖編 [M]. 北京, 中華書局, 2007.

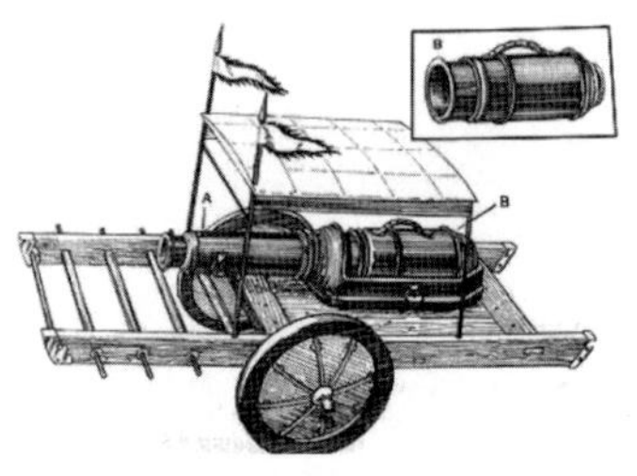

명대의 불랑기.

鄭和艦隊 600年前曾剿滅當時世界最大海盜集團. 中靑在線, 2008.12.24. (http://msn.ifeng. com/ 13/200812/1224_1668_937402.shtml)

"가정 24년" 불랑기, 연경현(延慶縣) 출토.

북경 수도 박물관, 작가 직접 촬영. 老北京曆史文化篇, 2012.12.1.

고 하유는 몰래 작은 배를 타고 이들을 만나 실제 방법을 물었다. 돌아와서 그 방식대로 만들라고 명령을 내렸다."[93] 이외에도 복건과 절강 상인들이 남양의 국가와 무역을 하면서 불랑기를 본 적이 있었고, 둔문 전투 이후 관청은 비로소 불랑기를 중시했고 정식으로 모방하면서 제작했다.

가정 2년(1523) 명 정부는 광주에서 기술자를 징발해 불랑포를 제조하기 시작한다. 그해에 바로 32문을 성공적으로 제조했고, 포 1문당 무게는 300여 근, 모총(母銃)의 길이는 2.85척이며 모총마다 자총(子銃) 4개가 딸려 있었고, 모두 해변에서 발포 시험을 했다. 이후 계속 제조하면서 고쳐나가 크기와 형태가 다른 불랑기를 만들었는데, 그중 대형은 무게가 300여 근이고 소형은 10근도 채 나가지 않았다.

『명회전』을 보면 군기국과 병장국에서 불랑기를 많이 제조했다고 한다. 구체적 내용은 다음과 같다. "가정 22년 군기국은 중형 불랑기 150문을 제조했고 이후 매년 100문씩 더 만들었다. 가정 7년(1528) 소형 불랑기 4,000문을 만들었고, 가정 8년에는 다시 3,00문을 제조했다. 가정 20년

93 嚴從簡. 殊域周咨彔 [M]. 北京:中華書局, 1992.

(1541) 소형 불랑기 1,000문을 곧바로 제조했고, 가정 43년(1564) 다시 100문을 만들었다. 병장국은 가정 7년(1528) 불랑기와 같은 형태인 유성포(流星炮) 160문을 제조했고, 가정 43년(1564)년 다시 연주포(連珠炮) 300문을 만들었다. (다른 기록도 있다) 가정 15년 명 정부는 섬서 3지역에 불랑기 2,500문을 보급했다. 2년 후 다시 소형 불랑기포 3,800문을 보급했다."[94]

현재까지 남아 있는 실물에 새겨진 글을 보면 가정 20년(1541)에 만든 소형 불랑기 1문의 제작 일련번호는 '6443'호이고, 가정 22년(1543) 제작된 소형 불랑기 1문의 제작 일련번호는 '7681'호이다. 이 숫자를 보면 『명회전』 기록이 불완전하다는 것을 알 수 있다. 상술한 이 두 관청 이외에도 각 지역에서 자체 제작을 하기도 했다. 문헌 기록과 출토 실물을 살펴보면, 가정 연간 병장국과 군기국, 변방 주둔군에서 제조한 불랑기는 수만 문에 달한다. 이외에도 명 정부는 불랑기를 모범 삼아 다른 화기도 개조한다.

2) 조총

조총은 일인용 총으로 오철(鳥鐵), 조총(鳥銃)이라고도 부른다. 『무비지(武備志)』에 다음과 같은 내용이 있다. "조총은 뒷손으로 자루를 잡고 점화하고 움직이지 않는다. 10발을 쏘면 8~9발은 명중한다. 숲속 나는 새도 맞춰 떨어뜨린다고 해서 이런 이름을 얻었다."[95] 또 활처럼 생긴 개머리판이 새부리와 비슷해서 "조취총(鳥嘴銃)"이라고 한다. 조총은 강선이 없는 전장산탄총(前裝霰彈槍)으로 머스켓(Musket)의 일종이다.

'Musket'은 이탈리아어 'Moschetto'에서 왔고, 새매를 가리킨다, 그래서 명나라 사람들이 조총이라고 불렀는데, 이는 아주 좋은 번역이다. 명나라

94 《明會典》卷193.

95 茅元儀. 武備志 鳥咀銃 [M]// 編委會. 中國兵書集成. 北京:解放軍出版社, 沈陽, 遼沈書社聯合出版, 1988.

때 조총이라고 하면 화승창(火繩槍)과 수발창(燧發槍)을 통칭한 것이다. 명나라 중기에 도입한 조총은 오직 화승총만을 가리키는데, 중국 전통 화총과 비교하면 속도도 매우 빠르고 사정거리도 멀며 정확도도 매우 높아 위력이 대단하다고 평가할 수 있다.

명대 때부터 일부 사람들은 조총이 원래 중국 것이라고 주장하기도 했다. 이런 주장은 조총을 중국 전통 화총과 같은 것으로 착각한 것인데, 둘 사이는 아주 큰 차이가 있다. 척계광은 『연병실기잡집(練兵實紀雜集)·조총해(鳥銃解)』에서 다음과 같이 이야기하고 있다. "이 무기는 본래 중국에는 없었고, 왜구가 전해주어서 비로소 중국이 갖게 되었다."[96] 가정 연간, 우도어사(右都御事) 당순지도 같은 이야기를 했다. "국초에 다만 신기화총만 있었고, 불랑기, 자모포쾌창, 조저총(鳥咀銃) 모두 이후에 들어온 것이다." 명나라 사람인 낭영(郎瑛)은 『칠수류고(七修類稿)·사물류(事物類)』에서 "조저목총은 가정 연간에 일본이 절강에 쳐들어왔을 때, 왜구를 사로잡고 이 무기를 얻고 만들게 했다"라고 했다. 모원의(茅元儀)도 『무비지·조저총』에서 "이 무기는 본래 중국에는 없었고, 왜구가 전해주어서 비로소 중국이 갖게 되었다"[97]라고 했다. 상술한 내용대로라면, 조총은 왜구 손에서 탈취하면서 들어오게 된 것이다.

일본의 화기 역사학자들의 주장을 따르면, 일본이 처음으로 사용한 화기는 중국에서 들어간 것이라고 한다. 중국인의 조총(일본인은 철포라고 부른다)을 포트투갈인이 일본에 갖고 간 것이다. 일본인은 이 총의 위력을 실감하고 바로 모방하면서 점점 발전시켜나갔으며 왜구들이 사용하기 시작했다. 이 때문에 명나라 사람 대부분이 이를 왜총이라고 불렀다.

96 戚継光. 練兵實紀雜集 鳥銃解 [M]// 編委會. 中國兵書集成. 北京:解放軍出版社, 沈陽, 遼沈書社聯合出版, 1988.

97 茅元儀. 武備志 鳥咀銃 [M]//編委會. 中國兵書集成. 北京:解放軍出版社, 沈陽, 遼沈書社聯合出版, 1988.

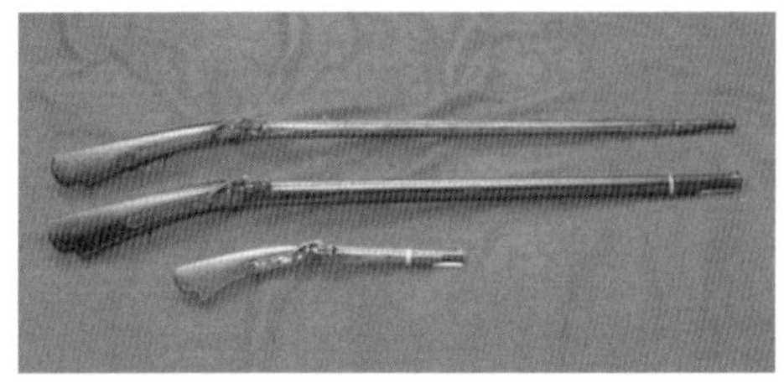

조총-산마총(薩摩銃).　　화약 장전 기구

鐵炮. 百度貼吧, 2009.7.22. (http://tieba.baidu.com/f/tupian/album?ie=utf-8&kw=%E5% A4%AA%E9%98%81%E7%AB%8B%E5%BF%97%E4%BC%A05&an=%E9%93%81%E7%82% AE)

가정 27년 명군이 쌍서(雙嶼)를 수복하면서 노획한 조총 중에는 포르투갈의 화승총과 일본의 "철포"도 끼어 있었다. 명 가정 시기 유격장군이었던 하량신(何良臣)은 『진기(陣紀)·지용(技用)』에서 다음과 같이 이야기한다. "조총은 외국 오랑캐에게서 나왔다. (……) 5~6발 연발은 안 된다. 내부가 뜨거워져 불이 붙거나 강선이 폭발할 것 같은 걱정이 들 때가 있다. 오직 왜총만 그렇지 않다."[98] 『주해도편·조저편』에도 다음과 같은 기록이 있다. "조총은 서양에서 중국으로 들어왔다. 멀리서 전래된 것이므로 중국에서 제작할 때 중요한 부분까지 재현하지 못했다. 가정 27년, 도어사(都禦史) 주환(朱紈), 견도지휘(遣都指揮) 노당(盧鏜)등 쌍서를 수복했다. 오랑캐 두목이 썼던 좋은 총을 노획하고 의사(義士) 마헌(馬憲)에게 무기를, 이괴(李槐)에게 화약을 만들라고 명령했다. 전해진 것을 바탕으로 만들었기 때문에 서양 것과 비교하면 더 정밀하고 절묘했다." 왜총이 이총(夷銃, 서양에서 만든 총을 뜻함)보다 품질이 뛰어났기 때문에 명나라가 모방한 것은 일본이 개량한 "철포"였다. 이 때문에 조총을 일본에서 만들었다는 주장이 생기게 된 것이다. 『명회전』에 따르면 가정 37년(1558) 1년 동안 조취통 1만 자루를 만들었다고 한다.

98 何良臣. 陣紀　技用 [M]//編委會. 中國兵書集成. 北京:解放軍出版社, 沈陽, 遼沈書社聯合出版, 1988.

왕직과 포르투갈인. 그림 가운데 단정히 앉은 이가 "유생(儒生)" 왕직이다
雪珥. "倭寇" 華人王直曾稱霸日本東南亞. 七一網. 2011.7.27. (http://www.12371.gov.cn/item.aspx?id=103512)

같은 시기 명나라 조정은 서양인을 통해서도 조총을 얻는다. 하량신의 『진기·지용』에서 "조총은 남이(南夷)에게서 왔다"라고 했는데, "남이"는 당시 동남아에 들어왔던 서양인을 가리키는 말이다. 청나라 마혜유(馬慧裕)는 『무비집요(武備集要)』에서 다음과 같이 이야기했다. "조저총은 남이 번국에서 처음으로 사용했다. 우리 군대가 외국 선박과 전투하다 배 안에서 노획했다. 이를 모방해서 만들었는데 우리 장인의 기술이 뛰어나 그것과 거의 비슷하게 만들었다."

가정 원년 명군이 광동에서 납포한 포르투갈 선박 안에서 화승총을 노획했다. 그때만 하더라도 명나라 당국은 크게 주목하지 않았다. 얼마 지나지 않아 노밀총(魯密銃)이 중국으로 들어왔다. 노밀(嚕嘧, 魯迷, 肉迷 등으로도 표기함)은 당시 터키 오스만제국(Ottoman Empire)을 뜻한다. 명나라 때 노밀인은 공물을 진상하러 여러 차례 명나라에 왔었다. 홍노시 주부를 역임했던 중서사인 조사정(趙士楨, 1522~1611)은 노밀인에게서 노밀총을 얻고 제작 및 사용 방법을 배워서 직접 제작에 성공했다.[99] 조사정은

99 劉旭. 中國古代火藥火器史 [M]. 鄭州:大象出版社, 2004.

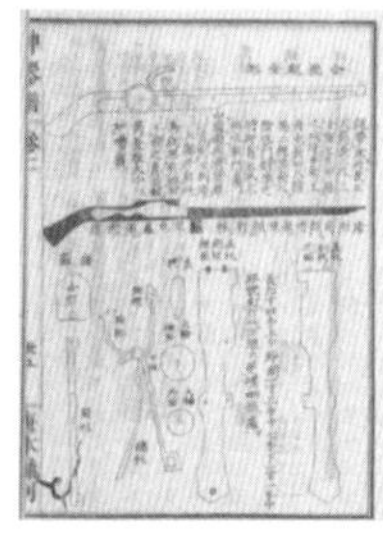
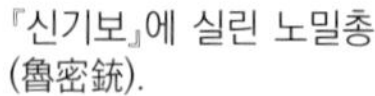

『신기보』에 실린 노밀총(魯密銃).

中國火器發展史重要文獻及人物考止戈網, 2011.12.28. (http://zhigenet.i.sohu.com/blog/view/199990150.htm)

조사정(趙士楨, 1552~1611), 자는 상길(常吉)이고, 호는 후호(後湖)이다. 절가성 낙청현(樂清縣) 출신. 명대 뛰어난 화기 연구자이자 제작자임. 시와 서예도 뛰어났다. 저서로는 『용병팔해(用兵八害)』(1579년 완성), 『신기보(神器譜)』, 『계신기보(繼神器譜)』 (두 권 모두 1598년 완성) 등이 있다.

溫州曆史文化名評選. 溫州網, 2012.12.10. (http://edu.66wz.com/system/2011/03/31/102486167.shtml)

조총 방아쇠.

燧發槍. 互動百科, 2008.10.4. (http://www.baike.com/wiki/%E7%87%A7%E5%8F% 91%E6%9E%AA)

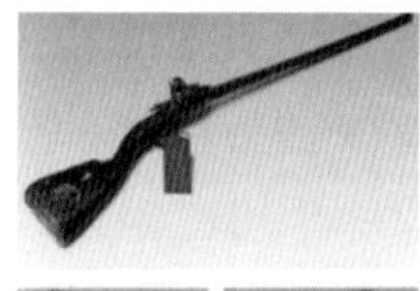

대재(戴梓)가 참여해서 제조한 총.

中國火器發展史重要文獻及人物考. 止戈網, 2011.12.28. (http://zhigenet.i.sohu. com/ blog/view/ 199990150. htm)

『신기보도설(神器譜圖說)』에서 노밀총의 형태와 사용 방법에 대해서 자세히 묘사했다. 『무비지』에서는 다음과 같이 말한다. "조총 중에 노밀총이 제일 멀리서 왔고 위력이 제일 세다." 현대 학자 왕자오춘(王兆春)은 다음과 같이 평가했다. "유럽의 화승총은 총관이 비교적 길고 사정거리도 비교적 멀지만, 장전할 수 있는 화약의 양이 매우 적다. 그래서 노밀총만큼 위력이 없다. 일본의 화승총은 위력이 세더라도 노밀총 만큼 가볍지도 않고 견고

하지도 않다. 노밀총은 총신도 가볍고 위력도 세다는 것이 특징이다. 그래서 명나라 공부에서 대량으로 만들고 군대에 보급했다."[100] 문헌에 따르면 노밀총은 산해관 주둔군에 보급했다고 한다. 서광계는 천계 원년(1621) 2월 27일에 "노밀총 2,000자루를 수령했다"라고 상소를 올렸다.[101]

3) 홍이포

명나라 사람들은 네덜란드인을 홍이(紅夷) 혹은 홍이번(紅夷蕃)이라고 불렀고, 최초 "홍이포(紅夷炮)"는 네덜란드인이 중국으로 가져온 것이다. 그래서 홍이포, 홍이대포라고 부르며 "서양대포" 혹은 서양대총, 서총이라고도 한다. 그러나 홍이포는 네덜란드인이 만든 것이 아니라 당시 유럽 국가 대부분이 사용했던 신식 화포이다. 한편 당시 네덜란드인 화포가 제일 좋은 것은 아니었고, 네덜란드 화포 중에 상당 부분은 영국에서 구매한 것이었다. 홍이포는 또한 홍의포(紅衣炮)라고도 한다. 이렇게 부르게 된 연유로 각기 다른 주장이 있다. 하나는 명나라 사람들이 항상 대포를 붉은 천으로 덮었기 때문이라는 것, 또 하나는 명나라 사람들은 본래 홍이포라고 불렀는데, 청대 황제들이 "夷[오랑캐 이]"자를 싫어해서 홍의포라 고쳐 불렀다는 것이다.

홍이포는 전장활당화포(前裝滑膛火炮)이고, 비교적 이른 시기에 중국에 들어온 불랑기보다 우수한 점이 많다. 홍이포는 대개 불랑기보다 커서, 포관은 보통 2~3m이고, 구경은 100mm 이상이다. 자체 무게가 1,000근을 상회하며 어떤 것은 몇 톤이 나가기도 한다. 반면 대형 불랑기는 대략 300근 정도이고 소형 불랑기는 대포라기보다 구경이 큰 화승총에 가까워 엄밀히 말하면 대포라고 할 수도 없다. 홍이포는 화약을 많이 장전할 수 있고, 또

100 王兆春. 中國火器史 [M]. 北京:軍事科學出版社, 1991.

101 馬建春. 明嘉靖, 万歷朝嚕嘧銃的傳入, 制造及使用 [J]. 回族研究, 2007(4).

명 숭정 16년 주조한 홍이철포.
中國古代兵器圖集. 春秋戰國全球中文網, 2006.4.1. (http://bbs.cqzg.cn/thread-401266-7-1.html)

1689년 남회인이 청 정부의 명령으로 주조한 "무성영고대장군포(武成永固大將軍炮)".
武成永固大將軍炮. 互動百科, 2009.11.26. (http://tupian.baike.com/a1_76_60_01300000203503125924609043617_jpg.html)

화약 품질이 매우 뛰어났다. 주조하는 기술도 매우 발전했으며 화약을 밀봉하는 기술도 탁월했다. 사정거리가 다른 화포보다 훨씬 길었고, 포탄도 더 무겁고 더 컸다. 포탄의 종류도 매우 다양해 작전에 맞춰 사용할 수 있었다. 홍이포에는 가늠자가 부착되어 있어 탄착 거리를 측정할 수 있었고, 이를 통해 발사하는 각도와 장전하는 화약의 양을 조절했다. 또 포격할 때 "포탄의 크기와 무게에 맞춰 화약을 장전[葯彈相稱]"했다. 필요한 화약을 미리 무게와 따라 분류해 놓았으니 장전하는 속도도 매우 빨랐고 용량도 매우 정확했다. 따라서 명중률이 매우 높았다.

만력 29년(1601) 네덜란드인은 "거포를 장착한 거함을 끌고" 중국 해역으로 들어왔다. 이후 더 자주 복건과 광동 연해를 염탐했다. 전에 네덜란드인은 두 차례나 오문을 무력으로 공격했으나 포르투갈인이 격퇴했다. 만력 32년(1604) 네덜란드인은 거대한 군함 2척을 끌고 팽호(澎湖)에 상륙한다. 천계 2년(1622) 네덜란드인 1,000여 명이 군함 17척 타고 와 팽호에 다시 상륙했다. 복건 순무가 상황을 파악하고 "호시(互市)"를 미끼로 네덜

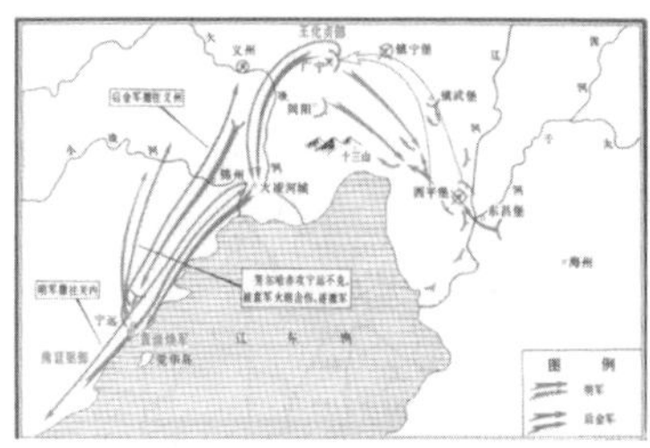

명나라와 금나라의 영원성 전투 작전 경과 표시도.
寧遠大捷. 曆史千年, 2009.10.17. (http://www.lsqn.cn/worldhistory/war/gdzz/ ming/200910/165374.html)

서광계.
서광계박물관. 梧桐樹的博客 (網易博客), 2009.3.24. (http://daqing200849.blog.163.com/blog/static/7957715120092249217607/)

란드인이 팽호에서 철수하도록 유도했다. 천계 6년(1626) 네덜란드인이 또 팽호로 들어왔다. 이에 명 조정은 신임 복건 순무사 남거익(南居益)에게 개전을 명령했고, 바로 네덜란드인을 물리쳤다.[102] 이후 네덜란드는 중국의 대만을 점거한다. 게다가 "거포를 장착한 거함을 끌고" 중국 해역을 침범한 것은 네덜란드나 포르투갈만이 아니라, 스페인과 영국도 있었다.

네덜란드를 포함한 유럽인과 교류하면서 명나라 사람들은 신식 화포의 위력을 실감한다. 이 무렵에 명청 대전이 발발하고 국경이 위험에 처한다. 서광계(1562~1633)와 이지조(李之藻, 1565~1630) 등은 분분히 상소를 올려 홍이포를 도입하라고 요청한다. 만력 48년(1620) 서광계는 이지조와 양정(楊廷) 등에게 학생 장도(張燾)와 손학시(孫學詩)를 오문으로 보내 대포 4문과 포상포 기술자를 데려오게 하라고 부탁한다. 우여곡절 끝에 이듬해 12월에 대포와 기술자가 북경에 도착한다. 천계 원년(1621) 요동 전세가 더욱 악화된다. 명 조정은 황명으로 장도와 손학시를 정식으로 오문으로 파견해 기술자를 초빙하고 대포를 사오게 한다. 오문 당국은 처음으로

102 張廷玉. 明史 和蘭傳 [M]. 上海:上海古籍出版社, 2003.

마테오 리치 (Matteo Ricci, 1552~1610), 이탈리아 예수회 소속 선교사, 학자, 1583년 중국에 들어옴.

아담 샬 (Johann Adan Schall von Bell, 1591~1666, 중국명은 '湯若望'임), 독일 예수회 소속 선교사, 학자, 1620년 중국에 들어옴.

페르디난트 페르비트 (Ferdinand Verbiet, 1623~1688, 중국명은 '南懷仁'), 벨기에 예수회 소속, 1659년 중국에 들어옴.

利瑪竇. 百度百科, 2012.12.4. (http://baike.baidu.com/view/8034.htm?hold=synstd)

*세 사람 모두 서학을 동양에 전하는 데 중요한 공헌을 했다. 특히 아담 샬과 페르디난트 페르비트는 중국에 머물면서 했던 중요한 "공작"은 대포를 주조한 것이다.

북경에 사절단을 파견했을 때 놀라울 정도로 환대를 받았으므로, 광동 관병군과 협력하여 얼마 전에 격침한 네덜란드 선박에 있던 영국 대포 26문을 명 정부에 헌납한다. 아울러 적극적으로 일꾼 100여 명을 모집해 대포를 북경까지 운반해준다.

이 26문과 앞서 얻은 4문을 합하면 모두 30문이 되는데 그중 19문은 북경에 남겨두고 나머지 11문은 산해관으로 보낸다. 나중에 다시 영원성(寧遠城)으로 옮긴다. 1626년 명과 금(金)의 영원성 전투에서 홍대포는 중대한 역할을 한다. 금군은 심각한 타격을 입었고 누르하치(努爾哈赤)도 포격으로 부상은 입는다. 홍이포는 하루아침에 명성이 높아졌다.

명나라는 적극적으로 대포를 구매하거나 제작하려고 했다. 숭정 원년(1628) 7월, 명나라 조정은 당시 양광(광동과 광주) 제독인 이봉절(李逢節)과 병부 시랑 왕존덕(王尊德)을 오문에 보내 포르투갈 상인에게 대포 구매

외국 선교사 묘지.

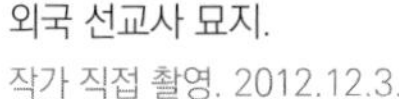

작가 직접 촬영. 2012.12.3.

페르디난트 페르비트, 마테오 리치, 아담 샬의 묘지.

*마테오 리치와 외국 선교사 묘지. 묘지는 북경 서성구(西城區) 차공장대가(車公莊大街) 6호 북경시위당교(北京市委黨校)-북경행정학원 원내에 있다.

아담 샬.

북경 고궁박물원, 작가 직접 촬영, 2012.12.2.

페르디난트 페르비스트.

과 모병을 부탁하게 한다. 1629년 오문의 포르투갈인은 대포 10문은 헌납하고, 곤잘레스Gonsales)와 호드리게스(Rodrigues)는 기술자, 제작자, 사병, 압포를 북으로 보냈고, 1630년 12월 북경으로 들어온다. 호드리게스를 포함한 선교사들은 숭정 황제에게 상소를 올려 사람을 데리고 오문으로 돌아가 대포를 구매하고 병사를 모집하겠다고 하자, 황제가 허락한다. 이들은 다시 대포 40문을 가지고 오문에서 북경으로 돌아온다. 이상 4차례, 오문에서 구입하거나 모집한 대포는 모두 80문이다.[103]

상술했듯이, 오문의 포르투갈인을 통해 들어온 홍이포 이외에 외국의 난파선에서 인양한 홍이포도 있었다. 당시 조경부추관(肇慶府推官)이었던 등사량(鄧士亮)은 『심월헌고(心月軒稿)』에서 당시 상황을 설명한다. "1620년, 등사량은 황명을 받고 광동의 양강(陽江) 해역에 침몰한 외국 선박을 처리했는데, 홍이포 36문, 해경(解京) 24문을 인양했다." 명 조정의 기록에 따르면 실제 북경으로 운반된 것은 22문이었고 그중 12문은 영원으로 옮겼다. 대만 학자 황이농(黃一農)은 당시 영국 동인도공사의 기록과 포신 파편 위에 있던 동인도공사의 마크를 근거로 이 난파선은 당시 영국 동인도공사의 무장 상선 "Unicorn(獨角獸)"호라고 확신한다. 앞서 말한 포르투갈인이 헌상한 네덜란드 난파선에서 인양한 영국 대포 26문과 등사량의 책임 하에 인양한 영국 난파선에 나온 대포는 오문에 주재했던 포르투갈인과 천주교를 믿는 중국 대신들이 포르투갈 상인에게 보냈고, 황제에게 실제 헌상한 것은 상인들이었다.[104] 이후에도 광동 연해에서 다른 홍이포도 인양한다. 이외에도 팽호에서 명군이 네덜란드군과 교전하면서 홍이포를 노획하기도 했다. 또 명나라는 스페인이 통치했던 루손에서 "루손 대동포"(루손 화포라고도 함)를 구입하기도 했다.

홍이포가 들어옴과 동시에 명나라 정부는 홍이포를 본 떠 화포를 만들기 시작한다. 숭정 3년(1630) 8월에는 대·소형 홍이포 400문을 완성한다. 숭정 황제는 황궁 근처에 대포 공장을 세우라고 명령하면서 탕약망(湯若

103 劉鴻亮. 明清時期紅夷大炮的興衰与兩朝西洋火器發展比較 [J]. 社會科學, 2005 (12).
104 黃一農. 歐洲沉船与明末傳華的西洋大炮 [J]. 中研院歷史語言研究所集刊, 2004 (9).

望)•[82]에게 책임을 맡겨 홍이포 520문을 주조한다. 지방 관리인 왕존덕, 웅문찬(熊文燦) 등은 "대포 주조에 매진해 필요한 곳에 보급했는데" 이들은 주조한 홍이포 중 일부를 조정에 헌상했다. 왕존덕은 175존(尊)•[83]을 헌상했다. 황극찬(黃克纘)도 다음처럼 말한 적이 있다. "신이 군정을 관리할 때 여손의 대동포 장인을 북경으로 불러 대포 28위(位)를 완성했습니다."[105] 이외에도 복건에서도 "루손 대동포"를 성공적으로 주조하고 사용한 적이 있다. 1664년 명나라가 멸망할 쯤 최소 1,000문 이상 다양한 홍이포가 주조가 되었었다.

4)청대의 화기

천계 6년(후금 천명 11년, 1626) 영원성 전투에서 청군은 화기의 위력에 깊은 인상을 받았다. 홍타이지(皇太極)는 즉위하자 바로 노획한 화기를 이용하기 시작했고, 인력을 조직해 화기를 주조했다. 천총 5년(1631) 정월, 홍이대포 1문을 처음으로 주조한다. 곧바로 한군팔기(漢軍八旗)를 조직하고 화기를 주조하면서 사용하기 시작한다. 공유덕(孔有德), 경중명(耿仲明), 상가희(尙可喜) 등이 홍이포를 포함해 대량의 화기를 들고 투항하자, 청군은 화기를 더 많이 가지게 되었고, 화기를 사용할 수 있거나 수리하고 개조할 수 있는 인원도 대폭 증가한다. 따라서 명군은 화기의 우세를 잃고 만다. 송금(松錦) 대전에서 명군은 국경 밖에 배치했던 화기 대부분을 청군에게 뺏기게 된다. 이와 동시에 홍타이지는 화기를 적극적으로 주조하라고 명령했는데, 이에 청군이 보유한 홍이포 수량은 명군이 보유한 수량을 훨씬 초과한다.[106]

건국 초 청나라 정부는 화기를 중시한다. 순치 연간에 화기 제작과 사용

105 《明熹宗實录》, 卷九, 24.

106 韋慶遠. 清王朝的締建与紅夷大炮的轟鳴 [J]. 中國文化, 1990 (3).

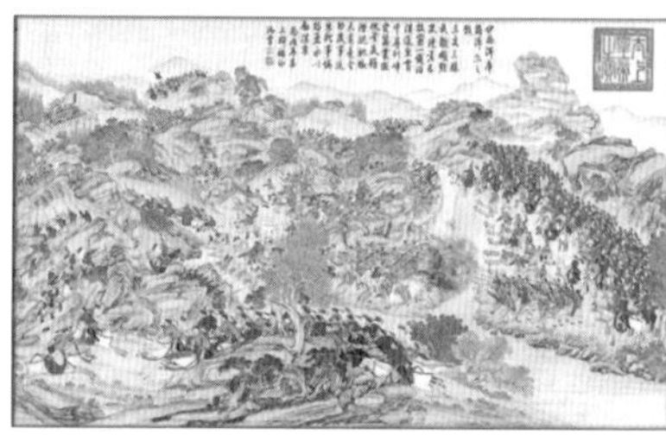

건륭 황제가 이리(Ili) 회부(回部)를 평정하고 회군하는 그림. 자쉬드쿠드(Яшилкл)•84 전투 부분.
伊犁將軍府. 國圖空間, 2012.12.10. (http://www.nlc.gov.cn/newgtkj/wbty/gjz/201109/t20110923_52071.htm)

은 옛 방식을 따랐다. 강희 연간에 조정을 거쳐 화기 제조장 3곳을 설립한다. 하나는 자금성 내에 지었고 내무부 소속으로 홍이포와 신식 화총 같은 고급품을 제조했다. 이런 군수품을 "어제(御制)"라고 부른다. 중요한 물품은 황제가 직접 제작을 지시했다. 또 한 곳은 경산(景山)에 세웠고, 여기서 생산한 물품을 "창제(廠制)"라로 불렀다. 또 다른 한 곳은 철장영(鐵匠營)에 설치했으며 그 산품을 "국제(局制)"라고 칭했다. 아편전쟁 이전 시기 중에서 이때가 중국의 화기 제작에 있어서 최고 수준이었다. 화기 중 어떤 것은 당시 세계 최고 수준에 근접했다. 특히 홍이포는 생산 규모, 수량, 종류 및 화포의 성능, 제조 기술면에서 정점을 찍었다.

강희 황제 재위 동안에만 화포 1,000문을 만들었는데, 그중 대부분은 남회인(南懷仁, 1623~1688)의 감독 하에 제작된 것이다.[107] 『청조문헌통고』 196권 「병일육(兵一六)」에 따르면, 강희 3년(1664)부터 28년(1689)[108]까지 남회인•85은 청나라 조정을 위해 화포 총 566문을 제조했는데, 그중 강희

107 劉鴻亮. 明淸時期紅夷大炮的興衰与兩朝西洋火器發展比較 [J]. 社會科學, 2005 (12).

108 남회인은 1688년에 죽었는데 강희 28년은 1689년이다. 이 부분에 작가의 착오가 있는 것 같다. 이하도 같다.

청대의 "위원장군(威遠將軍)" (강희 황제가 봉함), 이 모자포(母子炮) 위에 대재(戴梓)의 이름이 새겨져 있다. 대재(1649~1726), 자는 문개(文開), 호는 경연(耕煙)으로 절강성 항주 출신이다. 청나라 때 걸출한 화기 제조가이다. "연주화총(連珠火銃)"과 "자모포(子母炮)"를 제조했었다. 선교사 페르디난트 페르비트와 불화로 무고를 당한다. 후에 강등되어 철령으로 추방된다. 글과 그림을 팔아 생계를 유지했다. 후에 사면되어 북경으로 돌아오는 중 세상을 떠난다.

고대전쟁관. 中國軍網, 2012.11.22. (http://www.chinamil.com.cn/item2/jb/pic/gd-1.htm)

강희 황제와 대만 평정 해전도.

승덕 피서산장, 작가 직접 촬영, 2010.10.1.

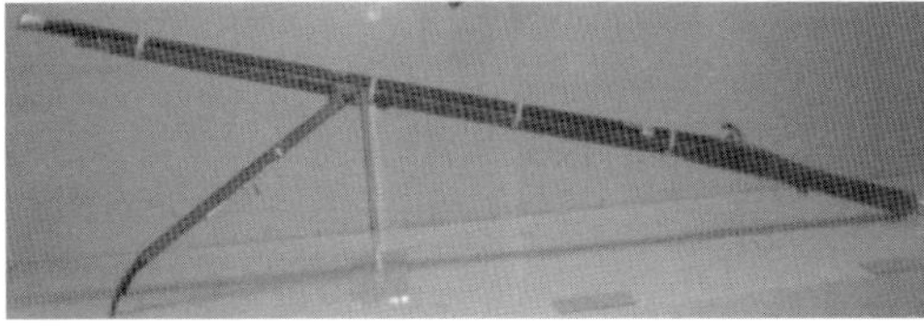

건륭 황제가 사용하던 화승총과 고궁(자금성) 담장 아래 있는 홍이대포.

북경 고궁박물원, 작가 직접 촬영, 2012.12.2.

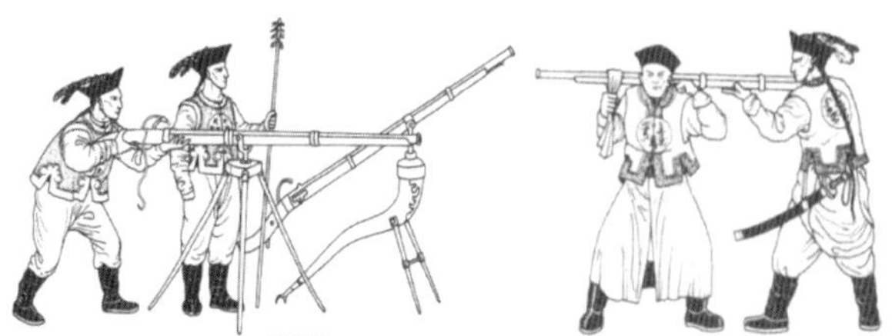

《만청북양총계자료도감(晩淸北洋槍械資料圖鑒)-태총(抬銃), 신기포(神機炮), 새전총(賽電銃)》.
星虎軍事網. 2009.10.5. (http://www.xhmil.cn/html/wuqizhuangbei/200910/05-1460.html)

오형(吳炯)의 《두만태와 양무군 공창(杜万泰与洋務軍工厂)》
無錫新周刊. 2008.10.10. (http://www.wxgdb.com/news/article/article.php?articleid= 3282)

難得一見:西方版畫中 17-19 世紀的老北京 (圖). 第三媒體. 2012.10.11. (http://ido.3mt.com.cn/article/200911/picview1750164c32p27.html)

英評曆史著作:中國爲何對近代恥辱史念念不忘. 南海網. 2011.2.24. (http://www.hinews.cn/news/system/2011/02/24/012059313_03.shtml)

*영국군이 진강(鎭江) 공격하는 광경.

28년(1689)년에 주조한 무성영고대장군포(武成永固大將軍炮) 61문은 청대 화포 중에 최상품이라는 평가를 받는다. 이 대포를 만들 때 들어간 구리는 3톤이며, 포의 길이는 310cm, 구경 12.5cm, 적재 화약 5근, 생철포자(生

포대.
威遠炮台. 陽光旅遊網. 2005.11.6. (http://tour.sun0769.com/dg/you/jd/t20051106_532758. shtml)

사마천근대포(司馬千斤大炮).
差距! 第一次鴉片戰爭時期中英雙方火炮技術比較 (3). 中國國學網. 2009.4.22. (http://www.confucianism.com.cn/html/junshi/8347681.html)

포탄.
東莞虎門威遠炮台. 網易博客. 2009.6.14. (http://lj13560243790.blog.163.com/blog/static/83940182009514113640432/)

*아편전쟁 때 광주의 호문에 주둔한 위원포대, 포와 포탄.

하문 마니에 있는 조각상.
하문 마니, 작가 직접 촬영, 2010.7.19.

태평군의 철포.
自拍於中國國家博物館, 2012.12.1.

鐵炮子) 10근으로 아주 정교하게 만들었다.

청나라에 들어 와서 화총에 있어서 제일 중요한 발전은 전통적인 삼안총(三眼銃)과 단관화총(單管火銃) 같은 낙후한 화총을 조총으로 완전히 대체한 것이다. 동시에 당시 선진 기술을 도입하고 화승(火繩) 발사식 수발총과 강선식(腔線式) 내복총(來復槍)은 더는 쓰지 않았다. 수발총과 내복총은 명나라 말기에 이미 중국으로 들어왔지만 군대에 대량으로 보급하지는 못했고, 청나라에 와서도 이러한 총을 만드는 데 성공하기는 했다. 아쉬운 점은 조형과 공예 측면에서는 매우 뛰어나지만, 종류가 너무 많았고(대략 60여 종) 수량은 매우 적은 "어제"품이었다는 것이다. 관청에서 사냥할 때 쓰거나 소장되기만 했을 뿐 전투부대에 보급되지는 않았다.

아편전쟁 전까지 청나라는 화기를 실질적으로 새롭게 개발하지 못했다. 청나라 초기에는 여전히 화기를 중시했지만 화기를 새로 도입하지 않고 모두 자체 제작했다. 화기를 제작할 때 비록 서양 인재를 초빙했지만, 이들은 주로 선교사였고 화기 전문가가 아니어서 화기의 최신 발전 상황을 파악하지도 못했다. 당시 중국 내에도 화기 전문가가 있었는데, 유명한 대재(戴梓, 1649~1726)는 "반장조창(蟠腸鳥槍)", "충천포(沖天炮)" -"자모포(子母炮)"라고도 함- 의 제작에 성공했고, 또 "연주총(連珠銃)" 혹은 "연주화총(連珠火銃)"이라 부르는 화기를 발명했다. 하지만 완전한 수준까지 이르지 못했고 대량 생산도 하지 못했으며 더군다나 청나라 군대에 실제 보급하지도 못했다.

건륭 이후 대규모 전쟁이 없었고 통치자 또한 군수 장비를 중시하지 않았으며, 게다가 신식 화기를 도입하거나 발명하지도 않았다. 대재가 발명한 "연주총"과 명나라 때 사용했던 "개화탄"을 만드는 기술도 이어지지 않았다. 심지어 원래부터 있었던 화포도 다시 제작하지 않았는데 특히 중량이 나가는 화포는 거의 만들지 않았다. 따라서 원래 잘 만들었던 화포도 잘못 만들게 되었다.

가경 4년(1799) 청 정부는 명나라 때 만든 "신추포" 160문을 개조하고 아울러 "득승포(得勝炮)"로 개명했다. 하지만 옛날 것보다 품질이 좋지 않았다. 아편전쟁 때 청군이 사용한 화기 중 일부는 명말청초 때보다 못한 것도 있었다. 게다가 한족(漢族)을 통제할 때 썼던 뛰어난 "어제" 화기는 황실과 팔기군만 사용했고, 한족으로 조직된 군영에서는 "창제"나 "국제", 혹은 이보다 더 질이 낮은 지방에서 제조한 화기를 썼다. 나아가 질이 제일 좋고 가벼운 화기는 황실의 사냥용 혹은 소장품으로 사용되었다.

3. 유황

유황은 본래 병기가 아니지만, 화기를 사용할 때 필요한 화약의 중요 성분 중 하나로 여기에서 병기에 포함하여 다루고자 한다. 주지하다시피 화약은 중국의 "4대 발명품"중 하나이다. 고대 중국에서 발명한 화약은 흑화약이라 부르는데 주요 성분은 다음과 같다. 첫째 초석(硝石),•86 둘째 황, 셋째 목탄이다. 명대 송응성(1587~1666)은 『천공개물』 하권 「가병편(佳兵篇)」에서 다음과 같이 말했다. "화약은 초석과 유황이 중요 성분이고 초목탄은 보조 역할을 한다. 초석의 성질은 지극한 음이고, 유황은 지극한 양이다. 음양이 서로 만나 빈틈없이 섞여 들면서 폭발하는데 사람에게 닿으면 혼은 놀라 달아나고 백(魄)은 산산이 부서진다."[109]

당순지의 『무편(武編)』 전집 5권에 시 한 편이 실려 있다. "유황은 본래 불의 핵심이고, 초석을 만나면 병사가 일어나듯 폭발한다. 초석이 임금이라면 유황은 신하인데, 이들을 목탄이 보좌하면 신통하기 그지없다. 초석은 수직으로 서고 유황은 가로로 눕고 목탄은 안에서 힘을 다해 내조한다. 이 셋은 본래 각기 다른 종류이나 군신처럼 회합하면 만고의 영웅이 된다."[110]

중국인은 매우 일찍 초석과 유황을 약재로 사용했다. 『신농본초경』과 역대 의약서에서 이 두 가지를 상세하게 다루고 있다. 초석과 유황은 약재 이외에도 가공식품으로 만들었고 또 다른 상품으로도 만들기도 했다. 어떤 사람이 초석과 유황을 약재로 쓰다가, 이것이 몸을 가볍게 하고 정신을 맑게 한다는 것을 발견한다. 이에 수도자들이 초석과 유황으로 단전을 단련하면서 불로장생을 추구하기도 했다. 수도자들이 단전을 단련할 때 사용한 주요 재료는 초석과 유항에다 돼지 창자, 꿀 등 각종 기괴한 것들은

109 宋應星. 天工開物 [M]. 長沙. 岳麓書社, 2002.

110 唐順之. 武編 [M]. 編委會編. 中國兵書集成 [M]. 北京:解放軍出版社, 沈陽:遼沈書社聯合出版, 1988.

유황.
硫黃. 互動百科. 2012.11.23. (http://www.baike.com/wiki/硫黃)

초석.
芒硝硝石. 互動百科. 2008.7.11. (http://tupian.baike.com/a2_36_73_01300000121401121576733773637_jpg.html)

화약의 발명.
任素君. 彪炳千秋的中國古代科技. 人民教育出版社網站. 2011.3.4. (http://www.pep.com.cn/czls/js/tbjx/ck/7x/u3/201103/t20110304_1025535.htm)

첨가한 것인데, 이 재료들이 잘 혼합되도록 목탄을 넣었다. 초석과 유황, 목탄을 섞으면 초석이 산화제 역할을 하면서 유황과 목탄에 작용한다. 그래서 이 혼합물은 가연성이 매우 높아져 폭발하는 경우가 생긴다.

연단 수도와 관련된 문헌에는 이러한 혼합물을 만들다 폭발한 사례가 나와 있다. 특히 당나라 때, 연단가(練丹家)들은 약성이 매우 강한 약물을 약간 약화시키려고 "불기운을 누르려고" 하자 더 쉽게 폭발해서 불꽃이 일어났다. 이로부터 화약이 탄생한다. 화약의 주요 성분인 초석과 유황은 모두 약재이고 또 "불로장생약"을 만드는 과정에서 탄생했기 때문에 약과 관련되어 있어 "화약" 즉 "불을 붙이는 약"이라는 이름을 얻게 되었다. 송나라 때, 화약을 생산하는 기술이 상당히 발전해, 전문적으로 화약을 제조하는 공방도 출현한다.

증공량(曾公亮) 등이 편찬해, 송 경력 4년(1044)에 완성한 『무경총요(武經悤要)』에는 세계 최초로 발표한 화약 배합 방식 세 가지가 나와 있다. 이는 화약의 시대가 도래함을 알리는 표식이다. 이후 화약을 연구하는 이들의 주요 임무는 화약의 성능을 개량하는 것이고 품종을 다양화하는 것이었다. 또 화약을 응용하는 분야도 염화, 폭죽에서 점점 군사 부분으로 전환되었고 가면 갈수록 전쟁에 많이 사용되었고 몽골과 아랍을 거쳐 유럽으로 전파된다. 명나라 때 화약은 이미 전쟁에서 많이 사용되었고 또 배합 방식이 더욱 발전했으며 다양해졌다.

목탄은 탄소를 함유한 물질이라면 어떤 것도 쓸 수 있으므로 어디서에서도 구할 수 있어 수입할 필요도 없었고 국내에서 장거리 운송할 필요도 없었다. 초석은 현대 화학에서 말하는 질산칼륨이다. 초석은 알칼리성 토양이 건조된 지역이나 동굴의 벽, 광천에서 주로 발견된다. 송응성의 『천공개물』에는 다음과 같이 나온다. "초석은 중국이나 그 외에 지역에서도 나온다. 중국은 주로 서북쪽에서 생산된다. (……) 초석과 소금은 뿌리가 같다. 대지의 기류가 증발하면 지상으로 드러난다. 물이 가깝고 토질이 척박하면 소금이 되고, 산이 가깝고 토질이 비옥하면 초석이 된다. 초석에 물을 넣으면 녹는다. 그래서 이름을 '초(硝)'라고 한 것이다. 회수 북쪽 지방에서 추석을 지내고 방 안을 하루 걸러 쓸면 소량을 얻어 가공할 수 있다. 초석은 다음 세 곳에서 많이 생산된다. 촉 지방에서 생산된 것을 천초(川硝)라 하고, 산서에서 나오는 것을 염초(鹽硝)라 하며, 산동에서 생산되는 것을 민간에서는 토초(土硝)라고 부른다."[111]

초석의 산지는 매우 광범위하고, 비록 분포 지역이 일정하지는 않지만, 공급은 부족하지 않아 중국 국내 수요를 충분히 만족시킨다. 그러나 어느 정도 수입되었는데, 특별히 서양인이 남미에서 초석 광산을 개발하면서 채굴량이 늘어나자 가격이 매우 쌌다. 그래서 이들은 중국으로 초석을 싣고 와 차 구매 대금으로 지불했다. 위원의 『해국도지·주해편』에 당시 중국이 수입한 초석에 대금을 지불한 내용이 나온다. 도광 17년에 영국인이 광동으로 들여온 상품 중에 초석이 7.5만 원(1만 섬)이었다. 당시에 화약 완성품도 조금 들어오는데, 유황 수입량과 비교할 수 없을 정도로 소량이었다.

111 宋應星. 天工開物 [M]. 長沙:岳麓書社, 2002.

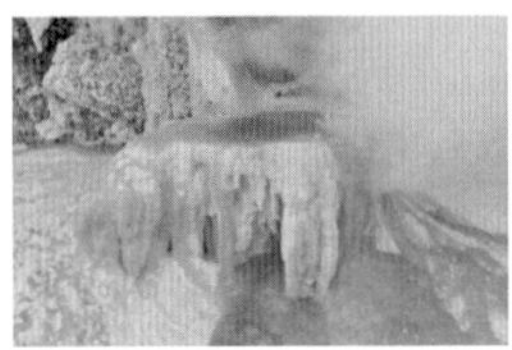

《아름다운 위험:인도네시아 화산의 비밀을 풀다》.
新浪博客, 2010.12.14. (http://blogsina.com.cn/s/blog_5f3d98810100nzlz.html)

《인도네시아 영류 공작실록(印尼另類工作實錄): 화산 입구의 생활》.
圖片來源 雅虎資訊. 2010.12.2. (http://news.cn.yahoo.com/newspic/news/10345/6/)

《양명산:온화한 화산》.
台灣:中國國家地理推薦之旅系列. 我愛看書網. 2012.10.10. (http://read.wakbook.com/1x0000000002/116870x13101/stanza_15.html)

천연 유황은 온천, 샘, 화산 주변에서 흔히 볼 수 있는데, 때로 퇴적암에서도 볼 수 있다. 항상 유리유(游离硫), 유화물(硫化物), 유산염(硫酸鹽) 형태로 존재한다. 중국의 주요 분포 지역은 산서, 섬서, 하남, 산동, 호북, 호남, 강소, 사천, 광동, 대만 등지이다. 그러나 중국 국내 생산량이 부족할 때는 수입해야 했다. 수입은 늦어도 남북조시대 때 시작되어 지금까지 줄곧 수입했다. 남북조 때 양나라 사람인 도홍경이 쓴 『본초경집주』에 다음과 같은 내용이 나온다. "지금 제일 많이 생산되는 지역은 부남(扶南, 현재의 캄보디아), 임읍(林邑, 지금의 베트남)이다. 그 다음은 외국으로 촉중(蜀中)에서 들어온다."[112]

당나라 때 이순(李珣)이 편찬한 『해약본초(海藥本草)』에는 다음과 같은 내용이 실려 있다. "『광주기(廣州記)』에 따르면, '곤륜산에 햇볕이 내리쬐면 덩어리가 분명하게 드러난다. 돌이 섞여 있지 않은 것이 좋다. (……) 촉중 아주 -雅州, 지금의 아안(雅安) 일대- 에서도 나오는데, 윤기와 광택이 매우 좋다. 박상(舶上)에서 운반해오는 것보다 힘이 덜 든다'고 한다." 송대 소경(蘇頌)이 편찬한 『본초도경(本草圖經)』에도 아래 내용이 나온다.

112 陶弘景編. 本草經集注 [M]. 北京:人民衛生出版社, 1994.

"지금은 남해 제번(諸番)에서만 나오는데, 간혹 영외 -岭外, 지금의 영남(岭南)- 의 주군에서 나오기도 한다."

명나라 때 주권(朱權, 1378~1448)이 쓴 『경신옥책(庚辛玉册)』에 다음과 같은 내용이 실려 있다. "유황은 두 종류가 있다. 석유황은 남해 유구산에서 나온다. 토유황은 남해 제번(諸番)에서 생산된다. (……) 박상 유황이 제일 좋다." 방이지는 『물리소식』에서 다음과 같이 말했다. "박상 유황은 마치 밀황(蜜黃)처럼 생겼는데, 가운데는 붉은 빛이 감도는 황금색이 나는 곳이 있고 쪼개면 수정처럼 빛이 난다. 지금 청류는 질이 나쁘다." 청나라 때 조학민(趙學敏)은 1765년에 완성한 『본초강목습유』 2권 「석부(石部)」에서 "왜유황(倭硫黃)" 1조목을 예로 들고 있다. "유구, 일본, 루손 등지에서 생산되는데, 일본 것이 제일 좋다. (……) 백유황은 유구국에서 생산한 것으로 서양 선박이 갖고 들어온다. 병차사(岳繾使) 수봉(秀峰) 선생이 나에게 이렇게 말씀하신 적이 있다. '북경에서 왜황을 보았는데, 매화처럼 생겼고 전병 같았다'."[113]

이로써 다음과 같은 사실을 알 수 있다. 남북조부터 줄곧 중국은 외국 유황을 수입했고, 당송 때는 이미 해상으로 수입했고, 명청 때는 유구와 일본에서 주로 유황을 수입했다. 또 역대 의서에서는 의학적 측면에서 수입 유황의 품질이 국산보다 낫고 효능도 좋다고 하며 겉모습도 수입한 유황이 더 깨끗하다고 하며 화약을 제작할 때도 국산보다 훨씬 좋다고 평가한다. 앞서 인용한 문헌 이외에 다른 문헌에서도 수입 유황을 언급한다. 소흥(紹興) 15년(1145) 11월 일본 상선이 유황과 베 4필을 싣고 오다가 태풍을 만나 표류하다 온주(溫州)·평양(平陽)·선구(仙口)항으로 대피한 적이 있다. 위요우순(余又蓀)은 『송원중일관계사(宋元中日關係史)』에서 이를 언급한다. "송나라로 들어온 일본 상품 중에 유황이 있었다."[114] 명청 시대에는

113 趙學敏. 本草綱目拾遺 [M]. 北京:人民衛生出版社, 1983.

114 余又荪. 宋元中日關系史 [M]. 台北:商務印書館, 1964.

전쟁 탓에 화기를 많이 사용했으므로 유황에 대한 수요가 급증한다.

『대명회전』의 기록은 다음과 같다. "3년마다 병장국에서 유황 1만 6,666근을 1차례 수령했다. 지금은 계진(薊鎭)에서 3년마다 화기를 1차례 수령한다. 선부에서 5년에 1차례 수령한다. 요동, 연수(延綏)에서 3년마다 유황과 염초를 1차례 수령한다. 요동은 2,000근 (……) 연수는 3,500근이다. 선부, 영하, 감숙은 5년마다 1차례로 선부는 1만 근, 영하와 감숙은 3,000근이다."[115]

상술한 것은 중요한 변진(邊鎭) 몇 곳에 정기적으로 수령한 것으로 수량은 결코 적지 않다. 전쟁이 발발하면 적게는 1만 근 많게는 수십만 근을 더 수령했다. 예를 들면 홍무 7년(1374) 명 정부가 조선에서 초석 50만 근과 유황 10만 근을 조달했다.[116] 명 정부는 다른 지역에서도 유황을 조달했고 군대나 다른 경로를 통해서도 유황을 조달했다.

유황은 화약 제조에 쓰였을 뿐만 아니라 단약(丹藥) 같은 약품을 만들 때도 사용했고 또 다른 상품을 제작할 때도 사용했다. 유황으로 만든 화약 중 상당 부분은 폭죽에 사용되었다. 화약을 화기에 사용했지만, 사냥이나 축하 예식 같은 비군사적 목적으로도 사용했다. 화약을 군사 목적으로 사용할 때도 사용자 중에 정부군이 아닌 경우도 있었고 심지어 반정부군이 더 많이 사용하기도 했다. 이렇게 용도가 다양했기 때문에 유황이 많이 필요했고 따라서 외국에서 더 많이 수입해야 했다.

명청 시기, 중국은 유구와 일본에서 주로 유황을 수입했다. 명나라 초기 때 중국과 일본의 감합 무역 중에 유황도 포함되어 있었다. 사료에 따르면, 건문 3년(1401) 일본이 명나라로 1차 조공을 왔을 때는 유황이 포함되지 않았었다. 영락 원년(1403) 2차 조공 때는 유황 1만 근이 포함되어 있었다. 선덕 8년(1443) 조공 때는 관청에 납품할 유황 2만 2,000근을 싣고 왔다.

115 大明會典 [M]. 卷一百九十三. 軍器軍裝, 1497.

116 潘吉星. 宋應星評傳 [M]. 南京:南京大學出版社, 1990.

경태 4년(1453)에는 36.4만 근(일설에는 39.75만 근)을 싣고 왔다. 『인포입당기(允澎入唐記)』 기록은 다음과 같다. "사신 갈 때마다 영파에서 북경으로 가기 전에 남경으로 유황을 2차례 운송했다. 갈 때마다 5만 근을 운송했다." 이 시기 일본에서 파견한 사절단은 규모가 매우 컸고 상품 종류도 많았으므로 명 정부는 원래 제한 규정을 지켜달라고 요구한다. 이때 싣고 온 유황과 유행 상품 일부는 다시 싣고 갔다. 이후 일본이 갖고 오는 유황은 줄어들지만 도검 다음으로 수량이 많았다. 성화 4년(1468) 조공 중에 오토모(大友)씨와 시마츠(島津)씨가 유황 4만 근을 싣고 왔는데, 그중 1만 근은 조공으로 헌상했고, 나머지 3만 근은 관청에 납품했다.[117]

사쿠겐 슈료(策彦周良, 1501~1579)는 견명사 정사와 부사로 2차례 명나라에 왔는데, 이때에도 유황 4만 근을 싣고 왔다. 4만 근이 이미 관례가 된 듯하다. 이후 일본과 관계가 악화되어 관방 무역이 중단되었다. 이 이후부터 아편 무역 전까지는 중일 간의 민간 무역을 통해서만 유황이 들어왔다. 유황은 중요한 군수품이기 때문에 당시 민간 무역과 관련된 관청 자료에는 유황에 대한 기록이 없다. 또 명말청초 나가사키 무역에 대한 관청 자료에서도 유황에 관한 기록을 찾을 수 없다.[118] 하지만 상상할 수 있는 것은 상당히 오랜 기간 유황은 중요한 밀무역 상품이었을 것이고, 또 일본은 유구를 통해 명청과 간접 무역으로 유황을 수출했을 것이라는 것이다.

유구는 명나라 초기부터 중국의 속국이었고, 청말에 일본이 점령한다. 유구는 본래 유황 산출국이었는데, 유황은 유구가 중국에 바치는 중요한 공품 중에 하나였다. 여기에 대해서는 많은 문헌이 기록을 남겼다. 『명사』에는 다음과 같은 기록이 있다. "홍무 6년, 유구의 중산왕(中山王)은 신년 사절단을 파견했는데, 공품 중에 유황 1,000근이 포함되어 있었다. 이후 산

117 小叶田淳. 中世日支通交貿易史研究 [M]. 大阪. 刀江書院, 1941.

118 劉序楓. 財稅与貿易:日本 "鎖國" 期間中日商品交易之展開 [C]. 財政与近代歷史論文集, 台北:中研院近史所, 1999 (6).

남왕(山南王)과 산북왕(山北王)도 견명사를 파견하고 공물을 진상했다. 이때 가져온 진상품도 중산왕 때와 거의 같았다." 이 세 왕이 재위할 때는 물론이고 다른 왕이 재위할 때도 유구는 자주 견명사를 파견했고, 명나라가 규정한 대로라면 조공은 2년에 1차례, 차례마다 조공선은 2척이었다.[119]

『대명회전』 등 문헌에서 유구가 명나라에 조공을 보낸 것과 관련된 기록에는 대개 유황을 다루고 있다. 청나라 초기에 유구의 조공 무역선은 명나라 옛 제도를 따랐다. 여전히 2년에 1차례, 차례마다 조공선은 2척이었으며 공품 또한 명나라 제도 그대로 따랐다. 강희 연간에는 유구가 진상하는 공품의 종류와 수량에 대해서 몇 번 조정을 거쳤지만, 특별히 유구에서 생산된 물품에 대해서만 "규정을 완화해 주는 것"은 아니었고 "유황은 복건 순무가 받아 저장하고 나머지 공물은 순무가 북경으로 보냈다." 강희 32년 최종적으로 다음과 같이 정해졌다. "여러 조공 중에서도 정식 조공일 때, 유황은 1만 2,600근으로 정한다."

앞서 말했듯이 유구가 조공으로 유황을 갖고 온 것 중에 일부는 일본산이었다. 명 성력 37년, 즉 일본 게이초(慶長) 14년(1609) 일본의 사쓰마번(薩摩藩) 시마츠의 군대가 유구를 침략했다. 그러나 유구와 청나라 간의 조공무역을 유지하면서 일본은 유구를 통해 중국과 간접 무역을 하는 것이 목적이었기 때문에 일본은 유구를 공개적으로 병탄하지는 않았다. 이때부터 유구는 청나라의 속국이면서 동시에 사쓰마의 신하이기도 했다.

일본과 유구 이외에도, 동남아 국가와 그 지역의 루손과 자바 등도 중국에 유황을 수출했다. 명나라 초기 정화가 서양으로 내려갈 때도 유황을 싣고 갔고, 또 관병에게 섬에 올라가 향료와 유황을 채집하라고 명령을 내리기도 했다. '정화하서양'의 일원이었던 비신(費信)이 편찬한 『성사승람(星槎勝覽)』의 「화면국(花面國)」 편에 다음과 같은 내용이 실려 있다. "본

119 張廷玉等. 明史. 琉球傳 [M]. 上海:上海古籍出版社, 2003.

토 향미청련화 및 삼베, 나고(那姑) 인일산(儿一山)의 유황 등을 싣고 우리 선박은 수만드라(Sumandra)에 정박하면서 하인들에게 유황을 채취하라고 시켰다."

『명회전』, 『외이조공고(外夷朝貢考)』 등 유관 기록에 따르면, 명나라 때 안남, 시암, 수만드라, 스리랑카 같은 국가에서 진상한 공품 중에는 모두 유황이 포함되어 있었다. 명대 엄종간(嚴從簡)은 『수역주자록(殊域周咨錄)』에서 "유황 또한 자바 토산품이다"라고 했다.

중요한 군수물자이기 때문에 명청 정부는 유황의 해상무역을 엄격하게 통제했다. 그러나 유황은 정부도 필요했지만 민간에서 대량으로 필요했고 민간에서 사용한 수입 유황은 대다수가 민간 무역을 통해 들어온 것이다. 정부의 군사적 목적이 아닌 유황은 대개 밀무역을 통해 들어왔기 때문에 필자는 관련 자료를 찾을 길이 없다.

외국에서 수입한 유황 이외에도 중국의 대만에서 유황을 많이 생산했다는 것을 반드시 짚고 넘어가야 한다. 명말청초 정지룡을 비롯한 내지에 수출한 유황은 20만 근에 달한다. 정씨 집단과 대만을 점령했던 네덜란드인은 대만에서 유황 생산을 장려했다. 청나라가 대만을 평정한 이후에도 대만에서 유황을 채굴했다.

09 기타 수입 상품

1. 향료

향료를 통해 후각으로 향을 맡고 미각으로 맛을 느낀다. 향료는 첨가제로서 보통 다른 것과 혼합해서 사용한다. 향료는 종류가 매우 많은데, 원료에 따라 식물성 향료와 동물성 향료로 나눈다. 용도에 따라 후각이 향을 맡는 것을 훈향료(薰香料)라고 하며, 신체와 주변 분위기를 좋게 만들거나 아름답게 만든다. 일상에서 사용할 뿐만 아니라 고대에는 종교 의례에도 사용했다. 미각이 느끼는 향을 신향료(辛香料)라고 하며, 각종 식품의 조미료로 쓰이며, 음식을 저장할 때 특히 육류를 엄제(醃制, 소금에 절이는 것)하거나 훈제할 때 늘 향료가 필요하다. 대다수 향료는 약재로 각종 질병을 치료할 때 사용한다. 그래서 향료는 대중 상품이고 또 향약이라고 부른다. 이 장에서는 향이 나지 않는 것도 포함해서 향료 전반을 다룰 것이다.

고대에는 천연 향료가 매우 희소해서 상당히 비싼 사치품이었다. 또 향료는 산지가 일정하지 않아서 옛날부터 중요한 무역품이었다. 중국은 비단길, 자기길을 통해 비단과 자기를 수출했는데, 동시에 이 길을 따라 향료가 들어왔다. 이로 인해 비단길을 향료길이라고도 하며, 해상 비단길을 당연히 "해상 향료길"이라고 부른다. 당·송 이래 바닷길을 통해 향료가 대량으로 중국에 들어왔다. 역사서 기록에 따르면, 송나라 때 바닷길로 동남아에서 수입한 상품 중에 제일 많은 것은 유향(乳香), 몰약(沒藥), 복령(茯苓), 소목(蘇木) 같은 향료와 목재였다. 수입량이 많아지면서 사치품에서 민간의 일상 소비품으로 바뀐다.[120]

---

120 陳永華. 兩宋時期中國与東南亞關系考略 [J]. 求索, 2005 (8).

훈향료.
섬서 황제릉, 작가 직접 촬영, 2012.5.8.

자색 훈향의초 사진.
昵圖网. 2012.12.12. (http://www.nipic.com/show/1/44/4758859k79c037c1.html)

1974년 복건 천주에서 송나라 선박 1척을 인양했는데, 고증에 따르면 동남아에서 중국으로 향료를 싣고 귀항하던 선박이라고 한다. 인양한 유물 중에 강진향(降眞香), 단향(檀香), 유향(乳香), 후추(胡椒), 용연향(龍涎香)을 포함한 향료와 약재가 대부분이었는데 모두 4,700kg이었다.[121] 남송 때 복건에서 시박제거를 지냈던 조여적(趙汝適)은 『제번지(諸番志)』에서 해외 상품을 열거하는데, 어떤 상선이 중국으로 운송해 온 화물 중에서 향료가 제일 많았다[122]고 한다. 당·송·원 시기, 아랍인들이 상당히 많이 중국으로 들어왔는데, 이들이 갖고 온 상품에서 역시 향료가 제일 많았다.

명나라 때도 여전히 향료는 옛 길을 통해 중국으로 들어왔다. 정화가 서양으로 내려갔다 귀국할 때 동남아에서 후추, 소목 등 향료를 가져왔다.[123] -소목은 일종의 약재로, 피를 잘 돌게 하고 어혈을 뚫는다. 한편 소목을 염료로 사용하면 홍색이 나온다. 소목과 다른 것을 섞으면 황(黃), 홍(紅), 자(紫), 갈(褐), 녹(綠), 조홍(棗紅), 심홍(深紅), 육홍(肉紅)색 등이 나온다.-

121 庄景輝. 海外交通史迹研究 [M]. 厦門: 厦門大學出版社, 1996.
122 趙汝适. 諸番志 [M]. 北京: 中華書局, 2000.
123 和洪勇. 明前期中國与東南亞國家的朝貢貿易 [J]. 云南社會科學, 2003 (1).

인도 향료.
中國趣味新聞网. 2009.8.1. (http://www. funny 88888888.cn/content.asp?id=6050)

향료시장: 향을 풍기는 미리방향.
楊沐春娟. 中國經濟网經濟博客. 2009.12.01. (http://blog.ce.cn/html/93/101393-395956. html)

*신향료

예를 들면 천궈동(陳國棟)은 다음과 같이 말한다. "송대의 국제무역은 본래 훈향료를 수입하는 것이 위주였다. 유향, 몰약, 단향, 침향 등을 포함한 향료를 서아시아와 남아시아, 동남아 상품에서 주로 수입했다. 신향료 중에 제일 많았던 후추는 당시에는 주로 약재로 사용했다. 몽골인이 중국을 통치할 때 후추를 육류의 방부제나 조미료로 많이 사용했다. 이 때문에 후추가 널리 퍼졌다. 명나라 때는 이미 생활필수품이 되었다. 소목은 주로 홍색 염료로 썼는데 당나라 초기부터 이미 진귀한 수입 상품이었다. (……) '정화하서양' 이후 한편으로는 관청에서 해외무역을 실험했지만, 더 중요한 것은 '조공 무역'을 촉진하는 것이었다. (……) '정화하서양'이 끝나고 3년이 지난 뒤에도 남경의 관청 창고에는 후추와 소목이 적어도 300만 근 이상 남아 있었다. (……) 필자는 개인적으로 '정화하서양'의 목적은 관영 무역을 거쳐 조공 무역을 촉진해 소목과 후추를 원활하게 공급하는 것이라고 생각한다."[124] 정화의 함대는 매우 커서 회항할 때 선적한 물품은

124 陳國棟. 東亞海域一千年: 歷史上的海洋中國与對外貿易 [M]. 濟南: 山東畵報出版社, 2006.

흑후추.
百度百科. 2012,12.14. (http://baike.baidu.com/view/552747.htm)

백흑추.
白胡椒. 百度百科. 2012.11.17. (http://baike.baidu.com/view/1823458.htm)

덜 익은 후추.
谷歌圖片. 2012.12.12. (http://images.google.com.hk/search?q=pepper+leaf&hl=zh-CN&newwindow=1&safe=strict&sa=X&tbo=u&bih=582&biw=1370&tbm=isch&source=univ&ei=FQvHUL-iMOyjiAeV-4DwBw&ved=0CC8QsAQ)

수량도 종류도 매우 많았다. 그중에 제일 많았던 것은 향료로 특히 소목과 후추가 제일 많았다.

조공 무역을 촉진한다는 관점에서 보면 정화하서양은 상당히 성공한 것이다. 명나라의 '후왕박래'라는 조공 무역의 정책 때문에 동남아 각국은 조공 무역으로 빈번하게 중국에 들어온다. 『명사』, 『명회전』, 『명회요』, 『서양조공전록(西洋朝貢典錄)』 등의 문헌에 따르면 "거의 대부분 동남아 국가의 공품 중에는 향료가 있었고, 향료가 비중이 제일 높았다. 그중에서 후추와 소목이 제일 많았다"라고 한다. 조공 무역으로 처음 중국에 들어올 때 후추와 소목만 수십만 근에 달했다. 공물은 조공 사절단이 갖고 온 물품 중에 적은 부분에 지나지 않고 더 많은 것은 "(공식적 진상품 이외에) 추가로 갖고 온 물품[附至番貨, 附至貨物]"이었다. 그 수량은 "정식 공물"의 10배 혹은 수십 배를 초과했다. "부지번화(附至番貨)" 중에는 앞서 말한 것과 마찬가지로 향료가 제일 많았다.

중국으로 들어온 향료가 매우 많았기 때문에, 영락 5년(1407)에 정화가 서양으로 내려갔다 귀국할 때 싣고 온 후추와 소목을 청 정부는 상여금으로 각 위(衛) 병사들에게 나눠주었다. 그 인원만 20만 명에 달한다. 이후 후추와 소목 등을 상여금이나 녹봉으로 마치 관례처럼 지급했다. 이 정책은 영락 5년에 시작해서 성화 7년(1471)에야 비로소 끝난다. 이후 만력 연간에 장거정(張居正)이 다시 후추와 소목을 녹봉을 주는 정책을 추진한다. 상여금이나 녹봉으로 후추와 소목을 받은 사람이 매우 많았는데, 북경과 남경의 근위군 병사, 문무 관원, 각 아문 관리, 출정 장수, 각지의 번왕 등을 포함하여 심지어 북경 도심 건설에 참여했던 민간 기술자도 후추와 소목을 받았다. 원래 받았던 상여금이나 녹봉보다도 후추와 소목으로 받은 것이 훨씬 더 많았다. 영락 연간에 규정은 다음과 같다. "경관(京官)의 녹봉은 매해마다 봄·여름에는 지폐로 지급하고, 가을에는 소목과 후추로 대신한다. 5품 이상은 경관의 70%를 지급하고, 5품 이하는 50%를 지급한다."[125] 정통 원년(1436)에 만든 규정은 다음과 같다. "북경과 남경의 문무 관원에게 후추와 소목으로 녹봉의 50%를 지급한다. 이를 북직예위(北直隸衛)●87 소속 군관에게도 확대 적용한다."

후추와 소목 등 향료가 지나치게 많이 들어와 "창고와 시장에 넘쳐나자" 시장 가격은 급속도로 떨어진다. 명나라 초기에 동남아 산지에서 후추 가격은 100근 당 은자 1냥이었다. 정화 사절단이 구입한 가격과 조정에서 조공 사절단에게 매입한 가격은 100근 당 20냥이었다. 명나라가 '후왕박래' 정책에 따라 값을 후하게 쳐주었을지라도, 당시 중국 국내시장의 향료 가격은 매우 높은 편이었다. 수입량이 빠르게 증가하면서 시장으로 상당히 많은 양이 유입되자, 중국 국내의 시장가격은 산지 가격 수준으로 떨어졌다.

명 조정이 상여나 녹봉으로 후추를 지급할 때는 조공 사절단에 준 가격대로 주었으며, 어떤 때 더 비싸게 계산해서 주기도 했다. 예를 들면 선덕

125 李金明. 論明初的海禁与朝貢貿易 [J]. 福建論壇, 2006 (7).

소목.
圖片來源百度百科. 2012.11.19. (http://baike.baidu.com/view/61085.htm)

소목의 효능과 작용.
中医植物藥方网. 2012.6.11. (http://www.18ladys.com/post/2008.html)

9년(1434)에 바뀐 규정은 다음과 같다. "북경 문무 관원의 녹봉으로 후추는 1근당 100관(貫), 소목은 50관으로 계산해서 지급한다." 다시 말해, 이 계산법대로 하면 후추는 100근당 은자 100냥에 해당하는 고가[126]가 되어버린다.[•88] "옛날부터 모든 관원의 녹봉이 이와 같은 적이 없었다."[127] 이런 정책은 관원의 마음을 얻지 못했을 뿐만 아니라 도리어 원성을 사게 된다.

한편 명 조정은 이로써 봉급에 대한 지출을 줄일 수 있었고, 재정 부담을 덜게 된다. 그러나 가격이 하락함에 따라 동남아시와 남아시아가 원산지였던 향료는 사치품에서 보통 백성도 쓰는 일용품이 된다. 후추 같은 신향료는 보통 백성의 조미료가 되고, 훈향료 또한 종교 신도가 신불에 헌화하는 향이 된다. 하지만 향료에 대한 수요가 계속 증가해서 가격이 계속 떨어지지는 않았지만, 중국 국내시장의 향료 가격은 여전히 원산지보다 비쌌고 그 나머지 이익으로 상인들은 수입을 유지했다.

동남아시아와 남아시아는 원래 각종 향료를 많이 생산했는데, 중국에서 향료의 수요가 늘어나자 동남아시아는 향료를 더 많이 생산하게 되고 곧

126 万明. 鄭和下西洋終止相關史實考辨 [J]. 暨南學報 (哲學社會科學版), 2005 (6).
127 《明實录》卷九七.

향료 생산의 세계적 중심이 된다. 바로 이때 서양인이 동방으로 진출한다. 유럽인들은 동아시아인들보다 향료가 많이 필요했다. 그들은 육류를 방부 처리하려고 신향료를 많이 찾았고 또 육류의 맛을 더 내려고 훈향료를 더 많이 찾는다.

유럽인이 향료를 사용한 역사는 동아시아인보다 훨씬 오래되었다. 고대 이집트, 고대 로마 귀족은 이미 적지 않은 향료를 사용했다. 『성서』의 구약에는 하느님에게 분향하거나 요셉의 형제가 요셉을 향료 상인에게 노예로 팔았다는 기록이 나온다. 이로써 당시에 이미 향료를 많이 사용했고 또 무역이 상당히 발달했다는 것을 알 수 있다. 그래서 향료 상인은 상당한 부자였다는 것도 짐작할 수 있다.

중세에 들어와서 유럽인들은 향료를 더 많이 찾았지만 유럽에서 생산되는 향료는 매우 적었다. 중세 초기에 유럽인이 쓴 향료 대부분은 아시아에서 건너간 것이고, 향료 원산지인 동남아시아와의 무역은 이슬람 상인이 장악했으므로 여러 손을 거쳐야 비로소 유럽에 도착했다. 그래서 향료 값은 매우 비쌌다. 급하게 찾는 사람이 많아지자 당연히 무역은 더 활성화된다.

터너(Turner)는 『향료 전기』에서 다음과 같이 이야기했다. "콜럼버스(Columbus), 바스코 다 가마(Vasco da Gama), 마젤란(Magellan)(이들보다 이른 시기의 마르코 폴로) 등은 '지리상 대발견', '대항해시대' 같은 탐험을 촉진시켰다. 이들의 주요한 목적은 향료를 찾는 것이었다. 콜럼버스가 아메리카 대륙을 발견한 것은 향료를 찾는 여정에서 우연히 얻은 결과에 지나지 않는다. 그는 평생 향료를 찾아 다녔으나 끝내 뜻을 이루지 못해 아쉬워했다. 마젤란 함대는 출항 비용을 많이 썼지만, 회항할 때 작은 배 1척에 정향(丁香)을 싣고 왔는데 이것으로 모든 비용을 충당했다. 다가마는 희망봉을 선회하다 향료의 무역 항로를 발견한다. 이 이후부터 동남아에서 유럽으로 이르는 항로를 '향료길'이라고 부르게 된다."[128]

유럽 각국 중에서 포르투갈인이 향료 무역에서 제일 앞서 갔는데, 이들은 유럽과 동남아 간의 향료 무역을 통해 막대한 부를 축적한다. 이와 동시에 이들은 중국 상품을 많이 찾았고 중국과 향료 무역을 시작한다. 이 무역을 통해 이들은 상당히 많은 백은을 절약하게 된다. 1515년 포르투갈인을 따라 중국에 들어온 어떤 이탈리아 선원은 다음과 같은 기록은 남겼다. "상선은 향료를 싣고 어디론가(광주 부근을 가리킴)로 향했다. 매년 수만드라(Sumandra)에서 싣고 온 후추는 약 6만 칸타로(Cantaro)•[89]이었고, 코친(Cochin)과 말리바리(Malibari)에서 후추 한 가지만 1만 5,000칸타로에서 2만칸타로를 운송했는데, 가격은 매 칸타로당 1만 5,000에서 2만 두엣(dueat)•[90] 정도이다. 동시에 같은 방식으로 생강(生薑), 육두구(肉豆蔻), 유향(乳香), 노회(蘆薈) 등 향료를 싣고 왔다."[129]

포르투갈 선장 디오고 칼보(Diogo Calvo)는 1527년 1월 16일 국왕에 편지를 보냈다. "최근 시암에 사는 친척이 저에게 편지를 보내왔습니다. 중국 쪽에서 우리의 후추와 흑목, 목향 등을 몹시 찾고 있습니다. 그들은 지금 우리와 교역하면서 돈을 벌고 싶어 합니다."[130] 16세기부터 17세기까지 오문과 순다(Sunda) 군도 사이의 무역은 상당히 발달했고 마카사르(Makassar)는 중요한 무역 항구가 되었다. 마카사르에서 오문으로 향하는 선박은 주로 후추, 단향목, 정향, 두구 같은 향료를 선적했다. 마카사르 상인은 본토에서 향료를 구매했고 또 솔로몬(Solomon)과 티모르(Timor)에서 단향목을 매입했으며, 말라카에서 후추를 사들였다. 이렇게 사들인 후추를 마카사르 상인들은 중국으로 향하는 포르투갈 상선에 팔았다.

1620년대부터 매년 티모르에서 오문으로 들어온 단향은 500~2,000바

128 杰克 特納. 香料傳奇 [M]. 周子平, 譯. 北京: 三聯書店, 2007.

129 張天澤. 中葡早期通商史 [J]. 姚楠, 錢江, 譯. 香港: 中華書局香港分局, 1988.

130 轉引自楊國楨. 十六世紀東南中國与東亞貿易网絡 [J]. 江海學刊, 2002 (4).

杰克·特纳. 香料传奇 [M]. 周子平, 译. 北京： 三联书店, 2007.

헤르(Baher)•[91]였다. 1646년에 어떤 네덜란드인이 남긴 기록에 따르면, 매년 오문으로 들어온 단향목은 1,000바헤르(혹 5,000단)이었다고 한다.[131] 중국 문헌에도 여기에 대한 기록이 남아 있다. 임희원(林希元, 1481~1565)은 다음과 같이 이야기했다. "불랑기가 들어온 후 그 땅에서 나는 후추, 소목, 상아, 소유(蘇油), 침속단유(沉束檀乳) 등 향료를 변방의 백성은 사들였고 가격이 아주 좋았다. 음식을 할 때 이를 쓰면 우리 백성에게 도움이 많이 되었다. 만약 쌀, 면, 돼지, 닭과 양이 같더라도 가격은 두 배나 비쌌다. 변방 백성들이 기꺼이 시장에서 사고팔았다."[132]

네덜란드인이 포르투갈인을 따라 동남아에 들어오고서부터 중국과 삼각무역을 적극적으로 전개한다. 동남아 후추를 비롯한 각종 향료를 중국 상인의 찻잎과 교환했으며, 때론 네덜란드 동인도공사가 직접 후추 같은 상품을 싣고 광주로 와서 찻잎으로 바꿔가기도 했다. 1730년대 말에는 네덜란드인이 광주에서 판매한 후추는 약 50만 파운드(네덜란드 단위)였고, 1740년대에는 150~200만 파운드(네덜란드 단위)였다. 1750년대 어떤 해는 판매액이 300만 파운드을 넘어선 적도 있다. 300만 파운드는 백은 18

131 蘇扎.1511~1751 年澳門的葡萄牙社會与葡越關系 [D]. 轉引自張廷茂. 16~18 世紀中期澳門海上貿易研究 [M]. 广州: 暨南大學博士論文, 1997.

132 《林希元与翁見愚書》, 載《皇明經世文編》, 卷六十伍.

만 냥으로 네덜란드인이 광주에서 구매한 찻잎의 대금과 비슷하다. 그래서 네덜란드인은 상당한 백은을 절약하게 된 것이다.

포르투갈과 네덜란드보다 늦게 영국도 중국과의 향료 무역에 뛰어든다. 영국 동인도공사 소속의 많은 선박들이 동남아에서 향료를 싣고 광주로 들어왔다. 1738년, "웰스(Wells) 왕자"호가 칼리만탄(Kalimantan)의 마카사르 남부에서 후추 3,112단을 실었고, "월폴(Walpole)"호는 1,943단을 싣고 광주에 도착했다. 1770년 3월 동인도공사의 선박 3척이 후추 980톤을 선적하고 수만드라 벵쿨루(Bengkulu)를 출발해 광주로 향했다. 또, 2년 후 동인도공사의 선박 3척이 같은 방식으로 항해했다. 1800년 동인도공사의 선박은 인도네시아 암본에 백은 2.5만 냥 상당의 향료를 싣고 왔다. 1801년 100톤급 선박 1척이 향료를 가득 싣고 암본을 출발해 광주로 들어왔다.[133]

당시 동남아는 "세계 최대의 향료 시장"이었고, 여기에서 생산되는 향료 대부분은 중국으로 수출되었다.[134] 이윤이란 이 세계의 상인이라면 모두가 추구하는 것이고, 향료 무역은 이윤이 많이 남기 때문에 외국 상인은 벌떼처럼 달려들었으며, 중국 상인 또한 돈을 벌 기회를 놓칠 리가 없었다. 이에 중국 상인과 동남아 상인은 자연스럽게 향료 무역에 뛰어 들었다.

청 정부가 해금 정책을 실행했지만, 밀무역은 여전히 성행했다. 1510년에 중국 상선 8~10척이 말라카로 향했고, 1513~1514년 포르투갈이 말라카를 점령하는 급박한 상황에서도 여전히 중국 상선 4척은 말라카로 향했다. 일반 상인뿐만 아니라 일부 관리도 조정이 거듭 금령을 내려도 위험을 무릅쓰고 향료 밀무역에 가담했다. 명나라가 해금 정책을 실행할 때도 많은 상인들이 향료 밀무역을 계속했다.

1527년 자바에 거주하면서 중개무역을 했던 포르투갈 상인 프란시스코

133 石堅平. 東南亞在早期中英貿易中的地位和作用 [J]. 東南亞, 2001 (1).
134 安德烈 貢德 弗蘭克. 白銀資本 [M]. 劉北成, 譯. 北京: 中央編譯出版社, 2000.

동남아 후추나무를 그린 그림.
約翰 紐荷夫. 荷蘭東印度公司代表團赴大淸帝國記. 台湾 "故宮博物館". 2012.12.12. (http://www.npm.gov.tw/exhbition/formosa/chinese/06_07s.htm)

향료를 판매하는 상인, 말레이시아 해사박물관(Maritime Museum).
馬來西亞隨性之旅. 窮游旅行社區. 2011.3.19. (http://bbs.qyer.com/viewthread.php?tid=335573&page=8)

데 사(Francisco de sa)는 다음과 같은 기록을 남겼다. "매년 장주(漳州)에서 범선 20척이 반튼, 자카르타(Jakarta) 항구로 들어와서 후추 3만 퀴우탈(Quiutal)을 싣고 돌아갔다." 1퀴우탈을 59kg으로 계산하면, 그해 자바에서 중국이 수입한 후추는 177만 kg이 된다.

명나라 때 책인 『안평지(安平志)·물류(物類)』에 다음과 같은 기록이 나온다. "천주 안평 상인들은 외국에서 수입한 후추, 목향 등을 남경, 소주, 항주, 임청(臨淸), 천섬(川陝), 강소, 광동 등으로 판매했다."[135]

가정 원년(1522)에 밀무역 사건이 발생한다. "시암, 참파(Champa) 등지에서 향료를 싣고 광동에 들어왔으나 세금 신고를 하지 않았다. 시박시 대감 우영(牛榮)과 가인 장의산(蔣義山), 황린(黃麟) 등이 소목, 후추, 유향, 백랍 등 향료를 몰래 수매해 남경으로 옮겼으면서도 세금 신고를 하지 않았다. 형부 상서 조감(趙鑒)이 직접 장의산 등을 심문했다. 법에 따라 은자 3만여 냥 상당의 소목 39만 9,589근, 후추 1만 1,745근을 몰수했다."[136]

135 湯開建 彭蕙. 爪哇与中國明朝貿易關系考述 [J]. 東南亞縱橫, 2003 (6).
136 嚴從簡. 殊域周咨彔 [M]. 北京: 中華書局, 1992.

융경 때 해금을 풀고 개인이 해외무역을 할 수 있도록 허가하자, 수입한 외국 상품 중에 여전히 향료가 제일 많았다. 만력 17년(1589) "육향화물추세칙례(陸餉貨物抽稅則例)"•92에서 규정한 화물은 100여 종인데, 그중 절대 다수가 후추, 소목, 상아, 단향과 같은 향료나 사치품이었다.[137] 명말의 정지룡 집단도 이와 마찬가지로 소목과 후추를 동남에서 대량으로 갖고 들어왔다.

외국 학자 통계에 따르면 16세기에 중국이 후추를 제일 많이 수입할 때는 약 2,000톤으로 5만 자루를 상회했다. 이는 인도네시아의 총생산량의 6분의 5였다. 약간 보수적으로 계산해도 1637년부터 1644년까지 매년 중국이 수입한 후추는 800~1,200톤이었다. 매년 중국에 들어온 소목은 3,000~4,000단으로 약 240~300톤가량이었다.[138] 1775년 광주 시장으로 들어온 화물 중에 벵쿨루산 후추가 약 2,584단이 들어 있었다. 1807년 광주로 들어온 벵쿨루 후추는 백은 9.28만 냥이었다. 1801년 광주에서 수입한 암본 정향은 1,000만 파운드였다. 1810년에 아체(Acheh)의 후추 총생산량은 400만 파운드였고, 이것의 대부분은 마지막에 중국으로 들어왔다.[139]

당시 중국에서는 향료는 심지어 탐관오리에게 뇌물로 쓰였다. 가정 초기 권신 전녕(錢寧) -이 인물은 정덕 황제의 근시태감으로 황제가 총애했다. 황제가 주(朱)씨 성을 하사했다. 그래서 주녕이라고도 부른다- 의 가산을 몰수할 때 나온 것이 소목 72강(扛), 후추 3,500섬, 향추 30강, 침향 2옹이였다.[140] 마지막으로 지적하고 싶은 것은 청나라로 들어와서도 중국이 동남아에서 수입한 향료는 여전히 많았지만, 중국 해상무역에 있어서 향료의 지위는 점점 추락한다.

137 張燮. 餉稅考 [M] // 東西洋考: 第七卷. 北京: 中華書局, 1981.
138 李金明. 明代海外貿易 [M]. 北京: 中國社會科學出版社, 1990.
139 石堅平. 東南亞在早期中英貿易中的地位和作用 [J]. 東南亞, 2001 (1).
140 石堅平. 東南亞在早期中英貿易中的地位和作用 [J]. 東南亞, 2001 (1).

2. 면화와 방직품

면화 원산지는 인도이다. 송대 이전, 중국의 면화 주요 재배지는 남부와 서부 변경 지역이었다. 남부에서 최초로 목화가 출현한 곳은 해남과 난창강(瀾滄江) 유역이다. 이후 복건, 광동, 사천 등지로 전파되었다. 서부는 신강에서 시작해서 섬서, 감숙으로 전파되었다. 송말원초 남과 북 양쪽으로 길이 나눠져 중국 내지까지 대량으로 면화가 들어온다. 원나라 통치자들은 면화 재배와 방직을 매우 중시했고, 면화 재배에 관한 서적 출판을 장려했고 백성에 면화를 심으라고 권장했다.

명나라 초 주원장도 면화 재배를 적극적으로 권장하면서 다음과 같이 법을 정한다. "농민은 밭 5~10묘까지 뽕나무를 심고, 반 묘는 마와 목화를 심어야 한다. (……) 만약 뽕나무를 심지 않으면 견사 1필을 벌금으로 내야 하고, 마와 목면을 심지 않으면 삼베와 면포를 각각 1필씩 내야 한다."[141] 이후 목화는 사(絲), 마(麻), 모(毛)를 제치고 방직의 주요 원료가 된다.

면화 재배 기술과 면방직 기술은 전국으로 두루 퍼졌고, 그러면서 몇 곳이 구역을 형성한다. 그중 제일 중요한 곳이 송강부를 중심으로 하는 강남권, 산동, 하남, 북경권의 황하 중·하류 충적 지대의 북방 구역, 장강 중류의 호광 구역이다. 이 중에서도 특히 송강부는 전국 최대의 면화, 면포 생산의 중심이 된다. 이때부터 중국은 면포를 외국으로 수출하기 시작한다. 청나라에 와서 면화 재배 기술은 한층 더 발전해, 면포는 중요 수출 상품이 된다. 면화가 중국으로 들어올 때 동시에 서쪽으로도 점점 전파되어 유럽까지 전파된다. 명나라 때 유럽도 면화를 광범위하게 재배한다.

아편전쟁 이전의 명청 시대에 중국의 면방직업은 유럽보다 훨씬 발달한다. 유럽이 중국에 수출한 방직품은 대개 모직품이었고 면방직 무역은

141 《明太祖實錄》.

면화 밭의 고랑을 달리는 인도 농부.
印度棉花地里的美夢. 新華网. 2008.3.7. (http://www.zj.xinhuanet.com/photo/2008-03/07/content_12635817.htm)

19세기 미국 남쪽에 있었던 종묘원.
美國南方种植園. 人民教育出版社官网. 2010.11.5. (http://www.pep.com.cn/czls/js/tbjx/tp/9s/u6/201008/t20100825_735129.htm)

중국이 매우 앞서갔다. 청나라에 들어와서도 중국의 면방직업은 여전히 발달하지만 면화 공급이 수요를 따라가지 못했다. 이에 외국 면화가 바로 중국으로 들어온다. 앞서 언급했듯, 1592년 스페인령 필리핀 총독이 스페인 국왕에 다음과 같은 내용을 편지로 보낸다. "중국 상인이 필리핀 목화를 사 가는데, 눈 깜짝할 사이에 중국에서 면포를 만들어 돌아옵니다." 18세기와 19세기가 교차하는 시기에 중국의 면방직업은 더 발전하고 수출량도 증가한다. 1820년대에는 차와 비단 다음으로 중요한 수출 상품이 되자 면화 공급은 더욱 부족하게 된다.

중국의 명말청초 시기일 때, 영국은 식민지를 넓혀가기 시작한다. 인도와 미국 등 식민지에서 면화 재배를 확대해 본국 면방직의 수요를 충당한다. 따라서 인도와 미국의 면화 생산량이 급증한다. 17세기 말에 영국은 찻잎 같은 상품의 대금을 지불할 때 백은을 대체할 수출 상품을 찾고 있었다. 이때 중국이 면화가 필요하다는 것을 발견한다. 이에 인도산 면화를 중국에 수출하기 시작한다. 미국은 1776년 독립했는데 얼마 지나지 않아 미국 상인도 중국으로 들어온다. 이들은 매우 빠르게 미주(美洲)산 면화를 중국에 수출한다. 그래서 면화는 영국, 미국을 포함한 서방국가가 중국에 수출하는 주요 상품이 된다.

영국이 수출한 면화 수량에 대해서 천궈동은 1704년 영국 동인도공사가 처음 인도산 면화를 중국에 판매한 것을 근거 자료로 들어 설명한다. 하지만 이때 수입량은 그리 많지 않았다. 다음은 천궈동의 주장이다. "건륭 중기 이후에 면화는 인도가 중국에 수출하는 중요 상품이 된다. (……) 건륭 42년(1777) 이시요(李侍堯, 원임 양광총독, 건륭42년 초임 운귀총독)가 상소를 올린다. '근년 오문에 외국의 작은 배가 면화를 가득 싣고 오는 것이 자주 보입니다. 자못 국내 행상이 피해를 입습니다. 감독 덕수(德魁)와 함께 엄하게 금지하고 있습니다. 그런데 면화를 숨겨 들어오지만 교역을 허가하지 않았습니다. 법대로 본선을 추방해야 할 것 같습니다.' 황제는 윤허하면서 말했다. '내지 곳곳에서 면화를 생산해서 공급이 넘쳐난다. 외국에서 굳이 들여올 필요가 있겠는가?'"[142] 모스도 "1796년 영국 상선 18척이 광주로 들어오면서 면화 5,589단을 싣고 왔다"[143]라고 언급했다. 이로써 당시 인도산 면화를 청 조정이 통제했다는 것을 알 수 있다. 그러나 수입량은 계속 늘었다.

1780년대 중반부터 영국이 수출하는 인도산 면화의 수량은 계속 증가한다. 1784~1785년 2년간 면화의 수출 총액은 40만 냥을 초과한다. "1787~1788년부터 무역 할당제를 실시하자 인도산 면화의 수입이 갑자기 급증한다. 이때부터 18세기 말까지 매년 200만 냥 이상을 수입하며 수입량은 20만 단(1.2만 톤)을 초과한다. 1823년 면화는 아편에 밀려났지만 매년 수입량은 계속 증가한다. 아편전쟁 직전까지 이 추세를 유지한다."

당시에는 주로 인도의 각 항구 상인이 면화를 광주로 가져왔는데, 광

142 陳國棟. 東亞海域一千年: 歷史上的海洋中國与對外貿易 [M]. 濟南: 山東畵報出版社, 2006.

143 馬士. 東印度公司對華貿易編年史 [M]. 區宗華, 譯. 广州: 中山大學出版社, 1994.

주 상인들은 앞 다투어 매입했다.[144] 모스가 근거로 제시한 자료는 다음과 같다. "1818년부터 1933년까지 16년 간 영국이 중국에 수출한 면화는 6,679만 냥 상당이다. 매해 평균 417.7만 냥이 된다."[145] 모스는 구체적으로 다음과 같은 자료를 제시한다. "1817년부터 1833년까지 영국 동인도공사는 중국에 수출한 면화의 총액은 아래와 같다. 1817~1819년은 452.7만 냥, 1820~1824년은 295.8만 냥, 1825~1829년은 430.8만 냥, 1830~1833년은 409.8만 냥이다."[146]

황치천(黃啓臣)과 리바이종(李伯重) 등은 다음과 같이 글을 썼다. "통계에 따르면, 1785년부터 1833년까지 매해 평균 광주에서 인도산 면화를 약 20만 섬을 수입했다. 아편전쟁 직전에는 매해 평균 50만~60만 단, 즉 시가 약 400여만 냥 상당을 수입했다."[147] 위원도 『해국도지』「주해편」에서 다음과 같이 이야기한다. "영국 오랑캐가 광동으로 들여 온 면화는 67.7만 섬으로 시가로는 822만 냥이다."[148] 출처는 다르지만 숫자는 대체로 일치하므로 신뢰도가 상당히 높다. 하지만 여기에는 밀무역은 포함되어 있지 않으며 게다가 밀무역의 수량은 매우 많다는 것을 반드시 짚고 넘어가야 한다. 이외에도 영국뿐만 아니라 미국과 동남아도 중국에 면화를 수출했다는 것도 놓쳐서는 안 된다.

명청 시기 중국은 면화를 수입했을 뿐만 아니라 각종 방직품도 수입했다. 향료를 제외하고 명청 시기 수입품 중 종류가 제일 많은 것은 각종 방직품이었다. 만약 특색이 다양한 각국의 방직품을 상세한 명칭을 들어 구

144 陳國棟. 東亞海域一千年: 歷史上的海洋中國与對外貿易 [M]. 濟南: 山東畵報出版社, 2006.

145 馬士. 中華帝國對外關系史 [M]. 第一卷, 上海: 上海世紀出版集團, 2006.

146 嚴仲平. 中國近代經濟史統計資料 [M]. 北京: 北京科學出版社, 1955.

147 李伯重. 明淸江南与外地經濟聯系的加强及其對江南發展的影響 [J]. 中國經濟史研究, 1986(2); 黃啓臣. 淸代前期海外貿易的發展 [J]. 歷史硏究, 1986 (4).

148 魏源. 海國圖志 [M]. 北京: 中華書局, 2000.

체적으로 거론한다면 최소 100종은 넘는다. 면(棉), 마(麻), 사(絲), 모(毛), 우(羽), 안색오채빈분(顏色伍彩繽紛) 등을 포함하여 방직 재료도 천태만상이다. 기성품도 수건, 머리띠, 이불, 피륙, 베개 등 매우 다양하다.

그러나 명대와 청대 전기까지 중국에 들어온 방직품은 대개 주변 국가의 특산품이었고 조공 무역이나 민간 무역을 통해 들어왔으며 종류는 많았지만, 수량은 그리 많지 않았다. 주로 황실과 왕공 대신, 소수 부호들이 소비했다. 서양인이 중국에 들어오면서부터 비로소 서양의 면포와 각종 모직품도 같이 들어온다. 명대의 역사 기록에 따르면, 서양인이 아직 중국에 들어오기 전에는 말라카를 포함한 동남아 국가들이 진상품으로 서양의 베를 들여와서 명 황제에게 바쳤으며, 명대 후기에도 민간에서 서양 면포를 수입했다고 한다. 유럽인이 동쪽으로 진출할 때 서양 면포도 자연스럽게 같이 따라왔고, 19세기에 이르면 수입 수량도 현저히 증가한다. 아편전쟁 직전 아편을 제외하면 면포 수입이 제일 많았고 수입 총액도 2위로 매년 53만 필, 시가 138만 냥 상당을 수입한다. 이러한 면포와 면사는 대개 영국과 영국령 인도, 미국에서 들어왔다. 그러나 이 시기 수입한 서양의 면포는 중국의 토포 수출보다 적었다.[149] 아편전쟁 직후까지 줄곧 "영국인이 중국 시장에 쉽게 판매한 것은 면화였지 생사나 삼베로 만든 기성품이 아니었다.

서양 모직품은 면직품보다 앞서 중국에 대량으로 들어왔고 1830년대 이전까지 수입량은 줄곧 면화와 면직품보다 많았다. 모직품은 대개 영국에서 수입했다. 모(毛)는 당시 중국인 습관과 잘 맞지 않았으므로 중국에서 잘 팔리지 않았고, 동인도공사나 광주의 상행은 영국의 모직물 무역을 하면서 돈을 벌기는커녕 오히려 손해를 보았다. 영국인은 무역의 균형을 맞추려고 니융(呢絨, 모직물의 총칭)을 포함한 모직품을 수출했다. 그래서

149 黃啓臣. 淸代前期海外貿易的發展 [J]. 歷史研究, 1986 (4).

유구 공품 중에 각종 화포(花布), 현재 고궁박물원 소장.

深受中國文化影響的琉球印染織物. 无锡市民間藍印花布博物館官网. 2008.11.2. (http://www. chinesebluecalico.net/showarticle.asp?id=873&sort=3)

유구 공품 중에 각종 화포(花布), 현재 고궁박물원 소장.

深受中國文化影響的琉球印染織物. 无锡市民間藍印花布博物館官网. 2008. 11.2. (http://www. chinesebluecalico.net/showarticle.asp?id=873&sort=3)

스코틀랜드 치마.

蘇格蘭: 風笛格子裙的故鄉 (組圖). 樂途旅游网. 2007.6.26. (http://www.lotour.com/snapshot/2007-6-26/snapshot_68985_1. shtml)

동인도공사는 항상 광주 행상에 찻잎의 판매량에 따라 영국 모(毛) 원단을 구입해줄 것을 요구했다.[150]

모스의 자료에 따르면, 1817년부터 1833년까지 16년간 영국 동인도공사가 중국에 수출한 모직품의 매년 평균은 다음과 같다. "1817~1819년은 195만 냥, 1820~1824년은 204.2만 냥, 1825~1829년 190.3만 냥, 1830~1833년은 158.5만 냥이다."[151] 아편전쟁 직전까지, 아편을 제외하고 니융은 서양인이 중국에 수출한 상품 중에 면화, 면포 다음으로 수출량이 많았고 매년 평균 약 103만 냥 상당이었다.[152]

위원은 『해국도지·주해편』에서 다음과 같이 말했다. "도광 17년(1837) 영국인이 광동으로 들여온 상품 중에 대니(大呢) 155만 냥, 우사(羽紗) 40만 냥, 화기(嗶嘰) 80만 냥, 우단(羽緞) 5만 냥, 양포(洋布) 70만 냥, 면사(棉紗) 73만 냥(1,800섬)이 있었고, 이외에도 화건과 양건(洋巾) 같은 방직품

150 陳國棟. 東亞海域一千年: 歷史上的海洋中國与對外貿易 [M]. 濟南: 山東畵報出版社, 2006.

151 嚴仲平. 中國近代經濟史統計資料 [M]. 北京: 北京科學出版社, 1955.

152 黃啓臣. 淸代前期海外貿易的發展 [J]. 歷史硏究, 1986 (4).

도 있었다. 미국인이 들여온 화물 중에는 양건 45만 냥도 있었다. 1837년 한 해, 영국 오랑캐가 광동으로 들여온 면화는 약 67.7만 섬으로 시가 822만 냥이다. 이로써 면화를 기성 방직품보다 훨씬 많이 수입했다는 것을 알 수 있다. 그해 아편과 백은을 제외하고 영국에서 수입한 화물의 총액은 1,447만 냥이고, 미국은 367만 냥이었다."[153] 이를 통해 면화와 방직품이 수입 화물에서 차지하는 비중이 매우 크다는 것을 알 수 있다.

아편전쟁 이후, 영국과 미국 등 여러 서방 국가의 양포 수출이 급증한다. 왜냐하면 당시 구미의 방사(紡絲) 기술이 직포 기술보다 훨씬 빨리 발전했기 때문이다. 이 때문에 대량의 양사(洋絲)가 중국으로 대량으로 밀려든다. 그런데도 오히려 중국의 전통 면직업은 그래도 유지된다. 양포 수입이 부단하게 증가하는 동시에, 중국 토포 수출도 상당히 오랜 기간 양사의 지원을 받아 증가한다. 서양의 방직 기술이 거듭 발전함에 따라 제조와 수출 원가가 계속 떨어지자, 비로소 양포 수입이 토포 수출을 넘어선다. 아울러 중국 국내 시장에서 양포가 토포를 밀어낸다.

3. 대미(大米)

중국 역사에서 아주 이른 시기에 동남아에서 대미를 수입했다. 유명한 참파(Champa)●93 쌀은 송대 때 중국에 들어왔고, 종자가 들어오면서 자연스럽게 쌀도 따라 들어왔다. 중국의 동남해 연안으로 한인(漢人)이 이주를 시작한 지 거의 1,000년이 지나야 한인의 인구가 늘어난다. 명나라 때는 한인들의 인구 밀도가 훨씬 높아진다. 동남아 연안은 산이 많고 경지가 부족해 식량이 항상 모자랐다. 이 때문에 최소한 명대 때부터 동남아 쌀이

153 魏源. 海國圖志 [M]. 北京: 中華書局, 2000.

상당히 많이 수입되었다. 그중 대부분은 시암, 루손의 대미였다. 예를 들면, 명 가정 때 유명한 해상 상인이자 해적인 임도건(林道乾)은 "대미 무역을 전문적으로 운영하면서, 시암을 왕래했다. 시암 국왕과 혈맹을 맺었다. 정이 매우 깊다"라고 한 적이 있다.

명나라 장섭이 만력 47년(1617)에 완성한 『동서양고』 7권 「향세고(餉稅考)」에 다음과 같은 내용이 나온다. (대미는 당시 월항으로 수입되는 주요 화물 중 하나였다. 월항에 도착한 상선이 선적한 화물 중에서 다른 화물을 제외하고) "선박마다 대미 200~300섬, 혹은 500~600섬을 싣고 왔다."[154] 만력 45년(1617) 말리라오(Marilao)의 상인 진화(陳華)가 쌀을 가득 싣고 회항했다. 왜냐하면 만약 쌀에 "세금을 매겼다면 싣지 않았을 것이다. 값을 물어보니 오랑캐 땅이라 매우 쌌고 세법 육향에 따라 세금을 부과한다고 했다. 배를 가득 채우려면 화물이 많아야 하고, 화물이 많으면 건량[餉]은 충분하다. 지금 다른 화물은 싣지 않고 쌀만 실었다. 쌀은 세금을 걷지 않고 건량은 비싸지 않았다. 그러므로 이윤을 많이 남길 수 있다."[155] 명나라 후기에는 시암과 루손의 대미 -당시에는 '번미(番米)'라고도 함-는 이미 월항의 주요 수입 상품 중 하나가 되었다.

그러나 명나라 때보다 청나라가 대미를 훨씬 많이 수입했다. 명말청초 또 한족은 동남 연해로 이민을 갔다. 게다가 명말의 전쟁으로 연해 거주민은 자주 거처를 옮겨야 했다. 생산은 계속 떨어졌고 황무지도 여전히 개간하지 못해 동남 연안 지역에서는 식량이 매우 부족했다. 더욱이 복건과 광동은 "해안과 아주 가깝고 산이 많으나 논은 부족하다. 백성은 많고 땅은 좁아 곡식이 매우 귀해, 쌀값이 아주 비쌌다."[156] 이에 청 정부는 식량 수출을 엄금하고 근처의 쌀을 이 지역으로 적극적으로 보내는 등 일련의 조치

154 張燮. 東西洋考 [M]. 卷七. 餉稅考.
155 張燮. 東西洋考 [M]. 卷七. 餉稅考.
156 淸高宗實录 [M]. 卷54. 乾隆二年丁巳閏九月辛未. 北京: 中華書局, 1985.

를 취한다. 그러나 복건과 공동 주변 지역도 서로 나눌 만큼 식량이 충분하지 않았고, 교통도 불편해서 운송비용이 많이 들어서 제때에 충분히 식량을 공급할 수 없었다. 예를 들면, 당시 복건 순무인 주학건(周學健)은 상소를 올린다. "복건성[閩省]과 내륙의 다른 성과는 도로가 잘 연결되어 있지 않습니다. 오직 바닷길로만 운송할 수 있는데, 바람도 일정하지 않을 뿐만 아니라 구매하고 운송하는 데 시간이 매우 많이 걸려 제때 도착할 수 없습니다. 또 바닷길을 건너려면 암초에 부딪히는 위험을 감수해야 합니다. 그래서 다른 운송 수단을 강구해도 비용이 많이 들므로 감당하기 어렵습니다. (밖에서 식량을 싣고 와도) 본지 가격과 별로 차이가 나지 않습니다. 따라서 외성에서 쌀을 싣고 오는 것은 매우 어렵습니다."[157]

한편 당시 "남양 30여 국가는 대체로 땅은 넓고 인구는 적어 쌀이 남아돈다. 예를 들면 시암, 캄보디아, 강코우, 팔렘방(Palembang), 안남, 조호르(Johor), 나콘(Nakhon), 테렝가누(Terengganu) 등 8~9개 국가에서는 쌀이 매우 많이 남았다."[158] 특히 시암과 루손은 토지가 비옥하고 물이 풍부하며 벼를 재배하는 지역도 넓어서 쌀값이 매우 쌌다. 예를 들어, 강희 61년(1722) 조공을 온 시암 사신은 다음과 같이 말했다. "본국의 내지 도량형으로 쌀 1섬당 2~3전 정도입니다." 당시 사암 내지에 풍년이 들면 1섬당 1냥 2~3전 정도였고, 가뭄으로 흉년이면 1냥 8~9전까지 올랐다고 한다.

이후 청 정부는 수입산 대미에 대해 일종의 특혜를 주고 수입을 장려한다. 강희 61년(1722) 강희 황제는 칙령을 내린다. "시암에는 쌀이 매우 풍족하고 값이 매우 싸다고 들었다. 복건, 광동, 영파 이 세곳에서 10만 섬을 수입하면 그 지역에 매우 도움이 되겠다. 이 30만 섬은 공적으로 가져오는

157 礼部侍郎李淸植爲請定例國內外商人販米來閩粵糶賣奏折, 乾隆八年十二月十四日, 轉引自林京志. 乾隆年間由泰國進口大米史料選 [J]. 歷史檔案, 1985 (1).

158 梁廷枏. 粵道貢國說 [M] // 海國四說, 北京: 中華書局, 1993; 轉引自湯開建, 田渝. 雍乾時期中國与暹羅的大米貿易[M] // 中國經濟史硏究, 2004 (1).

것이니 세금을 거둘 필요가 없다."[159] 즉위 직후 옹정 황제는 한 번도 대미 수입에 관심을 두지 않았다. 그러나 5년(1727)이 지나자 양광총독 공육순(孔毓珣)에게 칙령을 내린다. "전에 시암국에서 쌀을 싣고 왔는데, 짐이 그만두게 한 적이 있다. 만약 지금 인편이 있어 저들에게 서신을 전할 수 있다면 전하라. 저들이 진정으로 쌀을 싣고 오고 싶다면 그렇게 하도록 하라. 우리에게 이득이 많을 것이다." 옹정 6년 시암 상인 오경서(嗚景瑞)가 하문으로 쌀을 운송해 왔다. 복건 순무가 보고를 올렸다. 옹정 황제는 칙령을 내린다. "관례대로 미곡에는 세금을 거둘 필요가 없다. 이를 영원히 관례로 삼아라." 다른 화물은 판매하려면 허가를 받아야 하고 세금도 내야 했다. "이후 시암에서 미곡을 싣고 복건, 광동, 절강으로 들어온 상선에 이 관례대로 세금을 거두지 않았다."[160]

옹정 8년(1730)과 10년(1732)에 시암 상인 진경상(陣景常), 구수원(丘受原) 등이 중국으로 들어오자 옹정 황제는 칙령을 내려 대미에 대한 세금을 면제해주었을 뿐만 아니라 동시에 "양과(梁課)세도 면제"해주었다. -"양과"는 선박의 적재량과 크기에 따라 징수하는 선박세로 양두세(梁斗稅)라고도 한다.- 건륭 6년(1741) 광동 순무 왕안국(王安國)은 오(娛) 해관 감독 주숙권(朱叔權)에게 명령한다. "내항에서 출발한 상선이 쌀을 구매해 돌아와서 판매하면 미두세(米豆稅)를 면제하라."

건륭 8년(1741)의 법은 다음과 같다. "외국 상선이 복건과 광동에 와서 무역을 할 때 미곡 1만 섬 이상이면 선화세(船貨稅) 50%를 감면하고, 5,000섬 이상이면 30%를 감면한다. 그 미곡은 시장가격에 맞춰 공정하게 판매해야 한다. 만약 민간에 쌀이 많다면 매입하지 말고 관이 수매한다."[161]

159 《清圣祖實录》(卷二九八), 康熙六十一年六月壬戌條, 884頁.

160 粤道貢國說[M] // 湯開建, 田渝. 雍乾時期中國与暹羅的大米貿易 [J]. 中國經濟史研究, 2004 (1).

161 《清朝文獻通考》, 卷三三, 市糴二.

건륭 16년 외국에 나가 쌀을 구매해온 내지 상민에게 "2,000섬 이내이면 순무가 관례를 따라 장려하고, 2,000섬 이상이면 신분에 따라, 즉 생감(生監, 생원과 감원)과 백성인지에 따라 보고를 하고 함정대(銜頂戴, 관원 쓰는 모자)를 내려 직급을 구분하라."[162] 건륭 39년 민절(閩浙, 광동과 절강) 총독 소창(蘇昌) 등이 상인에게 쌀 구입을 장려하는 정책을 더 관대하게 풀어 달라고 상소를 올린다. 즉 1,500섬 이상이면 정대에 해당하는 직급을 내려달라고 한다.[163]

이러한 우대 정책을 쓰면서 정부가 장려하자, 중외 상인(실제는 동남아 국가 상인이지만, 시암을 포함한 국가의 왕실 상인들은 기본적으로 모두 중국인이었다)은 매우 열심히 동남 연해로 달려가 쌀을 운반한다. 대미를 전문적으로 취급하는 상인이 아니더라도 화물세나 선세를 감면받으려고 대미를 대량으로 운송했다. 선박마다 다르지만 적게는 200~300섬을 싣기도 했고 많게는 1만 단 이상을 싣기도 했다.[164] 다음과 같은 사료의 기록이 있다. "건륭 7년 6월부터 8월까지 3개월간 수입한 대미는 총 2만 3,000여 섬이다. 건륭 7년 복건에서 수입한 대미는 4만 2,900여 섬이다. 건륭 8년 2개월 동안 외국에서 대미 1만여 섬이 들어왔다. 장주와 천주의 백성들이 먹고도 남았다."[165]

건륭 19년에서 22년까지 복건성에서는 매년 "90여만 섬에서 120여만 섬까지 대미를 수입했다. 민성(閩省) 백성에게 크게 도움이 되었다."[166] 이와 유관한 오문의 당안에는 건륭 말기와 가경 초기에 루손 등지에서 광동으로 대미를 운송한 정황에 대한 기록이 남아 있다.[167] 게다가 동남아인이

162 轉引自李鵬年. 略論乾隆年間從暹羅運米進口 [J]. 歷史檔案, 1985 (3).
163 台北中研院歷史語言研究所編. 明清史料影印本 [M]. 北京: 中華書局, 1960.
164 广東巡撫王安國爲粵米价昂准由暹羅等處進口發賣奏折, 乾隆七年八月二十九日.
165 福建巡撫周學健爲辦理內地商船運米回閩發糶情形奏折, 乾隆九年八月初六日.
166 台北中研院歷史語言研究所編. 明清史料影印本 [M]. 北京: 中華書局, 1960.
167 劉芳輯. 清代澳門中文檔案資料匯編 (上册), 澳門基金會, 1999.

옥수수.
百度百科詞條圖冊. 2012.12.15. (http://baike.baidu.com/picview/1243/6475733/2656931/54fbb2fb43166d224876116c462309f79152d2c0.html#albumindex=2&picindex=0)

고구마.
百度百科. 2012.12.15. (http://baike.baidu.com/view/60418.htm)

땅콩.
百度百科. 2012.12.15. (http://baike.baidu.com/view/31512.htm)

나 화교가 대미 무역을 주도했지만 서양인도 참여했다.

예를 들면 위원의 『해국도지·주해편』에 다음과 같은 기록이 있다. "(강희, 건륭 연간에 루손, 시암에서 수입하는 대미에 대해 우혜 정책을 시행하자) 이 이후 인도 각 항구에서 외국 선박이 전례대로 해마다 인도, 싱가포르, 갈라파(Galapa)에서 쌀을 싣고 온 것은 40만 섬 이상이었다. 많은 경우 아편을 잔교배[躉船]에 숨겨 쌀과 같이 들여왔다. 이에 오문 해관에서는 이를 제재했다. 그러나 수입 쌀은 면세였고, 수출 화물은 면세가 아니었다."

도광 17년(1837), "영국 오랑캐"가 광동으로 수출한 화물 중에 "서양 쌀은 23만 8,000원(圓)이고 21만 섬이었다." "이 해에 미국이 (……) 수출한 화물 중에 (……) 서양 쌀은 86만 원, 즉 77만 섬이었다." 아편 수입을 억제하고자 위원은 다음과 같이 주장한다. "지금 오랑캐와 약조를 맺어 아편 재배 지역을 뿌리 뽑고, 여기에 오곡을 심어 중국으로 수출한다면 관례대로 화물세를 면해주어야 한다." 위원은 주해책략(籌海策略)을 주장할 때 다음과 같은 이야기도 같이 한다. "이후 사건이 발생하지 않을 때 함대가 쌀을 운반하는 상선을 반드시 호송하고 천진, 광동에서 거둬들인다. 즉, 시암미(米), 루손미, 대만미, 강소와 절강 즉 소주, 송주, 항주, 가주, 호주의 쌀을 호송해야 한다." 이로써 당시에도 여전히 중국 상선이 시암, 루손 등지로 가서 쌀을 구매해왔다는 것을 알 수 있다.

대미 이외에도 명청 시기에는 다른 곡물을 수입했지만, 그 수량은 많지 않았다. 짚고 넘어가야 할 것은 명청 시기에 농업 생산량에 중대한 영향을 끼치는 새로운 작물이 들어왔다는 것이다. 이 무렵 옥수수, 고구마, 땅콩이 들어와서 널리 재배되었는데, 중대한 사건이었다. 이 덕분에 인구가 급증했으며, 척박한 산간이나 고랭지 지역에서 재배할 수 있어 식량 문제를 크게 완화시켰다. 명청 시대에 만약 이것이 없었다면 경작지도 확대되지 않았을 것이고, 단위 생산량도 증가하지 않았을 것이다.

옥수수는 명나라 때 중국에 들어왔지만, 청대에 와서야 널리 재배되었다. 옥수수는 토양이나 기후에 구애받지 않고 재배 및 수확, 저장이 매우 편리하고 생산량이 많고 먹으면 배가 든든하다. 또 완전히 익지 않아도 먹을 수 있다. 명 만력 연간에 들어온 고구마는 재배가 매우 쉽다. 가뭄도 잘 견디고 척박한 토양에도 잘 자란다. 생산량이 매우 많아 구황작물로서 수많은 사람의 목숨을 구했다. 이외에 땅콩도 명나라 때 들어왔다. 청나라 초기 황하, 회수 이북으로 확대 재배되었다.

4. 기타

명청 시대의 수입 상품은 수출 상품과 마찬가지로 종류가 매우 많다. 그러나 명청 시대 책에 실린 각국 공품(貢品)은 수백 종 정도이고 제일 많은 국가도 수십 종에 불과하지만, 수입 상품 중 상위에 해당하는 것이 전체의 거의 대부분을 차지한다. 그중에 중요한 수입 상품은 아편, 구리, 병기, 면화 및 방직품 이외에도 아래에서 다루는 약간의 상품이 있다.

1) 금속

은, 동, 금 이외에도 명청 시기에 다른 금속도 수입했는데 그중 중요한 것은 주석과 아연이다. 주석과 아연은 다른 기구를 제작할 때 사용하며, 또 동전을 주조할 때 보조 재료로 썼으며 포탄을 만들 때도 필요했다. 서양인이 동남아를 점령하기 전에는 시암, 자바, 안남, 유구 등지에 명나라와 청나라에 진상한 공품 중에는 주석도 있었다. 청나라 때 유구의 정식 공품 중에 원래 주석이 없었다. 유구국은 스스로 백강(白鋼)의 양을 늘렸는데 즉 주석 1,000근으로 늘린 것이다. 이후 이것은 정례화되었다.[168] 강희 50년(1711) 일본에 갔던 당선 34척이 회항할 때 선적한 상품 중에 주석은 3만 2,000근이었다. 건륭 35년(1770) 당선 13척은 주석 1,000근을 싣고 돌아왔다.[169]

동양으로 일찍 들어왔던 포르투갈인, 네덜란드인, 스페인인과 이보다 늦게 들어온 영국인과 미국인 모두 중국에 각종 금속을 수출했는데, 그중에 동남아 방카(Bangka)에서 생산한 주석이 제일 많았다. 이외에도 아연, 철강, 수은 및 각종 철판과 철피 등 금속 재료와 금속 기구도 있었다. 모스

168 李云泉. 明淸朝貢制度硏究 [D]. 广州: 暨南大學博士學位論文, 2003.

169 劉序楓. 財稅与貿易: 日本 "鎖國" 期間中日商品交易之展開 [C]. 財政与近代歷史論文集, 中硏院近史所, 1999.

청흑칠감라전쌍룡희주장방찬합(清黑漆嵌螺鈿双龍戲珠長方攢盒).
百度百科. 2012.9.26. (http://baike.baidu.com/view/1411670.htm)

유구 칠기.
中國經濟网. 2006.4.10. (http://www.ce.cn/kjwh/whcc/whccgd/200604/10/t20060410_6654769_2.shtml)

가 정리한 자료는 다음과 같다. "1817년부터 1833년까지 영국 동인도공사가 매년 수출한 주석과 아연의 총액의 평균은 아래와 같다. 1817~1819년은 11.1만 냥이고, 1820[●94]~1824년은 13.4만 냥, 1825~1829년 20.2만 냥, 1830~1833년은 11만 냥[170]이다." 1817년부터 1833까지 총액은 172.4만 냥이다.

위원의 『해국도지·주해편』에 따르면 통계는 다음과 같다. "도광 17년(1837), 영국 오랑캐가 광동으로 싣고 온 화물 중에 수은은 23만 원(2천 섬), 주석 29.5만 원(1.5만 섬), 아연 8.9만 원(1.4만 섬), 철 4.8만 원(1.6만 섬)이다."[171]

2) 해산품

중국의 동남 연해와 해역은 광활하며, 동양과 남양에는 도서(島嶼)가 아주 많아, 해산물이 매우 풍부하다. 바다를 마주한 국가와 도서 국가들이 진

170 嚴仲平. 中國近代經濟史統計資料 [M]. 北京: 北京科學出版社, 1955.
171 魏源. 海國圖志[M]. 北京: 中華書局, 2000.

산동의 염건해삼 (질 좋은 자삼)
江西養殖門戶. 2012.12.12(http://www.jxyz123.com/product/1322761.html)

말린 전복.
北京大紅門京深海鮮批發市場有限公司网站. 2009.8.26. (http://jshxsc.com.cn/articleinfo.aspx?id=43531)

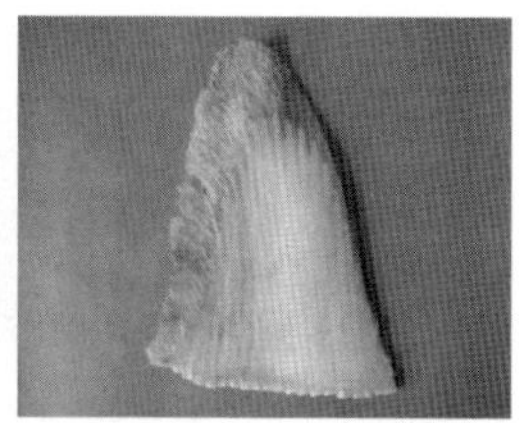
상어 지느러미.
厦門小魚网. 2007.9.27. (http://bbs.xmfish.com/read-htm-tid-993172.htm)

귀한 해산물을 명나라와 청나라에 진상하는 것은 자연스러운 것이었다. 이와 동시에 민간 무역에서도 당연히 적지 않은 해산물을 거래했다. 더욱이 일부 중국인 눈에 들고 입에 맞는 진귀한 해산품이라면, 중국인이라야만 그것을 느낄 수도 알 수도 있으므로, 포획한 것 대부분이 자연스럽게 중국으로 유입되었다. 심지어 오로지 중국인을 위해 포획하거나 채취하는 경우도 있었다.

명청 시기, 당연히 일본이 중국으로 해산물을 제일 많이 수출했다. 더욱이 청나라 때 본래 일본에서 중국으로 주로 수출했던 것은 백은이었고, 나중에 또 구리가 주가 된다. 그러나 일본에서 은과 구리의 매장량은 점점 줄어드는 반면 국내의 수요는 점점 증가해서 일본은 구리와 은을 수출하는 것을 통제했다. 그러나 일본 또한 중국 상품을 많이 수입해야 했고 그래서 각종 해산물을 중국으로 수출하려고 더 노력한다.

일본이 중국에 수출한 해산물을 "봉물(俸物)", "표물(表物)"이라고 하는데 건어물을 가리킨다. 그중에서 제일 비싼 것은 해삼(전해서), 포어(鮑魚, 간포)[•95], 어시(魚翅, 양기)[•96]로 이를 봉물(3품이라고 한다. 이것 이외의 것을 "잡색(雜色)"이라고 부른다.

"강희 50년(1711) 당선 34척이 일본에서 싣고 온 상품은 다음과 같다.

해삼 14만 6,386근, 간포 3만 8,411근, 어시 7,295근이었다. 이외에 우어(魷魚) 20만 262근, 간어 20표(자루), 목어간(目魚幹, 견절) 40근, 해대(곤포) 421,075근, 석화채(천초) 1만 4,528근, 계각채(계관초) 700근이었다. 건륭 35년 당선 13척이 싣고 온 건어물은 다음과 같다. 해삼 10만 4,979근, 간포 5만 6,163근, 어시 3,700근, 우어 9,538근, 목어간 126묶음(관), 해대 2,411,762근, 계각채 35,457근이었다. 가경 25년(1820) 당선 11척이 싣고 온 건어물은 다음과 같다. 해삼 35만 6,120근, 간포 11만 4,230근, 어시 8,492근, 우어 2만 5,530근, 목어간 2,219 묶음(관), 간어 18상자 375장 250근, 소어 9,000근, 해대 1,38만 7,200근, 석화채 8만 2,502근이었다."[172]

3) 고급 목재

오목(烏木), 이화목(花梨木), 남목(楠木), 자단목(紫檀木) 같은 진귀한 목재는 고급 가구, 악기, 공구 만들 때 좋은 자재이다. 더욱이 황제의 관곽(棺槨), 용의보좌(龍椅寶座) 등은 희귀하면서도 최고급 목재를 선별해서 만들었고, 이런 목재는 또한 궁전, 능침, 원림(園林) 등을 지을 때 반드시 필요한 자재였다. 남양에서 나는 목재가 질이 좋다는 것은 일찍부터 중국인에게 알려졌고, 그래서 상당히 이른 시기에 수입한다.

진(晉)나라 때 최표(崔豹)는 『고금주(古今注)』에서 "자단목은 부남국•[97]에서 나온다"라고 했다. 정화가 서양으로 내려갔다 귀항할 때 각양각색의 진귀한 목재를 갖고 왔다. 명청 시기에 적지 않은 동남아 국가의 진상품 중에 항상 나무 이름이 들어있었다. 명청 정부도 비정기적으로 관원을 남양으로 파견해 목재를 구해오게 했고, 민간 상인도 많이 수입했다.

서양인이 동남아로 들어 와서는 중국으로 목재를 수출했다. 명 말기에

172 劉序楓. 財稅与貿易: 日本 "鎖國" 期間中日商品交易之展開[C]. 財政与近代歷史論文集,台北: 中研院近史所, 1999.

북경 고궁의 태화전과 기둥(황가는 유명하고 귀한 목재의 주요 소비자였다.)
북경 고궁, 작가 직접 촬영, 2012.12.2.

진귀한 목재로 만든 황제의 보좌와 보좌에 앉은 침략자(이 사진은 8국 연합군이 북경을 침략하면서 남긴 것이다. 당시 이들은 제멋대로 약탈하면서도 진귀한 목재와 그것으로 만든 중국 문물을 보고 경탄했다.)
중국 국가박물관, 작가 직접 촬영, 2012.11.30.

이르러, 동남아 각지에서 쓸 만한 고급 목재는 거의 다 벌목을 해버렸다. 당시 전 세계에서 나오는 자단, 금사남 같은 고급 목재는 거의 모두 중국으로 들어왔다. 이런 고급 목재는 성장이 더뎌 백년을 자라도 목재로 쓰기에는 부족했다. 중국인이 너무 많이 벌목해서 자원이 이미 고갈되었으니 더 귀하게 되었다.

어떤 사료에 따르면, 청나라 때 남양으로 자단목을 구하러 사람을 보냈는데, 대다수가 한 줌도 채 자라지 않았고, 휘고 곧지 않아서 재목으로 쓸 수가 없었다고 한다. 청나라 중기에 오면, 황실에서 필요한 것은 원래 갖고 있던 것으로 쓰거나 옛 목재를 재활용하거나, 민간에서 고가로 구입해서 썼다. 성문 조항은 없었지만, 1급 관리라 할지라도 자단목 같은 고급 목재를 보면 놓치지 말고 모두 구매해서 황실에 바쳐야 했다.

4) 특이한 날짐승과 들짐승

명청 때 주변 속국이나 속국은 아니지만 공물을 바치면서 사업을 하려 했던 주변 국가는 진귀한 날짐승이나 들짐승을 명청 황제에게 헌상했다. 현지의 명마를 비롯하여 코끼리, 사자, 호랑이, 표범, 곰, 물소, 장경록(長頸鹿, 기린), 얼룩말, 낙타, 키용(큰 사슴의 일종), 사슴, 원숭이, 거북이, 학, 화계(火鷄, 칠면조), 공작, 앵무 등이 있었다. 이중 제일 파급효과가 큰 것은 말과 장경록, 사자였다. 중국에서 수입한 말은 대개 서북에서 육로를 거쳐 들어왔다.

한편 일본과 동남아의 명마나 혹은 특수한 말도 공품이나 무역으로 중국에 들어왔다. 장경록은 명나라 초기에 처음으로 중국에 들어왔다. 정화가 네 번째 서양으로 내려갈 때 양민(楊敏)에게 함대를 이끌고 계속 서진하게 했다. 이때 양민이 장경록 한 마리를 포획해 영락 황제에게 바쳤다. 장경록을 한 번도 보지 못했다면 매우 특이하게 다가왔을 것이다. 장경록이 사람의 주의를 끈 것도 중요하지만, 더 깊은 의의가 있었다. 당시 어떤 사람들은 장경록을 옛날 문헌에 나오는 신화적 동물인 기린으로 보았다. 고문헌에서는 "획린(獲麟, 기린을 얻는 것)"을 아주 "상서(祥瑞)로운" 사건으로 다룬다. 그래서 당연히 큰 소동이 일어났다.

사자는 기린과 비교할 수 없겠지만, 사자에는 일종의 문화적 함의가 있다. 사자는 정치 권력과 등급을 상징한다. 명 태조는 민간에서 사자 도안을 한 기물이나 옷을 사용하지 못하도록 칙령을 내렸고, 나중에는 사자 문양은 1~2품 무관만 사용하도록 했다. 청나라 때 무관은 "보복(補服)" 위에 1품은 기린을 수 놓았고, 2품은 사자를 수 놓았다. 명나라 초기에는 말라카, 사마르칸트(Samarqand), 룸(Rm) 등지에서 사자를 진상했다.

영락 연간에 서역에서 사자를 진상했을 때 일부 대신들은 황제에게 축하한다고 했지만, 영락 황제는 그렇게 생각하지 않았다. 성화 연간에 사마르칸트에서 사신이 와서 사자를 진상했는데 황제는 매우 좋아했지만 대신들은 여기저기서 반대했다. 당시 직방랑중(職方郎中) 육용(陸容)이 상소를 올렸다. "이것은 쓸모없는 물건입니다. 종묘에 올리는 희생으로 쓸 수 없고, 수레에 걸어 탈 수도 없습니다. 받지 마셔야 마땅한 줄 압니다." 이처럼 쓸모없는데도 특별히 많이 먹었다. "사자는 하루에 산 양 2마리, 초(醋), 항(酐), 밀락(蜜酪)을 각 2병씩 먹었다. 사자를 기르는 이에게 광록 대부가 매일 술과 음식을 내렸다. 황제는 상을 후하게 내렸다."[173]

더 엄중했던 것은 사마르칸트는 원래 육로로 조공을 왔어야 했는데 규정을 위반하고 해상으로 왔던 것이다. 한 번 그렇게 오고는 조공을 그치지 않고 계속 왔다. 최후에 명 효종은 대신들에게 칙령을 내린다. "전통을 어기고 해상으로 조공 오는 사마르칸트 사신은 들이지 마라." 이동양(李東陽)은 흥분해서 「각공사시(卻貢獅詩)」 한 편을 남겼다. "조공으로 만 리 밖에서 온 산예(狻猊)[●98] 처음으로 거절하네. 대성(臺省)[●99] 관료들이 모두 기뻐하네." 이 일로 명 효종은 "성덕공검(聖德恭儉)"이라는 아름다운 이름을 얻었다.

낭세녕(郎世宁)[●100]의 《카자크(Kazakh) 사신이 말을 바치는 그림》 -파리 기메(Guimet)박물관 소장- 낭세녕은 이탈리아 출신으로 청 강희 54년(1715) 예수회 수도사로 중국에 왔다 나중에 궁정화가가 된다.

哈萨克斯坦游牧部落, 从侧面反映准葛尔部. 百度贴吧. 2011.8.13. http://tieba.baidu.com/p/1170444006.

173 張廷玉等. 明史 [M]. 北京: 中華書局, 1974.

명 성화 19년 궁정화가 작품 《서번공사도(西番貢獅圖)》 - 성화 19년 사마르칸트(Samarqand) 사신이 사자를 진상하는 장면을 그린 것

朝贡体系图. 互动百科. 2009.1.5. (http://tupian.baike.com/a1_62_94_01000000000001190849456027162_jpg.html)

하청태(賀清泰)•[101] 《백해청(白海青)》 (그림 제목: 다라한친(達拉罕親)왕 차얼두오얼지(扎尔多尔济)가 진상한 해청(海青). 대만 "고궁박물원" 소장. 하청태는 프랑스 출신으로 청 건륭 35년(1770) 예수회 수도사 자격으로 중국에 들어왔다 나중에 궁중화가가 됨. 낭세녕과 화풍이 비슷함. 청나라 때 조선도 해동청을 진상해야 할 의무가 있었으나 항상 했던 것은 아니다.)

郎世宁. 白鹰图. 台北 "故宫博物院". 2012.12.12. (http://www/npm.edu.tw/exh101/form10104/ch/ch_p6.html)

심도(沈度) 《서응기린송(瑞應麒麟頌)》 (원본은 대만 "고궁박물원" 소장)

哈萨克斯坦游牧部落, 从侧面反映准葛尔部. 百度贴吧. 2011.8.13. (http://tieba.baidu.com/p/1170444006)

낭세녕 《백응도(白鷹圖)》 (원본은 대만 "고궁박물원" 소장)

广州日报. 2011.3.12. (B16)

5) 시계

서양 화기를 제외하고, 명청 시기 중국으로 들어온 서양 상품 중에서 비교적 고급 기술이 들어간 것은 시계와 유리 제품이다. 명 만력 8년(1580) 이탈리아 선교사 루지에리(Ruggieri)와 파시오(Pasio)는 광주에서 양광(兩廣) 총독 진서(陣瑞)에게 자명종 1개를 선물했다. 얼마 후 마테오 리치(Matteo Ricci)가 북경에 들어와서 만력 황제에게 자명종 2개를 선물했다. 자명종은 제품마다 크기, 재질, 모양, 울리는 소리 등이 매우 다양하고 또한 예술 공예품의 가치도 있다. 마테오 리치는 오문에 있던 유럽인 시계

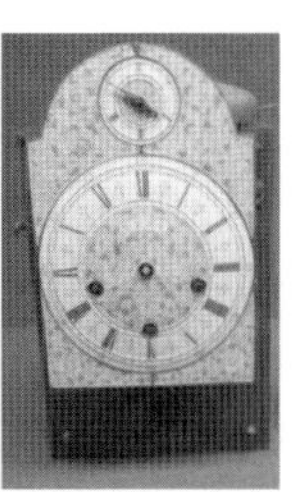

북경 고궁박물관 종표관에서 소장한 유럽 시계들과 청궁 조변처에서 제작한 시계.
북경 고궁박물원, 작가 직접 촬영, 2012.12.2.

대개안계(大開眼界)! 고궁박물원 소장 외국문물 (도록).
三農搜索网. 2011.6.20. (http://www.3nss.com/portal/detail.aspx?infoid=9999676&formid=453)

고궁박물관 진장(珍藏).
2007.2.15. (http://tjtong.enorth.com.cn/system/2007/02/15/001880936_10.shtml)

기술자를 광동 조경으로 불러 자명종을 만들게 했다. 이후 각지에서 이를 본떠 제작했다. 서양에서 들어온 시계는 대개 품질도 좋았고 매우 정밀하게 만든 것이었다.

청나라가 시작되면서 서양 시계의 수입은 점점 증가했고 국내 모조품도 같이 증가했다. 청나라 초기에 광주에서는 이미 시계만 전문적으로 만드는 공장이 생겼다. 전영(錢泳, 1759~1844)은 『리원총화(履園叢話)』에서 다음과 같이 이야기했다. "광주 근교, 강녕, 소주 공장에서 시계를 만들었는데, 서양 시계와 비교해도 한 격이 높았다."[174] 청대 황제 중 많은 이가 각종 시계를 즐겨 소장했다. 서양 각국 사신 중에서 황제를 알현할 수 있는 이들은 대개 황제에게 시계를 선물했고, 일부 지방 관원들로 황제에게 시계를 진상했다. 지금도 북경 고궁은 상당히 많은 시계를 소장하고 있다. 위로는 황제 아래로는 사대부, 민간 부호까지 자명종이 대유행이었다.

소련(昭槤)은 『소정잡록(嘯亭雜錄)·자명종(自鳴鍾)』에서 "태서(泰西)●102에서 만든 자명종을 (……) 사대부가 다투어 사들여 집에 완구처럼 한 개씩 두었다"라고 했다.[175] 『홍루몽(紅樓夢)』을 보면, 가(賈)씨 집안에는 이미 시계가 일용품이 되었고, 가보옥(賈寶玉)이 가슴에서 복숭아씨만한 금시계를 꺼내는 장면도 나온다. 또 금의위에서 영국부(寧國府)를 조사할 때 한꺼번에 시계 18개가 쏟아져 나온다.

6) 유리 제품

중국 고대는 일찍부터 유리를 생산했지만, 제조 방법과 재료는 현대와 다르고 역대 명칭도 제각각이다. 역사 문헌에도 나오는 명칭도 시대마다 다르다. 구림(璆琳), 약옥(藥玉), 관옥(瓘玉)이라고 부르며 유리라는 명칭이 제일 많다. 중국 고대에서 유리를 제작할 때 재료도 특수하고 기술도 복잡하므로 매우 귀해서 통상 공예품으로 만들었다. 고대에는 아랍인이 중국으로 유리 제품을 들여왔다. 명청 시기에는 동남아 일부 국가가 유리와 유리 그릇을 진상했다. 근·현대적 유리는 주로 명청 시기에 들어왔다.

---

174 錢泳.藝能[M]//履園叢話:叢話十二.北京:中華書局, 1979.

175 昭槤.嘯亭雜录[M].北京: 中華書局, 1980.

북경 고궁박물원 소장 조형합(瓜形盒).

黃地套綠玻璃瓜形盒. 百度百科. 2006.9.23. (http://baike.baidu.com/view/267443.htm)

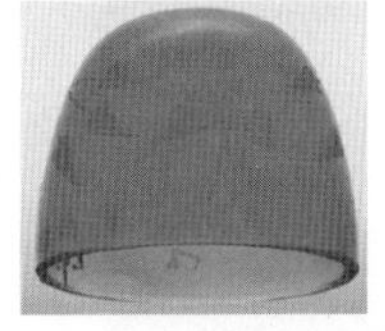

청 도광 남료화초호접문배(藍料花草蝴蝶紋杯).

古代玻璃器斷代不容易. 收藏界. 2010.12.01. (http://news.scj.cn /20101201/214718053625.shtml)

서안박물관에서 전시한 청대 유리 제품.

西安博物館的淸代玻璃器. 江蘇省中小學教學研究室. 2009.6.12. (http://ms.jssjys.com/html/article/636/)

강희 투명료음선화조문반(透明料陰線花鳥紋盤).

古代玻璃器斷代不容易. 收藏界. 2010.12.01. (http://news.scj.cn /20101201/214718053625.shtml)

서양인은 중국으로 일반 유리 제품을 수출했을 뿐만 아니라, 광학 원리로 제작한 유리 제품도 수출했다. 명대 때 이미 이러한 서양 제품이 일부 들어왔으며, 청나라에 들어와서는 서양의 유리 기구가 점점 더 많이 들어오게 된다. 이러한 유리 제품 이외에도 특수한 유리 제품이 들어왔는데 이를테면 홍이포에 딸린 망원경(천리경)이 들어온 것이다. 서광계는 숭정 2년(1628)에 "망원경 세벌로 천문을 관측"하자고 상소를 올린다. 숭정 황제는 직접 망원경을 사용해보서는 "감탄할 만하다"라고 하면서 좋아했다. 옹정 8년(1730), 황제는 대학사들에게 교시하면서 "여러 형제와 건청궁에서 천리경으로 일식을 관측"했다고 이야기한다.[176] 가면 갈수록 군사용으로 망원경을 더 많이 사용한다.

안경 또한 명나라 때 이미 중국으로 들어온다. 조익(趙翼)은 『해여총고(陔

176 張壽鏞. 皇朝掌故匯編(內編)[M].北京: 求實書社, 1902.

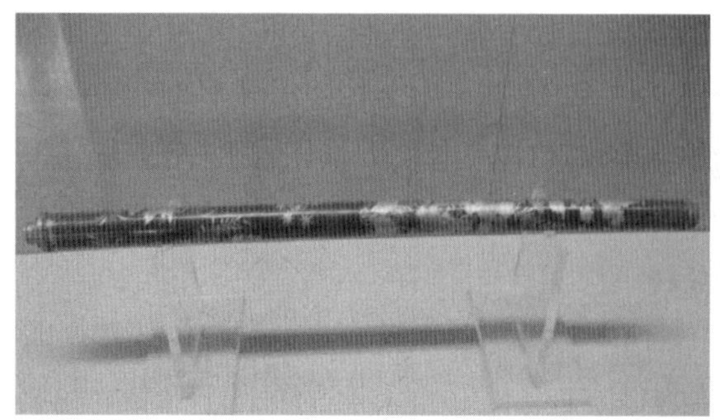

청대 옻칠을 하고 금화를 그린 망원경.

구리로 도금한 천문 망원경.

북경 고궁박물원, 작가 직접 촬영, 2012.12.2.

독일 망원경.

광동수사 "광병(廣丙)" 함관대(艦管帶), 정벽광사(程壁光使)가 사용한 망원경.

중국 국가박물관, 작가 직접 촬영, 2012.12.1.

餘叢考)』에서 "고대에는 안경이 없었고, 명나라 때 처음 생겼다. 애체(靉靆)라고 불렀다"[177]라고 했다.

청나라 건륭 황제는 안경에 관심이 있어 많이 소장했다. 건륭 56년(1791) 5월 황제는 "한림원 대과 때 시제를 안경으로 하라"라고 했다. 아울러 시험 성적에 따라 진급시키려 했다. 결과는 "안경은 여태까지 한 번도 시제로 출제된 적이 없어서, 과거장 분위기를 사뭇 긴장감이 감돌았고, 안경 출처를 몰라 망연한 자가 많았다."[178] 하지만 청대 중기로 오면 안경은 이미 흔히 볼 수 있는 물건이 된다.

유리 제품이 들어올 때 방대경(放大鏡, 돋보기)도 같이 들어온다. 청나

177 趙翼. 陔余叢考[M].石家庄: 河北人民出版社, 2003.

178 李調元.考翰林眼鏡題[M].淡墨彔: 卷十六.沈陽: 遼宁教育出版社, 2001.

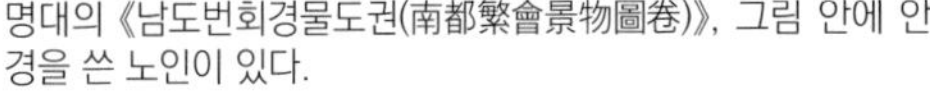

명대의 《남도번회경물도권(南都繁會景物圖卷)》, 그림 안에 안경을 쓴 노인이 있다.

(轉) 祖先超時尙拉風的眼鏡. 百度貼吧. 2011.10.10. (http://tieba.baidu.com/p/1240712768)

안경을 쓴 청나라 사람.

英國人拍晩淸人物. 照圈朋网. 2011.12.30. (http://quanpeng.net/static/posts/display/2121)

라의 이어(李漁, 1611~1680)는 망원경, 현미경, 분향경(焚香鏡), 단용경(端容鏡), 취화경(取火鏡) 등을 언급하면서 다음과 같이 말한다. "200년 전에 조공 온 사신이 가져왔다고 하는데 우연히 한 번 보고 구하기 쉽지 않았다. 명나라에 들어와서는 저쪽 나라의 인재들이 지역에 구애받지 않고 들어와서 중국 사람들을 가르쳤다. 스스로 만들 수 있어 사람들에게 선물했다. 기이한 것을 좋아하는 이들은 모두 가지고 있다."[179] 이 이후 시계와 서양의 유리 제품 같은 기물들은 여전히 널리 보급되지는 않았지만, 흔히 볼 수 있기는 했다.

이러한 기물 또한 당시 보수적인 일부 사람은 대표적으로"기이하고 음란한 것"으로 보았다. 현실에서 일부 서양 기구는 확실히 잘못된 용도로

179 李漁. 十二樓 夏宜樓 [M]. 上海: 上海古籍出版社, 1992.

쓰일 때도 있었다. 예를 들면 안경은 당시 젊은이들 사이에 유행했다. 장자추(張子秋)는 「속도문죽지사(續都門竹枝詞)」라는 글 한 편을 남겼다. “근시인 사람마다 안경을 꼈네, 전포에서 도수를 분명히 만들었으니 눈에는 아주 좋은 것이라네, (하지만 근시도 아닌 젊은이가) 앞다투어 사려 하네.” 그는 또 건륭 60년(1795)에 「도문죽기사(都門竹枝詞)」를 썼다. “복잡한 거리를 수레를 타고 가면서, 비스듬히 기대어 책을 소리 내어 읽지 않네, 안경을 끼고 근시인 척하며, 다른 이름난 노선생을 따라하네.”

이어의 소설 『십이루(十二樓)·하의후(夏宜樓)』 중에 다음과 같은 장면이 나온다. “공자 구길(瞿佶)은 망원경으로 부잣집 딸인 첨한한(詹嫻嫻)의 규방 생활을 몰래 엿본다. 얼마 후 중매쟁이를 넣어 청혼한다. 구길은 그들에게 거짓말은 한다. ‘전생에 우리는 부부였소. 그래서 만난 적이 없더라도 이미 알고 있었던 것이오.’ 또 큰소리친다. ‘나는 신안(神眼)을 가졌소. 가깝든 멀든 터럭 하나라도 다 볼 수 있소.’ 첨한한은 구길이 진짜 ‘정해진 인연’인 줄 알고 아버지에 결혼시켜 달라고 조른다.”

이어는 여기에 대해서 논평을 한다. 서양의 망원경이 나오고서 “애석하게도 세상 사람들은 모두 이를 장난감으로만 생각한다. (……) 다른 곳에 이를 쓰려고도 하지 않는다. 예쁜 것을 탐하고 농염한 것을 찾을 때, 단을 세우고 상장군처럼 숭배하면서 그것이 큰 공을 세우기를 바란다. 그것으로 규방을 훔쳐보면서 문밖을 나가지 않고 눈앞에 것을 보는 듯 거짓말을 한다. 별당의 고운 꽃도 생각만 하면 (망원경으로) 바로 볼 수 있다.”

방대경은 분향할 때 점화하는 용도로 썼기 때문에 분향경, 취화경이라고도 부른다. 한편 어떤 상황에서는 서양의 기술 일부를 매우 중시했는데, 예를 들자면, 명말청초 천문을 주관했던 흠천감(欽天監)은 “서양 기술을 많이 이용 했다.”[180]

180 謝貴安. 西器東傳与前近代中國社會[J]. 學術月刊, 2003 (8).

명 효청태후의 봉관(鳳冠)(여기에 달린 보석은 외국에서 온 것임).

아랍의 대좌동로(帶座銅爐)-명 정덕 연간(1506~1521).

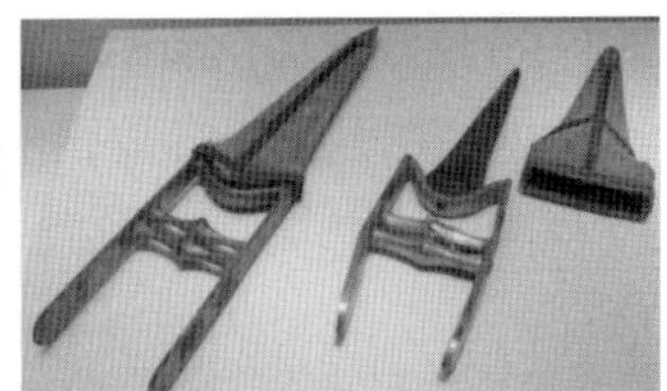

금화철삽도(金花鐵鍤刀) (1785년 면왕이 건륭 황제에게 진상한 것).

중국 국가박물관, 2012.11.30.

명청 시기에 자바를 포함한 동남아 일부 국가에서는 물품 이외에 흑인 노예도 데려왔다. 이를 "흑소시(黑小厮)"라고 부른다. 『명실록』에 따르면, 홍무 연간에 자바는 2차례 중국으로 흑인 노예를 보냈다고 한다. 1차 때 진상품 종류는 300여 가지였고, 흑인 노예는 남녀 각각 101명이었다. 당송 때부터 이미 해외에서 흑인 노예가 들어왔는데, "관노"뿐 아니라 "사노"도 있었다. 이들을 모두 "곤륜노(昆侖奴)"라고 불렀다.

명나라 때는 민간이나 관청에서 흑인 노예를 더 많이 두었다. 엽권(葉權)의 『현박편(賢博篇)』에 다음과 같은 글이 나온다. "원나라 때 환관들은 집안에 흑인 노예를 두었다. 건국 초기에 서역에서 300명이 들어왔다고 하는데, 아마 이들의 후손인 것 같다." 채여현(蔡汝賢)는 『동이도상(東夷圖像)』에서 다음과 같이 이야기 한다. "흑귀(黑鬼), 즉 흑번귀는 흑인 노예를 부르는 것이다. (……) 관청에서 사들여 선봉에서 세웠다. 정직하고 믿음직했다. 중국 여자와 결혼해 애를 낳으면 피부가 검었다. 오래 데리고 있으면 중국말을 알아들었지만 하지는 못했다."

왕사성(王士性)은 『광지역(廣志繹)』에서 다음과 같이 말한다. "외국 선박에 창노(倉奴)가 있었는데 속칭 흑귀이다. (……) 한 명당 50~60금에 거래되었다." 황좌(黃佐)는 『광동통지』에서 "광동 부자 중에 귀노를 두는 이

주방(周昉) 《휘선사녀도(揮扇仕女圖》 부분.
唐周昉揮扇仕女圖. 百度百科. 2008.2.1. (http://baike.baidu.com/view/252259.htm)

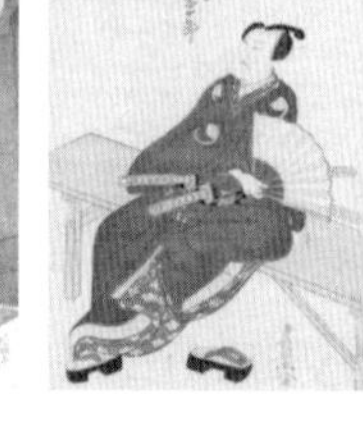
고대 사녀(仕女).
중국 국가박물관, 작가 직접 촬영, 2012.11.30.

고굉중(顧閎中) 《한희재야연도(韓熙載夜宴圖》 부분.
韓熙載夜宴圖. 百度百科. 2012.12.12. (http://baike.baidu.com/view/64085.htm)

들이 많았다"라고 했다. 굴대균은 『광동신어』에서 "광동이 번창할 때, 부잣집에서는 흑인을 사서 문을 지키게 하는 경우가 많았다"라고 했다. 이로써 본다면 당시 중국으로 들어온 흑인 노예가 많았다는 것을 알 수 있다.

앞서 말한 수입품 외에 다른 물품도 매우 많다. 종류는 다양하지만, 수량은 매우 적다. 진상품에는 당연히 보석이나 공예품이 빠질 수 없다. 물품은 대략 다음과 같다. 각종 보석, 마노(瑪瑙), 수정(水晶), 진주, 상아, 누각(螺殼), 산호, 공작 꼬리, 금, 은, 옥, 옻, 자기 같은 장식물이나 기구. 특수한 종이, 황랍(黃臘), 석청, 완석(碗石), 다화석(打火石), 마도석(숫돌). 또 각종 진귀한 재료, 봉랍, 빈랑, 빈랑고(檳榔膏), 간장, 술, 엄과(醃瓜), 연와(燕窩), 간선(幹鮮), 과일과 채소 같은 각종 식품. 가위, 화살 촉, 금강찬(金剛鑽), 철련(鐵鏈), 말안장, 의자, 병풍, 우산, 부채, 서양 약품, 항수, 서양 악기와 같은 용품. 수우피, 표피, 웅피, 수달피, 은서피(銀鼠皮), 서구피(西狗皮), 호피 등 각종 피혁 제품.

황쌍용단선(黃雙龍團扇).　　치미선(雉尾扇).

중국 국가 박물관, 작가 직접 촬영, 2012.12.2.

*청나라 황제가 사용한 의장용 부채.

《그림 감상》
企博網. 2008.2.9. (http://laiab.blog.bokee.net/bloggermodule/image_viewblog.do?id=349757)

《명작 (1)》
2010.4.22. (http://www.0575bbs.com/simple/?t880927.html)

*우키요에(浮世繪) 중 일본 부채.

이 중에서도 짚고 넘어가야 할 것은 일본 부채와 피혁이다. 부채는 원래 중국에서 발명했지만, 중국인이 발명한 부채는 단선(團扇)이었다. 단선이 일본으로 전해지자 일본인은 이를 바탕으로 절선(折扇)을 만들었다. 송대부터 절선이 중국으로 수출되었다. 명대 전기에는 조공 무역을 통해서 또 정식 공물 이외 물품으로 절선이 많이 들어왔다. 명대 후기와 청대에는 민간 무역을 통해 절선이 많이 들어왔다.

피혁은 원래 일부 국가에 진상하거나 민간 무역에서 거래하던 것이었다. 청나라 중기 이후에는 미국산 수입이 제일 많았다. 아편이 대량으로 들어오기 전, 미국이 중국에 수출한 중요 상품 중에 하나였다. 중국에 최초로 왔던 미국의 "중국 황후"호는 적지 않은 피혁을 싣고 왔다. 러시아도 중국에 해상으로 피혁을 많이 수출했다. 가경 8년(1803) 5월부터 1806년 1월까지 러시아의 "희망"호와 "열와(涅瓦)"호는 스페인 은화로 19만 냥 상당의 모피를 싣고 왔다.

종합하자면 다음과 같은 결론이 나온다. 서양인이 동양으로 들어오기 전에는 수입 화물은 대개 중국 상선, 동아시아와 동남아시아 각국 상선이 운반했다. 서방 세력이 동남아로 진입하면서부터, 서양인이 자신들의 상품을 운송했을 뿐만 아니라, 남아시아와 동남아의 상품 무역에도 참여했다. 미주의 백은을 제외하고, 명청 시기에 서양인이 중국으로 운송했던 상품 중 상당 부분은 동양에서 생산되는 것이었다. 그중에는 동아시아와 동남아 각국이 중국에 진상했던 전통적 공품과 무역 상품도 포함되어 있었다.

제 3편

백은의 유입

白 銀 的 流 入

10 백은 유입의 동인

중국에서는 명대 이전에 이미 백은(白銀)을 화폐로 사용했다. 외교상 왕래하거나 상품 무역을 하면 백은은 중국으로 들어오기도 하고 중국에서 나가기도 했다. 명청 대부분 시기에 백은은 일본과 미주에서 중국으로 유입되었으며 유입량도 매우 많았다. 명청 두 시대 때 중국에서 수입한 상품 중에 제일 중요한 것은 말할 것도 없이 백은이다. 중국으로 백은이 대량 유입된 데에는 중요한 이유가 있다.

1. 중국 국내산 백은의 부족

중국은 세계에서 백은 광산을 제일 빨리 발견하고 이용한 나라였다. 고고학적 발견에 따르면 아주 이른 시기인 신석기 말기부터 백은을 채굴해 제련하고 가공했다고 한다. 춘추 시기에 이미 유명한 "은산(銀山)"이 있었다. 전국시대를 거쳐 한나라 때에 오면 은기를 가공하고 제작하는 기술이 상당한 수준까지 올라간다. 당나라 때 이미 "은이 있는[有銀]" 35곳에 대한 기록이 나온다. 민간에서 은을 많이 채굴했고 어떤 지역에서는 이미 백은이 화폐로서 유통되기도 했다. 하지만 총생산량도 많지 않았고 유통도 그리 보편화되지 않았다. 당나라 중기에 재위한 덕종(德宗)의 원화(元和, 806~820) 연간에 당나라 정부가 징수한 은과(銀課)•[103]는 1.2~1.5만 냥 사이였다.[1] 일본 학자 가토 시게루(加藤繁)의 연구에 따르면 당·송·원 시기의 은과는 은광 총생산량의 약 20%이었다고 한다.[2] 이 계산에 따르면 은

1 陳鴻琦. 白銀在中國的流通 [J]. 歷史博物館館刊, 1999 (69).
2 全漢升. 明代的銀課与銀産量 [M] // 中國經濟史研究. 台北: 新亞出版社, 1991.

현대 중국의 은광 분포.

中國銀礦資源情况及分布示意圖. 中國選礦技術网. 2012.12.12. (http://www.mining120.com/resource/index_resource.asp?fl1=%B9%F3%D6%D8%BD%F0%CA%F4&fl2=%D2%F8) 중국은 1996년 연말까지 은광 569곳을 발견했다. 매장량은 11만 6,516톤으로 세계에서 중간 순위이다. 여기에 대한 자료는 다음에서 인용했다. "中國銀礦資源概况及分布冶, 中國礦業人才网." 지도에 표시된 은광은 모두가 채굴할 수 있는 것은 아니다. 고대에도 채굴할 수 없었던 것이 많고 또 아직 발견되지 않은 은광도 많다.

『천공개물』에는 나오는 은광 채굴도.

中國古代版畫技藝工藝類圖片. 昵圖网. 2011. 8.27. (http://www.nipic.com/show/3/77/5151337k29479e41.html)

생산량의 매년 평균은 6~7.5만 냥 사이가 된다. 송대에 와서 백은의 생산은 더 증가하는데, 신종(神宗) 원풍(元豊) 원년(1078)에 은과는 21.5만 냥이고,[3] 연간 생산량은 108만 냥이었다. 원 천력(天曆) 원년(1328)에 은과는 7.8만 냥이었고[4], 연간 생산량은 39만 냥이었다. 이 숫자를 놓고 본다면 당

3 《宋史 食貨志》.

4 《元史 食貨志》.

시 세계에서 중국의 은 생산량은 상당히 많은 편에 속하므로 은 생산 대국이라고 부를 수 있다.

그러나 명나라 때부터 민국 시기까지 중국의 백은 생산량은 줄곧 감소한다. 송원 시대와 비교하면 백은 생산량은 증가하는 것이 아니라 오히려 크게 감소한다. 치엔장(錢江)은 취엔한성(全漢升)이 정리한 역대 평균 은과에 관한 자료[5]를 근거로 해서 다음과 같이 주장한다. "명 홍치 13년(1500) 이래 100여 년간 백은의 1년 생산량은 줄곧 10만 냥 내외였고, 청나라 전기에는 20만 냥 내외였다."[6]

리룽성(李隆生)도 취엔한성의 자료에 근거해서 은과, 즉 은의 세율이 약 30%라고 결론을 내린다. 1390년부터 1520년까지 은 생산량은 매년 평균 30만 냥이었다. 동시에 그는 "광산을 담당하는 관리들은 생산량이 많아도 보수를 적게 받았고(생산량을 속여 불법 거래했고) 또 불법 채굴도 있었기 때문에 기록으로 남아 있는 은 생산량은 당연히 당시 중국의 생산량의 최저치"일 것이라고 주장한다.

또, 리룽성은 왕사성(王士性)의 『광지액(廣志繹)』을 예로 들면서 다음과 같이 주장한다. "만력 8년(1580) 운남에서 은과는 5~6만이었다. 이는 전국 은과 총액의 60%에 해당한다. 이에 비춰 유추하면 1580년 전국의 은과 총액은 9.17만 냥으로, 따라서 이 해의 은 총생산량을 환산하면 31만 냥이 된다. 명나라 전기(1520년 이전)와 후기(1621~1644)에 백은의 평균 채굴량은 30만 냥이었지만, 은을 녹이는 과정에서 발생하는 손실 즉 '화모(火耗)'와 기타 손실을 감안하면 실제 평균 생산량은 30만 냥이 채 되지 않는다."[7]

이외에도 우청밍(嗚承明)은 다음과 같이 주장한다. "필자가 계산해보니, 명대 국내 백은 생산량은 약 30만 냥이고, 16세기부터 감소하고, 17세

5 全漢升. 明代的銀課与銀産量 [M] // 中國經濟史研究. 台北: 新亞出版社, 1991.
6 錢江. 16~18 世紀國際間白銀流動及其輸入中國之考察 [J]. 南洋問題研究, 1988(2).
7 李隆生. 明末白銀存量的估計 [J]. 中國錢幣, 2005 (1).

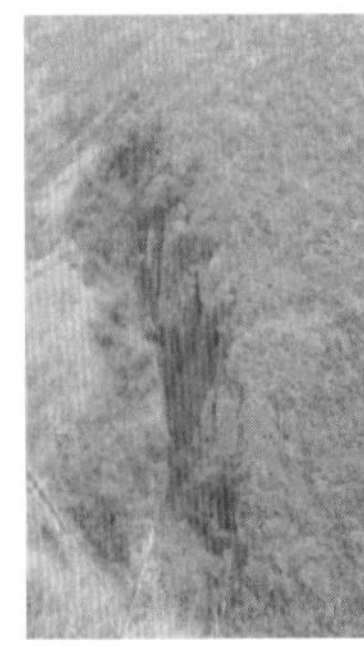

십팔각노천탐조(十八脚露天探槽).
叶淦林. 宏偉壯觀的德興銀山銀礦遺址. 网易博客. 2010.2.26. (http://tdbwgygl.blog.163.com/blog/static/110409132201012610212440)

무너진 옛 은광.
叶淦林. 銅都金三品 光彩耀中華.网易博客. 2009.7.19. (http://tdbwgygl.blog.163.com/blog/static/110409132200961993323170/)

87호 옛 광산 입구.
叶淦林. 掖德興市銀山銀礦遺址綜合考察報告業 業已形成.搜狐博客. 2009.7.25. (http://dxygl.blog.sohu.com/124624463. html)

*덕흥은산 은광 유적지.

기 초기에는 불과 수만 냥밖에 되지 않는다. 누락되거나 은닉한 것을 포함해도 20만 냥에 지나지 않을 것이다. 청나라에 들어와서 은광(銀礦)을 개발해 건륭 이후에는 은광이 30개 내외로 있었다. 하지만 은과에 대한 기록은 매우 적고, 많은 학자가 연구한 명대 은광과 상황이 아주 다르다. 펑쩌이(彭澤益)의 연구를 보면 '1754년(도광 19)에는 생산량이 최고봉이었는데 약 55.7만 냥이었다. 이후 감소해 1800년 전후로는 43.9만 냥에 지나지 않는다. 도광 황제가 누차 은밀히 칙령을 내려 증산하라고 하지만 실효를 거두지 못했다"[8]라고 한다. 또 1760년대부터 중국인이 월남에 송흥(宋興) 은광을 열고 연간 100여만 냥을 생산했다. 1761년 미얀마에서 보드윈(Bawdwin) 은광을 열고 또 연간 100여만 냥을 생산했다. 여기서 생산된 은은 대개 중국으로 운송되었다. 애석하게도 얼마 지나지 않아 광산은 문을 닫는다."[9]

정리하자면, 명청 시대 은 생산량은 많지 않았다. 특히 16세기 이후부터 일본과 미주의 백은 생산량이 급속도로 증가했고, 세계에서 중국이 생산하는 백은의 비중은 아주 낮아진다. 또 중국 백은은 품질도 좋지 않아 채굴해도 종종 득보다 손실이 더 컸다. 취엔한성의 통계에 따르면, 명나라 때 은광의 은 함유량은 0.0003~12.5% 사이였는데 대개 1% 이하였다. 같은 시기 페루•[104] 포토시(Potosi)에 있는 은광의 은 함유량은 50%였고 뉴스페인 은광의 함유량은 5~25%였다.[10]

『명사(明史)·식화지(食貨志)·갱치(坑治)』에는 다음과 같은 기록이 남아 있다. "가정 25년(1546) 7월 채광하라는 칙령이 떨어졌다. 이 해 12월부터 가경 36년까지 위원 40여 명과 방병(防兵) 180명, 비용을 3만여 금 투입했지만 득보다 실이 더 많았다." 량팡종(梁方仲)은 다음과 같이 지적한다. "중국은 종래 은 생산이 많은 국가가 아니었다. 근대 이후 유럽 국가와 통상하고서부터 대부분 외국 자원에 의존했다. 본국 생산량은 별로 중요하게 여기지 않았다."[11]

8 彭澤益. 十九世紀后半期的中國財政与經濟 [M]. 北京: 人民出版社, 1983.
9 嗚承明. 18与19 世紀上叶的中國市場 [M] // 中國的現代化: 市場与社會. 北京: 三聯書店, 2001.
10 全漢升. 明代的銀課与銀産量 [M] // 中國經濟史硏究 [M]. 台北: 新亞出版社, 1991.
11 梁方仲. 明代銀礦考 [M] // 梁方仲經濟史論文集. 北京: 中華書局, 1989.

2. 백은 수요가 급증하는 중국

우선, 송대 이래 중국 경제는 비교적 빨리 발전하고 상품화 정도도 부단하게 높아진다. 명나라 때는 이미 상품화 정도에 있어 세계에서 가장 앞서갔고 국내 내수 시장도 자리가 잡혀 거래량도 급증했다. 게다가 해외무역도 사치품 위주에서 생활필수품 위주인 대량 무역으로 바뀌었고, 해외무역을 전문으로 하는 유명한 상방(商幇)도 적지 않게 출현했다. 상품 경제가 발전함에 따라 자연스럽게 화폐에 대한 수요도 끊임없이 증가한다. 이와 동시에 인구도 가파르게 증가하고 그래서 한층 더 화폐에 대한 수요가 증가한다.

명나라 《남도번회경물도(南都繁會景物圖)》(부분) 송나라 때 작품인 《청명하상도(淸明上河圖)》보다 더 번화한 풍경을 그린 것이다.

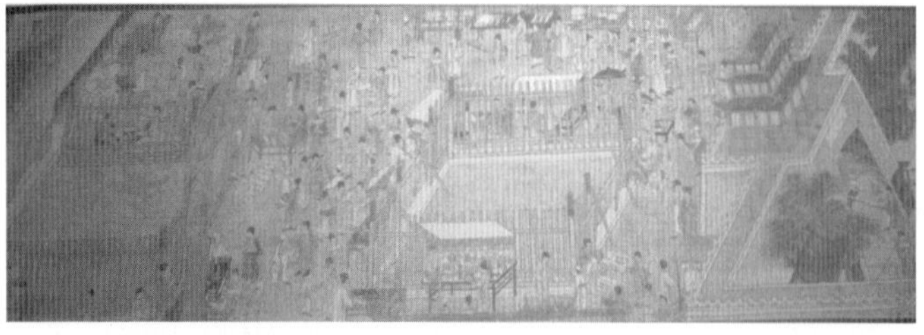

《황도적승도(皇都積勝圖)》(복제품), 북경 전문가 시경을 그린 것.
중국 국가박물관, 작가 직접 촬영, 2012.11.30.

《건륭남순도(乾隆南巡圖)》(복제품) 이 그림의 1권은 북경 전문가 시경을 그렸음.

서양(徐楊): 《성세자생도(盛世滋生圖)》 – 《고소번화도(姑蘇繁華圖)》라고도 함. 건륭 24년 완성.
중국 국가박물관, 작가 직접 촬영, 2012.11.30.

그다음, 화폐와 재정 제도에도 변화가 일어난다. 고대 세계에는 금, 은 같은 귀금속이 화폐 역할을 했다. 그러나 고대 중국에는 금, 은 같은 귀금속이 부족해 귀금속 본위제가 확립되지 못했다. 진시황이 중국을 통일하고 '외원내방(外圓內方, 밖은 둥글고 안은 사각형)'형 동전(銅錢)을 본위로 하는 화폐제도를 만들었다. 그러나 귀금속과 비교해서 동전은 본래의 결함이 있었고 또 구리의 국내 생산량도 많지 않았다. 게다가 동전은 늘 밖으로 많이 유출되어서 당송 이후에는 역사서에서 "전황(錢荒, 동전 부족 현상)"에 대한 기사가 끊이지 않는다.

송대에는 지폐 제도가 생겨, 동전 부족으로 생기는 문제점을 어느 정도 극복한다. 원나라 때 지원보초(至元寶鈔)를 발행하고 줄곧 불환지폐(不換

紙幣)[•105]를 사용했는데, 이는 세계에서 제일 먼저 지폐본위제도를 시행한 것이다. 명나라 초기 정부가 발행한 보초(寶鈔)와 동전은 안정적이지 못했다. 명 태조가 대명보초(大明寶鈔)를 발행했지만, 곧 유명무실해진다. 홍무 8년(1375)에 발행한 보초는 홍무 27년(1394)에 오면 액면의 5~16% 정도로 가치가 떨어진다. 이 뒤로 발행한 보초의 실제 가치도 더 떨어진다. 성화 23년 보초 1관은 동전 1문과 교환할 정도였다. 명나라 초기에는 동전을 많이 주조하지도 않았지만, 대개가 조공 무역에 사용되었다. 한편 보초가 쓸모없어지자 동전을 주조해야 할 필요성이 더 부각되었다. 그래서 동전을 더 주조하게 되었지만, 특히 명나라 중기에 오면 상품 경제가 크게 발전하여 전황이 더 심해진다. 동전을 주조할 구리가 부족하자 명나라 정부는 동기를 녹여 동전을 주조하라고 여러 차례 명령을 내리고, 아울러 전시대 동전을 유통하는 것을 허가하기도 했다.

이렇게 동전을 주조하자 중량은 점점 미달하고 구리 함유량도 갈수록 적어진다. 동전 무게는 본래 1돈 2푼이었는데, 점점 가벼워져 1돈 혹은 8푼까지 떨어졌고 심지어 무게가 4푼 이하인 것도 있었다. 동전의 성분에 대한 원래 규정은 구리와 아연이 7 대 3이었으나 5 대 5로 떨어졌으며 심지어 3 대 7 혹은 2 대 8까지 떨어지기도 했다. 게다가 위조 동전이 창궐하고, 정부 화폐 정책도 변동이 심하여 보초와 동전 모두 신용도가 그리 높지 않았다.[12]

한편, 백은은 당나라 때부터 유통되기 시작했다. 그러나 명대 이전까지 중국의 화폐 체계 내에서 백은의 위치는 그리 확고하지 않았다. 또 백은은 황금, 동전, 지폐와 관계가 서로 얽혀 분명하지도 않았으며, 어떤 시기에는 정부가 백은의 유통을 금지하기도 했다. 전체적으로 보면 백은의 지위는 갈수록 점점 높아진다. 송과 원, 명나라 초기까지 정부는 백은을 통화로

12 全漢升. 中國經濟史研究 [M]. 台北: 稻鄉出版社, 1991.

사용하는 것을 제한했지만 효과가 미미했다. 명나라 초기에는 동전과 화폐를 같이 썼으며, 민간에서 금은을 거래하는 것을 금지했다. 그러나 홍무 말기에 오면 어떤 지방에서는 민간인이 사적으로 금은을 거래하기 시작했다. 정통 9년(1444) 영종은 "은 제한령"을 풀지 않을 수 없었다. 이에 관리, 군인, 상인, 민간인 모두가 은을 사용한다.[13] 천순 연간 정부는 다시 은 사용을 허가하지 않았던 금령을 해제한다. 홍치 원년(1488) "경성 세과시(稅課司)는 순천, 산동, 하남의 호구식염세(戶口食鹽稅)를 모두 보초로 징수했

명·청 지폐.

송·원 지폐.

중국 국가박물관, 작가 직접 촬영, 2012.11.30.

13 盛觀熙. 梁溪集 中國錢幣研究叢論[M]. 亞洲錢幣學會出版, 2005.

고, 각 초관에서는 동전과 보초로 징수했다. 나중에는 은으로 징수했다."[14]

상황이 이렇게 되자, 정부는 금은령(禁銀令)을 방치했고 전국 각지에서 은과 동전을 쓰면서 초법은 실제상 폐지된 것이나 마찬가지였다. 화폐 본위제에서 은 본위제로 넘어간 것이다. 명 만력 9년(1581) "일조편법(一條鞭法)"을 시행하면서부터 기본적으로 은 본위제가 확립된다. 이때 동전은 보조 화폐 역할을 한다. 이 이후부터 민국 초기까지 거액은 은으로, 소액은 동전으로 거래했다. 상인들이 거래할 때만 은을 사용한 것이 아니라 정부의 "정식 세금"도 은으로 납부했다.

재정 제도를 살펴보면 명나라 초기까지는 여전히 옛 법을 따라 실물 재정 제도를 시행했고 토지세는 쌀, 보리를 위주로 징수했다. 이를 "본색(本色)"이라고 부른다. 부가적으로 생사, 삼베, 면포 등 토산물과 화폐로 징수하기도 했다. 이른 "절색(折色)"이라고 한다. 이외에도 백성은 요역을 져야 했다. 정덕 원년 정부는 정식으로 "은차(銀差)", 즉 요역의 일부를 은 2냥으로 대신하는 것을 허가했다. "일조편법"을 시행한 후부터, 모든 세금과 요역은 은으로 납부하게 했고, 정부의 지출이나 녹봉도 모두 은을 사용하라고 법으로 정한다. 이로써 화폐 재정 제도를 확립한다. 이 때문에 중국 국내에서 수요가 급격히 증가한다. 바로 이때 해외무역을 통해 백은이 대량으로 유입된다. 따라서 화폐 제정 제도와 은 본위제 화폐제도의 확립은 백은의 대량 유입과 밀접한 관계가 있으며 서로를 촉진시켰다고 할 수 있다.

백은은 화폐 이외에도 각종 은기를 제작할 때도 사용했다. 중국에서 은기를 제작하는 데 필요한 은에 대한 수요는 다른 국가에 비해 꼭 많지는 않았다. 그러나 중국에서는 뇌물로 쓰려고 비축한 금은은 다른 국가보다 훨씬 많았을 것 같다. 예를 들자면, 어떤 탐관오리의 재산 중에 다른 것을 계산하지 않고 오직 백은만 계산할 때 다음과 같은 경우가 있었다. 『명사·간신

14 張廷玉等. 明史 [M]. 上海: 上海古籍出版社, 2003.

전』을 보면, "엄숭(嚴嵩)의 아들 엄세번(嚴世蕃)이 죄를 지어 집안을 조사했더니 백은 200여만 냥이 나왔다. 금의위 지휘 주녕이 조사하니 집에서 백은 498만 냥이 나왔다. 정덕 원년 태감 이흥(李興)이 법을 어겨 바로 조사하게 했더니 백은 40만 냥이 나왔다."[15]

명청 시대 때 황제도 따라가지 못할 정도의 탐관오리라면 명나라의 유근(劉瑾)과 청나라의 화신(和珅)을 빼놓을 수 없다. 명나라의 낭영(郎瑛, 1487~1566)이 쓴 『칠수유고(七修類稿)』와 진홍모(陳洪謨, 1474~1555)의 『계세기문(繼世紀聞)』, 전예형(田藝蘅, 가정과 만력 때 인물)의 『유청일차(留青日箚)』 및 유세정(王世貞) 등의 주장을 종합하면, 유근의 집을 조사해 찾아낸 백은은 3억 냥이었다고 한다. -은원보(銀元寶)를 환산하면 백은 2억 5,958.36만 냥이다. 이외에도 영은(零銀) 수백만 냥이 있었다.-

청나라 조익은 『이십이사차기』에 명나라 정덕 연간의 충신 왕오(王鏊, 1449~1524)의 글을 실었는데 내용은 다음과 같다. "유근 집에서 나온 백은은 5,000여만 냥이다."[16] 가경 황제가 화신을 체포하라고 칙령을 내리면서 선포한 20가지 큰 죄목 중에 집안 토굴에 백은 100만 냥을 은닉한 죄가 있었다. 청말 설복성(薛福成)은 『용암전집(庸庵全集)』에서 「사초화신주택화원청단(查抄和珅住宅花園清單)」을 실례로 들고 있는데, "화신 자택을 조사했을 때 나온 재산 중에 소은원보가 5만 6,600개(환산하면 566만 냥)와 은정(銀錠)이 900만 개, 은완(銀碗)이 40상[卓]이었다"[17]라고 한다. 상황이 이렇다 보니, 백은에 대한 수요가 현저하게 증가한다.

이 때문에, 중국만큼 절박하게 백은이 필요한 나라는 세계 어디에도 없

15 同上,《奸臣傳》.

16 郎瑛. 七修類稿 [M]. 上海: 上海書店出版社, 2001; 陳洪謨, 張瀚. 治世余聞 継世紀聞 松窗夢語[M]. 北京: 中華書局, 1997; 田藝蘅. 留青日札 [M]. 上海: 上海古籍出版社, 1992; 王世貞. 弇山堂別集北京: 中華書局, 1985; 趙翼. 廿二史箚記 [M]. 北京: 中國書店, 1987.

17 薛福成. 查抄和坤住宅花園清單[M]// 庸庵全集: 卷三.上海: 醉六堂, 1897.

장거정(張居正).
百度百科. 2012.12.16. (http://baike.baidu.com/view/27396.htm)

유근(劉瑾).
百度百科. 2012.12.16. (http://baike.baidu.com/view/28371.htm)

화곤(和珅).
和珅畵像. 百度百科. 2010.12.16. (http://baike.baidu.com/picview/19534/19534/1071917/fab3ac11c25b4f2cca80c4b8.html#albumindex=0&picindex=1)

었다. 또, 중국 고대의 경제 발전 수준, 특히 수공업은 같은 시기 다른 국가보다 수준이 높았다. 게다가 수공업과 농업을 긴밀하게 결합시켜 충분히 자급자족했으므로 백은을 제외하고 다른 외국 상품은 중국 시장에 들어올 자리가 별로 없었다. 어떤 네덜란드인은 "중국인에게 우리 백은이 필요했는데, 우리가 중국 상품이 필요한 만큼 그들도 백은이 필요했다"라고 했다.

서양인 세바스티오 만리케(Sebastio Manrique)는 다음과 같이 말했다. "중국인은 신상품을 찾으러 지옥으로 내려가는 것도 마다하지 않는다. 신상품을 그들이 갈망하는 리얄(Rials)•[106]로 바꾼다. 심지어 그들은 서툰 스페인어로 'plata sa sangre(백은은 곧 피다)'라고 말하기까지 한다." 스페인 사람인 세비코스(Cevicos) 박사는 1627년 12월 20일 총 결론을 짓는다. "때와 상관없이 중국인과 무역하려면 어떤 국가라도 반드시 백은으로만 지불해야 한다."(E. H. Blair &J. A. Robertson ed., The Philippine Islands, 1493~1898, Cleveland: The Arthur H. Clark Co., 1903~1309, vol.22, p.171.)

1635년, 오문 주재 영국 동인도공사의 "런던"호에 승선한 대리상, 헨리

본포드(Herny Bornford)는 중국에서 백은이 가장 잘 팔리는 것을 발견하고 이렇게 말한다. "중국인은 이처럼 절박하게 백은을 구하려고 한다. 만약 저들이 어디에 백은이 있는지 알게 된다면 쫓아내려도 쫓아낼 수가 없다. 중국 상품을 사려고 한다면 반드시 백은을 가져가야 한다. 일단 중국인은 백은을 손에 넣으면 피처럼 소중하게 생각한다. 당신들께 저들의 백은에 대한 끝 없은 욕망을 어떻게 설명해야 할지 난감하다." 몇 년 뒤 오문에서 사업하던 알파로(Alfaro)도 중국인이 어느 정도 은을 좋아하는지 언급한다. "당시 중국인들은 누군가 해외에서 은을 가지고 왔다는 소문을 들으면, 매일 그가 사는 곳으로 찾아가 자기 상품을 팔려고 한다. 물 샐 틈이 없이 사람이 빽빽하게 몰려든다. 이처럼 물불 가리지 않고 달려들므로, 애써 이들을 방에서 쫓아내지 않을 수 없다."

3. 백은 생산이 급증하는 일본과 미주

앞서 말했듯이, 명대 이전까지만 해도 중국은 은 생산 대국이었지만, 해외무역을 하면서 백은이 유출된다. 명나라로 들어와서부터는 백은 생산량은 늘어나지 않고 오히려 줄어드는 추세였다. 이와 동시에 16세기 중기부터 일본과 미주의 백은 생산량은 급증하며, 백은 세계 총생산량도 많이 증가한다. 백은 생산량의 구도도 근본적으로 변화가 일어나는데 주산지가 일본과 미주로 바뀌었고, 세계 총생산량에서 중국이 차지하는 비중이 낮아진다.

일본은 오래전부터 백은을 채굴했지만 16세기 이전까지는 채굴량이 많지 않았다. 16세기 이후 일본에서는 다이묘들이 적극적으로 은광을 개발하기 시작한다. 원래 있었던 광산에서도 많이 채굴했고, 동시에 계속해서 새로운 은광이 많이 발견되었다. 예를 들자면, 1526년에 시마네현(島根縣)

오모리쵸(大森町)의 이와미(石見) 광산에서 채굴을 시작했고, 1542년에는 효고현(兵庫縣)의 이쿠노(生野) 광산이 발견된다.

당시 일본은 선진 기술인 "회취법(灰吹法)"-"은산은취(銀山銀取)법"-을 도입해 불순물을 제거하자 백은 생산량이 가파르게 상승한다. 16세기 말 도요토미 히데요시(豐臣秀吉)가 효고현의 이쿠노 은광에서 거둬들인 은과는 1만 kg에 달한다. 17세기 초 도쿠가와 이에야스(德川家康)가 효고현의 이와미(岩美) 은광에서 징수한 은과는 1.2만 kg이었다. 당시 사도(佐渡) 은광의 채굴량이 가장 많을 때는 6~9만 kg이었다.[18] 16세기 말에 오면 일본의 백은 생산량은 세계 총생산량의 25%를 차지한다.

1560년부터 1600년까지 일본은 백은을 매해 평균 50톤(133만 냥)을 생산한다. 1601년부터 1640년까지는 매해 평균 150~190톤(400만~507만 냥)을 생산한다. 이로써 1560년부터 1644년까지 일본은 약 2억 5,429만 냥 상당의 백은을 생산했다는 것을 알 수 있다.[19] 17세기 초 일본의 백은 생산량은 정점을 찍었고 17세기 중반부터 생산량이 급격히 떨어진다. 명대 후기에 오면 일본의 생산량은 세계 총생산량의 15%밖에 되지 않는다.

백은을 대규모로 채굴하는 것은 미주가 일본보다 조금 늦게 시작했다. 콜럼버스가 중국을 찾으려다 미국을 발견한 것처럼, 그가 찾으려 했던 것은 백은이 아니라 황금이었다. 1540년대부터 미주 식민지에 살던 유럽인들은 금을 찾는 대신 백은을 중요하게 보기 시작한다. 아울러 매장량이 풍부한 은광을 발견한다. 미주의 백은 생산은 두 지역, 즉 어퍼 페루(Upper Peru, 현재 볼리비아)와 뉴스페인(현재 멕시코)에 집중된다. 이 두 지역은 당시 스페인 점령지였다. 1545년 볼리비아에서 유명한 포토시 광산이 개

18 A. Kobata, The Production and Uses of Gold and Silver in Sixteenth and Seventeenth Century Japan [J]. The Economic History Review, 1965, 18 (2): 248.

19 W. S. Atwell. International bullion flows and the Chienes economy cirea 1530~1650 [M]. psat and present 95, 1982; A. Reid. The seven-teenth-century crisis in the southeast Asia [M]. Modern Asia Studies 24: 4, 1990.

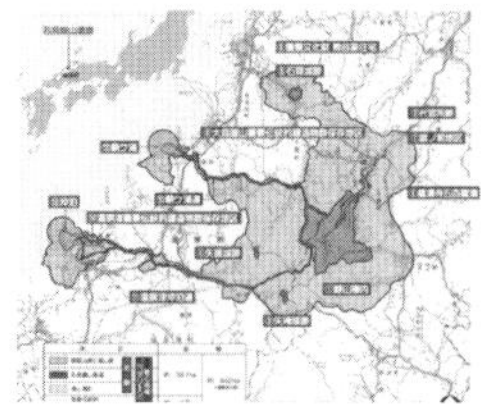

유람도.

石見銀山遺址的范圍. 石見銀山遺迹及其文化景觀. 2012.12.12. (http://ginzan.city.ohda.lg.jp/wh/ch/area/index.html)

이시미 은사.

石見銀山. 今日中國生活. 2012.12.12. (http://travel.chinalifetoday.com/travelhoteljingdiancnt.aspx?site=china&lg=cn&tp=default&cat=10011&tid=17708&key=f31b22999a)

오백 나한 석굴.

石見銀山. 維基百科自由的百科全書. (http://zh.wikipedia.org/zh/%E7%9F%B3%E8%A6%8B%E9%8A%80%E5%B1%B1)

료안지(龍源寺) 사잇길.

石見銀山. 維基百科. 2012.12.12. (http:// zh.wikipedia.org/zh/%E7%9F%B3%E8%A6%8B%E9%8A%80%E5%B1%B1)

류겐지 갱도.

石見銀山遺迹及其文化景觀. 深度日本. 2010.9.20. (http://shop.deepjp.com/article/360.html)

화취법으로 은을 생산하는 모습을 담은 그림.

銀的冶煉-灰吹法. 石見銀山遺迹及其文化景觀. 2012.12.12. (http://ginzan.city.ohda.lg.jp/wh/ch/technology/haifuki.html)

*일본의 세계문화유산인 이시미 은광 유적지.

일본 사도 금광의 광부.

佐渡金山. 搜狐博客. 2009.1.6. (http://lingfeng2008.blog.sohu.com/108039906.html)

장한다. 1548년에는 사카테카스(Zacatecas) 은광을, 1558년에는 과나후아토(Guanajuato) 은광을 차례로 개장한다. 1554년 미주에 있는 은광들은 생산 단가를 낮추면서 공정 처리가 쉬운 홍제화법(汞齊化法, amalgamate)으로 은을 제련하기 시작한다. 이후로 미주에서 백은 생산량은 아주 빠르게 증가한다.

브로딩(Brading)과 크로스(Cross)의 통계에 따르면. 1571년부터 1645년까지 식민지 미주에서 생산한 백은 총량은 최소 6억 4,448만 냥으로 매해 평

포토시 성(城).

波托西城. 游够旅行网. 2010.12.31. (http://www.51yougo.com/html/sight/2132.html)

포토시 은광.

谷歌圖片. 2012.12.12. (http://images.google.com.hk/search?q=minas+potosi&hl=zh-CN&newwindow=1&safe=strict&sa=X&tbo=u&bih=582&biw=1370&tbm=isch&source=univ&ei=pNTHUPDKBKe9iAft14GICw&ved=0CEQQsAQ)

瓜納華托之旅 (一). 搜狐博客. 2008.2.4. (http://alice989266.blog.sohu.com/78403309.html)

瓜納華托之旅 (一). 搜狐博客. 2008.2.4. (http://alice989266.blog.sohu.com/78403309.html)

*멕시코 과나후아토 은광.

辛亥百年祭-中國人完全不了解的近代史 (七). 中華网論壇. 2012. 1.19. (http://club.china.com/data/thread/11846011/2739 /29/80/8_1.html)

*사카테카스의 에덴 은광.

辛亥百年祭-中國人完全不了解的近代史 (七). 中華网論壇. 2012.1.19. (http://club.china.com/data/thread/11846011/2739/29/80/8_1.html)

균 859만 냥이다. 아더 아트만(Artur Attman)의 통계에 따르면, 1550년에는 약 300만 냥, 1600년에는 1,100만~1,400만 냥, 1650년에는 1,000만~1,300만 냥, 1700년에는 1,200만 냥, 1750년에는 1,800만~2,000만 냥, 1780년에는 2,200만 냥, 1800년에는 3,000만 냥, 1800년부터 1809년까지는 2,200만 냥, 1810년부터 1819년까지 1,200만 냥, 1820년부터 1829년까지 970만 냥이다.[20]

당시 미주에서 생산한 백은은 현지에서 아주 적게 사용하고 나머지는 전부 유럽으로 싣고 갔다. 1500년부터 1800년까지 미주에서 유럽으로 운반한 백은 수량에 대해서 모리누(Morineau)는 다음과 같이 주장한다. "1500년부터 1600년까지는 7,500톤, 1600년부터 1700년까지는 2만 6,168톤, 1700년부터 1800년까지는 3만 9,157톤으로 총량은 7만 2,825톤이다."[21] 워드 바렛(Ward Barrett)은 「1450~1800년 세계의 은괴 유동」이라는 글에서 다음과 같이 주장한다. "미주에서 생산한 백은은 16세기에는 약 1만 7,000톤, 17세기는 약 4만 2,000톤, 18세기에는 약 7만 4,000톤으로 총량은 13.3만 톤이다." 리차드 가르너(Richard Garner)는 "16세기부터 식민지 지배가 끝나는 때까지 유럽의 미주 식민지에서 생산한 백은은 29억~31억 페소 상당으로 10만~11만 톤 정도 된다"[22]라고 했다. 취엔한성의 추산은 다음과 같다. "세계 백은 총생산량 중 미주 식민지의 생산량이 차지하는 비율은 16세기는 75%, 17세기는 84.4%, 18세기는 89.5%이다."[23] 판캉(樊亢)과 송쩌씽(宋則行)이 주편한 『외국 경제사』에는 "식민지 전에 스페인이 미주 식민지에서 착취한 백은은 10만 톤"이라고 한다.(미

20 庄國土. 茶叶, 白銀和鴉片: 1750~1840 年中西貿易結构 [J]. 中國經濟史研究, 1995 (3).

21 安格斯 麥迪森. 世界經濟千年史 [M]. 北京: 北京大學出版社, 2003.

22 韓琦. 美洲白銀与早期中國經濟的發展 [J]. 歷史教學問題, 2005 (2).

23 全漢升. 略論新航路發現后的中國海外貿易 [C]. 張彬村, 劉石吉. 中國海洋發展史論文集, 1993.

주 본지에서 사용한 백은을 포함하지 않는다.)[24]

4. 중외 무역의 불균형

중국의 해상무역은 역사가 오래되었지만, 명나라 초기까지는 항상 사치품 위주였고, 주요 수출 상품은 자기(당시에는 사치품에 속함), 견사직물(생사 위주가 아님)이며, 주요 수입 상품은 보석과 향료였다. 명나라 초기의 해상무역은 조공 무역 위주였고, 백은은 공품으로 들어오거나 하사품으로 나갔다. 결론을 내린다면, 많이 나가든 들어오든 관계없이 당시 백은 유동량은 그리 많지 않았다는 것이다. 명대 중기에 오면 변화가 발생한다. 15세기 초 정화가 서양으로 내려갈 때, 이와 동시에 중국과 주변 국가의 교류가 현저하게 증가하는 추세였고 이에 따라 해상무역도 확대된다. 15세기 말 콜럼버스와 바스코 다 가마 등이 항해 탐험을 시작하고 대항해 시대가 도래하면서 전 지구적 범위의 해상무역의 길이 열리게 된다. 따라서 동양과 서양의 해상무역이 빠르게 발전한다. 무역 상품도 사치품 위주에서 백성의 일용품 위주로 바뀌게 된다.

고대부터 중국은 수공업이 특히 일본보다 발전했기 때문에 일본은 예부터 중국 상품에 의존하지 않을 수 없었다. 명대로 진입하고서 대중 생필품이 무역 상품의 주종이 되면서 이런 의존도는 더 높아졌다. 그래서 "일본에서 필요한 것 모두는 중국에서 들어온다"[25]라는 말이 있을 정도였다. 일본이 중국에 수출한 주요 상품은 도(刀), 검, 유황, 부채 등으로 몇 종목이 되지 않으며, 일본의 대중국산 수요가 중국의 대일본산 수요를 훨씬 초과했다. 일본은 중국 상품에 대해 황금이나 백은으로 값을 치렀다. -이후

---

24 樊亢·宋則行. 外國經濟史 [M]. 北京: 人民出版社, 1994.
25 姚士麟. 見只編卷上 [M]. 濟南: 泰山出版社, 2000.

에는 구리로 지불했으며, 더 이후에는 "표물(表物)" 수출이 증가했다.-

이와 동시에, 명나라 중기 이후에는 중국과 주변 국가의 교역은 '시장화' 방향으로 발전했다. 관방 무역은 여전히 조공 무역을 중심으로 돌아갔지만, 교역 관계가 점점 대등해지고 가격도 시장가격과 비슷해지기 시작했다. 게다가 조공 무역에 대한 규제, 이를테면 횟수, 인원, 선박 규모 등에 대한 제한이 점점 더 심해지는 반면 민간 무역은 부단하게 확대된다. 따라서 관방 무역에서 민간 무역으로 중심이 이동하게 된다.

해외무역이 성행하면서 백은으로 거래하는 경우가 더 잦아진다. 명나라 중기 이후 중국과 일본 관계는 줄곧 나빠져 결국 조공 무역이 사라지게 된다. 양국 무역은 민간의 등가교환이 위주가 되었고 심지어 다른 나라를 통해 중개무역을 하기도 한다. 바로 이때 일본의 백은 생산량이 급증하여 "일본에 재화는 없고 오직 금과 은만 있다"라는 말이 떠돌게 된다. 각종 중국 상품이 일본으로 들어가고 이에 따라 대량의 일본 백은이 중국으로 들어오게 된다.

중국과 주변 국가는 전통적으로 조공 무역 관계를 유지했지만, 이와 달리 서양 국가는 처음부터 등가교환 관계로 중국과 무역을 시작했다. 일본을 포함한 다른 주변 국가들처럼 서양 국가들도 중국에 들어와서 '당시 중국의 경제 수준이나 수공업 기술 수준, 백성의 소비 수준이 유럽보다 높고 또 유럽인이 좋아할 만한 비단, 자기, 차 등이 많고, 유럽인에게 필요한 각종 상품이 많다는 것을' 발견한다. 게다가 당시 중국은 노동력이 풍부했고 수공업이 상대적으로 발달했기 때문에 생산 원가가 아주 낮았다. 또 당시 중국은 백은이 많이 필요했고 수요가 나날이 늘어났으며, 중국 상품을 백은으로 환산하면 가격이 더 떨어져 중국 상품은 국제시장에서 가격 우위를 점하게 된다. 예를 들자면, 1607년 어떤 스페인 관원은 다음과 같이 상부에 보고한다. "중국 상품을 필리핀에서 매우 싸게 팔 수 있습니다. 또 백은에 대한 구매력이 매우 강하므로, 만약 우리가 백은으로 중국 상품을 구매하는 사업에 투자하면 이익을 많이 남길 수 있습니다."

예를 들자면 1621년 네덜란드 동인도공사는 대만산 생사를 1파운드당 4휠던(gulden)에 구매해서, 유럽 시장에 16.8휠던에 팔았으므로 수익률은 320%가 된다. 1628년 또 다른 스페인인도 다음과 같이 이야기했다. "중국인은 매물로 많이 내어놓았는데, 값은 오직 은화로만 지불하기를 원했다. 우리가 무엇을 구매하든 관계없이 그들은 은화를 취득하려고 아주 싼 값에 팔았다. 그래서 우리는 구입한 상품이 많을 수밖에 없었다."[26] 1632년 또 다른 네덜란드인이 기록을 남겼다. "지금까지 우리가 본 상품은 정말 많다. 하지만 우리는 돈이 없어 구입할 수가 없었다."[27]

유럽에서 산업혁명을 완성하기 전까지(유럽인이 아편 같은 마약을 발견하기 전까지라고 주장하는 사람도 있음) 서양인은 백은을 제외하고 동양인이 만족할 만한 상품을 가져올 수 없었다. 그들이 자랑하는 모직품도 제조 원가가 중국보다 3배 이상 비쌌다. 네덜란드의 최상 면제품도 품질이나 원가 면에서 중국의 항주, 가주, 호주, 송강의 면포와 비교가 되지 않았다. 비록 명대 중국과 비교해서 화기, 시계, 회중시계, 니융, 선박, 유리 등 상품에서 우위를 점해서 남양의 향료를 동양의 구리와 중개무역을 했지만, 이러한 상품에 대한 중국의 수요와 중국이 수출하는 일용품은 비교조차 할 수 없을 정도로 수량에서 차이가 난다. 18세기 이후, 영국이 인도산 면화를 중국에 수출했고 중국 시장에 어느 정도 수요가 있었지만, 면화 판매 대금으로 중국의 상품을 구입하기에는 한참 부족했다.

당시 동양에 들어와 있던 서양인은 이런 상황을 재빨리 파악했다. 마찬가지로 중국인도 빨리 간파했다. 이러한 "홍이모"에 대해 당시 복건 순무였던 서학취(徐學聚)는 다음과 같이 지적한 적이 있다. "지금 외국 선박이

26 E. H. Blair et al. The Phlippine Island [M]. Cleveland: A. H. Clark, 1909.

27 布羅代爾. 15至18世紀的物質文明, 經濟和資本主義 [M]. 顧良, 譯. 北京: 生活讀書 新知三聯書店, 1996.

싣고 온 것은 계모(罽毼)뿐이다. 따뜻한 지역에 저것이 무슨 소용이 있겠는가? 비단과 삼베는 우리가 필요한 것으로 무엇 때문에 유용한 것을 무용한 것과 바꾸겠는가? 나는 루손과 거래한 적이 있는데 포트투갈 은화가 필요했기 때문이다."[28] 명대 복건 진강(晉江) 출신인 이정기(李廷機)도 다음과 같이 이야기했다. "동생이 외진 바다에서 자라서 어려서부터 자주 해금(海禁)을 보았다고 합니다. 왜란 이후 바닷길이 열리자 (……) 매번 싸구려 잡동사니를 싣고 가서 은전으로 바꿔 가득 싣고 돌아왔습니다." 명나라 사람 장섭은『동서양고』에서 다음과 같이 말했다. "루손 지역은 은 이외에 다른 산물이 없어 은전으로 물건을 바꿔 간다. 그래서 중국으로 돌아오는 선박은 다른 화물은 거의 없고 은전만 싣고 온다."[29] 청나라 때 복건 순무를 지낸 상재(常賫)도 비슷한 말을 남겼다. "이국 선박은 바람을 타고 5, 6월쯤 오문에 도착한다. 화물 중에 다른 것은 거의 없고 대부분 은이었다."[30]

중국인에게 팔 상품은 거의 없었기 때문에 "중국인과 사업을 하려면 대금을 백은으로 지불하지 않을 수 없었다. 유럽인은 동남아에서 중개무역을 하거나 동남아와 직접 무역하면서 백은으로 이윤을 많이 남긴다."[31] 아담 스미스(Adam Smith)도 다음과 같이 지적한다. "구대륙과 신대륙이 교역할 때 신대륙의 백은은 이런 방식으로 주요 상품이 된다. 거리가 멀리 떨어진 세계 각지가 연결된 것은 백은을 매매의 매개로 삼았기 때문이다."[32] "만약 백은이 없었다면, 나가사키에서 수트라(Sutra)까지 어떤 사

---

28 徐學聚. 初報紅毛番疏[M]// 陳子龍等撰輯. 明經世文編: 卷433. 北京: 中華書局, 1962.

29 張燮. 東西洋考 [M]. 北京: 中華書局, 1981.

30《文獻叢編》(第十七輯), 福建巡撫常賫奏, 雍正伍年七日十九日.

31 貢德 弗蘭克. 白銀資本---重視經濟全球化中的東方 [M]. 劉北成, 譯. 北京: 中央編譯出版社, 2000.

32 亞当 斯密. 國民財富的性質和原因的研究 [M]. 郭大力, 王亞南譯.北京: 商務印書館, 2003.

업도 성공하지 못했을 것이다."[33] 그래서 마닐라 대범선과 오문의 클라크(Clark)선은 동시대 사람들이 "은선(銀船)"이라고 부르게 된다. 마닐라 대범선은 신대륙에서 은을 싣고 왔는데, 이 은으로 중국의 비단이나 다른 상품을 구매한 대금을 지불했다. 클라크선은 일본에서 은을 싣고 와 오문에서 중국 비단, 황금, 사향 등 상품을 구입하고 대금으로 지불하면서 유명해졌다. 옌중핑은 스페인이 한창 식민지를 건설할 때 중국 무역의 특징을 다음과 같이 요약했다. "비난은 필리핀으로 흘러가고 백은은 중국으로 들어왔다."[34]

5. 은 거래로 환차익을 얻는 무역

명청 시대에 백은의 생산량은 적었지만, 백은의 수요는 많았고 반면 외국에는 생산량이 많았는데 자체 수요가 매우 적었기 때문에 중국과 다른 국가 혹은 금은 교환 비율은 차이가 크게 나며, 중국의 금은 교환 비율은 같은 시기의 일본, 인도, 유럽, 미주의 금은 교환 비율보다 높다. 이 때문에 투기 기회가 생긴다.

1609년, 25년 동안 아시아에서 사업을 했던 페드로 드 바사(Pedre De Basa)는 이러한 점에 주목했다. "(중국에서) 통상 금화 1페소는 은화 5 혹은 5.5페소로 교환했다. 중국 국내에 은이 부족해지면 외국에서 백은을 들여오는데, 금은 교환 비율은 1:6 혹은 1:6.5로 바뀐다. 내가 본 가장 비싸게 거래된 경우는 광주성으로 1:7이었다. 나는 이렇게 비싼 경우를 본 적이

33 布羅代爾. 15至18世紀的物質文明,經濟和資本主義 [M]. 顧良, 譯.北京: 生活 讀書 新知三聯書店, 1996.

34 李德霞. 近代早期東亞海域中外貿易中的白銀問題 [J]. 中國社會經濟史研究, 2006 (2).

없다. 스페인에서는 보통 1:12로 교환했다. 만약 중국에서 금을 사서 스페인 시장에 팔면 이윤이 75%에서 80%까지 남았다."[35]

아담 스미스는 『국부론』에서 다음과 같이 말했다. "유럽과 아시아가 처음 무역할 무렵, 중국과 인도의 금은(金銀) 교환 비율은 유럽보다 높았다. (……) 중국과 인도 시장 대부분에서 순금과 순은은 1:10으로 교환했고 많아도 1:12를 넘지 않았다. 반면 유럽에서는 1:14 혹은 1:15로 교환했다. 따라서 인도와 유럽을 왕래하는 선박에 제일 가치 있는 상품은 은이었다. 마닐라로 항해하는 아카풀코(Acapulco)호도 사정은 마찬가지였다."[36] 취엔한성은 킨들버거(Kindleberger)의 『서구경제사』에서 자료를 인용하면서 다음과 같이 밝히고 있다. "16, 17세기 중국에서 금은 교환 비율은 1:1.5~7, 일본은 1:12~13, 유럽은 1:10.6~15.5이었다."[37]

플린(Flynn)과 히랄데스(Giraldez)의 연구에 따르면 미주 식민지 시대에 2번 투기 주기가 있었다고 한다. 1단계는 1540년부터 1640년까지의 포토시 주기이다. 당시 명나라는 지폐 체제가 무너지고 백은으로 대체했으며 백은으로 세금을 징수했다. 중국은 수요가 많은 탓에 백은이 다른 지역보다 2배 이상 비쌌다. 이렇게 가격 차이가 크게 났기 때문에 세계 각국에서 중국으로 상당히 많은 백은이 유입되었다. 16세기 초 중국에서 금은 교환 비율은 1:6이고, 유럽은 1:12, 페르시아는 1:10, 인도는 1:8이었다. 16세기 말기에 광동에서 금은의 교환 비율은 1:1.5 혹은 1:7이었고, 스페인은 1 :12.5 혹은 1:14이었다. "이를 보면 중국에서 은의 가치가 스페인보다 2배 높다는 것을 알 수 있다." 같은 시기 일본은 1:10, 인도 무굴은 1:9

35 Charles R. Boxer. Plata Ex sangre: Sidelights on The Drain of Spanish-American Silver In The Far East. 1550~1700 [M]//韓琦. 美州白銀与早期中國經濟的發展 [J]. 歷史教學問題, 2005(2).

36 亞当·斯密. 國民財富的性質和原因的研究 [M]. 郭大力, 王亞南, 譯. 北京: 商務印書館, 2003.

37 全漢升. 明代中叶后澳門的海外貿易 [N]. 香港中文大學. 中國文化研究所學報, 5 (1).

였다. 많은 문헌에서 '당시 상인들은 중국에서 백은의 가격이 세계 다른 지역보다 매우 높다는 것을 알고 있었다'라고 언급하고 있다. 1640년대 와서야 백은 가격이 떨어져 세계 다른 지역과 비슷하게 된다. 17세기 말에는 세계의 백은 가격이 안정된 시기였는데도 중국으로 여전히 백은이 유입되었다. 이는 투기가 아닌 관점에서 고찰해야 한다.

2단계는 1700년부터 1750년까지 멕시코 주기이다. 18세기에 중국에서는 인구가 폭발해 3배가 늘어난다. 이는 백은에 대한 수요도 그만큼 증가한다는 것을 의미한다. 18세기 전반기까지만 해도 중국은 금은 비율을 1:10~11 정도로 유지했다. 당시 유럽은 1:15였다. 중국에서 백은이 유럽보다 50% 더 비싸게 거래되자 이를 기회로 멕시코에서 백은 생산량은 급증한다. 세계 각지의 백은이 다시 또 중국으로 유입된다. 18세기에는 백은의 환차 이익이 앞 주기보다 줄어들었지만, 수입량이 워낙 많아서 이윤이 바로 줄어들지 않았다. 하지만 백은이 대량으로 유입되면서 "1750년 이후에는 중국의 금은 교환 비율이 1:15였고 유럽은 1:14.5~14.8이었다." 1단계에서 백은 가격 세계와 균형을 맞추는데 100년이 걸렸다면 2단계에서는 50년 밖에 걸리지 않았다.[38]

심지어 플린과 히랄데스는 다음과 같이 주장한다. "(추상적 화폐가 아닌)백은은 유럽을 거쳐 동양으로 끊임없이 흘러 들어가 마지막에는 중국으로 들어갔기 때문에, 주요 화폐 4가지 중 3가지(황금, 구리, 패각)은 도리어 동방에서 유럽으로 유입되었다. 또 그들은 '화폐로 보상해야 하는 무역 불균형은 존재하지 않고, 무역이라는 것은 화폐로 상품을 교환하는 것이고, 교환이 발생하는 원인은 화폐라는 상품이나 화폐가 아닌 상품 모두 똑같다'라고 생각한다. 스페인을 포함한 여러 국가에서 백은 가격은 낮고 중국의 백은 가격은 비싸기 때문에 투기로 수익을 낼 기회가 생긴다. 이런

38 韓琦. 美洲白銀与早期中國經濟的發展 [J]. 歷史教學問題, 2005 (2).

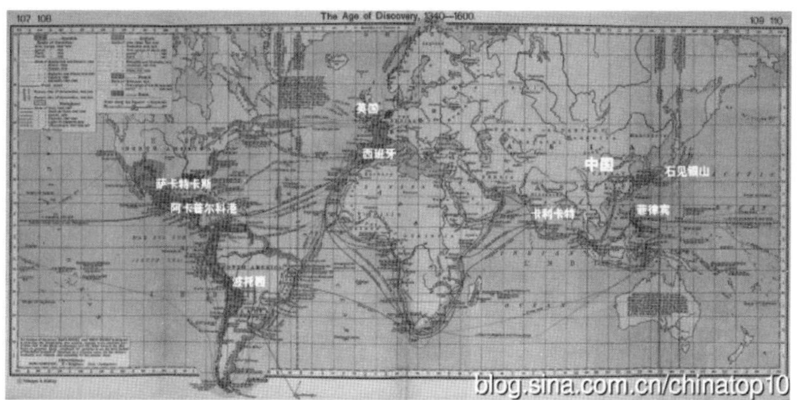

지리 대발견 시대(1340~1600)의 항해지도.

辛亥百年祭-中國人完全不了解的近代史 (七). 中華网論壇. 2012.1.19. (http://club.china.com/data/11846011/2739/29/80/8_1.html)

것이 국제 무력의 동력이 된다. 따라서 현대로 들어설 무렵에 동서 무역이 가능한 동인 중에 하나는 백은 시장의 불균형이라고 할 수 있다."[39]

플랭크(Frank)는 무역 평형론을 지지하면서, 투기로 보는 시각도 인정한다. 그래서 그는 다음과 같이 주장한다. "중국이 영원히 흑자를 낼 것 같은 무역 불균형을 해소하려는 것처럼, 세계의 백은이 중국으로 모여들었다." 동시에 다음과 같은 주장도 한다. "화폐는 무역 적자에 대해 '결산(結算)'을 진행할 때 쓸 수 있으며, 한편 이윤을 창출하는 상품이기도 하다. 화폐 역시 수요와 공급 법칙에 지배받는다. 수요보다 공급이 많은 지역에서 가격이 낮고, 그 반대 지역은 가격이 높다. 이 때문에 백은은 한 지방에서 다른 지방으로 흘러간다." 화폐는 어떤 것이라도 일종의 가치 저장기[accumulator]이며, 또 각종 화폐와 상품을 교환하는 매개이다. 액면 가치나 순도의 따라 화폐는 서로 교환하기도 하며 투기의 대상이 되기도 하며,

39 同上.

화폐로 다른 물건을 구매할 수도 있다. 이 때문에 전 지구에 걸쳐 화폐에 대한 투기가 발생하고 또 환전할 수 있으며 상품끼리 교환도 가능하다. 그래서 세계시장에서 모든 상품을 실제 거래하는 것이 가능하게 된다. "16세기와 17세기 초, 유럽인이 했던 것은 바로 아시아 각국에서 생산하는 황금과 백은에 투자해서 환차익을 얻은 것이고, 아울러 어떤 무역을 통해 특히 중국과 일본을 왕래하는 중개인 역할을 한 것이다."[40]

40 安德烈. 貢德 弗蘭克. 白銀資本-重視經濟全球化中的東方 [M]. 劉兆成, 譯. 北京: 中央編譯出版社, 2000.

11 | 일본 백은

중국으로 들어온 백은은 대개 일본산이거나 미주산이었다. 이 장에서는 일본산 백은이 중국으로 유입된 것에 관해 다루고자 한다. 일본산 백은이 중국으로 유입된 시기는 미주보다 빨랐다. 명대 초기-일본 아시카가(足利) 시대- 일본과 중국이 조공 무역을 할 때 일본산 백은이 중국으로 유입되었다. 일본의 백은이 대량으로 유입되기 시작한 시기는 명나라 후기와 청나라 초기 때이다. 대략 1540년을 기점으로 17세기 초기까지 일본의 수출 상품은 거의 백은이었으며 대부분 중국으로 수출되었다. 17세기 말에 들어오면 일본의 백은 생산량은 이미 감소하지만 일본의 국내 수요는 오히려 대폭 증가한다. 아울러 중국 상품을 "대체할 상품"을 개발했고, 한편 일본 정부는 이미 백은 유출을 통제했기 때문에 백은 수출은 끊임없이 감소한다. 1763년에는 일본이 중국에 수출했던 백은의 역사가 막을 내린다. 일본 백은이 중국으로 유입된 경로는 2가지이다. 하나는 직접 무역이고, 또 다른 하나는 중국, 일본, 포르투갈, 네덜란드 상인들이 경영한 중개무역이다.

1. 중일 직접 무역

중일 간 직접 무역은 역사가 상당히 오래되었다. 일본이 백은을 대량으로 채굴하면서부터 자국에서 필요한 중국 상품의 대금을 지불할 능력이 생기기 시작한다. 명나라 초기에 일본은 매우 적극적으로 조공 무역을 하려고 했는데 각 다이묘들이 서로 오려고 다투어서 나중에 영향력이 지대한 "쟁공(爭貢)" 사건이 발생한다. 이러한 조공 혹은 감합 무역 중에서 백은은 어느 정도 중국으로 유입된다.

명나라와 일본이 통상을 제한할 때도 "일본에 파는 것이 루손에 파는 것보다 배가 남았으니"[41] "법을 어기고 밀무역이 나날이 성행하게 된다."[42] 융경(1567~1572) 연간 바닷길을 열자 밀무역이 더욱 극성을 부린다. 명청 교체기 -남명(南明)을 포함-에도 민간 무역은 중단되지 않았고, 정씨 집단은 여전히 중일 무역을 크게 경영했다. 청나라는 대만을 평정하고 해금(海禁) 정책을 다시 푼다. 청 정부가 해상무역을 통제할 때도 그 제한 정책은 명 정부가 했던 것처럼 해상무역을 전면으로 불허하지는 않았다. 일본은 1571년 나가사키에 항구를 건설하고 개항장을 열었는데 이로써 일본에서 해상무역의 서막이 열린다. 1603년 도쿠가와 이에야스가 일본을 통일하고, 도요토미 히데요시 때 악화되었던 중일 관계를 일신하고 중국과의 해상무역을 환영했다. 1639년 일본이 쇄국 정책을 시행했을 때도 중국 상선에는 문을 열었고, 중일 간 무역은 어느 정도 성장세를 유지한다. 청나라 초기에 해금 정책을 시행해도 민간 무역을 완전히 막지 못했다. "매년 통계를 보면(1658~1662)" 나가사키에서 중국으로 보낸 백은은 전년에 비해 오히려 수십만 냥에서 100만~200만 냥으로 증가한다.[43]

중일 간 무역이 급속히 성장하는 데는 나가사키와 중국을 왕복하는 중국 상선의 역할이 컸고, 이러한 상선은 대개 백은을 싣고 회항했다. 명나라 가정 연간에 해당하는 조선의 기록, 즉 『명종실록(明宗實錄)』에는 다음과 같은 기사가 실려 있다. 1544년 중국 상선 1척이 표류하다 조선으로 들어왔다. 조선인이 그 까닭을 물으니, "일본으로 은을 사러가다 태풍을 만나 여기에 오게 되었습니다"라고 대답하고 달리 말이 없었다. 이에 대해 『명

41 《明神宗實彔》卷四七六.

42 顧炎武. 天下郡國利病書 [M]. 上海: 上海科學技術文獻出版社, 2002.

43 嗚承明. 18与19世紀上叶的中國市場 [M] // 中國的現代化: 市場与社會. 北京: 三聯書店, 2001.

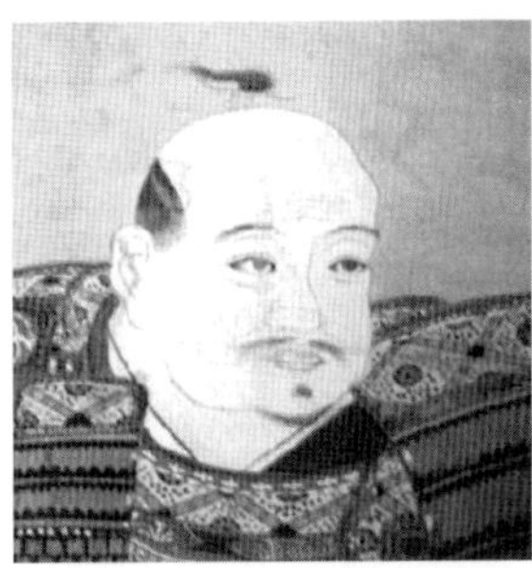

도쿠가와 이에야스.
源德川家康. 互動百科. 2008.8.1. (http://tupian.baike.com/a1_10_86_01300000826971217598690 43832_jpg.html?prd=zhengwenye_left_neirong_tupian)

정지룡 초상.
鄭芝龍. 互動百科. 2008.10.15. (http://tupian.baike.com/a4_71_02_01300000237386122404021601857_jpg.html)

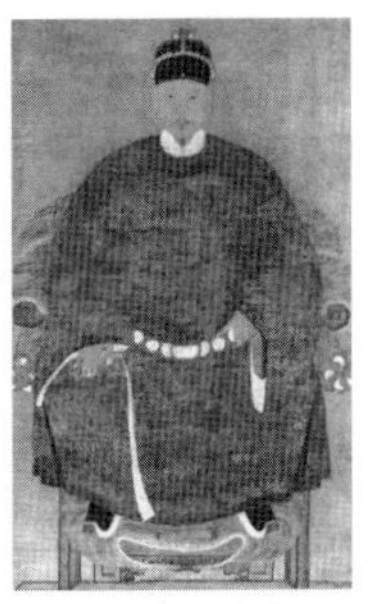

대만 "고궁박물관" 복원한 정성공 초상.
台湾修复最接近郑成功本人画像 (图). 2009. 01.15. (http://www.china. com.cn/culture/txt/2009-01/15/content_17109987.htm)

일본 나가사키 히라도 소재 정성공 고거 유적지.
2012.10.1. (http://yoyaku.yukoyuko.net/guide/guide.do?action=spot_detail&area=10&pre=42&smallarea=420002&spt=42207af2170018696&id=WG02104)

정성공 묘.
2012.10.1. (http://tabinaga.jp/drive/hirado.php)

정성공 탄생비.
2012.10.1. (http://www.heartytour.com.tw/page5.asp?grpid=18941)

종실록』은 "일본에는 은이 많이 나서 중국인이 구매하러 가다 태풍을 만나 표류하다 본국에 들어왔다"[44]라고 평가했다.

청나라의 이언공(李言恭), 학걸(郝杰)은 다음과 같이 말한 적 있다. "왜

44 李朝明宗實录 [M] // 小叶田淳. 日本貨幣流通史: 第二章, 明宗元年七月.

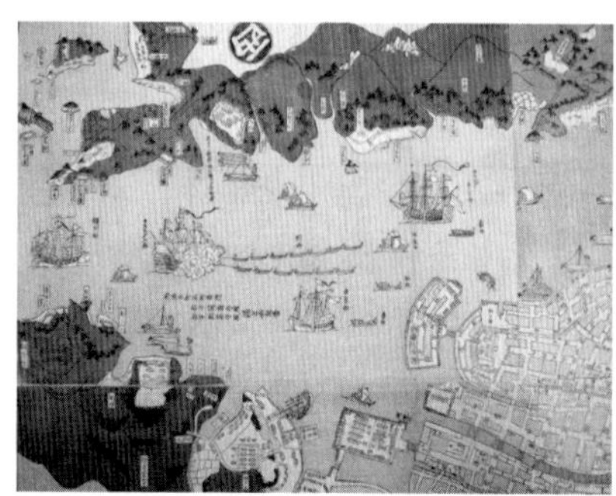

나가사키항의 전경과 부감도. 그림 왼쪽에 사각형 모양의 인공섬은 중국인에게 제공한 "당인옥부(唐人屋敷)". 2012.12.12. (http://record.museum.kyushu-u.ac.jp/nagasakiezu/8hizeng7964-3.html)

부채꼴 모양의 인공섬은 네덜란드인에게 제공한 "출도(出島)". 2012.12.12. (http://www1.city.nagasaki.nagasaki.jp/tojinyasiki /history/zu3-8.html)

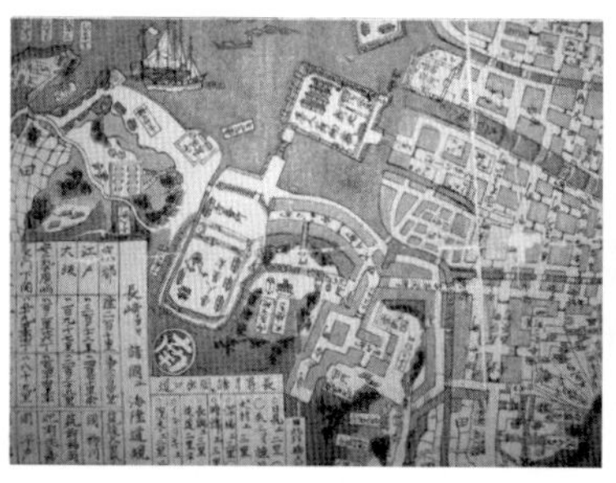

2012.12.12. (http://record.museum.kyushu-u.ac.jp/nagasakiezu/8hizeng7964-3. html)

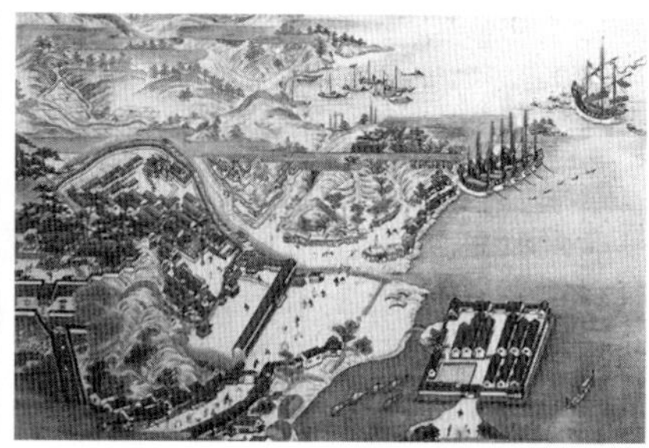

2012.12.12. (http://blog.goo.ne.jp/ruinsdiary/e/1f203dc782404e71ced98bda3992e7b8)

*"당인부옥" 구. 나가사키 역사문화박물관 소장품.

국이 좋아하는 중국 상품은 생사, 비단, 홍선(紅線), 수은, 침, 철 그릇, 약재 같은 것들이다. 대금은 주로 은으로 결제했다."[45] 일본 학자 기미야 야스히코(木宮泰彦)는 다음과 같이 말했다. "그 무렵 일본 수출 상품 중에서 제일 중요한 것은 금, 은, 동이었다. 이 3가지 중에 백은을 제일 많이 수출했다." 왜냐하면 무역 대금을 은으로 계산했기 때문이다. 오바 오사무(大庭脩)도

45 李言恭, 郝杰. 日本考卷一 [M] // 倭好. 北京: 中華書局, 1983.

비슷하게 말했다. "쇄국 이전에 이미 은은 당선(唐船)이 싣고 가는 주요 상품이었다. 이후 일본에서 점점 수출을 제한하는 조치를 취해서, 1763년에는 완전히 중단된다."[46] 최소 17세기 말까지는 중일 나가사키 무역에서 백은이 줄곧 제일 중요한 상품이었다.

일본에서 수입한 백은의 총수량에 대해서는 학자마다 계산이 다르고 차이도 크게 난다. 폰 글란(Von Glahn)은 1550년부터 1645년까지 일본에서 중국이 수입한 백은의 수량을 원산지와 선적량을 조사해서 정리했다. 이 조사에 따르면 1550년부터 1600년까지는 450톤(1톤=2만 6,667냥), 1601~1645년은 599톤으로 1550년부터 1645년까지 총 1,049톤을 수입했다.[47]

야마무라 코죠(山村弘造)와 가미키 데츠난(神木哲南)은 다음과 같이 주장했다. "1600년 이전 40년, 매해 평균 백은 1.13톤이 중국으로 건너갔고, 이 기간에 수출 총수량은 45만 kg에 달한다."[48] 기시미토 미오(岸本美緖)는 이와오 세이이치(岩生成一)가 조사한 나가사키와 중국을 왕래한 선박의 수를 근거로 -남양이나 대만으로 왕래하는 선박은 제외하고 오직 중국만 왕래한 선박의 수를 계산함- 17세기 후반(1650~1699) 중일 간 직접 거래한 백은은 1,067만 냥이고, 18세기 전반(1700~1759) 1,971.3만 냥으로 추산한다.[49]

리우쉬펑(劉序楓)은 현존하는 일본 기록을 조사해서 1648년에서

46 后智钢. 略论17世纪前后中日贸易及其日本银输入问题 [G]. 复旦大学历史系编. 古代中国: 传统与变革. 上海: 复旦大学出版社, 2005.

47 Richard Von Glahn. Fountain of Fortune: Money and Monetary Policy in China [M]. Berkeley, 1996.

48 K. Yamamura, T. Kamiki, Silver mines, Sung coins. a monetary history of medieval and modern Japan in international perspective [M] // in J. F. Richards ed. Precious Metals in the Late Medieval and Early Modern World: 329~326, Durham: Carolina Academic Press, 1983.

49 嗚承明. 18与19 世紀上叶的中國市場 [M] // 中國的現代化: 市場与社會. 北京: 三聯書店, 2001. 嗚承明是將這一數据作爲中國從日本進口的全部白銀數量而使用的, 但根据其計算方法, 顯然這應該只是中日直接貿易中的白銀數量.

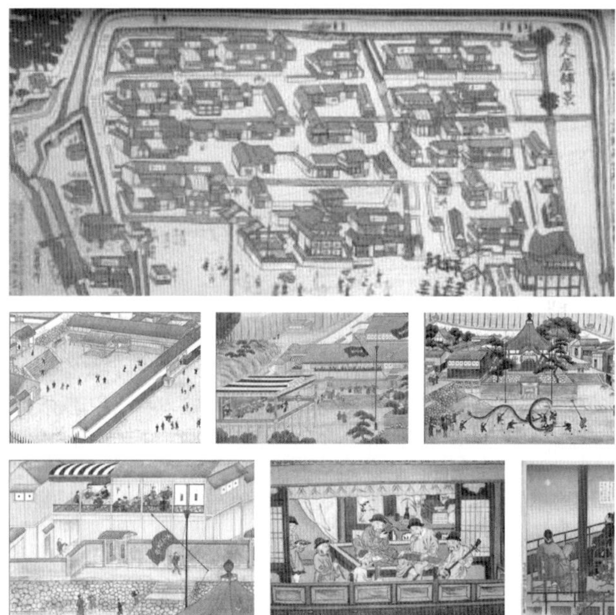

당선(唐船)이 해안에 닻을 내리고 나서는 "당인(唐人)"의 활동은 제한을 받았다. "당인부옥". 일본과 기타 국가 간의 무역을 "남만(南蠻) 무역"이라고 불렀다. 나가사키 역사·문화박물관 소장.

2012.12.15. (http://www.choueke.com/japanese/nagasaki/print.html) ; 2012.12.15. (http://blog.goo.ne.jp/tshimada-goofree/e/c8e30d8958ea0c0f1cfcb6dcd2d2c2c3) ; 2012.12.15. (http://www.pict-history.com/all/a067.htm) ; 2012.12.15. (http://www1.city.nagasaki.nagasaki.jp/tojinyasiki/history/zu3-12.html) ; 2012.12.15. (http://www1.cncm.ne.jp/~seifu/nannin.htm;維基百科) ; 2012.12.15. (http://zh.wikipedia.org/wiki/File:Lune_a_Kasuga_Yoshitoshi.jpg)

1684년까지 일본에서 수출한 백은은 약 26만 5,374관으로 연평균 약 7,172관이라고 추산한다. -여기에는 회취은(灰吹銀)과 정은(丁銀)과 은기도 포함되어 있다. 1관은 중국 옛 도량형으로 환산하면 100냥이다.- 호쯔광(后智鋼)도 이와오 세이이치의 『근대 일본 무역의 수량에 관한 고찰』에 나오는 17세기 일본에서 중국으로 출발한 선박의 수를 참고하고 또 시즈타 이와오(靜田岩男)의 고증을 근거로 해서 중국 상선은 연평균 2.35만 냥 상당을 운송했다고 주장한다.

나가사키 당인부옥에 있는 공자묘.
2012.12.16. (http://jp.ether365.com/?p=1482)

토신당(土神堂).
長崎 唐人屋敷. 鳳凰网. 2012.12.16. (http://app.travel.fashion.ifeng. com/album_image.php?id=1923)

복건회관.
2012.12.16. (http://www1.linkclub.or.jp/~yas-k/nature/diary_2006.html)

"앞서 인용한" 중국 상선이 운반한 백은은 연평균 129.3만 냥 상당이다. 당시 중국과 일본을 왕래한 선박의 연평균 선적량은 176만 냥 상당이고, 그중에 3분의 1은 일본 상품이고, 나머지 3분의 2분은 백은을 선적한 것이다. 이런 토대로 계산하면 중국 선박이 일본에서 운송한 백은은 연평균 117.3만 냥 상당이다.[50]

1684년 청 정부가 해금을 풀자 일본으로 향하는 무역선이 급증했고 따라서 일본에서 수입한 백은의 수량도 증가한다. 백은이 대량 유출되는 것을 막으려고 1685년 일본 정부는 "죠쿄령(貞亨令)"을 시행하면서 중국 상선의 교역량을 6,000관 이하로 제한했고, 이 6,000관을 모두 선적하면 더는 교역을 허용하지 않고 회항 명령을 내렸다. 따라서 일본의 은 수출은 감소했다. 하지만 이 제한령이 완전히 실효를 거두지 못했고, 교역을 할 수 없었던 중국 상선들은 항상 나가사키에 머물면서 백은을 밀거래했다. 이 때문에 비교적 많은 양의 백은이 일본에서 유출되었다. 18세기에 들어와서 일본은 백은의 유출을 더욱 통제했다. 1702년 정은의 수출량을 400관 이하로 제한했고 은기는 수출을 금지했다. 1708년에는 160관으로 더 낮추었고, 1715년에 반포한 "쇼도쿠 신령(正德新令)"에서는 120관 이하로 더욱

50 后智钢. 略论17 世纪前后中日贸易及其日本银输入问题 [G] // 复旦大学历史系编·古代中国. 传统与变革. 上海: 复旦大学出版社, 2005.

더 낮추었다. 이후 때로는 제한량을 조금 올리기도 했으나 곧 바로 낮추었다. 이 때문에 중일 나가사키 무역은 쇠락하기 시작했고 이와 동시에 일본의 백은 수출도 감소했다. 1763년 일본이 중국으로 백은을 수출하던 역사가 끝난다. 1763년부터 일본도 화폐를 주조하면서 백은 수요가 급증했고, 게다가 일본 정부가 특혜 정책을 펴며 백은 수입을 장려하자 도리어 중국 상선이 백은을 싣고 일본으로 들어갔다.

2. 중개무역

포르투갈인과 네덜란드인은 일찍 동양에 들어와서 일본과 중국 사이에서 백은을 중개무역했다. 일본이 대량으로 백은을 채굴할 무렵인 1543년 포르투갈인이 처음 일본에 도착했다. 당시 포르투갈인 눈에는 일본 곳곳에 백은이 널려 있는 것처럼 보였고, 그래서 "은국(銀國)", "은산(銀山)"이라고 불렀다. 동시에 그들은 중일 사이에서 비단 무역을 하면 큰돈을 벌수 있다는 것을 발견한다. 당시 중국에 왔던 핀토(Pinto)는 다음과 같은 기록을 남겼다. "일본은 백은을 많이 채굴했고, 중국 상품을 어디 가서 팔아도 이윤이 많이 남는다."[51] 당시 중일 간의 직접 무역은 명 정부의 해금 정책으로 막혀 있었다. 이에 포트투갈인은 빈틈을 타고 들어와 중개무역에 뛰어들었고, 무역의 범위를 유럽까지 확대시켰다. 특히 1553년(가정 32) 포르투갈은 오문을 점령하고서 오문-고아(Goa)-리스본을 연결하는 항로와 오문-나가사키를 연결하는 항로를 개척한다. 최종적으로 오문과 나가사키를 연결하는 항로를 구축한다. 이후 포르투갈인은 매년 정기적으로 일본을 왕래한다. 6세기 후반 포르투갈인은 중일 사이에서 중개무역을 하면

51 費爾南 門德斯 平托. 遠游記 [M]. 金國平, 譯. 澳門: 葡萄牙大發現紀念澳門地區委員會, 1999.

병풍으로 보는 “남만 무역”. 나가사키 미술박물관 소장.

2012.12.17. (http://www.suntory.co.jp/sma/exhibit/2007_03/index.html) ; 2012.12.17. (http://ja.wikipedia.org/wiki/%E5%8D%97%E8%9B%AE%E8%B2%BF%E6%98%93) ; 2012.12.17. (http://zh.wikipedia.org/wiki/%E5%8D%97%E8%A0%BB%E8%B2%BF%E6%98%93) ; 2012.12.17. (http://tabinaga.jp/column/046.php) ; 2012.12.17. (http://www.city.kobe.LG.jp/culture/culture/institution/meihin/046.html) ; 2012.12.17. (http://zh.wikipedia.org/zh/File:Nanbansen2.jpg)

서 막대한 부를 축적한다.

16세기에 살았던 어떤 포르투갈인은 포르투갈 상선이 매년 일본에서 약 50만 냥 상당을 백은을 싣고 나왔다고 계산한다.[52] 영국 상인 랄프 피치(Ralph Fitch)가 1580년에 제출한 보고서와 세바스티로 콘칼베스 신부(Padre Sebastilo ConCalves)의 진술, 알레산드로 발리냐노(Alessandro Valignano)의 저작을 근거로 해서 고바타(Kobata)는 포르투갈이 1580년에 일본에서 50만~60만 냥 상당의 백은을 싣고 나갔다고 주장한다.[53] 디오고 도 코우토(Diogo do Couto)는 '16세기 후반 25년 동안 포르투갈인은 일본에서 백은 100만 냥 상당을 싣고 나갔다'라고 주장한다. 이를 근거로 추산하면 1575년에서 1638년까지 포르투갈인은 일본에서 7,000여만 냥 상당의 백은을 싣고 나간 셈이다.

1639년 오문 의회(Senate of Macao)에서 교황에 보낸 편지에는 다음과 같은 내용이 나온다. "16세기 말 포르투갈인은 매년 약 100만 크루제이루(cruzeiro)•[107]의 백은을 일본에서 싣고 나왔습니다(1크루제이루=1냥). 1630년대에 와서는 매년 300만 크루제이루를 초과했습니다(138만~155만 kg)."[54] 폰 글란이 정리한 자료는 다음과 같다. "포르투갈인을 거쳐 중국으로 유입된 백은은 1550년부터 1600년까지 720~920톤, 1601년부터 1645년까지 650톤으로 1550년부터 1645년까지 총 유입량은 1,390~1,570톤이다."[55]

중국 학자 취엔한성과 리롱화(李龍華)는 다음과 같이 말했다. "16세기

---

52 C. R. Boxer. The Great Ship from Amacon [M]. Macao; Instituto Cultural de Macau, 1988.

53 Kobata A. The Production and Uses of Gold and Silver in Sixteenth and Seventeenth Century Japan [J]. The Economic History Review, 1965, 18 (2). 5, 18 (2).

54 C. R. Boxer. The Great Ship from Amacon [M]. Macao; Instituto Cultural de Macau, 1988.

55 Richard Von Glahn. Fountain of Fortune. Money and Monetary Policy in China, 1000~1700 [M]. Berkeley,

26위(位) 교도 순교도.
2012.12.19. (http://www1.odn.ne.jp/tomas/seijin.htm)

후대 복원한 성인 26위의 기념탑.
2012.12.19. (http://blog.goo.ne.jp/ruinsdiary/e/4d1287a618d9de445dea813e925ee74e) 나가카시 기념관. 일본이 쇄국 정책을 단행하면서 천주교도를 박해했다. 이후 네덜란드인이 포르투갈인 스페인인의 자리를 대신한다.

후반 25년 동안에 일본에서 생산한 백은 중 50%가 밖으로 흘러나갔다. 그 중 대부분은 포르투갈인이 운송했는데 매년 수량이 50만~60만 냥에 달했다. 17세기 전반 30년대에는 매년 100만 냥 정도였는데, 많을 때는 200만~300만 냥이 될 때도 있었다." 또 취엔한성은 "1599년부터 1637년까지 포르투갈인은 일본에서 5,800만 냥 상당의 은을 선적했는데, 대부분 오문을 거쳐 중국으로 들어왔다"[56]라고 주장한다. 니라이언(倪來恩)과 씨아웨이종(夏維中)은 다음과 같이 말한다. "16세기 후반 50년 포르투갈인이 중국으로 공수한 일본 백은은 50만이다. 1600년부터 1609년까지는 20만 kg, 1609년에서 1629년까지 30만 kg, 1630년부터 1639년까지 45만 kg이다. 따라서 포르투갈인이 나가사키 문 항로를 거쳐 중국에 수출한 일본산 백은은 165만 kg에 달한다."[57]

포르투갈인의 뒤를 이어 동양으로 들어왔던 네덜란드인도 마찬가지였다. 1602년에 설립한 네덜란드 동인도공사는 1609년에 일본 히라도(平戶)로 첫 항해를 했다. 일본 정부의 공식 허가를 받고 상관(商館)을 설립한다.

56 全漢升, 明代中叶后澳門的海外貿易 [N]. 中國文化研究所學報, 1973, 5 (1).
57 倪來恩, 夏維中. 外國白銀与明帝國的崩潰 [J]. 中國社會經濟史研究, 1990 (3).

포르투갈인과 마찬가지로 네덜란드인도 일본에 오자마자 백은을 보게 되었고, 대중국 무역의 가치를 발견한다. 디릭 헤리츠 폼프(Dirck Gerritsz. Pomp)는 항해 중에 다음과 같은 편지를 썼다. "일본에 백은이 많다. 현지 사람들은 이를 중국 비단과 교환한다."[58] 이후 17세기 중반에 와서는 네덜란드와 일본 사이의 무역은 최고조에 달한다. 특히 1624년 네덜란드인이 대만을 점령하고 네덜란드 동인도공사는 대만을 거점으로 삼고, 중국 대륙-대만-일본 삼국을 거치는 중개무역은 했는데 그 발전 속도가 매우 빨랐다.

17세기 초기 네덜란드인이 일본에서 수출한 상품 중에 백은이 제일 많았고, 이들은 백은을 갖고 와서 생사와 견직물을 사갔다. 프라케스(Prakesh)는 네덜란드 동인도공사의 무역 전략에 대해서 다음과 같이 논평했다. "17세기, 네덜란드 동인도공사가 아시아 내부 무역에 참여하는 방식은 어느 정도 대일 무역의 필요성에 의해 결정되었다. 왜냐하면 동인도공사가 귀금속을 구하는 가장 중요한 원산지는 일본이었기 때문이다. (……) 한 해 동안 네덜란드가 일본에서 구입한 귀금속은 바타비아에서 구입한 귀금속보다 훨씬 많았다."[59]

네덜란드는 또한 일본에서 상당한 금액의 백은을 사서 나갔다. 예를 들자면, 1626년 "오란히(Orangie)"호와 "헷 바판 반 엔하우이센(Het Wapen van Enchuijsen)"호 2척이 일본에서 싣고 나간 백은은 약 297만 리얄이었다.[60] 1636년부터 1640년까지 네덜란드가 일본에 들여온 생사는 약 76톤이었고 싣고 나간 백은은 43톤에 달했다. 이후 30년 동안 정씨 해상 집단의 강력한 도전을 받아서 네덜란드 동인도공사가 수입한 일본산 백은은

58 Albert Hyma. A History of the Dutch in the Far East [M]. Michigan: George Wahr Publishing Co., 1953.

59 轉引自安德烈 貢德 弗蘭克. 白銀資本---重視經濟全球化中的東方 [M]. 劉北成, 譯. 北京:中央編譯出版社, 2000.

60 程紹剛譯注. 荷蘭人在福爾摩莎 [M]. 台北: 台湾聯經出版事業公司, 2000.

"일본과 네덜란드 교류 400주년 기념" 우표.
2012.12.19. (http://www001.up.so-net.ne.jp/fukushi/year/1581.html)

네덜란드선박.
2012.12.19. (http://www.acros.or.jp/r_event/event_detail.php?event_id=4772)

"출도" 네덜란드관과 정박한 네덜란드 선박. 출도는 일본 에도 시대 때 나가사키항 내에 건설한 부채꼴 형태의 작은 인공 섬. 1641년부터 1859년까지 네덜란드 상관이 여기에 자리했다. 네덜란드인도 출입이 자유롭지 않았고 일본인은 들어갈 수 없었다.
2012.12.19. (http://www.acros.or.jp/r_event/event_detail.php?event_id=4772)

2012.12.19. (http://www.sanada.net.cn/shiliao/shiliao_01.htm)

2012.12.19. (http://www.choueke.com/nagasaki/silk3.html)

2012.12.19. (http://www.burat. jp/article.200712302038-1000296)

*18세기 나가사키 출도에 있었던 네덜란드 상관과 네덜란드 통사(通詞), 일본인이 네덜란드인을 위해 개최한 연회 전경. (나가사키 미술박물관 소장).

수량이 14만 톤 내외로 떨어졌다.[61] 폰 글란은 1601년부터 1645년까지 네덜란드가 수입한 일본산 백은을 340톤으로 산정하고 있다.[62] 네덜란드인

61 Ernst van Veen. Dutch Trade and Navigation in the South China Sea during the 17th Century [M]. in Revistade Cultura (RC). International Edition 11, 2004.

62 Richard Von Glahn. Fountain of Fortune. Money and Monetary Policy in

청화봉황문(青花鳳凰紋) (VOC 자모, 네덜란드 동인도공사 표지)
이마리 자기 쟁반(1690~1710).

청화출도도화구(青花出島圖花口) 이마리 자기 큰 쟁반 (1820~1840).

대련 현대박물관, 작가 직접 촬영,《遠渡西洋-江戶名瓷伊万里展》, 2012.11.3.

*일본 에도시대 때 이마리 자기 위에 그린 네덜란드 동인도공사의 표지와 "출도".

은 비교적 늦게 일본에 들어왔지만, 수량만 놓고 본다면 이들이 구입한 수량은 명대 전체가 구입한 수량과 대동소이하다. 1668년 일본 막부가 백은 유출을 막으려고 해금 정책을 시행하자 이때부터 동인도공사의 백은 무역은 중단된다.[63]

일본과 중국, 포르투갈, 네덜란드 간의 무역은 결코 나가사키 한 항구에만 국한되어 있지 않았다. 삼각무역도 있었는데 시암, 안남, 루손 등이 중요 거점이었다. 우선 일본인이 백은을 싣고 해외로 나와 중국, 네덜란드, 포르투갈 상인에게 팔면 이들이 다시 중국에 수출했다. 백은은 이렇게 간접 무역으로도 중국으로 유입되었다. 위트모아(J. K. Whitmore)는 안남 호이안(Hoi An)항에서 진행되었던 중일 무역을 다음과 같이 묘사했다. "호이안항에는 중국인과 일본인은 모두 영지를 소유하고 있었고 거리도 매우

China [M]. Berkeley, 1996.

63 永積洋子. 由荷蘭史料看十七世紀的台湾貿易 [M] // 劉序楓, 譯. 湯熙勇. 中國海洋發展史論文: 第七輯. 台北: 中研院社科所, 1999.

일본 교과서에 실린 주인선 항로도.
2012.12.19. (http://userdisk.webry.biglobe.ne.jp/016/212/73/N000/000/001/125082804369916108277_shuinsen.jpg)

월남 호이안의 원교 (다리를 중심으로 일본 거리와 네덜란드 거리가 나뉨).
2012.12.19. (http://www.indochinatravelservice.com/Travel/Vietnam/HoiAn/Japaness_Covered_Bridge/)

가까웠다. 음력 연말에 동북 계절풍을 타고 일본 상선은 백은과 동전을 대량으로 싣고 이 항구로 들어온다. 이 백은과 중국인이 싣고 온 주단, 백당, 침향목, 생사, 도자기와 교환한다. 일본인은 대금을 선납하는 방식으로 호이안항의 백당과 주단 시장을 좌지우지했다."

이러한 일본인은 동남아 지역에서 중국인과 무역을 했을 뿐만 아니라, 당시 이 지역을 점령하고 있던 포르투갈인, 네덜란드인과도 당연히 무역을 진행했다. 이런 중개무역을 통해 중국으로 들어온 백은도 적지 않다.

세이이치(Seiichi)는 여기에 대해서 다음과 같이 이야기 한다. "1604년부터 1629년까지 매년 동남아에 도착한 주인선은 약 10척이었다. 매 척마다 백은을 평균 2톤씩 싣고 왔다. 이 백은으로 대부분 중국 상품을 구매했다."[64]

또 일본인은 "백은으로 은반을 만들어 마닐라에서 합리적 가격으로 팔

64 Iwao Seiichi. Japanese Foreign Trade in the 16th and 17th Centuries [M]. in Acta Asiatica, No. 30, Tokyo, 1976.

았다."[65] 폰 글란은 "1550년부터 1645년까지 일본 주인선이 실어 나른 백은은 834톤"[66]이라고 주장한다. 이와오 세이이치의 계산은 다음과 같다. "1600년부터 1635년까지 해외무역을 위해 출항한 일본 주인선은 모두 350척이다. 주인선은 백은을 연평균 3만~4만 kg을 싣고 나갔으며, 총량은 100만~140만 kg이다."[67]

3. 일본에서 수입한 백은의 총량

앞서 말했듯이, 백은은 일본에서 중국으로 간접 무역과 직접 무역 두 방식으로 들어왔는데, 수량에 대해서는 학자마다 의견이 다르다. 이들이 참고한 자료도 같지 않으며 계산 방식도 일치하지 않는다. 그래서 계산상 차이가 많이 난다. 게다가 밀무역으로 유통된 백은도 있으므로 믿을 만한 자료가 부족한 실정이다. 따라서 두 경로로 들어온 백은의 유통량을 간단하게 합계를 내는 것은 합리적이지 않다. 여기서는 다만 일부 학자들이 일본산 백은이 중국으로 유입된 총량을 연구한 것을 검토하고자 한다.

일본산 백은의 중국 유입량에 대해서 처음으로 계산한 사람은 일본 학자 이라이 하쿠세키(新井白石)이다. 그는 다음과 같이 주장했다. "게이초(慶長) 연간부터 지금까지 약 107년간 금은 일본 총생산량의 4분의 1, 은은 4분의 3이 외국으로 유출되었다."[68] 게이초 6년(1601)에서 쇼호 4년까지(1601~1647) 47년 간 일본이 수출한 백은은 7,480여만 냥으로, 거의 전

65 C. R. Boxer. The Great Ship from Amacon: Annals of Macao and the Old Japan Trade. 1555~1640 [M]. Lisbon, 1959.

66 Richard Von Glahn. Fountain of Fortune. Money and Monetary Policy in China, 1000~1700 [M]. Berkeley, 1996.

67 岩生成一. 16, 17 世紀日本的海外貿易 [J]. ACTA ASIATICA, 1976 (30).

68 新井白石. 白石私記 [M] // 木宮泰彦. 日中文化交流史. 北京: 商務印書館, 1980.

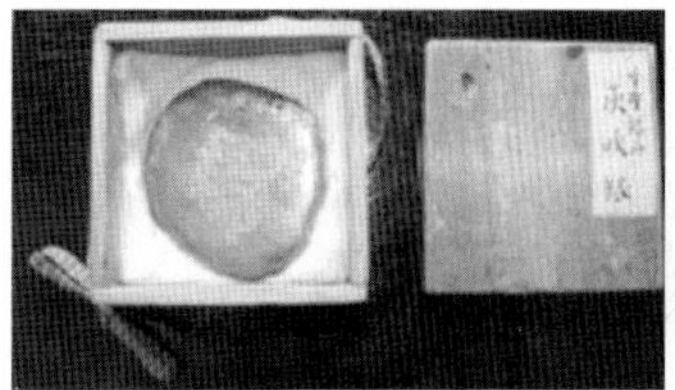

2012.12.19. (http://asago-net.jp/users/okuganaya-jichi/bin/archvs/16shi_past07.html)

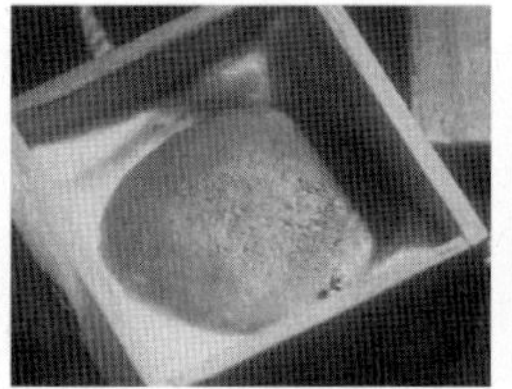

2012.12.19. (http://asahi.co.jp/rekishi/04-10-23/01.htm)

2012.12.19. (http://homepage3.nifty.com/suzuki-denki/seisaku1/haifuki. html.)

*회취은(灰吹銀).

부가 중국으로 들어갔다.[69] 이와오 세이이치에 따르면 일본의 해외무역 전성기에(1615~1625) 일본, 중국, 네덜란드, 포르투갈의 선박을 비롯한 여타 선박이 일본 백은을 운송한 수량은 대략 13만~16만 kg이다.[70] 야마무라 코조와 가미키 데츠난의 계산은 다음과 같다. "1560년부터 1600년까지 40년간 90만~150만 근의 백은이 중국으로 들어갔고, 1550년부터 1645년까지는 7,350~9,450톤 즉 1억 9,600만~2만 5,000만 냥 상당의 백은이 중국으로 들어갔다." 기미야 야스히코(木宮泰彦)는 1709년 나가사키 보고서에 근거해 다음과 같이 계산한다. "1648년부터 1708년까지 61년간 유출된 백은은 3,742만 2,000냥 상당이다."[71] 고바타는 일본 광산의 채굴량과 정부의 세금 징수액을 근거로 "17세기 전 기간 일본의 백은은 매년 530만 냥 유출되었다"라고 주장한다.[72] 아트웰은 "17세기 초 매년 백은 15만~18.8만 kg이 해외로 유출되었다"라고 주장한다.[73]

69 新井白石. 白石私記 [M] // 木宮泰彦. 日中文化交流史. 北京: 商務印書館, 1980.

70 Iwao Seiichi. Japanese Foreign Trade in the 16th and 17th Centuries [M]. in Acta Asiatica, No. 30, Tokyo, 1976.

71 木宮泰彦. 中日交通史 [M]. 陳捷, 譯. 北京: 商務印書館, 1931.

72 李隆生. 明末白銀存量的估計 [J]. 中國錢幣, 2005 (1).

73 阿特韋爾 W. S. 國際白銀的流動与中國經濟 [M]. 中國經濟史研究動態, 1988 (9).

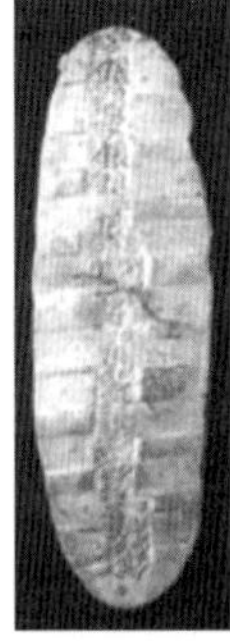

문록석주정은(文禄石州丁銀).
2012.12.19. (http://ginzan.city.ohda.lg.jp/wh/en/culture/value.html)

어취나정은(禦取納丁銀, 1557년 천황에 봉헌한 정은).
2012.12.19. (http://ginzan.city.ohda.lg.jp/wh/en/culture/value.html)

어공용정은(禦公用丁銀).
2012.12.19. (http://ginzan.city.ohda.lg.jp/wh/en/culture/value.html)

게이초(1596~1615) 정은.
2012.12.19. (http://ja.wikipedia.org/wiki/%E4%BA%AB%E4%BF%9D%E4%B8%81%E9%8A%80)

쿄호(1716~1735) 정은.
2012.12.19. (http://www.osaka-archives.com/museum_cat_05.html)

*이시미산 백은으로 제조한 정은(丁銀).

복서(Boxer)는 1585년에서 1640년까지 일본에서 중국으로 들어간 백은은 1,489.9만 냥이라고 계산한다.[74] 폰 글란은 일본이 중국으로 수출한 백은의 총량을 다음과 같이 추산한다. "1550년부터 1600년까지 1,190~1,370톤, 1601년부터 1645년까지는 2,432톤으로, 1550년부터 1645년까지 총량은 3,622~3,802톤이다."[75] 앵거스 매디슨(Angus Maddison)은 저

74 R. Boxer. The Great Ship from Amacon: Anna of Macao and the old Japa Trade [M]. Lisboa, 1963.

75 Richard Von Glahn. Fountain of Fortune: Money and Monetary Policy in China [M]. Berkeley, 1996.

서 『세계 경제 천년사』에서 폰 글란(1996, pp.140~232)의 계산을 정리해서 다음과 주장한다. "1550~1600년 1,280톤, 1601~1640년 1,968톤, 1641~1685년 1,586톤, 1686~1700년 41톤, 1550~1700년 합계는 4,875톤이다."[76] 플랑크는 『백은 자본』에서 다음과 같이 이야기한다. "16세기 일본은 중국에 백은 2,000톤을 수출했다. 17세기에는 7,000톤을 수출했다. 18세기에는 중국으로 수출하지 못했다. 1500년부터 1800년까지 일본은 중국에 백은 9,000톤을 수출했다."[77]

중국 학자 량팡종(梁方仲)은 "당시 일본산 백은이 세계 총생산량의 15%를 차지했는데 거의 전부가 중국으로 들어왔다"라고 주장한다.[78] 리룽성의 추산은 다음과 같다. "일본은 대략 1540년대부터 백은 수출을 시작했다. 16세기 후반 60년 간 모두 3,300만 냥 수출했다. 17세기 전반 40년간 모두 2억 3,320만냥 수출했다. 명나라 치세 동안 일본이 수출한 백은은 총 2억 6,620만 냥이다. 그중 70% 즉 1억 8,000만 냥 상당이 중국으로 들어갔다."[79]

린만홍(林滿紅)은 "명나라가 멸망하기 전까지 중국으로 들어간 일본의 백은은 약 5,000만 냥"이라고 한다.[80] 펑신웨이(彭信威)와 뤼칭(呂淸) 등은 "명나라 전 시기 동안 1억 7,000만 냥의 일본산 백은이 중국으로 들어왔다"라고 주장한다. 장궈투(庄國土)는 "명조(1530~1644) 동안 일본에서 백은이 1억 7,500만 냥 이상 들어왔고, 그중 대부분은 오문을 통해서 들어왔다"라고 주장한다.[81]

76 安格斯. 麥迪森. 世界經濟千年史 [M]. 伍曉鷹等, 譯. 北京: 北京大學出版社, 2003.

77 安德烈 貢德 弗蘭克. 白銀資本-重視經濟全球化中的東方 [M]. 劉北成, 譯. 北京: 中央編譯出版社, 2000.

78 梁方仲. 明代國際貿易与銀的輸出入 [G] // 梁方仲經濟史論文集. 北京: 中華書局, 1989.

79 李隆生. 明末白銀存量的估計 [G] // 中國錢幣, 2005 (1).

80 林滿紅. 明淸的朝代危机与世界經濟蕭條 [M] // 新史學: 一卷四期, 1990.

81 庄國土. 16~18 世紀白銀流入中國數量估算 [J]. 中國錢幣, 1995 (3).

일본이 중국에 수출한 백은의 총량에 대해서 전문 학자들의 의견에 큰 차이가 난다는 것을 인정하지 않을 수 없다. 그러나 확실한 것은 일본이 대량으로 백은을 수출할 무렵 중국으로 상당히 많은 백은이 유입되었다는 것이다. 그러나 17세기 말이나 18세기 초가 되면 일본 국내 생산량은 감소하기 시작하는데 도리어 일본 국내 수요는 대폭 증가해 수출은 부단하게 감소한다. 18세기 후반부터 일본은 백은을 수입하기 시작하는데, 중국과 네덜란드가 도리어 일본으로 백은을 싣고 간다.[82]

82 劉序楓. 財稅与貿易: 日本"鎖國"期間中日商品交易之展開 [G] // 財政与近代歷史論文集, 中研院近史所, 1999.

12 | 미주 백은

16세기 중엽부터 미주는 대규모 은광을 개발하기 시작했고, 스페인령 미주 식민지는 아주 빠르게 세계에서 백은의 제일 중요한 산지가 된다. 1570년부터 미주 백은은 계속 중국에 대량으로 유입되다가 19세기 초 수입이 끝난다. 19세기에 들어와서는 백은의 유입과 유출의 변화가 일어나는데, 전체를 두고 이야기하자면 여전히 중국에 미주산 백은이 적지 않게 들어오지만, 1870년대부터는 중국과 유럽과 미주의 무역의 관계는 역전이 되어 중국이 수입을 더 많이 하게 된다. 19세기 초중반 미주산 백은의 유입이 줄어든 것은 아편전쟁과 관련이 있고, 한편 대중국 무역에 있어 유럽이 우세를 점하기 시작한 것은 산업혁명이 완성된 이후부터이다. 이로부터 미주산 백은은 중국으로 더는 유입되지 않는다. 중국이 명청 시대일 때 스페인의 주요 사업은 금광과 은광을 개발하고 채굴해 제련하는 것으로 이렇게 생산한 금과 은을 유럽과 미주, 혹은 식민지 필리핀의 마닐라항으로 운반하는 것이었다. 마닐라로 보낸 백은은 기본적으로 중국 상품을 구매하는 데 썼고 이때 백은이 중국으로 들어온다. 하지만 이렇게 들어온 백

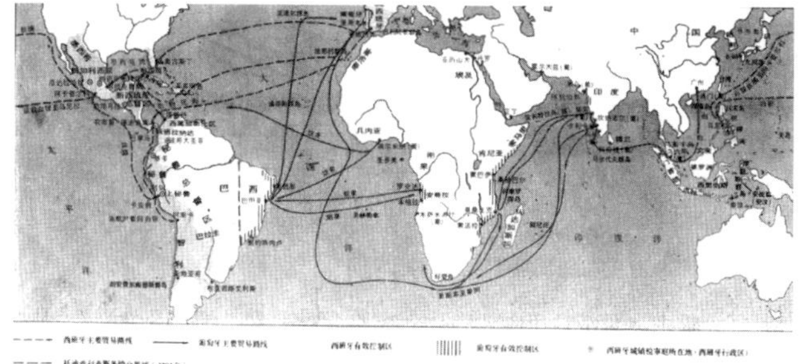

16~17세기 스페인과 포르투갈의 식민지와 항해도.

明德: 趙剛: 怎樣解釋20 世紀的 "西方崛起". 2012.8.20. 西陸网. (http://news.xilu.com/2012/0820/news_854 _269146.html)

은은 중국의 수요를 충족시키지 못했고 동시에 중국 상품을 갈구하는 유럽인을 만족시키지도 못했다.

이 때문에 유럽과 미주로 유입되었던 백은 중 상당 부분은 스페인이나 다른 유럽 국가, 미국을 거쳐 마지막에는 중국으로 들어왔다. 한편 미주에서 중국으로 백은이 유입되는 경로는 2가지였다. 하나는 미주-마닐라-중국이고, 또 다른 하나는 미주-스페인-유럽의 다른 국가-말라카-중국이었다(즉, 스페인령 식민지-미국-중국).

1. 미주-마닐라-중국

앞서 말했듯이 명청 시대 때 미주산 백은을 장악한 것은 스페인인이었다. 16세기 말부터 17세기 상반까지 아시아로 들어온 미주 백은 중에 스페인인의 손을 거친 것이 제일 많았다. 미주에서 스페인이 대규모 광산을 개발하기 시작한 지 얼마 지나지 않은 1565년(가정 44) 스페인 함대가 필리

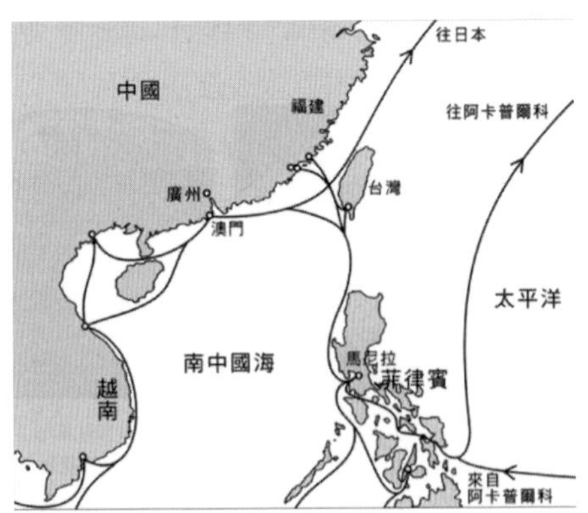

17세기 남중국해 무역 항로.

人非孤島. 香港天文台. 2010.9.10. (http://www.hko.gov.hk/prtver/html/docs/blog/b5/archives/00000065. shtml.)

핀의 세부(Cebu)로 들어와 남양에 최초로 식민지 거점을 마련한다. 1571년에는 마닐라로 진격해서 3년 후에 이 지역을 정식으로 식민 통치한다. 다음 해 마닐라를 기지로 삼아 대범선 무역을 개시한다. 스페인인은 백은으로 동전을 주조해 마닐라로 보내 중국 상품을 구입하게 한다. 대범선이 미주에서 필리핀 마닐라로 운송한 주요 화물은 중국 상품을 구매할 때 사용할 백은이었다. 몬팔코네(Monfalcone)는 다음과 같이 말했다. "마닐라로 운송한 미주산 백은은 확실히 중국을 위한 것이었다."[83] 스페인인이 주조한 멕시코 은원(銀元)은 품질이 좋고, 운송·휴대·저장이 간편했으며, 감별·계산하기도 편리해서 중국 상인이나 아시아 다른 국가 상인들이 좋아했다. 이 때문에 끊임없이 마닐라로 아주 많은 백은이 들어왔다.

중국은 늘 백은이 많이 필요했고, 마닐라 주재 스페인인은 중국 상품을 구매할 때 대개 백은으로 지불했다. 중국 상인 및 중국 상품을 중개무역하던 다른 국가 상인들이 마닐라로 마치 벌떼처럼 몰려들었고 마닐라는 매우 빨리 동서 간의 해상무역의 중심지가 되고 중국 상품의 집산지가 된다. 명나라의 하교원(何喬遠, 1558~1631)은 『민서(閩書)』에서 다음과 같이 말했다. "이처럼 서양 여러 국가가 통상하면서 중국으로 금은을 실어 날랐다. 그래서 복건이 루손보다 금은이 많았다."[84] 장섭의 『동서양고』에는 다음과 같은 내용이 나온다. "동양의 루손 지역은 (백은을 제외한) 다른 산물이 거의 없다. 루손인은 대개 은전으로 (중국) 물건을 사갔다. (중국) 귀국선은 백은 이외에 다른 화물을 싣지 않았다. 화물을 선적했더라도 아주 적었다."[85] 곽조경(郭造卿)은 다음과 같이 기록을 남겼다. "동양의 루손은 불랑기이다. 그 나라에는 은광이 많았는데, 오랑캐들이 은전을 많이 주조했

83 Blair E H, J. Robertson J A ed.. The Philippine Islands [M]. Cleveland: The Arthur H. Clark Co, 1903~1909, 27 : 150.

84 何喬遠. 島夷志 [M]. 閩書: 卷一伍. 福州: 福建人民出版社, 1996.

85 張燮. 東西洋考 [M]. 北京: 中華書局, 1981.

다. 중국인이 (……) 루손에 왕래했는데 은전만 싣고 왔다."[86] 마닐라 총독 라베자리스(Lavezaris)는 스페인 국왕에 편지로 자신만만하게 다음과 같이 보고한다. "제가 이 섬에 2년 정도 있었습니다. 매년 중국인과 중국 선박이 많이 들어옵니다. 게다가 평상시보다 왕래가 더 잦습니다. 그들의 무역에 대해 저는 어느 정도 파악한 것 같습니다."[87] 1580년 이후, 매년 중국 선박 25~30척이 마닐라를 왕래했는데 차츰 증가하는 추세가 이어진다. 1616년 예수회 대주교 레데스마(Valerio de Ledesma)는 스페인 국왕 필리페(Philippe) 3세에게 다음과 같이 보고한다. "네달란드인들의 노략질 때문에 마닐라와 중국 간의 무역이 급격히 위축되고 있습니다. 요즘은 중국 상선이 7척밖에 들어오지 않습니다. 예전에는 보통 50~60척이 들어 왔습니다."[88] 이로써 소동이 있기 전에는 중국 상선이 자주 왕래했다는 것을 알 수 있다. 영국학자 아트만의 연구를 따르자면, 1570년에서 1600년까지 필리핀에 체류하던 중국인은 불과 40명에서 1만 5,000명까지 늘어난다.[89]

이들은 대개 마닐라에 모여 있었는데 견직물, 면직물, 자기, 찻잎, 삼베, 금단(錦緞), 사융(絲絨) 등을 싣고 와 미주산 백은을 선적하고 귀항했다.

이와 더불어 중국으로 대량의 백은이 들어왔고, 이 무역에 참여한 중외 상인은 막대한 이윤을 남겨 일부 스페인인은 감정이 상했고 화를 냈다. 슈츠(W. L. Schurz)는 『마닐라 대상범(大商帆)』에서 스페인인이 자주 원한을 품은 것에 대해 이렇게 이야기했다. "중국 상인은 뉴스페인에서 싣고 온 백은을 전부 가지고 간다. 페루에서 들어온 백은으로 중국 황제는 궁전을

86 全漢升. 明淸間美洲白銀的輸入中國 [M] // 中國經濟史論叢: 第1册. 香港: 香港新亞硏究所, 1972.

87 Blair E H, Robertson J A ed.. The Philippine Islands [M]. Cleveland: The Arthur H. Clark Co., 1903~1309, 3: 81.

88 William Lytle Schurz. The Manila Galleon [M]. New York: E. P. Dutton & Co., INC, 1959.

89 阿特韋爾 W S. 國際白銀的流動与中國經濟 [M] // 中國經濟史硏究動態, 1988 (9).

18세기 스페인 은전과 파편들. 스페인인이 중국으로 싣고 온 은전-이 중 일부는 중국 은정(銀錠)으로 개조했고(특히 초기), 일부는 원래 형태로 유통되었다(특히 청말에 남방에서).
西班牙銀圓. 維基百科. (http://zh.wikipedia.org/wiki/) 西班牙銀圓; 西班牙銀圓. 搜搜百科 2010.11.18. (http://baike.soso.com/v6457887.htm)

지을 수 있을 정도였다. 이들은 백은을 싣고 나갈 때 등기도 하지 않고 스페인 국왕에게 세금도 내지 않았다."[90] 백은이 더는 중국으로 유입되지 않을 때까지 스페인 국왕은 1539년 1월, 1595년 7월과 9월 3차례 다음과 같은 칙령을 반포했다. "멕시코에서 필리핀으로 운송하는 백은은 매년 50만 페소 이하로 제한한다."(1페소는 백은 0.8냥에 해당한다).

이런 칙령은 거의 휴지 조각이나 다를 바 없었고, 금령에도 불구하고 스페인인은 밀무역을 통해 대량의 백은을 유출했고, 심지어 필리핀 식민지 총독도 공공연히 칙령을 위반하고 미주산 백은을 필리핀으로 유입했다. 1598년 마닐라 대주교가 국왕에게 다음과 같이 보고한다. "매년 뉴스페인에서 들어오는 100만 냥 상당의 은화는 모두 칙령을 어긴 것이고, 거의 대부분 중국 이교도 손에 들어갑니다."[91]

멕시코 아카풀코(Acapulco)와 마닐라 간의 무역이나 마닐라와 중국 간의 무역은 거의 대부분 불법이었기 때문에 명확한 기록이 남아 있지 않다. 그래서 미주에서 마닐라로, 마닐라에서 중국으로 얼마나 백은이 유입되었는지 정확하게 계산하기 어렵다. 상황이 이러하므로 학자마다 주장이 제각각이다.

명청 시기 전반 혹은 그 중간 일부 기간, 미주산 백은이 마닐라로 혹은

90 阿特韋爾 W S. 國際白銀的流動与中國經濟 [M]// 中國經濟史研究動態, 1988 (9).
91 Blair E H, Robertson J A, The Philippine Islands [M]. Clifland, 1903, 29 : 71.

마닐라를 거쳐 중국으로 얼마나 유입되었는지에 대한 문헌은 매우 많다. 필자가 본 것 중에 명대 후기에 관한 자료로 1602년 뉴스페인 당국이 마드리드(Madrid)로 보낸 보고서가 있다. 이 보고서에 따르면 "매년 아카풀코에서 마닐라로 유입된 백은은 모두 500만 페소(400만 냥)였다. 1597년이 제일 많았는데 1,200만 페소(960만 냥)였다"라고 한다. 1632년(정점이 이미 지난 시기임) 마닐라 기독교회가 스페인 국왕 펠리페 4세에게 보낸 보고서 내용은 다음과 같다. "아카풀코에서 매년 240만 페소 정도 백은이 들어옵니다."

복서(Boxer)의 통계에 따르면 "정상 연도에 연평균 필리핀으로 들어온 스페인 은원은 약 200만 원이었다"라고 한다. 아트만은 "매년 228만에서 344만 페소 즉 은화로는 164만 냥에서 248만 냥으로 들어왔다"라고 주장한다. 심킨(Simkin)은 "미주에서 필리핀으로 싣고 간 스페인 은원은 보통 300만에서 500만 냥 사이이고, 제일 많았던 1597년 1,200만 냥이었다"라고 주장한다. 취엔한성은 또 다음과 같이 주장한다. "숭정 연간(1628~1644) 매해 평균 200만 페소 내외, 즉 144만 냥 상당의 백은이 중국으로 유입되었다."[92]

청나라에 들어와서도 백은 무역은 상황이 명대와 대체로 비슷했는데, 화교 상인이 중국 비단을 싣고 마닐라로 가서 은원과 교환했다. 아일랜드(Island)는 "1730년 이전에는 중국으로 유입된 백은은 매년 약 300만~400만 은원이었다. 19세기 초기에는 약 150만 은원 정도 되었다"라고 주장한다.[93] 사딩(沙丁)과 양디엔취(楊典求)는 『중국과 라틴아메리카의 간략한 역사(中國和拉丁美洲簡史)』에서 "중국은 매년 라틴아메리카에서 백은을 수십만 페소를 수입했다. 16세기 말에는 100만 페소를 초과했다. 17세

92 全漢升. 明清間美洲白銀的輸入中國 [M] // 中國經濟史論叢: 第 1 册. 香港: 香港新亞研究所, 1972.

93 Rhili. Island, V.10, Schurz, The Manila Galleon, NewYork, 1939.

기에는 200백만 페소까지 증가한다. 18세기에는 300만에서 400만에 달했고, 19세기에는 150만 페소까지 떨어진다."[94] 취엔한성은 "1565년부터 1815년까지 대범선이 실어 나른 필리핀의 백은은 100만~400만 페소로 매년 평균이 다르지만, 200만~300만 페소보다는 많았다"라고 주장한다.[95]

이외에도 명청 시기 전반 혹은 그 중간 일부 기간, 미주산 백은이 마닐라로 혹은 마닐라 거쳐 중국으로 얼마나 유입되었는지에 대한 문헌은 매우 많다 폰 글란의 통계는 다음과 같다. "1550년에서 1600년대까지 필리핀에서 중국으로 들어간 백은은 584톤(1톤은 2만 6,667냥)이었고 중국 선박이 이 전부를 싣고 갔다. 1645년에는 약 1,725톤으로 이중 620톤은 중국 선박이, 75톤은 포르투갈 선박이 운송했고 밀무역으로도 1,030톤이 거래되었다. 1550년부터 1645년까지는 약 2,309톤이 필리핀에서 중국으로 들어갔고, 이 중 중국 선반은 1,204톤을, 포르투갈 선박은 75톤을 운송했고 밀거래량은 1.030톤이었다."[96] 앵거스 매디슨은 폰 글란의 자료를 바탕으로 중국이 필리핀에서 수입한 백은의 수량에 다음과 같이 정리했다. "1550~1600년 584톤, 1601~1640년 719톤, 1641~1685년 108톤, 1685~1700년 137톤으로, 1550년부터 1700년까지 합계는 1,548톤이다."[97]

야마무라 쿄죠와 가미키 데츠난은 다음과 같이 통계를 냈다. "1550년부터 1645년까지 스페인령 미주 식민지에서 필리핀을 거쳐 중국으로 유입된 백은은 1,320톤, 즉 3,280만 냥 상당이다."[98] 반면 소우자(Souza)는 다

94 沙丁, 楊典求. 中國和拉丁美洲簡史 [M]. 鄭州: 河南人民出版社, 1986.

95 全漢升. 明清間美洲白銀的輸入中國[M] // 中國經濟史論叢: 第 1 冊. 香港: 香港新亞研究所, 1972.

96 Richard Von Glahn. Fountain of Fortune: Money and Monetary Policy in China [M]. Berkeley, 1996.

97 安格斯 麥迪森. 世界經濟千年史 [M]. 伍曉鷹等, 譯. 北京: 北京大學出版社, 2003.

98 K. Yamamura, T. Kamiki, Silver mines, Sung coins. a monetary history of medieval and modern Japan in international perspective [M] // Precious Metals in the Late Medieval and Early Modern World, 329~326, Durham: Carolina Academic Press, 1983.

음과 같이 주장했다. "1590년부터 1602년까지는 스페인령 미주 식민지에서 필리핀으로 유입된 백은은 약 6,700만 페소(5,360만 냥)로 연평균 412만 냥이다. 1602~1636년은 약 8,000만 페소(6,400만 냥), 연평균 183만 냥, 1636~1644년은 700만 페소(560만 냥), 연평균 62만 냥이다. 1590년부터 1644년까지 종합하면 약 1억 5,400만 페소(12,300만 냥 혹은 4,620톤) 상당의 백은이 멕시코에서 필리핀으로 유입되었으며 매해 평균은 224만 냥이다."[99] 프랭크는 『백은 자본』에서 다음과 같은 수량을 제시했다. "1600년부터 1800년까지 마닐라를 거쳐 중국으로 유입된 미주산 백은은 3,000톤에서 2만 5,000톤 사이이다."

이에 관련해 중국학자의 통계는 다음과 같다. 량팡중은 1939년에 쓴 『명대 국제 무역과 은의 수출입』에서 각종 자료에 나오는 최저 수량(매해 평균 30만 페소 상당의 백은이 중국으로 유입)을 근거로 보수적으로 계산해서 다음과 같이 주장한다. "1573년부터 1644년까지 71년 간 2,130만 냥 상당의 미주산 백은이 필리핀을 거쳐 중국으로 유입되었다."[100] 왕시허(王士鶴)는 1571년부터 1644년(명나라 멸망)까지 70여 년 간 필리핀을 거쳐 중국으로 유입된 미주산 백은은 약 5,300만 페소(3,813만 냥)이다"라고 주장한다.[101]

펑신웨이는 다음과 같이 달리 주장한다. "융경 원년부터 마닐라 개항 이후나 명말까지 약 70~80년 간 필리핀을 경유해서 중국으로 유입된 미주산 백은은 6,000만 페소 이상으로 고평은(庫平銀) 약 4,320만 냥 상당이다." 펑신웨이는 이를 상당히 보수적으로 계산한 것으로 생각한다.[102] 또 취엔한성은 다음과 같이 주장한다. "명나라 전 기간 필리핀에서 유입된 백

99 全漢升. 略論新航路發現后的中國海外貿易[M] // 張彬村, 劉石吉. 中國海洋發展史論文集: 第伍輯. 1993.

100 梁方仲, 梁方仲經濟史論文集 [M], 北京: 中華書局, 1989.

101 王士鶴, 明代后期中國-馬尼拉-墨西哥貿易的發展 [M] // 地理集刊, 1964.

102 彭信威, 中國貨幣史 [M], 上海: 上海人民出版社, 1958.

1751년, 1776년 멕시코 은전. 1795년 스페인 은전.
중국 국가박물관, 작가 직접 촬영, 2012.11.30.

은은 약 7,500만 페소 즉 6,000만 냥 상당이다."[103] 왕위쉰(王裕巽)은 "명나라 때 필리핀과 무역하면서 수입한 백은은 8,775만 냥 즉 1억 1,700만 페소, 4,212톤이다"라고 주장한다.[104] 완밍(萬明)은 이보다 더 높게 통계를 냈다. "1570년부터 1644년까지 마닐라를 거쳐 중국으로 들어온 백은은 약 7,620톤이다."[105]

중국학자 중에 명청 두 시대 동안 마닐라를 경유해서 중국으로 유입된 백은의 수량에 대해서 통계 낸 학자도 있다. 예를 들면 취엔한성은 마닐라 검심정(檢審庭)•[108] 정장(庭長)이 스페인 국왕에게 보낸 보고서를 근거로 다음과 같이 주장한다. "필리핀 군도가 점령당한 뒤부터 거기로 유입된 백은은 2억 페소를 초과한다." 그는 1565년부터 1765년까지 미주에서 필리핀으로 유입된 백은을 총 2억 페소라고 추정하는 것이다. 댁 코민(Dc comyn)은 "1571년부터 1765년까지 미주에서 필리핀으로 운송한 백은은 총 4억 페소로 그중 25% 내지 50%가 중국으로 들어갔다"라고 주장했는데, 취엔한성은 "댁 코민이 25%라고 한 것은 매우 낮게 잡은 것으로 사실상 50% 혹은 그 이상 중국으로 들어왔다"라고 주장한다.[106]

103 全漢升, 明清間美洲白銀的輸入中國 [M] // 中國經濟史論叢: 第 1 册, 香港: 香港新亞研究所, 1972.
104 王裕巽. 明代國內白銀開采与國外流入數額試考 [J], 中國錢幣, 1998 (3).
105 万明, 明代白銀貨幣化: 中國与世界連接的新視角[J], 河北學刊, 2004 (3).
106 全漢升, 明清間美洲白銀的輸入中國[M] // 中國經濟史論叢: 第 1 册, 香港: 香港新亞研究所,1972.

옌종핑은 복서(Boxer)가 쓴 『동남아의 화교』에 나오는 통계를 근거로 다음과 같이 주장한다. "1565년부터 1821년까지 멕시코에서 필리핀으로 운송한 4억 페소 상당의 백은은 대부분 중국으로 유입되었다."[107] 사딩과 양디엔취가 쓴 『중국과 라틴아메리카의 간략한 역사』에서 인용한 통계는 다음과 같다. "1571년부터 1821년까지 마닐라로 유입된 백은은 4억 페소로 그중 2억 페소 상당의 백은이 중국으로 유입되었다."[108] 치안장(錢江)은 다음과 같이 추산한다. "1570년부터 1760년까지 중국 상선 약 3,097척이 마닐라로 들어가서 무역을 했는데 매해 평균 16.2척이 들어간 셈이다. 중국 상선은 평균 약 8만 페소 상당의 화물을 싣고, 화물 중에 95%가 백은이라고 가정한다면 회항하는 중국 상선은 평균 7.6만 페소를 선적한 것이다." 이로써 191년 간 중국 상인이 필리핀에서 선적한 미주산 백은은 약 2만 3,537페소이고 중국 평고은으로 1억 6,946만 냥이며, 스페인 은화로는 2억 페소에 해당한다.[109] 우청밍은 치안장의 통계를 근거로 다음과 같이 추산한다. "17세기 후반(1650~1699) 필리핀을 거쳐 중국으로 유입된 백은은 1,483.7만 냥이고 18세기 전반(1700~1750)은 3,120.8만 냥이다. 1757년 스페인 식민지 당국이 필리핀에서 기독교가 아닌 화교 상인을 추방하고서부터는 중국과 필리핀 사이의 무역은 쇠락하고 1760년 이후에는 여기에 대한 기록이 없다."[110] 장궈투는 "마닐라에서 중국으로 유입된 백은은 명나라 때(1567~1643)는 약 7,500페소이고, 1700년부터 1840년까지는 약 9,360만 냥 내외이다"라고 주장한다.[111] 한치(韓琦)는 다른 학자들의 통계를 근거로 해서 "식민지 전 기간 필리핀을 거쳐 중국으로 유입된 백은은 최소 2억

---

107 嚴中平, 絲綢流向菲律賓, 白銀流向中國[J], 近代史研究, 1981 (1).

108 沙丁, 楊典求, 中國和拉丁美洲簡史[M], 鄭州: 河南人民出版社, 1986.

109 錢江, 1570~1760 年西屬菲律賓流入中國的美洲白銀[M] // 南洋問題研究, 1985 (3).

110 嗚承明, 18与19 世紀上叶的中國市場[M] // 中國的現代化: 市場与社會, 北京: 三聯書店, 2001.

111 庄國土, 16~18 世紀白銀流入中國數量估算[J], 中國錢幣, 1995 (3).

페소이고 1페소를 36kg으로 계산하면 총 7,200톤이 된다"라고 주장했다.[112]

2. 미주-유럽과 미국-중국

스페인령 미주 식민지에서 생산한 백은 중 일부는 유럽으로 들어갔고, 유럽으로 들어간 백은 중 일부는 다시 말라카 해협을 지나 오문을 거쳐 마지막에는 중국 내지로 들어왔다. 통일된 중국과 달리 분열되었던 유럽 각국은 앞서 말한 항로를 따라 백은을 중국으로 실어 날랐다. 각 국가가 저 항로를 따라 같은 시간 혹은 다른 시간에 백은을 운송했는데 그때마다 경중이 달랐다.

1) 포르투갈을 거쳐 중국으로 유입된 백은

동양으로 최초로 들어왔을 뿐만 아니라, 종주국 스페인으로 들어온 미주산 백은을 중개무역을 통해 중국으로 수출한 것은 포르투갈인이었다. 포르투갈인은 16세기 초 무렵 이미 동남아 지역으로 들어왔고, 그 다음 줄곧 중국 연해에 근거지를 마련하려고 노력하면서 중국과 직접 무역을 할 수 있는 길을 열려고 시도했다. 중국 연해를 수십 년 동안 염탐하다 마침내 16세기 중반 오문을 점거하고 중국 화물을 구매하는 본거지로 삼았다. 먼저 중국으로 들어왔던 포르투갈인은 중국에는 상품이 풍부한 데 반해 자기들은 그것을 구매할 수 있는 백은이 충분하지 않다는 것을 늘 아쉬워했다.

포르투갈인은 먼저 동남아 향료 산지를 점령했고 향료와 중국의 비단과 자기 같은 상품을 교환했다. 나중에 그들은 또 일본산 백은으로 중국과

112 韓琦, 美洲白銀与早期中國經濟的發展[J], 歷史教學問題, 2005 (2).

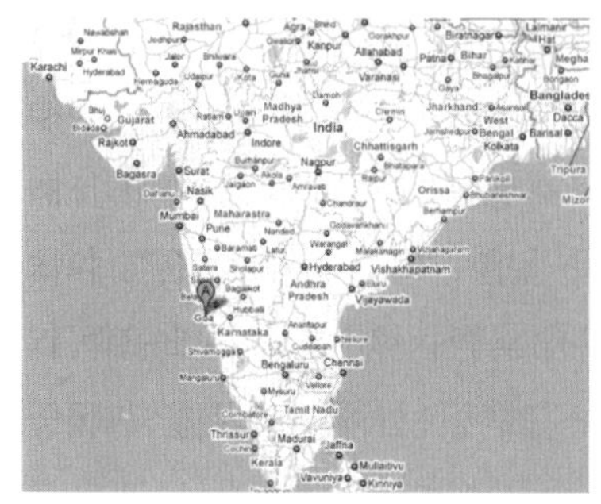

인도 서해안에 위치한 고아, 16세기부터 1961년까지 포르투갈이 점령.
果阿邦. 互動百科. 2010.8.13. (http://www.baike.com/wiki/%E6%9E%9C%E9%98%BF%E9%82%A6)

고아의 교당.
2006.10. 印度: 11, 果阿 帕納吉. 网易博客. 2011.03.31. (http://gyy-.blog.163.com/blog/static/27283142011231037567O7)

중개무역을 할 수 있다는 것을 발견한다. 하지만 이것만으로는 그들이 원하는 중국 상품을 충분히 구매할 수 없었다. 포르투갈인은 스페인인처럼 직접 백은을 점유할 수 있는 은광을 가지지 못했다. 다행히도 포르투갈은 스페인과 근접해서 두 국가 사이의 무역은 매우 편리했고 게다가 포르투갈은 스페인과 무역하면서 흑자를 내었으므로 스페인의 소유한 백은을 가질 수 있게 되었다. 그중 일부를 중국과의 직접 무역에 투자했다.

포르투갈인이 유럽에서 오문으로 와서 중국 비단 등의 상품을 구매하는 데 사용한 백은의 수량에 대해서 학자들마다 의견이 분분하다. 영국 동인도공사 소속이면서 여행가인 랄프 피치(Ralph Fitch)가 1585~1591년에 남긴 기록은 다음과 같다. “1560년부터 1600년까지 포르투갈인이 고아에서 수입한 백은은 약 20만 크루자두스(Cruzados) 상당이다.” 배자(Pedro

오문 소재 마조각(媽祖閣).
오문, 작가 직접 촬영, 2002.1.1.

성바울성당 유적.

포르투갈 청년과 중국 청년의 동상.

de Baeza)는 "20만~30만 리얄"이라고 주장한다.[113] 라이드(Reid)는 다음과 같이 계산한다. "16세기 말 포르투갈인이 유럽에서 동양으로 수출한 화물의 총액을 백은으로 환산하면 72만 톤 상당인데, 화물 중에 대부분은 백은이었다."[114]

취엔한성은 다음과 같이 주장한다. "1580년대 포르투갈인이 동양으로 수출한 백은은 100만 다카(Dhaka) 상당으로 약 3.2만 kg이다."[115] 장궈투는 다음과 같이 추산한다. "1569년부터 1636년까지 매년 포르투갈인이 유럽에서 갖고 온 은전의 절반(50만 원)은 중국 비단을 구매하거나 선세를 납부할 때 사용했다. 이 67년 동안 포르투갈인이 중국에 들여온 스페인 은원은 약 3,350만으로 백은 2,700만 냥에 상당한다."[116] 이외에도 포르투갈인은 마닐라 무역에 뛰어들어 적지 않은 미주 백은을 벌어갔다. 왕시허에 따르면 "1620년부터 1640년까지 오문과 마닐라 간의 무역도 총액이 제일 많

113 Boxer C R. the Great Ship from Amacon: Annals of Macao and the Old Japan Trade, 1555~1640 [M]. Lisbon, 1959.

114 Anthony Reid. Southeast Asia in the Age of Commerce 1450~1680, vol.Ⅱ [M]. Michigan: Edwards Brothers Inc.,1993.

115 全漢升. 略論新航路發現后的中國海外貿易 [G] // 張彬村, 劉石吉. 中國海洋發展史論文集: 第 5 輯. 台北: "中研院" 中山人文社會科學研究所, 1991.

116 庄國土. 16~18 世紀白銀流入中國數量估算 [J], 中國錢幣, 1995 (3).

은 때는 2,020만 스페인 은원이었다"라고 한다[117]

1640년 이후 포르투갈에서 중국으로 유입된 백은의 수량에 관한 현재 연구는 오히려 부족한 편이다. 확실한 것은 1640년 이후 동양 무역에 있어서 포르투갈인의 위치가 점점 추락하기 시작한다는 것이다. 포르투갈인이 여전히 오문을 점령하면서 오문을 거쳐 중국과 계속 무역을 했지만, 이 무역에서 포르투갈인의 지위는 점점 하락했다.

2) 네덜란드를 거쳐 중국으로 유입된 백은

포르투갈인이 그랬듯 네덜란드인도 스페인처럼 백은을 많이 보유하지 못한 것을 걱정했다. 다행히도 포르투갈처럼 네덜란드도 스페인과 무역하면서 흑자가 나서 스페인령 미주산 백은을 상당히 많이 손에 넣을 수 있었다. 포르투갈인 마냥 네덜란드인도 동양으로 들어와서 향료가 풍부한 동남아 지역을 점거하고 후추와 향료 등으로 중국 상품과 교환했으며, 동시에 일본과 무역하면서 번 일본산 백은과 마닐라 무역에서 번 미주산 백은을 가지고 중국 상품과 교환했다.

네덜란드인들은 중개무역으로 얻은 소득을 모두 이용하려고 줄기차게 노력해서 백은이 과도하게 빠져나가는 것을 어느 정도 막을 수는 있었지만, 중국과 무역에서 발생하는 적자를 메울 수가 없었다. 이렇게 노력해도 중국 상품을 충분히 구매할 수 없을 때는 유럽으로 들어온 백은을 동양으로 실어 날랐다. 특히 네덜란드는 중국의 차를 가장 많이 구매하는 나라였고 따라서 찻잎을 구입할 대금으로 백은이 많이 필요했으므로 유럽에서 백은을 많이 가져올 수밖에 없었다.

장궈투의 연구에 따르면, "1728년부터 1734년까지 네덜란드 선박 9척

117 王士鶴, 明代后期中國-馬尼拉-墨西哥的貿易發展 [J], 地理集刊, 1964 (7).

17~18세기 네덜란드 은전들.
源荷蘭貨幣簡史 (轉). 博宝論壇. 2009.10.5. (http://bbs.artxun.com/tiezi_65394/1/1/)

1767, 1848년 네덜란드 은전들.

네덜란드 프리부르(Fribourg)호 선원이 주문 제작한 쟁반, 청 건륭 21년(1756), 대영박물관 소장.

"VOC" 글자가 새겨진 분채 접시, 경덕진, 청 옹정, 약 1728년. 빅토리아 가문의 도안은 네덜란드 동인도공사가 1728[109]년 발행해 1751년까지 유통한 화폐 뒷면에 있었다. 가운데는 네덜란드 공화국의 문장(紋章).

중국 국가박물관, 작가 직접 촬영, 2012.11.30.

이 광주에 정박했는데, 화물 총액은 253.33만 휠던으로 그중 백은이 96%였다. 1776년부터 1788년까지 중국으로 들어온 네덜란드 동인도공사의 선박은 백은을 평균 8.3만 냥 혹은 28.7만 휠던을 싣고 왔다. 공사 이사회는 선박 1척마다 적재량을 30만 휠던 이하로 제한했는데 이 규정을 크게 벗어나지 않았다. 1757년부터 1794년까지 총 135척이 광주에 들어왔는데, 선박마다 평균 8.3만 냥 총 1,116만 냥 상당을 싣고 왔다. 1735년부터 1756년까지 바마(Bama)에서 85척이 광주로 들어왔고, 각 선박이 30만 휠던을 중국 화물과 백은에 반반씩 투자했다고 가정한다면 이 85척 싣고 온 백은은 367.4만 냥 상당이다. 이러한 추산이 성립한다면, 1728년부터 1734년까지 매년 네덜란드 선박 9척이 백은 70.3만 냥을 싣고 왔고, 1728년~1794년은 1,554만 냥, 1720년부터 1895년까지 6,344.3만 냥을 동양으로 싣고 왔는데 그중 25%가 중국으로 들어왔다. 같은 기간 중국 상품을 구매한 총액은 3,371.8만 냥이었다. 이들은 중국 상품을 구매할 때 절반 이상을 백은으로 지불했다. 18세기부터 19세기 초중반까지 네덜란드에서 바마로 운송한 백은은 680만~790만 휠던 상당이다."[118]

3) 영국을 거쳐 중국으로 유입된 백은

영국은 포르투갈, 스페인, 네덜란드보다 늦게 동양으로 들어왔는데 다른 나라와 달리 동남아가 아니라 인도로 먼저 들어왔다. 당시 영국은 본토나 식민지 인도에서 중국으로 수출할 상품이 없었고, 또 일본산 백은으로 중개무역할 기회도 없었다. 따라서 영국이 중국과 직접 무역을 개시할 무렵 이들이 중국에 수출한 주요 상품은 미주산 백은으로 주조한 은원(銀元)이었다. 1637년 영국 상선이 광주로 들어올 때 6만 2,000 스페인 은원을 갖고 왔다. 하지만 18세기 초까지는 영국과 중국의 무역 규모는 오히려 줄어들어, 1708년부터 1712년까지 영국이 중국에 수출한 상품 총액은 겨우 5,000파운드였지만, 백은은 5만 파운드였다.[119]

이후 서양 국가와 중국의 무역에 있어서 영국의 지위는 점점 높아져 나중에는 거의 독점하다시피하고 무역량도 아주 많아졌다. 따라서 당시 중국으로 백은을 제일 많이 수출하게 되었다. 특히 18세기 중반 이후, 영국이 중국의 차를 제일 많이 사 갔으므로 영국인을 거쳐 중국으로 유입된 백은도 제일 많았다. 중국인 입장에서 영국인은 백은을 제일 많이 수출하는 주요 고객이었다.

17세기 중반부터 19세기 초반까지 영국의 동인도공사 선박이 중국으

118 庄國土. 16~18 世紀白銀流入中國數量估算 [J], 中國錢幣, 1995 (3).
119 庄國土. 16~18 世紀白銀流入中國數量估算 [J], 中國錢幣, 1995 (3).

영국 무역 은 1원.

1840년 영국 동인도공사의 1루피짜리 은전.
중국 국가박물관, 작가 직접 촬영, 2012.11.30.

로 싣고 온 주요 화물은 은원이었고, 많을 때 전체 화물의 90%가 은원이었다. 치안지아쥐(千家駒)는 "18세기 약 100년간 영국이 중국 상품을 구매하면서 2.089억 은원을 지불했다"[120]라고 주장한다. 천동유(陳東有)는 모스의 『동인도공사의 대중국 무역 편년사』에 나오는 자료를 근거로 다음과 같이 주장한다. "1653년부터 1753년까지 동인도공사 소속 상선 222척이 싣고 온 화물은 중국 백은으로 78.2만 냥 상당이고, 운송해 온 백은(대개 은원임)은 환산하면 771.3만 냥이고, 총액은 1,426.7만 냥에 해당한다."[121] 우청밍도 『동인도공사의 대중국 무역 편년사』에 나오는 자료를 근거로 다음처럼 이야기한다. "(매 선박이 싣고 온 은원을 수량을 평균 내고 또 매 파운드를 백은 3냥으로 환산해서 중영 무역을 통해 중국으로 유입된 백은의 수량은) 17세기 후반(1650~1699)은 63.8만 냥, 18세기 전기(1700~1759)는 528,7만 냥이다."[122]

120 千家駒. 東印度公司的解散与鴉片戰爭 [N], 清華學報, 37 (9~10).
121 陳東有. 明末淸初的華東市場与海外貿易 [N], 厦門大學學報哲社版, 1996 (4).
122 嗚承明. 18与19世紀上叶的中國市場 [M] // 中國的現代化: 市場与社會. 北京:

이런 문제에 관해서 최고 권위자는 장궈투이다. 장궈투의 연구는 다음과 같다. "1700~1753년, 영국 동인도공사 소속 선박 178척이 중국으로 무역하러 들어왔다. 필자는 그중 65척이 709.9만 냥 혹은 선박 평균 10.9만 냥을 싣고 왔다는 것을 이미 알고 있다. 만약 10.9만 냥을 영국 상선 178척이 선적한 평균으로 본다면 1700년부터 1753년까지 중국으로 유입된 백은은 1,944만 냥이었다. 18세기 중반 이후 영국 동인도공사는 대중국 수출을 확대했는데 그중 주요 화물은 면화와 아연, 주석으로 백은은 전체 화물에서 비율이 오히려 떨어진다. 그러나 영국이 특히 찻잎을 많이 사 가면서 백은 수출도 지속적으로 증가한다. 1758~1760년, 공사는 매년 화물 17.4만 냥과 백은 22만 냥을 수출한다. 1760~1770년, 공사의 수출 총액 중에 백은이 약 50% 정도 차지한다. 1795~1799년에는 이 비율이 13%까지 떨어진다. 하지만 중국으로 매년 수출한 총액은 537.3만 냥이었고 백은 수출은 연평균 74만 냥이었다. 만약 1754년부터 1759년까지 영국인이 매년 수출한 백은 평균과 1758년부터 1762까지가 비슷하다면 매년 평균 22만 냥이 된다. 1754년부터 1759년까지 영국이 중국으로 수출한 백은 총액은 131.4만 냥 상당이다. 이 추산대로라면 1700년부터 1823년까지 영국 동인도공사가 중국으로 수출한 백은은 총 5,387.5만 냥이다."[123] 1823년 이후에는 영국은 중국으로 백은을 싣고 올 필요가 없어졌다. 영국인은 "어떻게 하면 중국인이 다 받아들이고 또 찻값을 지불할 수 있을까? 게다가 상품 그 자체로 수익을 낼 수 있을까?"를 고려하기 시작한다.[124] 영국인들은 최종적으로 아편을 선택했다. 아편 수출이 나날이 늘어나면서 영국은 장기간 지속되었던 무역 적자에서 흑자로 돌아섰고, 오히려 중국에서 상당히 많은 백은을 유출해갔다.

三聯書店, 2001.

123 庄國土. 16~18世紀白銀流入中國數量估算 [J], 中國錢幣, 1995 (3).

124 格林堡. 鴉片戰爭前中英通商史 [M], 康成, 譯. 北京: 商務印書館, 1961.

4) 미국을 거쳐 중국으로 유입된 백은

미국은 다른 국가보다 늦게 중국에 들어왔지만 얼마 지나지 않아, 영국 다음으로 중국의 찻잎을 많이 구매했고 그만큼 백은도 많이 들여왔다. 미국이 중국으로 백은을 수출한 기간은 짧았지만, 그 수량은 상당히 많았다.

미국인이 중국에 처음 들어왔을 때는 주로 모피와 서양 인삼을 갖고 와 중국 상품과 교환해 갔다. 그러나 19세기 초부터는 모피만으로는 찻잎을 비롯한 중국 상품을 구매할 여력이 없자 미주산 백은이 주요 지불 수단으로 등장한다. 1827년 이후 미국이 아편 수출을 더 밀어붙이자, 이에 따라 백은 수출은 급감한다. 장궈투는 다음과 같이 계산했다. "1821년부터 1830년까지 중미 무역은 확대되었지만, 중국으로 유입된 백은은 겨우 406.4만 냥에 불과했다. 10년 전의 21.5%에 지나지 않았다. 1805년부터 1840년까지 광주로 들어온 미국 상품의 총액은 백은 6,148만 냥 상당으

초기의 미국 은전.
外國商貿銀元值得一藏收藏時要謹防贋品. 中國金 幣收藏网. 2006.5.15. (http://www.51jb.com/bbs/dispbbs.asp?boardid=19&Id=157673)

1874년 미국 무역 은 1원(圓).
중국 국가박물관, 작가 직접 촬영, 2012.11.30.

로 매년 평균 168.8만 냥이었다."[125] 다른 학자들은 다음과 같이 주장한다. "1784년부터 1844년까지 미국 상인은 15억~18억 달러에 해당하는 백은을 중국으로 가지고 왔다."[126]

5) 기타 유럽 국가를 거쳐 중국으로 유입된 백은

18세기 유럽의 주요 국가들은 거의 대부분 대중국 무역에 참여했다. 당시 이러한 국가들은 대개 본토나 식민지에서 중국으로 수출할 상품도 없었고 있다하더라도 수량도 충분하지 않았다. 또 일본과 마닐라를 거치는 중개무역을 할 기회도 많지 않았다. 다만 수익으로 남긴 미주산 백은으로 중국 상품을 구매할 수 있을 뿐이었다. 장궈투는 다음과 같이 지적한다. "일부 자료에 따르면, 당시 유럽 대륙의 많은 국가가 중국 무역에 참여했고 영국보다 선박을 많이 보냈고 선박마다 평균적으로 싣고 온 백은 수량도 많았다. 예를 들자면 1776년부터 1778년까지 프랑스 선박은 선박마다 백은 9만 냥을 싣고 왔고, 덴마크 선박은 10만 냥, 스웨덴 선박은 약 11만 냥을 싣고 왔다. 국가별로 말하자면 각국이 중국으로 보낸 상선은 그렇게 많지 않았다. 1719년부터 1799년까지 네덜란드 선박을 제외하고 다른 유럽 국가가 중국으로 보낸 선박은 총 466척이었다. 선적량에서 있어서도 네덜란드 선박과 다른 유럽 국가의 선박은 비슷했다. 그러므로 다른 유럽 국가가 운반한 백은의 수량을 네덜란드의 것과 비교해서 추정할 수 있다. 네덜란드 선박이 백은 8만 2,697냥을 실었다면 다른 국가의 선박 466척은 중국으로 백은 3,853.7만 냥을 싣고 온 것이다. 19세기 이후, 유럽 대륙 국가들은 영국의 어음 교환소를 많이 이용했는데, 광주 소재 런던 어음 교환소

125 庄國土. 16~18 世紀白銀流入中國數量估算[J], 中國錢幣, 1995 (3).

126 叶顯恩. 世界商業擴張時代的广州貿易(1750~1840 年) [J], 广東社會科學, 2005 (2).

에서 결제했으므로 백은을 더는 중국으로 싣고 오지 않았다."[127]

짚고 넘어가야 할 사실은 유럽 국가가 유럽에서 중국으로 보내는 선박에 백은을 선적할 미주산 백은으로만은 충분하지 않았다는 것이다. 그래서 이러한 선박들이 중국으로 오는 도중에 인도나 동남아 항구에서 백은을 보충했다. 때로는 마닐라나 일본에서 보충하기도 했다. 동남아로 유입된 백은 중 일부분은 유럽 각국의 상선이 유럽에서 갖고 와 후추와 향료를 구입하면서 사용한 것으로, 이러한 백은의 상당 부분은 중외 상인을 거쳐 중국으로 유입되었다.

이와 관련해 앞서 언급한 학자 이외에 다른 학자들도 명청 시기 혹은 그중 일부 기간 유럽 각국에서 중국으로 유입된 백은의 수량에 대해서 통계를 냈다. 그중에 중국학자의 통계도 있다. 위지에치옹(余捷琼)은 다음과 같이 주장한다. "통계에 따르면, 강희 39년부터 건륭 16년까지(1700~1751년) 51년 간 서구 각국에서 중국으로 유입된 백은은 6,807만 냥이고 매해 평균은 131만 냥이다."[128] 평신웨이와 뤼칭은 다음과 같이 생각한다. "도광 이전 140년 간 유럽에서 우리나라로 들어온 백은은 8,000만 냥 이상이다."[129]

우청밍은 다음과 같이 주장한다. "1760년 이후 해외무역은 광주로 집중되었다고 가정하고 또 미주산 백은이 중국으로 유입된 경로는 중국과 유럽이 무역할 때 경로를 따랐다고 가정한다. -실제 이 기간 중미 무역은 없었다.- 옌종핑이 주편한 『중국 근대 경제사 통계 자료 선집』에 나오는 1765년부터 중국이 유럽 각국에서 수출입의 통계를 참고하고, 아울러 1764년에서 1769년까지 영국 상선이 전 유럽에서 중국으로 수출한 총액과 중국이 유럽으로 수출한 총액을 비교해서, 전 유럽 총액에서 빠진 부분을 보충하여, 백은을 수출할 때와 수입할 때에 발생하는 차액을 계산하면

127 庄國土. 16~18世紀白銀流入中國數量估算 [J], 中國錢幣, 1995 (3).
128 余捷琼. 1700~1937年中國銀貨輸出入的一个估計 [M], 北京: 商務印書館, 1940.
129 彭信威. 中國貨幣史 [M], 上海: 上海人民出版社, 1958.

다음과 같은 결과가 나온다. 18세기 후반(1760~1799) 유럽과 해상무역을 거쳐 중국으로 유입된 백은은 9,589.5만 냥이다. -이 숫자에는 중국 상선이 해외무역한 것은 포함되어 있지 않다.- 19세기 초반 중국은 유럽, 미국과 해상무역을 하면서 어떤 해는 백은이 유입되었고, 어떤 해는 백은이 유출되었다. 1800년부터 1834년 6월까지 백은의 순유출량은 2,941.6만 냥이었다."[130]

장궈투가 산출한 통계는 다음과 같다. "1700년부터 1840년까지 유럽과 미국에서 중국으로 유입된 백은은 1억 7,000만 냥이다. 1553년부터 1840년까지 서방국가가 광주를 거쳐 중국으로 유입한 백은은 5억 냥 이상이다."[131] 완밍은 다음과 같이 주장한다. "1570년부터 1644년까지 유럽을 거쳐 동양으로 유입된 미주산 백은은 약 8,000톤으로, 인도와 오스만을 제외하고 대부분 중국으로 유입되었다. 그 수량은 약 5,000톤이다."[132]

이 부분과 관련해서 외국 학자가 산출한 통계도 있다. 폰 글란은 1550년부터 1645년까지 유럽에서 인도양을 거쳐 중국으로 유입된 백은에 대해서 다음과 같이 주장했다. "1550~1600년은 380톤, 1601~1645년은 850톤, 1550~1645년은 1,230톤이다."[133] 모스는 "중국과 원동(中國与遠東)"이라는 제목으로 한 강연에서 다음과 같이 말했다. "1700년부터 1830년까지 중국으로 유입된 백은은 대략 5억 원 즉 3.6억 냥이다."[134] 해밀톤이 산출한 통계는 다음과 같다. "1500년부터 1650년까지 1세기 반 동안 미주에서 유

130 嗚承明. 18与19世紀上叶的中國市場 [M] // 中國的現代化: 市場与社會. 北京: 三聯書店, 2001.

131 庄國土. 16~18世紀白銀流入中國數量估算 [J], 中國錢幣, 1995 (3),

132 万明. 明代白銀貨幣化: 中國与世界連接的新視角 [J], 河北學刊, 2004 (3).

133 Richard Von Glahn. Fountain of Fortune: Money and Monetary Policy in China [M], Berkeley, 1996.

134 嗚承明. 18与19世紀上叶的中國市場[M] //中國的現代化: 市場与社會. 北京: 三聯書店, 2001.

매우 유명한 "멕시코 응양(鷹洋)".
墨西哥鷹洋. 百度百科. 2012.9.2. (http://baike.baidu.com/view/392048.htm)

정강산(井岡山) 홍군이 조폐창에 주조한 "정강산공자은원(井岡山工字銀元)" -잘 만든 멕시코 응양 위 아래로 "工"이 새겨져 있다-
멕시코 응양은 1821년 멕시코 독립한 이듬해인 1823년 처음을 주조했다. 청말민국초에 중국으로 제일 많이 유입된 은원이다.
重巒迭峰的井岡山. 网易博客. 2012.06.26. (http://zhy-xianger.blog.163.com/blog/static/5678852220125269272392 5/)

럽으로 유입된 백은은 약 1.6만 톤이다."[135] 피에르 쇼뉘(Pierre Chaunu)는 "미주산 백은의 3분의 1 이상이 중국으로 유입되었다"라고 주장한다. 웨이크만(Wakeman)은 "미주산 백은의 50% 정도는 중국으로 들어갔다"라고 한다.

워드 바렛이 산출한 통계는 다음과 같다. "1493년부터 1600년까지 미주에서 생산한 백은 1.7만 톤인데 그중 약 70%가 유럽으로 들어갔다. 17세기에는 약 4.2만 톤을 생산했는데 그중 3.3만 톤이 유럽으로 유입되었다. 그중에 40%인 약 1.2톤이 아시아로 수출되었다. 18세기는 미주 생산량은 7.4만 톤이었는데, 그중에 5.2만 톤이 유럽으로 유입되었다. 종합하면 1545년부터 1800년까지 미주에서 생산한 백은은 13.3만 톤인데 그중 약 75%인 10만 톤을 유럽으로 수출했다. 다시 유럽은 32%, 즉 3.2톤을 아시

135 Earl J. Hamilton. American Treasure and the Price Revolution in Spain. Cambridge: Harvard University press, 1934.

아로 수출했다."[136]

프랭크는 『백은 자본』에서 세계의 백은 생산과 수출, 수입에 대해서 도표로 설명하고 있다. "16세기 미주에서 유럽으로 운송한 백은은 1.7만 톤이었는데, 중국으로 수출한 것은 하나도 없다. 17세기에는 미주산 백은이 약 2.7만 톤이 유럽으로 들어왔는데, 그중 1.3만 톤(약 절반)이 중국으로 들어갔다. 18세기에는 미주산 백은이 유럽으로 5.6만 톤이 들어왔고 그중 대략 절반인 2.6만 톤이 중국으로 운송되었다. 1500년부터 1800년까지 유럽은 미주에서 백은 9.8만 톤을 수입했고 그중 3.9만 톤을 중국으로 실어갔고 유럽에 남은 것은 5.9만 톤이었다."[137]

1500년부터 1800년까지 미주산 백은이 유럽으로 유입된 것에 대해 모리누(Morineau)가 산출한 통계는 프랭크 통계보다 조금 적다. "1500~1600년은 7,500톤, 1600~1700년은 2만 6,168톤, 1700~1800년은 3만 9,157톤으로 합계 7만 2,825톤이다."[138]

136 安德烈·貢德·弗蘭克, 白銀資本---重視經濟全球化中的東方 [M], 劉北成, 譯, 北京: 中央編譯出版社, 2000.

137 安德烈·貢德·弗蘭克, 白銀資本---重視經濟全球化中的東方 [M], 劉北成, 譯, 北京: 中央編譯出版社, 2000.

138 安格斯, 麥迪森, 世界經濟千年史[M], 伍曉鷹等, 譯, 北京: 北京大學出版社, 2003.

13 백은의 유입량

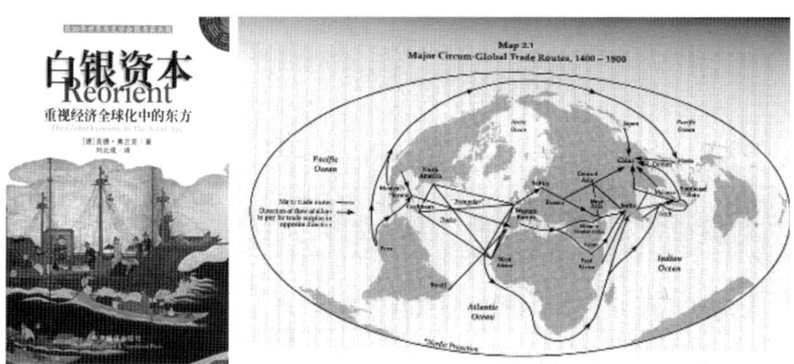

프랭크의 『백은 자본』의 표지와 본문에 나오는 백은 흐름도.
安德烈 貢德 弗蘭克. 白銀資本-重視經濟全球化中的東方 [M]. 劉北成, 譯. 北京: 中央編譯出版社, 2000.

앞서 말했듯이, 명청 시기에 백은은 주로 일본산과 미주산이 중국으로 유입되었다. 일본은 미주보다 빨리 백은을 대규모로 채굴하고 중국으로 수출했다. 그러나 미주보다 먼저 수출을 중단한다. 일본산 백은이 중국으로 들어오는 길은 2가지이다. 그중 하나는 직접 무역이다. 중일 직접 무역은 대개 중국 상인이나 화교 상인이 맡았는데 이를 "동양왕시(東洋往市)"라고 한다.[139] 또 다른 하나는 중개무역이다. 중개무역은 포르투갈인과 네덜란드인이 주도했으며, 일본 상인이 백은을 싣고 동남아로 가서 포르투갈과 네덜란드, 중국의 상인에게 판매하고, 이들이 다시 중국 본토로 수출하는 삼각무역도 있었다. 미주산 백은이 중국으로 유입되는 경로는 2가지

139 陳國棟.東亞海域一千年[M]. 濟南: 山東畫報出版社, 2006.

이다. 하나는 '미주를 출발해 마닐라를 경유해서 중국'으로 들어오는 길이다. 또 다른 하나는 '미주를 출발해 유럽(미국)을 경유해서 중국'으로 들어오는 길이다. 전자는 스페인인이 독점했고 후자는 포르트갈인이 주도했다. 시간이 지나면서 네덜란드인, 영국인, 미국인이 주도했는데, 그중 영국인이 가장 오랫동안 가장 많이 중국으로 백은을 수출했다. 정도가 다르지만 다른 유럽 국가도 이 중개무역에 참여했다.

1. 통계를 산출하는 방식

명청 시대 때 중국으로 유입된 백은의 양을 정확하게 계산하는 것은 매우 어렵다. 현대인으로서 우리는 대략 추산할 수 있을 뿐이다.

1) 추산의 한계

1. 완전한 원자료의 부족. 통계를 내는 데 필요한 자료가 없을 때도 있다. 어떤 학자는 원자료와 달리 주관적으로 억측하며, 심지어 고의로 과장하거나 누락하기도 한다. 자료가 남았더라도 불완전하며 왜곡된 것도 있다. 정부 공식 기록에는 밀무역이 포함되어 있지 않다. 지금도 밀무역을 완전히 막을 수 없는데 옛날에는 밀무역이 더 성행했을 것이다. 정부의 공식 자료에도 관리 중에 세금을 빼돌리려 기록하지 않은 때도 있을 것이고, 상인과 결탁하여 허위로 보고하거나 은닉하는 경우도 있었다. 설령 (완벽한) 자료가 있었더라도 긴 역사를 내려오면서 사라진 것도 있다.

2. 각종 자료에 대한 통계를 산출하는 방식과 도량형이 다르다. 정부의 기록과 관원의 보고, 민간의 관찰 기록은 각각 기록하는 방식이 다르고 계

량 단위도 제각각이다. 수량을 표기하는 단위로 "냥(兩)", "관(貫)", "정(錠)", "원보(元寶)"을 썼으며 외국의 "은원(銀元)" 혹은 "화폐"를 사용하기도 했다. 같은 단위를 쓰더라도 실제 용량이 다른 경우도 있었다. 예를 들자면 중국 고대의 "냥(兩)"은 "관평냥(關平兩)", "고평냥(庫平兩)", "조평냥(漕平兩)"과 각 지역에서 쓰는 "냥(兩)" 등을 의미한다. "정(錠)", "원보(元寶)"도 시대와 지역마다 크기가 다르다. 금속이나 동전도 색깔이나 모양이 제각각이다. "은원(銀元)"도 상황은 마찬가지이다. 외국 화폐의 경우 환율 문제도 있다. 어떤 학자는 연구하면서 단위를 환산해서 통일했지만(온스, 킬로그램, 톤 등 현대 단위로 환산), 이런 환산 과정은 상당히 복잡할 뿐만 아니라 계산 과정에서 오류를 범할 가능성이 매우 높다.

3. 이용할 수 있는 자료는 통상 부분적 자료이기 때문에 전체를 추산하기 어렵다. 예를 들자면, 어떤 나라, 어떤 항구, 어떤 항로 심지어 어떤 선박을 통해 무역했는지 부분적 자료만 남아 있다. 학자들은 통계 낼 때 보통은 전체를 몇 개 부분으로 나누고, 이 부분을 추산해서 종합을 도출한다. 이런 식으로 나눠서 종합하는 방법은 조작이 쉽게 가능하므로 다음과 같은 난제를 피하기 어렵다. 때로는 부분끼리 서로 섞여 있어 명확하게 구분해내기가 어렵다. 예를 들자면, 포트투갈 상인이 오문으로 싣고 온 백은 중에는 일본산 백은도 섞여 있고, 마닐라를 거쳐 들어온 미주산 백은도 섞여 있다. 또한 오문 무역을 포르투갈이 전부 경영한 것도 아니었다. 상황이 이러므로 총계를 산출하는 과정에서 중복되거나 누락되는 경우가 자주 발생한다.

이런 상황에서도 학자들은 다양한 자료를 각자 다른 방식을 근거로 전체를 추산하려고 엄청난 노력을 기울였다. 현대 학자들이 연구하면서 통계를 산출할 때 앞서 말한 방식, 즉 구분하고 종합하는 방식을 사용한다. 명청 시대 때 백은의 수입과 관련한 해상무역을 연구할 때 가장 흔히 쓰는 구분 방식은 2분법 혹은 3분법이다. 2분법은 백은을 일본산과 미주산을 분별해서 계산하는 방식을 말한다. 3분법은 일본산, 마닐라를 경유한 미주산, 유럽을 경유한 미주산으로 분별해서 계산하는 방식이다. 어떤 학자는 2분법 혹은 3분법을 더 세분해서 연구하기도 한다. 예를 들자면, 각 항로에서 들어온 백은을 다시 국가나 상인별로 더 세분하는 것이다.

2) 통계를 산출하는 구체적 계산 방식

1. 선박의 수 평균 선적량. 먼저 다음 둘을 추산한다. 어떤 시기 매년 중국으로 입항한 외국 선박(■). 상선이 선적한 백은의 평균 수량(▲). ■과 ▲를 곱해서 어떤 상선이 어떤 항구에서 어떤 항로를 거쳐 백은이 유입하거나 유출했는지를 추산한다.

2. 수출-수입=수출(입) 초과. 어떤 시기 어떤 중국 항구에서 백은을 제외한 상품을 총수출액에서 백은을 제외한 화물의 총수입액을 뺀다. 이로써 백은의 무역이 적자인지 흑자인지 알 수 있다. -다른 화폐 혹은 금속도 같은 방식으로 산출할 수 있다.-

3. 연평균수 연수. 특정 기간 내의 특정 연도 보고서를 근거해서 그해 중국으로 들어온 백은의 수량을 추산하고 여기에다 특정 기간의 연수를 곱해서 총량을 추산하는 방식이다.

4. 생산량 수출 비율. 특정 기간 일본 혹은 미주에서 생산한 백은의 총량에서 해당 기간 원산지에서 중국으로 수출한 백은의 비율을 곱해서 총량을 추산하는 방식이다.

팔보소은정(八寶小銀錠). -청나라 전기-

건륭보장18년은병(乾隆寶藏十八年銀餅). 가경보장팔년은전(嘉慶寶藏八年銀幣).

절강원사은과자(浙江元絲銀錁子).
-청나라 전기-

가경 6년 병부고 월과향은(月課餉銀).

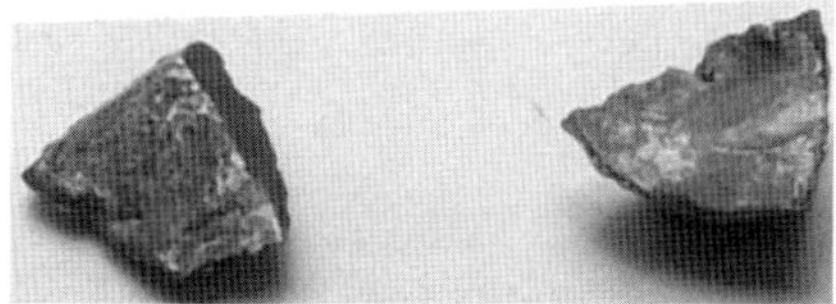

부서진 은괴. -청나라 전기-

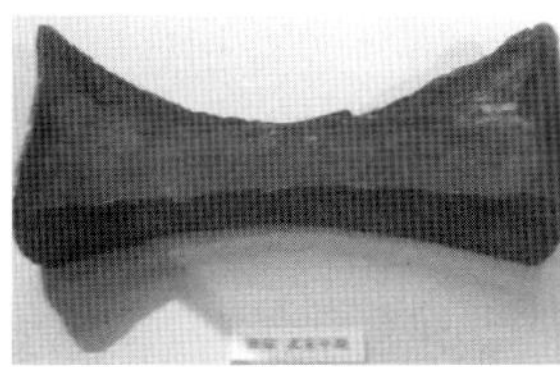
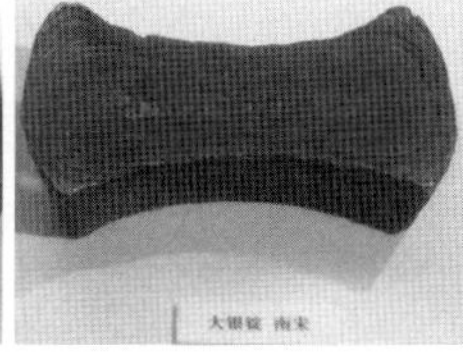
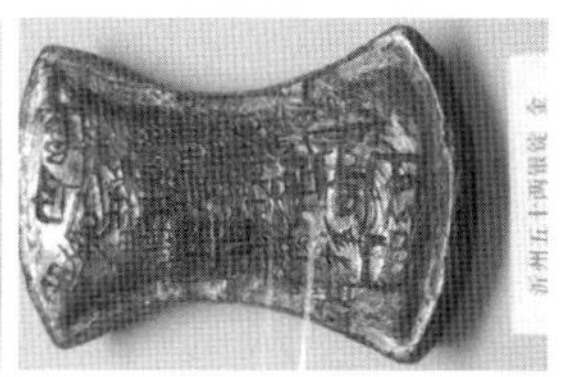

북송, 남송과 금나라의 대은정. 은정을 주조하기 시작한 것은 한나라 때부터이다. 각기 무게가 다르므로 "냥"이 주요 단위가 된다. 그래서 은냥(銀兩)이라고 부른다. 각지에서 관청이나 상인 집단, 개인도 모두 주조했기 때문에 은정은 크기가 일치하지 않고, 색깔과 모양이 모두 제각각이다. 윗면에 명문이 새겨진 것도 있는데, 명문의 내용에는 시간, 장소, 무게, 색깔, 소유자 자호, 장인 이름, 용도 등이 있다.

중국 국가박물관, 작가 직접 촬영, 2012.11.30.

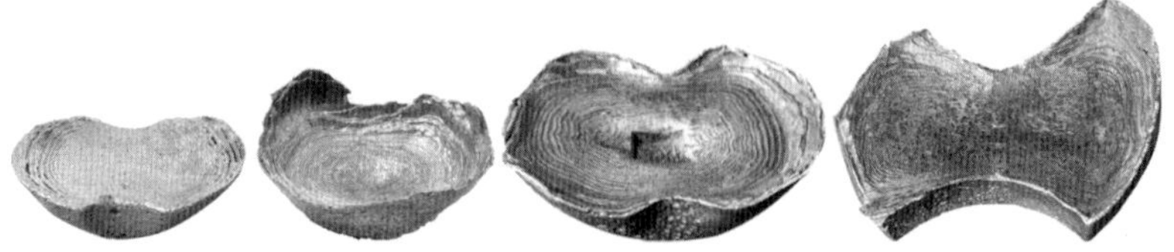

명나라의 3냥, 5냥, 10냥, 12냥짜리 은정.
中國收藏网. (http://auction.socang.com/auctionspecshowproduct/860464.html) ; 北京誠軒拍賣有限公司. (http://www.chengxuan.com/antiques/25289/) 中國收藏网. (http://artist.socang.com/artistproduct/1572154html) 中國收藏网. (http://auction.socang.com/auctionspecshowproduct/1491652. html)

5. 현존량 - 원존량 - 특정 기간 내의 국내 생산량 = 수입(출)량. 먼저 특정 기간 내의 백은의 현존량을 계산하고 거기에서 기준 연도의 중국 국내의 백은의 수량을 뺀다. 다시 이 값에다 특정 기간 중국에서 생산한 백은의 수량을 뺀다. 그러면 특정 기간 백은의 수출(입) 총량을 추산할 수 있다.

물론 어떤 방식을 사용하든 앞서 말한 난점을 극복하기 어렵고 완벽한 객관이나 정확한 계산으로 추산하기 어렵다. 따라서 학자들이 추론한 결과마다 차이가 매우 크게 날 때도 있다. 하지만 이러한 학자들과 이들이 추산한 결과는 모두 존중받을 가치가 있다. 앞으로 필자는 앞서 언급한 학자들이 연구한 것 중에서 시기와 수량이 비교적 명확한 것을 선택해서 비교적 긴 기간에 대해 통계를 산출하고자 한다. 비교를 간편하게 하려고 필자는 앞서 사용한 여러 단위를 일률적으로 다음과 같이 통일한다. 1톤은 2만 6,667냥, 1관은 100냥으로 환산해서 모두 "냥"으로 계산한다. -중국 역사에 익숙하지 않은 독자라면 아래 사항을 주의해야 한다. 여기서 사용하는 "냥"은 현대 중국의 계량 단위가 아니라 명청 시기에 사용한 "냥"이다.- 앞서도 말했듯이, 중국 고대에서 사용한 "냥"도 절대 일치하지 않는다. 비록 명청 두 시대 때 사용한 "냥"은 대체로 비슷하지만, 같은 시대라도 “냥”의 기준 자체가 다르므로, 시대마다 무게를 나타내는 단위 자체가 다를 수밖에 없다. 백은을 예로 들어 설명하자면, 제일 많이 사용한 냥의 단위는 “고평냥(庫平兩)”과 “관평냥(關平兩)”이다. -관평냥은 “해관냥(海關兩)”이라고 한다. 실제 각 해관마다 사용하는 “냥”도 제각각이다.- 1고평냥은 37.301g이고, 1관평냥은 37.913g이며, 1관평냥은 1.0614고평냥이다. 1톤은 2만 6,667냥으로 환산한 것을 다시 관평냥으로 환산하면 조금 많아지고 고평냥으로 환산하면 조금 적어진다. 이 환산율은 일부 학자들이 자주 사용했다. 이 이외에 일부 지역에 대해 추산할 때 중간값으로 계산한 경우도 있다. 하나 더 부연해야 할 것은 앞서 데이터에 대한 출처를 밝혔다면 다음에는 밝히지 않았다는 것이다.

2. 일본산 백은의 유입량

1) 중일 직접 무역으로 유입된 수량

1550~1645 : 2,797만 냥(폰 글란)

1560~1600 : 1,200만 냥(야마무라 쿄죠, 가미키 데츠난)

1650~1759 : 3,038만 냥(기시모토 미오)

1648~1684 : 2,654만 냥(리우쉬펑)

추산 기간을 보면, 폰 글란은 명나라 때 95년, 야마무라 쿄죠와 가미키 데츠난은 16세기 후반 40년, 기시모토 미오는 17세기 후반에서 18세기 중반까지 110년, 리우쉬펑은 17세기 36년을 다루고 있다. 추산 방식을 보면 대개 중국에서 나가사키로 출항한 중국 상선에 대해 이와오 세이이치가 정리한 숫자를 근거로 하고 있다. 이 중에서 기시모토 미오는 나가사키에서 남양이나 대만으로 출항한 선박은 제외하고 오직 중국 대륙과 일본을 왕래한 선박만 계산한다. 이 기록이 완전하다고 하더라도 밀무역은 분명히 누락되어 있다. 따라서 이 추산은 가장 낮은 수치일 가능성이 높다. 앞의 추산을 종합하자면 명청 시기 중일 간 직접 무역을 통해 중국의 유입된 일본산 백은은 6,000만 냥 이상이라는 것이다.

2) 포르투갈인의 중개무역으로 유입된 수량

1575~1638 : 7,000만 냥(디오고 도 코우토).

1546~1638 : 3,885만 냥(소우자).

1550~1645 : 3,947만 냥(폰 글란).

1599~1637 : 5,800만 냥(취엔한성).

1550~1639 : 4,400만 냥(니라이언, 시아웨이종).

포르투갈인은 네덜란드인과 경쟁에서 우위에 있었기 때문에, 상술한 시기는 포르투갈인이 중국과 일본 사이에서 중개무역을 한 전 기간에 해당한다. 이 중에서 디오고 도 코우토와 취엔한성이 추산한 것은 기간은 짧지만, 수량은 비교적 많다. 만약 폰 글란이 최저 수치로 잡은 것을 근거로 플랑크가 주장한 것에 동의한다면, 중간 정도에 해당하는 5,000만 냥을 이 기간의 유입 총량이라고 볼 수 있다.

3) 네덜란드인의 중개무역으로 유입된 수량

1601~1645 : 907만 냥(폰 글란)

네덜란드인이 일본으로 진입한 시기는 아무리 빨리 잡아도 1601년 이전은 아니다. 1668년에는 네덜란드의 일본 무역은 완전히 끝난다. 만약 1646년부터 1668년까지 네덜란드가 일본산 백은을 중국으로 수출한 매년 평균이 전 시대와 비슷하다고 가정한다면 대략 1,300만 냥이 된다. 1645년 이후 네덜란드가 중국으로 수출한 동남아 토산물 총량과 또 중국산 찻잎을 수입한 총량, 당시 일본의 대외 무역에 있어서 지위 등을 고려한다면 1646년부터 1668년까지 네덜란드가 일본산 백은을 중국에서 수출한 총량은 전 시기보다 적지 않을 것이다. 따라서 1.300만 냥이라고 한 것은 지나치게 낮다.

4) 삼국간무역으로 유입된 수량

1550~1645 : 2,248만 냥(폰 글란).

1600~1635 : 3,200만 냥(이와오 세이이치).

상술한 시기 이전에는 아직 일본으로 백은이 대규모로 유입되지는 않았다. 이 시기 이후에 일본 정부는 자국인의 해상 무역을 엄격하게 통제했다. 따라서 이 두 가지 추산은 명청 전체 시기의 추산할 수 있는 하나의 지표로 볼 수 있다. 이 항목에 있어서 이와오 세이이치의 연구는 매우 치밀하므로 그의 연구를 받아들인다면 3,200만 냥이 된다. 앞서도 말했듯이 이 숫자에는 밀무역이 포함되어 있지 않으므로 최저치라고 할 수 있다.

주의해야 할 것은 이 기간 내에 일본인이 직접 중국으로 들어오는 직접 무역의 정황은 없으므로, 여기서 말하는 수량은 일본인이 일본에서 동남아로 운반한 백은이라는 것이다. 여기에는 또 일본인이 수출한 일본산 백은과 포르투갈인, 네덜란드인, 중국인이 들여온 백은이 겹칠 수도 있다. 예를 들자면, 포르투갈인, 네덜란드인, 중국인과 기타 국가가 상선이 싣고 온 백은 중에는 일본인이 동남아로 운반한 백은도 포함되어 있다.

5) 일본산 백은의 총유입량

만약 상술한 숫자대로 총계를 내면, 명청 시기(실제 명나라 후기와 청나라 전기)에 중국으로 유입된 일본산 백은의 총량은 다음과 같다. 6,000 + 5,000 + 1,300 + 3,200 = 15,500으로 즉 1억 5,500만 냥이다. 이 수치는 각기 다른 학자가 다른 방식으로 정리한 결과에 지나지 않는다. 확실한 것은 이 수치가 지극히 적다는 것이다. 다음은 명청 전 시기 혹은 명청의 일부 시기에 일본산 백은이 중국으로 유입된 수량이다.

1601~1647 : 7,480만 냥(이라이 하쿠세키).

1550~1645 : 2억 2,400만 냥(야마무라 쿄죠, 가미키 데츠난).

1648~1708 : 3,742만 냥(기미야 야스히코).

1644년 이전 : 5,000만 냥(린만훙).

1644년 이전: 1억 7,000만 냥(펑신웨이, 뤄칭 등).

1530~1644 : 1억 7,500만 냥(장궈투).

1585~1640 : 1,490만 냥(복서).

1500~1800 : 2억 4,000만 냥(프랭크).

1550~1645 : 9,899만 냥(폰 글란).

1550~1700 : 1억 3,000만 냥(폰 글란, 앵거스 매디슨).

이 통계 중에서 기간이 제일 길고 수량도 제일 많은 것은 프랭크의 것이다. 프랭크는 폰 글란 같은 학자들이 산출한 통계는 지나치게 보수적이라고 생각한다. 그러나 프랭크가 문헌을 연구할 때의 목적을 고려한다면 그의 추산은 지나치게 높다는 것이다. 일반적으로 장궈투의 연구를 비교적 엄밀하다고 평가한다. 하지만 여기서 인용한 장궈투의 통계는 명나라 때에 국한되어 있다. 청나라 때 일본산 백은이 명나라 때보다 훨씬 적게 유입된 것은 수입하는 기간도 짧았을 뿐만 아니라 일본 정부가 백은 수출을 엄격하게 통제하면서 일본이 구리를 대량으로 수출했기 때문이다. 그래서 명청 시대 전 기간 유입된 일본산 백은은 총 2억 냥 정도이다. 이 수치는 앞서 각 부분을 총합해서 산출한 1억 5,500만 냥과 상당히 근접하는 역사상 실제 수치이다.

일본이 중국 상품을 구매하면서 지불한 백은 2억 냥과 거의 차이가 없다. 하지만 200여 년 간 일본이 중국 상품을 구매하려 지급한 백은 총액이 갑오전쟁을 빌미로 일본이 강요한 배상금보다 오히려 적다니! 게다가 청 말 대외 무역과 화교 투자 등의 경로로 중국에서 일본으로 백은이 유출된 것을 참작한다면 백은이 일본에서 중국으로 유입된 것보다 중국에서 일본으로 유출된 것이 더 많다.

3. 마닐라를 경유한 미주산 백은의 유입량

1) 명대와 관련된 추산

1550~1645 : 6,157만 냥(폰 글란).

1550~1645 : 3,280만 냥(야마무라 쿄죠, 가미키 데츠난).

1590~1644 : 1억 2,300만 냥(소우자, 이는 단지 마닐라로만 운송된 수량임).

1581~1644 : 2억 2,080만 냥(데바스케, 이는 단지 마닐라로만 운송된 수량임).

1573~1644 : 2,045만 냥(량팡종은 각종 자료 중에 최저 수치를 근거해서 추산함).

1571~1644 : 3,816만 냥(왕시허).

1571~1644 : 4,320만 냥(펑신웨이, 본인은 보수적으로 산출한 수치라고 생각함).

명나라 전 시기 : 6,000만 냥(취엔한성).

명나라 전 시기 : 8,775만 냥(왕위쉰).

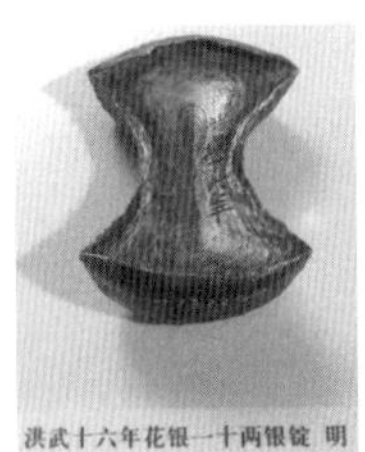

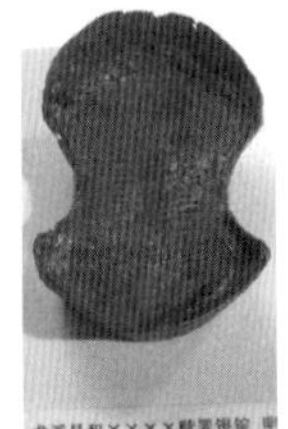

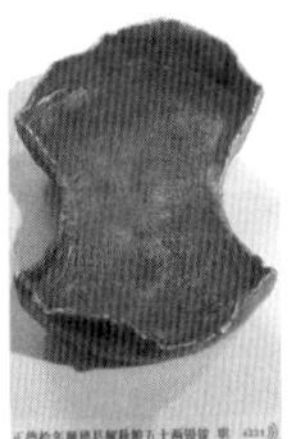

명나라 때 은정.
중국 국가박물관, 작가 직접 촬영, 2012.11.30.

1570~1644 : 2억 0,320만 냥(완밍).

1567~1643 : 7,500만 냥(장궈투).

여기에서 언급한 학자 중에는 수치를 지나치게 낮게 잡는 이도 있다. 량팡종은 각종 자료 중에서 가장 낮은 수치를 자료로 삼았다고 분명하게 설명했다. 펑신웨이도 보수적으로 추산했다는 것은 명확하게 인식하고 있다. 완밍은 다른 학자와 상당히 다르게 통계를 산출했다. 소우자와 데바스케(Tepaske)가 제시한 것은 마닐라에 도착한 미주산 백은으로 만약 취엔한성의 주장을 따라 그중 절반이 중국으로 유입되었다면 백은 6,000만~11,000만 냥이 중국으로 들어온 것이다. 소우자와 데바스케는 1580년 혹은 1590년을 기점으로 추산한 것으로 1570년대 혹은 1580년대 수량은 포함되어 있지 않다. 따라서 명대 때 유입된 백은 수량은 이들이 제시한 것보다 훨씬 많다. 취엔한성, 왕위쉰, 장궈투 이 세 학자가 제시한 수량이 비교적 사실에 접근하는 것 같다.

2) 명청 시대의 총유입량

중국 학자나 외국 학자 모두 한결같이 "스페인이 마닐라를 점령하고서부터 1820년대까지 미주에서 마닐라로 운송된 백은이 4억 페소"라고 주장한다(댁 코민, 복서, 옌종핑, 취엔한성, 사딩, 양디엔취). 그러나 그중에서 얼마나 중국으로 유입됐는지에 대해서는 의견이 분분하다. 1/4, 1/3, 1/2이 중국으로 유입되었다고 주장하는 학자가 있는가 하면 "절대 부분", 혹은 "거의 전부" 유입되었다고 주장하는 학자도 있다. 만약 취엔한성의 1/2이라는 주장을 받아들인다면 약 2억 페소 상당의 백은이 중국으로 유입되었다. 1페소를 0.72냥으로 환산하면 14,400만 냥이 된다.

1600~1800 : 8,000~6억 6,668만 냥(프랭크).

1570~1760 : 1억 6,946만 냥(치안장은 중국 상인이 운반한 것만 추산함).

1567~1840 : 1억 6,860만 냥(장궈투).

1650~1759 : 4,605만 냥(우청밍, 1760년 이후 기록은 없음).

우청밍의 추산은 확실히 문제가 있다. 그는 치안장의 통계를 참고했는데 산출한 통계는 치안장의 3분의 1밖에 되질 않는다. 여기와 관련된 글에서 그는 "매 선박이 중국으로 신고 온 백은의 평균 수량은 5만 400페소 즉 8,403냥이다"라고 주장한다. 이 환율도 다른 문헌과 차이가 매우 크게 난다. 만약 1페소를 0.72냥으로 환산한다면 선박의 평균 수량은 3만 6,288냥이고 총유입량은 1억 9,886만 냥이 된다.

프랭크는 최고치로 추산했는데 이 역시 불합리하다. 치안장과 장궈투의 추산과 우청밍이 산정한 수량을 다시 환산하면 서로 부합한다. 치안장은 단지 중국 상인이 운송한 것을 추산했다는 것을 참작하고 여기에다 폰글란이 자료에서 예를 든 비례를 적용하면, 포르투갈 상인이 들여오고 밀무역으로 유입된 것은 중국 상인이 운반한 것보다 조금 적다는 것을 알 수 있다. 이렇게 추산한다면 마닐라를 거쳐 중국으로 들어온 미주산 백은은 2억 냥이라는 것이 합리적이다.

4. 유럽과 미국을 거쳐 중국으로 유입된 미주산 백은의 수량

1) 국가별 유입량

장궈투는 유럽 각국(미국 포함)을 거쳐 중국으로 유입된 미주산 백은의 수량에 추산하는 작업을 많이 했고 또 비교적 정밀하다.

1569~1636 : 포르투갈 2,700만 냥.

1720~1795 : 네덜란드 1,586만 냥.

1700~1823 : 영국 5,388만 냥.

1805~1840 : 미국 6,148만 냥.

1719~1799 : 기타 유럽 국가 3,854만 냥.

이상 합계 1억 9,676만 냥(장궈투).

장궈투 이외에 다른 학자들도 국가별로 운송한 백은의 수량에 대해서 통계를 산출했다. 예를 들자면 치안지아쥐(千家駒)는 "18세기 100년 동안 영국이 운송한 백은은 2억 은원이다"라고 추산했다. 천동유(陳東有)는 "1635년에서 1753년까지 영국은 771만 냥을 운송했다"라고 주장한다. 우청밍은 "1650년부터 1759년까지 영국은 593만 냥을 들여왔다"라고 계산했다. 예시엔언(叶顯恩)은 "1784년부터 1844년까지 미국은 15억~18억 달러 상당의 은전을 들여왔다"라고 한다. 하지만 이들이 추산한 시기와 자료를 받아들이는 방식, 계량 단위가 모두 다르다. 따라서 추산의 결과는 차이가 상당히 많이 난다. 따라서 상호 비교가 어렵고 이를 바탕으로 추산을 더 진행하기도 어렵다.

2) 유럽을 경유해서 중국으로 유입된 수량

1760~1799 : 9,590만 냥(우청밍).

1800~1834 : 순유출량 2,942만 냥(우청밍).

1700~1751 : 6,807만 원(위치에치옹).

도광 이전 40년 : 8,000만 냥 이상(펑신웨이, 뤼칭).

1570~1644 : 1억 3,334만 냥 (완밍).

1550~1645 : 3,280만 냥 (폰 글란).

1500~1800 : 10억 4,001만 냥 (플랑크).

상술한 통계 중에서 우청밍이 제일 낮게 산정했다. 여기서 인용한 우청밍의 통계에는 1750년 이전의 것을 포함되어 있지 않고 또한 중국 상선이 해외무역한 것도 들어 있지 않다. 이와 달리 프랭크는 매우 높게 잡았다. 이는 그의 연구 목적에서 비롯된 것으로 그는 각종 자료에서 보통 수치를 높게 잡는다(예를 들면, 미주산 백은의 총생산량과 미주에서 유럽으로 유입된 백은의 수량에 대해서 그러하다). 그리고 다른 학자들은 명청 시기 중 비교적 짧은 기간을 다루었다.

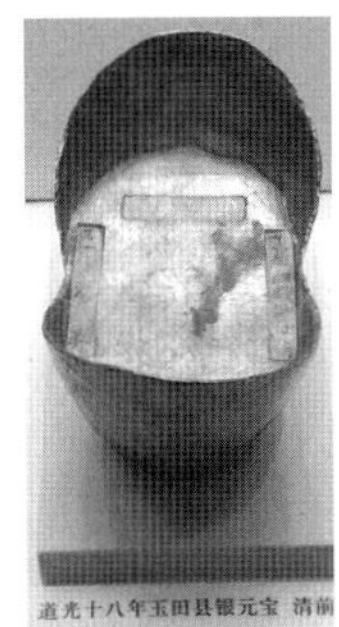

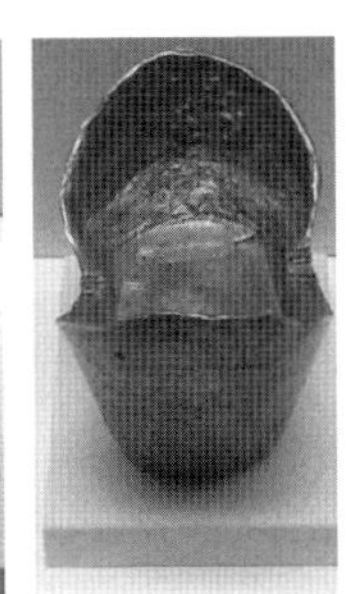

청나라의 은정.
중국 국가박물관, 작가 직접 촬영, 2012.11.30.

이외에도 장궈투는 "1700년부터 1840년까지 유럽에서 중국으로 유입된 미주산 백은은 1억 7,000만 냥"이라고 추산한다. 만약 여기에다 17세기 포르투갈인이 유럽을 거쳐 중국으로 들여온 백은의 수량을 더한다면, 명청 전 시기에 유럽과 미국을 거쳐 중국으로 유입된 미주산 백은은 2억 냥 상당에 달한다.

5. 중국으로 유입된 백은의 총량

앞서 말한 3대 원산지에서 중국으로 유입된 백은의 수량을 종합하면 약 2억 냥이 된다. 이 총량을 근거로 다음과 같이 추산할 수 있다. "명청 전 시기에 중국으로 유입된 백은은 약 6억 냥이다." 일부 문헌에서 명청 전 시기 혹은 그중 일부 시기에 중국으로 유입된 백은의 수량을 아래와 같이 추산했다.

1) 명대의 총량

1573~1644 : 7,200만 냥 이상(량팡중).

1550~1645 : 1억 9,336만 냥(폰 글란).

1550~1645 : 2억 5,934만 냥(야마무라 코조, 가미키 데츠난).

명대 유입 : 2억 8,000만 냥 이상(장궈투).

명대 유입 : 약 3억 냥(펑신웨이, 뤄칭 등).

이 중 량팡중과 폰 글란은 낮게 잡았고, 그 외 3인의 추산은 차이가 크지 않다.

2) 명청 두 시대의 총량

1550~1700 : 1억 8,536만 냥(매디슨).

1700~1830 : 3억 6,000만 냥(H. B. 모스).

1553~1830 : 5억냥 이상(장궈투).

16~18세기 : 13억 6,000만~20억 5, 336만 냥, 세계 총생산량이 절반에 해당함(프랭크).

명청 전 시기 : 약 6억 냥(펑웨이신, 뤼칭 등).

1650~1799 : 유입 1억 7,825만 냥. 명말 백은의 순증가량은 1억 냥을 초과한다. 다시 말하자면 명청 양대 총유입량은 3억 냥이다(우청밍은 유출을 빼지 않았다. 우청밍은 1800년부터 1843년까지 순유출량을 2,941.6냥으로 추산한다).

오문해관(粵海關銀).
李小萍. 淸代海關銀錠: 百年海關的歷史見証 (下) [N/OL]. 石獅日報數字報刊. 2008.4.30. (http://epaper.dfsc.com.cn/html/2008-04/30/content_37116.htm)

신관은(新關銀).
李小萍. 淸代四川鹽稅銀錠 [M/OL]. 東方收藏网. 2008.09.18. (http://www.dfsc.com.cn/sckb/2008/0910/content_149.html)

사천염세은(四川鹽稅銀).
王文弟. 古代銀元宝的收藏及价值判斷 [M/OL]. 藝超网. 2007.04.13. (http://www1.cangcn.com/info/news_ctsc_orther_zb/2007-4-13/1040_39968.htm)

광동이화행은(廣東怡和行銀).
易拍全球网. (http://www.epailive.com/items/4/3/443082.shtml)

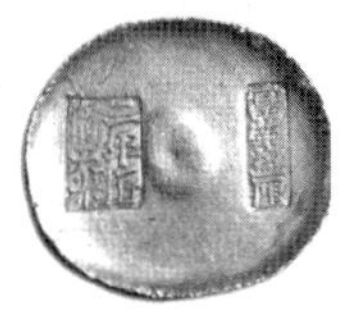

사천부영염리은(四川富榮鹽厘銀).
北京誠軒拍賣有限公司. (http://www. n21ce.com:8080/live/livepreview_detail.aspx?a=530&t=1435)

*청나라 은정들.

귀주다화은(貴州茶花銀).

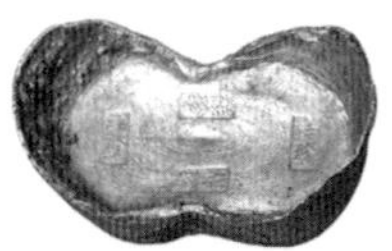
광서"상진"은(廣西"祥珍"銀).

안휘 "휴녕정장흥"은(安徽"休寧縣程長興"銀).

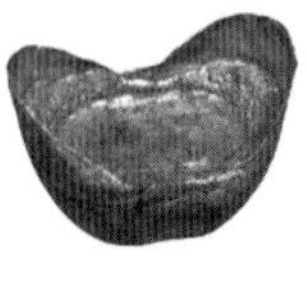
상봉은국은(祥泰銀局銀).

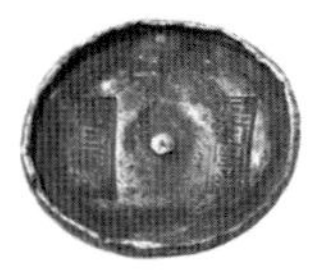
장문쌍배착은(藏文雙排戳銀).

함풍사년월해관은정(鹹豐四年粵海關銀錠).

평족은일량과자(平足銀壹兩錁子).

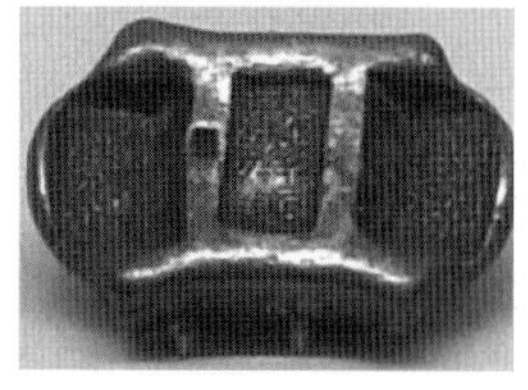
복성호마안은(福盛號馬鞍銀).

중국 국가박물관, 작가 직접 촬영, 2012.11.30.

*청나라 은정들.

매디슨은 폰 글란의 통계를 바탕으로 환산해서 추산했는데 모스의 추산과 거의 비슷하다. 이들은 명청 전 시대를 다루지 못했다. 이 때문에 이들이 추산한 수치는 지극히 낮다. 우청밍은 앞서 말한 문제점 이외에도 그의 통계에는 누락된 부분이 있는데 그래서 그가 추산한 수치도 지극히 낮다. 앞서 말한 대로 프랭크는 늘 수치를 높게 잡는다. 장궈투는 서방국가에서 광동으로 들여 온 백은에다 중국 상인의 해외무역을 통해서 유입한 백은을 더해서 -특히 일본산 백은- 유입 총량을 6억 냥 이상으로 추산한다.

평신웨이와 뤄칭 등이 주장하는 수량과 앞서 말한 3대 원산지 별 수량을 비교하면 서로 비슷하다. 따라서 명청 전 시대 중국으로 유입된 백은의 총량은 약 6억 냥이라고 추산할 수 있다.

6. 백은 유입이 중국에 미친 영향

앞서 말했듯이, 1540년부터 1820년까지 280년간 전 세계에서 생산된 백은 중 상당 부분이 중국으로 유입되었다. 중국이 명나라일 때인 1597년 필리핀 총독이 펠리페 2세에게 다음과 같이 편지를 보냈다. "모든 은화가 중국으로 흘러가서, 1~2년 정도 중국에 있는 것처럼 보이지만, 실제는 아주 오랫동안 중국에 있습니다." 1630년 필리핀에 장기 체류했던 스페인 선교사도 다음과 같은 글을 남겼다. "중국은 세계 최강국이라고 할 수 있다.

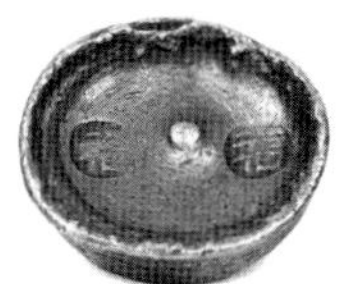

中國收藏网. (http://artist.socang.com/artistproduct/1572284.html)

中國翰墨丹青藝術网. (http://www.zhhmdq.com/item/how.asp?ms=5&d=740)

中國收藏网. (http://artist.socang.com/artistproduct/1355554.html)

北京誠軒拍賣有限公司. (http://www.n21ce.com:8080/live/liveresult_detail.aspx?a=853&t=1398)

*"길자은(吉字銀)".

희자은(喜字銀).
自拍于中國國家博物館, 2012.11.30.

심지어 전 세계의 보물창고라 부를 수 있다. 왜냐하면 은자(銀子)가 중국으로 들어가기만 하면 나오지는 않아 마치 감옥에 감금된 것 같기 때문이다." 역사학자 브로델(Braudel)은 다음과 같은 글을 썼다. "많은 학자가 중국을 전 세계 백은을 빨아들이는 '펌프'에 비유하는 것도 당연하다."[140] 더욱이 취엔한성은 명나라 말기 중국을 "은류지상(銀流地上)"의 사회라고 불렀다. 대량의 백은이 유입되면서 중국 사회는 중대한 영향을 받는다.

1) 중국의 은본위 화폐제를 위한 필요조건

백은이 대량으로 유입되기 전, 중국의 화폐제도는 안정적이지 못했다. 중국은 아주 이른 시기부터 화폐를 주조했으나, 금은 같은 금속이 부족했기 때문에 주로 구리로 화폐를 주조했다. 동전(銅錢)은 금속 화폐와 비교하면 가치가 비교적 낮고 사용 효율도 떨어지며 게다가 금속처럼 공급도 부족했다. 이 때문에 명나라 중기 이전에 빈번하게 "전황(錢荒)"이 발생했다. 중국의 역대 왕조는 변색이 없고 무게가 가벼우며 액면 가치가 높은 동전을 주조했었다. 송나라 때 지폐를 발행했고, 심지어 원나라 때는 지폐

140 布羅代爾. 15至18世紀的物質文明, 經濟和資本主義 [M]. 顧良, 施康强, 譯. 北京: 三聯書店, 1993.

본위의 화폐제도를 실행했다. -일부 현대 중국인 중에서 중국이 저렇게 일찍부터 "선진적" 화폐제를 실행한 것에 대해 자부심을 갖기도 하지만, 당시 지폐본위제를 실행한 것은 실제상 부득이해서 그런 것이다.- 그러나 지폐나 가볍지만 질 낮은 동전은 곧 바로 평가절하되어 신용도가 낮아졌다. 명대 중기부터 백은이 대량으로 유입되면서 중국에서 늘 백은이 부족했던 문제는 해결되었고, 동시에 은을 본위화폐로 하고 동전을 보조 화폐로 하는 화폐제도를 성립시키는 필요조건이 만들어진다. 이후 민국 초기까지 약 300년 간 화폐제도는 비교적 안정적으로 유지된다.

2) 국가 재정제도 개혁을 위한 조건

명대 이전의 중국 고대 국가는 줄곧 실물과 노역으로 세금을 징수하는 재정 제도를 실행했다. 이런 제도가 효율이 상당히 떨어진다는 것은 상상하기 어렵지 않다. 정부가 은을 많이 보유하게 되자 실물 및 요역 대신 은으로 납세하는 "일조편(一條鞭)"법을 시행할 수 있는 토대가 마련되었다. 그래서 명 조정은 1581년부터 기존 세법을 개혁해 "일조편"법을 시행한다. 은이 대량으로 유입되고 이러한 조세제도가 확립되면서 명청 정부의 징세와 은 보유량이 크게 늘어난다. 재정을 백은으로 운용하니 정부의 효율성도 크게 상승한다.

3) 상품 경제의 활성화

신용도 높고, 유통량이 충분하며 사용이 편리한 화폐가 있다면 상품 경제도 같이 발전한다. 명나라 때 중국 국내의 화폐 시장이 통일되자 대규모 장거리 무역 사업을 하는 유명한 상방(商幇)이 출현한다. 상품 유통과 상품 생산은 서로를 촉진시키는데 이 덕분에 수공업으로 상품을 만드는 산업이 크게 발전한다. 정부는 "일조편"법을 통해 시장 경제에 직접 참여했고, 각종 세금을 은으로 납부하게 함으로써 화폐 유통을 확대시켰다. 또한 요역을 부담해야 할 백성이 은으로 대신함으로써 활동이 자유로워졌다. 이러한 일련의 상황들은 상품 경제의 발전에 매우 유리한 조건을 만들었다.

4) 세계시장 형성을 촉진함

중국은 대량으로 백은을 수입했는데, 백은은 중국의 통화가 되면서 중국의 상품 경제는 발전했다. 백은은 아울러 일본 및 서방국가(미국을 포함)와 중국 간의 무역을 발전하게 하는 동력이자 통로였다. 사실상 백은은 이미 어느 정도 세계 통화로서 기능했고, 중국과 다른 국가와의 관계를 묶는 역할도 했다. 일본과 유럽 각국은 이런 무역을 통해서 자국에서 필요한 상품을 구했을 뿐만 아니라 막대한 이윤도 남기며 또 선진적 지식과 기술을 배우게 된다. 이 덕분에 각국은 더 발전하게 된다.

당연하게도 역사 발전의 "동력 체계"는 지극히 복잡하며, 각종 요인들이 늘 상호작용한다. 백은이 중국으로 유입된 것과 중국의 화폐·제정 제도의 개혁, 중국의 경제 발전 및 세계 시장 형성은 상호 인과적이며 상호 촉진한다. 한편 일부 학자들이 지적했듯이, 백은이 대량으로 유입되면서 중국은 외국의 백은에 상당히 의지하게 된다. 유입되는 백은이 줄거나 혹은 백은이 유출될 때 중국 사회는 당연히 부작용을 겪을 수밖에 없다. 예를 들자면, 아트웰이 지적했듯 명나라가 멸망하게 된 까닭은 당시 백은의 수입이 줄어든 것과 관련이 있다.

명나라 말기 미주에서는 백은의 생산량이 감소했고 게다가 네덜란드와 영국이 바다에서 해적질하며 소란을 피웠으며, 스페인과 일본은 제한 정책을 폈다. 이 때문에서 중국으로 유입되는 백은의 수량은 감소해 중국 경제에 재난에 가까운 효과를 초래한다.[141] 이와 같이 18세기 말부터 미주의 은광은 점점 고갈되기 시작하면서 19세기 초에는 스페인령 미주 식민주에서 독립전쟁이 발발하고 많은 은광이 파괴되면서 미주의 백은 생산량은 크게 감소한다.

백은의 부족으로 유럽 국가 중에서 일부는 대중국 무역에서 손을 뗄 수밖에 없었고, 기반을 영국인과 미국인에 넘겨주게 된다. 게다가 영국인과 나중에 들어온 미국인은 아편으로 백은을 대신했고, 그래서 중국으로 유입되는 백은은 더 줄어들었다. 심지어 중국이 보유했던 백은이 밖으로 유출되기도 하자 중국 경제체제는 흔들리기 시작한다. 아편 무역 혹은 백은 쟁탈전이 "아편전쟁"을 야기했고, 이 때문에 중국은 패망의 길로 치닫는다. 바로 아트웰이 지적했듯 "명나라가 멸망하게 된 것은 백은의 수입이 가파르게 줄어들고 이로 말미암아 부담이 더 가중되어 명나라는 더욱 혼란스럽게 되었기 때문"이다. 청나라도 비슷한 상황을 겪는다. 명조 멸망과 19세기 이후 중국이 쇄락하게 된 것은 중국으로 유입되는 백은은 줄어들면서 심지어 밖으로 유출된 것과 깊은 관련이 있다.

반드시 짚고 넘어가야 할 것은 1870년대 이후 중국의 대외 무역은 늘 수입이 많아서 백은이 계속 밖으로 유출된다는 것이다. 게다가 청말의 무역 적자와 외국의 직접 투자로 백은이 유출된 것과 관계없이, 다만 청나라 말기 유럽 열강 및 일본과의 전쟁으로 배상했던 백은은 명청 시대 280년간 유입된 것을 소진해야 할 정도였다. 그러나 청나라 말기에 이르면 대량 교역은 이미 보편적으로 은표(銀票)를 사용했기 때문에 현물 백은에 대한 수요는 줄어든다. 민국 초기에 화폐제도를 개혁하면서 근대적 화폐제도를 만들자 이로부터 백은을 화폐 금속으로 더는 사용하지 않는다.

141 阿特韋爾 W S. 國際白銀的流動与中國經濟 [J]. 中國經濟史硏究動態, 1988 (9).

14 결론

본서에서는 1368년(명 홍무 원년)부터 1840년(청 도광 20년)까지 472년(명 276년, 청 196년)이라는 긴 역사를 다루었다. 유구한 역사 과정 중에서 필자는 그중 한 측면, 즉 중국의 해상무역에 대해서 검토했다. 이러한 연구를 통해서 본서는 중요한 결론을 이끌어냈다.

1. 수출·입 상품의 구조

자료가 불충분해서 정량적 구조 분석을 진행하기 어려웠지만, 품질과 대략적 서열을 기준으로 명청 시기의 해상무역을 다루었는데, 전제 수출(입) 상품 중에서 상대적 중요도를 파악할 수 있었다. 연구 범위인 전체 기간 중에서 수출 상품으로는 차, 비단, 자기가 제일 중요하고, 그다음 삼베, 당(糖), 약재, 서적, 동전 등 순이다. 수입 상품 중에 백은을 제외하면 지명도, 가치, 영향력에서 가장 중요한 것은 아편이고, 그다음이 향료(약재를 포함)와 면화이며 그다음이 구리·주석·아연·수은 같은 금속이며, 금속 중에서는 구리가 비중이 제일 크다. 이외에도 일본도, 유황과 화기 같은 병기, 대미, 수산품, 고급 목재, 진기한 동물, 각종 보석, 일본 절선, 피혁, 서양 시계와 유리 제품 또한 무역 시기에 무역 대상국에 따라 중요도가 달라진다.

가공 정도를 기준으로 본다면, 명청 시기 모든 수출 상품 중에 제일 중요한 것은 농산품과 가공품이었다. 그러나 가공을 거친 기성품이나 반기성품이 절대 다수였고, 가공을 거치지 않은 상품은 거의 없었다. 당연하게도 당시의 기성품과 반기성품은 수가공한 것이다. 아편전쟁 이전, 수출 상품과 수입 상품을 비교하며 수입 상품의 가공 정도가 수출 상품보다 낮았다. 이것은 산업혁명 이전 중국의 수공업 발전 수준이 세계를 주도하는 위치에 있었다는 것을 의미한다.

명청 시대 때 해상무역에 중대한 변화가 발생하는데, 대량 무역의 주요 종목이 사치품에서 생필품으로 바뀌는 진정으로 대량 해상무역이 성립하게 된다. 게다가 원래 사치품이었던 것이 대중 소비품으로 바뀌기도 한다. 예를 들자면, 비단과 자기 같은 예부터 유명한 해상무역 상품은 명대 이전에는 사치품에 속했으나 명청 시대에는 대중 무역 상품이 된다. 각종 문헌이나 유물 발견을 살펴보면, 명대 이전에도 해상무역을 통해 비단과 자기를 많이 거래했지만, 명대 이후 중동과 서방국가와 거래한 무역량과 비교하면 언급할 필요조차 없을 정도이다. 찻잎은 청나라에 들어와서 대중 무역 상품이 된다.

무역 방식을 기준으로 본다면, 명청 시기의 해상무역은 조공 무역과 민간 무역으로 나눌 수 있고, 472년의 역사를 다루는 본문 중에서 이 두 방식을 균등하게 다루었다. 학자들이 조공 무역에 대해 관심을 많이 갖는데, 그 중 일부는 조공 무역이 고대 중국의 최대 특징이며 대표적 무역 방식이라고 생각하기도 한다. 하지만 실제 역사에서는 명나라 초기에 조공 무역 위주였던 것을 제외하고는 다른 시대는 한결같이 민간 무역 위주였다. 통제가 목적이었던 명청 정부가 "행상(行商)" 제도를 실행했지만, 행상은 반드시 민간 무역이라는 범주에 포함시켜야 한다. 이외에도 명청 시기에 밀무역에 관한 기록이 남아 있지 않더라도 전체 무역량에서 밀무역이 차지하는 비중이 상당하다는 것은 확실히 말할 수 있다.

무역 대상을 기준으로 본다면 명청 시기에 중국의 해상무역은 여전히 주변 국가와 지역에 국한된 전통 방식이었다. 어떤 문헌에 "동한 때, 이미 대진(로마제국) 상인이 해로로 광주로 들어온 적이 있고, 또 중국 상인도 로마로 들어간 적이 있으며, 원나라 때 유명한 마르코 폴로가 육로로 중국으로 들어왔다 해로로 유럽으로 돌아갔다"라는 기록이 남아 있지만, 명대

《황청직공도(皇淸職貢圖)》(부분).
북경 고궁박물원, 작가 직접 촬영, 2012.12.2.

이전이나 심지어 명대 전기까지만 하더라도 중국과 유럽의 무역은 대개 아랍인을 거쳐 이루어졌다.

명대 중기에 대항해시대가 도래함에 따라 서양인이 동방으로 진출하면서 중국과의 직접 무역에 참여하기 시작한다. 서양인이 중국의 해상무역에 뛰어들고서부터 중국의 해상무역에 있어 그들의 지위는 가면 갈수록 높아지고 점유 비율도 갈수록 높아진다. 아울러 서양인은 원래 동양인끼리 하던 무역에 끼어들었는데, 때로는 그중 일부를 독점하기도 했다. 특히 영국인이 중국의 직접 무역에 개입하면서, 중국의 모든 무역 대상국 중에서 영국은 아주 빨리 절대적으로 우세한 지위를 확보한다.

무역수지를 기준으로 보면, 아편전쟁 이전에 중국 상품은 대개가 아시아 주변국가의 상품보다 품질에서 뛰어났을 뿐만 아니라, 거의 모든 방면에서 서양 국가보다 우수했다. 많은 상품이 세계시장에서 강력한 경쟁력을 가졌으며, 각국이 앞다투어 구매하려 했다. 중국 상품 중 일부는 수출량에서 세계에서 제일 많았을 뿐만 아니라 유일무이한 것이기도 했다. 중국인의 외국 상품에 대한 수요는 그리 많지 않았고, 반면 외국인은 중국의 차, 비단, 자기 같은 상품에 대해 수요가 매우 많았다. 그래서 중국은 해상무역을 하면서 상당히 오랜 기간 흑자를 유지했다. 줄곧 경상주의(輕商主義)적 정책을 편다고 지적받는 상황에서, 명청 시대에 오면 도리어 중상주의자가 추구하는 결과(곧, 귀금속의 유입)를 얻게 된다.

명대 후기부터 백은이 대량으로 유입되기 시작했고, 청대 백은의 유입량은 명대보다 훨씬 많았다. 1540년대부터 1820년까지 280년간 중국으로 유입된 백은은 총 6억 냥이었다. 이 추산은 과도하다고 생각하는 사람이 있을 수 있다. 하지만 (자료가 불충분해서) 세밀하게 분석할 수는 없어도 다음과 같이 고려할 필요는 있다. "명청 시대 중국 국내에서 생산한 백은은 그리 많지 않다. 하지만 '마관조약(馬關條約)'•[110]과 '신축조약(辛丑條約)'•[111] 단 2건으로만 청 정부가 서구 열강에 지불한 배상금은 6억 냥을 초과한다. 또 아편전쟁 이후 중국이 외국에 배상한 금액도 앞서 말한 2건보다 많다. 게다가 아편 수입으로 인한 무역 적자와 외국의 직접 투자로 유출된 백은을 고려한다면, 280년 동안 6억 냥 상당의 백은이 유입되었다고 한 것은 그리 과장된 것이 아니다.

2. 무역 총량과 "폐관진국(閉關鎮國)"의 문제

본문 중에서 수출 상품의 총량에 대해서는 검토하지 않았지만, 각종 구체적 사물에 대해서 서술하면서 밝혀졌듯이 명청 시기 해상무역 규모는 이미 작지 않았다. 전쟁 같은 특수한 상황을 제외하고는 해상무역은 전체적으로 계속 성장했다. 백은의 유입 정황을 보면 이러한 점을 명확하게 알 수 있다. 적어도 은 유입량만큼은 상품을 수출했으므로, 총수출액은 백은과 기타 상품의 총유입량과 비슷할 수밖에 없다. 그밖에 위원의 『해국도지』「주해편」에 다음과 같은 통계가 나온다. "광동에서 수출한 상품의 총액은 백은으로 2,014.8만 냥이고, 이외에 영국인이 들여온 아편의 값은 백은 2,200만 냥에 상당하며, 게다가 미국을 비롯한 여러 나라에서 들여온 아편도 매우 많다." 이 해에 수출 총액은 3,595만 냥이다.(위원은 계속해서 다음과 같이 말했다. "재화와 재화를 교환하면 해마다 중국에는 백은

1,494만 5,000냥이 늘어난다. 만약 아편 같은 독물이 없었다면 외국의 백은은 중국으로 들어오기만 하고 나가지는 않는다.")

위원은 임칙서의 막료를 지낸 적이 있는데 그가 예로 든 수치는 당연히 오문 해관의 정확한 통계 숫자일 것이다. 여기에는 다른 성에서 수출했던 상품은 들어있지 않을 것이고 또 밀무역도 포함되어 있지 않을 가능성이 높다. 무역량이 증가하면 관세도 늘어나므로, 오문 해관의 통계에 따르면 1730년부터 18세기 말까지 관세의 매년 평균은 5만 냥 내외에 불과했지만 19세기 초가 되면 100만 냥을 넘어선다. 도광 8년부터 17년까지(1828~1837) 10년간 관세 수입은 1,569.73만 냥이었다. 이외에 이와 관련된 다른 문헌-야오씨엔하오(姚賢鎬)가 편찬한 『중국 근대 대외무역사 자료』, 옌종핑이 주편한 『중국 근대 경제사 통계자료선집』, 모스의 『동인도공사의 대중국 무역편년사』 등[142]-에서 실례로 든 명청 시기의 수출액과 수입액은 완전한 통계가 아니다. 하지만 이 자료는 명청 시기의 해상무역이 계속 성장하는 추세였다는 것은 보여준다.

무역량이 증가하고 무역이 지속적으로 성장하는 것을 보면 명청 시대는 절대 "폐관진국(閉關鎭國)"의 상태가 아니었으며 또 청대가 명대보다 더 닫힌 상태라고도 할 수 없다. 명청 시기에 폐관 정책을 실행했다고 생각하는 것은 지극히 통속적인 오해일 뿐이다. 이러한 오해는 당시 중국 시장에 빨리 진입하려 했던 서양인 중에서 중국의 해외무역 정책을 비난하면서부터 생겨나기 시작했고, 더욱이 마르크스가 이러한 관점을 보지하면서 1949년 이후 중국에서 이러한 오해가 더욱 유행하게 되었다.[143] 이러한 관점은 전문 학자 이를테면 유명한 경제사가인 옌종핑, 왕징위(汪敬虞) 같

142 姚賢鎬. 中國近代對外貿易史資料 [M]. 北京: 中華書局, 1962; 嚴中平. 中國近代經濟史統計資料選輯 [M]. 北京: 科學出版社, 1955; 馬士. 東印度公司對華貿易編年史 [M]. 广州: 中山大學出版社, 1991.

143 參見馬克思. 中國革命与歐洲革命[G] // 馬克思恩格斯選集, 北京: 人民出版社, 1972.

유화: 《하남 해안에서 멀리 바라본 광주성》(화가 미상, 1840년경 작품).
首都博物館"中國清代外銷瓷展"(一). 网易博客. 2010.5.20. (http://wzqwang263net.blog.163. com/blog/static/550279022010420122305431/)

다섯 항구를 개항한 이후의 광주항과 광주 십삼행심관.
중국 국가박물관, 작가 직접 촬영, 2012.12.1.

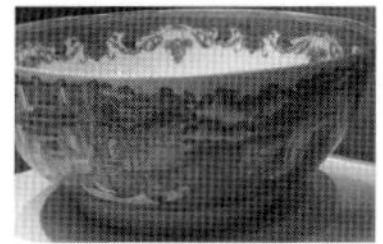

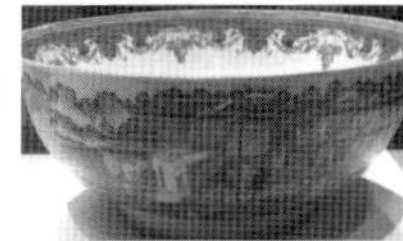

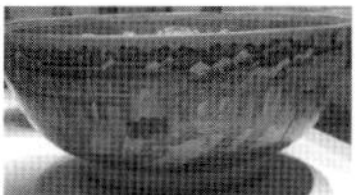

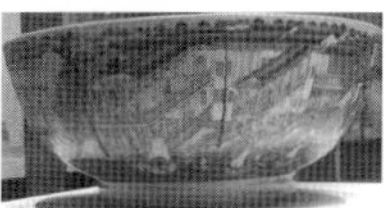

십삼행의 외경을 넣은 반취대완(潘趣大碗), 청 건륭, 경덕진산, 대영박물관 소장. 그림 안에 "심관(番館)"의 경치가 있다. 이 그림으로 당시 서양인이 광주에서 어떻게 생활했는지 알 수 있다.
중국 국가박물관, 작가 직접 촬영, 2012.11.30.

은 구세대 학자[144]뿐만 아니라, 신진 1세대 학자들도 받아들였으며, 또 근래 20~30년 동안 "유럽 중심론"을 반대했던 서양 학자들도 수용했다. 명청 정부가 다양한 방식으로 해상무역을 통제했지만, 이것을 "폐관진국"이라고 부르는 것은 지나치게 과장된 주장임에 틀림없다.

144 參見嚴中平. 科學研究方法十講---中國近代經濟史專業碩士研究生參考講義[M]. 北京: 人民出版社, 1986; 汪敬虞. 論淸朝前期的禁海閉關 [J]. 中國社會經濟史研究, 1983 (2).

본서에서 다룬 해상무역의 수량과 성장 추세만으로도 명청 시대의 중국은 절대 "폐관진국"을 하지 않은 것을 충분히 설명할 수 있다. 또한 역사 문제는 당연히 당시의 역사적 배경을 고려해서 분석해야 하며, 후대의 서양이 현대 중국을 대하는 잣대로 경솔하게 단언해서는 안 된다.

당시에는 외국인의 거주나 왕래를 제한하거나 특히 외국인 여성이 입국하는 것을 금지하는 등 사리에 맞지 않는 규정이 있었는데, 이런 부분을 제외하고 당시 서양 국가 중에서 특별히 중상주의를 내세우는 일부 유럽 국가와 비교해 보아도, 명청 정부의 통제 정책은 결코 지나친 것은 아니다. 1830년 영국 하원이 광주에서 무역업에 종사하는 각국 상인들을 조사하고서는 다음과 같이 이야기했다. "출석한 증인 거의 모두가 광주에서 사업하는 것이 세계 어떤 지역에서 사업하는 것보다 훨씬 쉽다고 인정했다."[145] 달리 말하면, 명청 정부가 해상 대외 무역을 통제한 정책에는 국내 상업 활동 및 상인을 제한하는 정책이 더 많았다. 앞서 말한 규정 이외에는 외국인에 대한 차별이 없었고 더욱이 내국인보다 외국인에게 더 관용적이었다.[146]

소위 "폐관진국"을 중국이 선진국에서 후진국으로 추락하게 된 주요 원인으로 심지어 제일 중요한 원인으로 보는 것은 매우 편파적이다. 중국 같은 대국이 선진국에서 후진국으로 추락한 원인은 매우 복잡하다. 제일 중요한 원인은 반드시 중국 내부에 있으며, 개방한다고 그렇게 쉽게 발전하는 것은 절대 아니다. 이를 전면적으로 분석하는 것은 본서의 과제도 아니며 또한 필자의 역량이 닿지도 않는다. 그러나 지적하고 싶은 것은 대외 무역을 통제하는 정책은 당시의 사회·경제에 좋지 않은 영향을 미쳤고, 중국의 발전에 장애가 되었다는 것이다.

이에 대해서 몇 가지 짚을 것이 있다. 하나, 어쨌든 명청 정부는 말할 필요도 없고 심지어 대외 무역에 참여했던 상인마저도 확실히 자만하는 경

145 格林堡. 鴉片戰爭前中英通商史 [M]. 北京: 商務印書館, 1961.
146 陳尚胜. 論淸朝前期外貿政策中的內外商待遇不公平問題 [J]. 文史哲, 2009 (2).

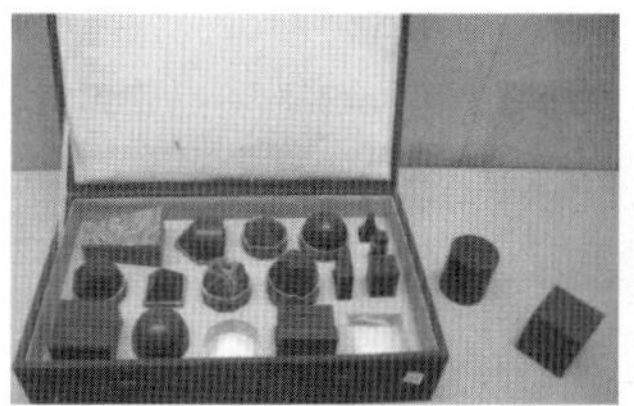

청궁 조변처에서 강희 황제를 위하여 특별 제작한 다면체 모형들(수학용 기구).

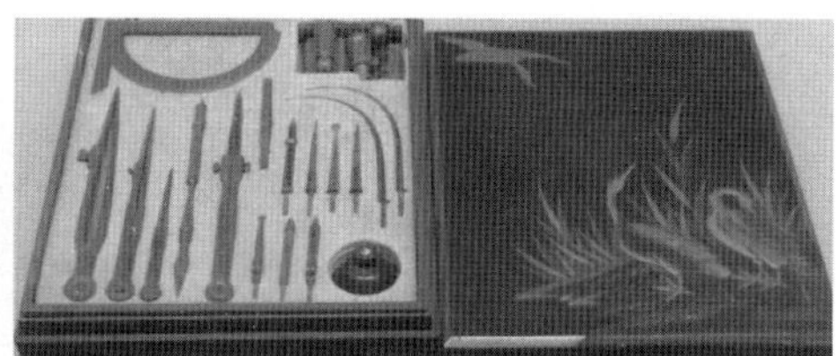

제도 기구.

천구의(天球儀).

간평의(簡平儀).

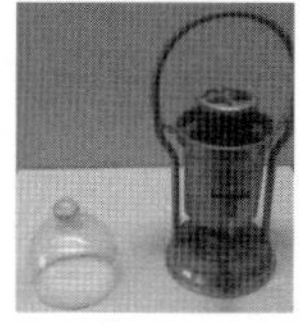

증류기(蒸餾器).

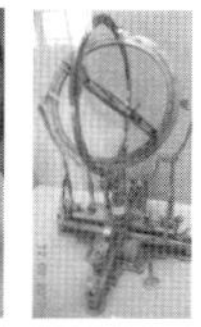

삼진의(三辰儀).

혼천합칠정의(渾天合七政儀).

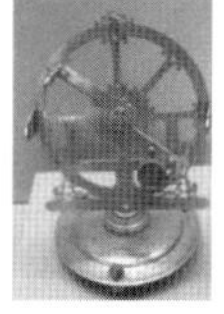

구도전원의(矩度全圓儀).

수도박물관, 작가 직접 촬영, 2012.12.1.

*청나라 궁중에서 사용한 과학 기구.

관상대.

수도박물관, 작가 직접 촬영, 2012.12.1.

황권이 엄격한 청대 황제의 조회 장면을 그린 것.
중국 국가박물관, 작가 직접 촬영, 2012.12.1.

영국 사신이 열하에서 건륭 황제를 알현하는 광경을 영국인이 상상한 그림.
700 年的符号与冲突. 三聯生活周刊. 2004.12.23. (http://www.lifeweek.com.cn/2004/1223/10613.shtml)

각 아문의 필수품인 숙정패와 회피패.
동 곡부 공부현 아대당, 작가 직접 촬영, 2012.10.20.

향이 있었다. 해상무역을 충분히 중시하지 않았고 더욱이 많은 사람이 당시 이미 중국보다 훨씬 앞서간 서양의 기술은 경시하기도 했다. 서양의 기술을 "기기음교(奇技淫巧)"하다 간주하고 제때에 받아들이지 않았다. 둘, 서양과 해상무역을 하면서 중국은 주동적으로 활동하지 않고 "서양이 시장으로 오기[西洋來市]"를 기다렸다. 그래서 해상무역을 선도할 수 있는 위치를 빼앗겼고, 서양 기술을 전면적으로 깊이 이해할 기회를 놓쳤다. 셋, 상인 계층은 사회를 근대화 혹은 현대화 하게 하는 중요한 추동 세력임에도, 상인 계층의 발전을 가로막았다.

앞서 말했듯이, 정부의 통제를 받았던 것은 대외 무역뿐만 아니라 국내 무역도 마찬가지였고, 이런 통제는 공식 법규로 실행되었지만, 많은 관리들이 (법을 어기고) 상인을 착취하기도 했다. 따라서 상업 자본의 발전과 공업 자본으로의 전환에 장애가 되었다. 심지어 막대한 이윤을 소비, 부동산, 사회적 지위 같은 전통적 가치에 투자하도록 압박받았다. 해상무역을 통해 사회적 재산은 늘어났지만, 생산성 있는 투자로는 이어지지 않았다. 명청 시기에 상품 수출이나 원료 수입이 적지 않았는데도 작은 상품의 생산만 발전했고, 보편적 대규모 생산을 구축하지 못했으며 경제 조직에 현저한 변화도 이끌지 못했다. 수입 상품도 많았는데 대개 소비품이었다. 이를 모방해서 만들기도 했으나 전면적 기술 발전으로 이어지지 못했고, 자잘한 기술이 들어오더라도 아주 협소한 범위에서 유통되어 널리 보급되지도 않아 다른 산업으로 거의 확대되지 않았다.

원인이 어쨌든 간에 확실히 중국은 선진에서 후진으로 추락했고, 이런 변화 과정은 긴 시간을 두고 천천히 일어났다. 중국이 해상무역을 할 때 겉으로 보면 영광의 시기였지만, 위기는 이미 내재했고 위기의 징후가 서서히 드러난다. 아편전쟁 이후 비록 짧은 시간이었지만, 중국 사회의 구조적 요소에서나 면방직업으로 대표되는 전통 수공업에서도 서양 상품에 대해 완강하게 저항했다. 1870년대 이후부터는 중국은 장기간 대외 무역 적자에서 벗어나지 못한다. 세계 무역에서 중국의 위치는 추락하여 오랫동안 차지했던 핵심 위치에서 점점 멀어지게 된다. 세계 각국에 비해 중국의 사회·경제적 수준은 전면적으로 떨어진다. 지금은 중국이 부흥할 수 있는 관건의 시기이다. 빛나는 역사를 가졌고 이제 바로 빛나는 미래를 향해 달려야 할 때이다.

참고문헌

艾儒略. 職方外紀校釋 [M]. 謝方校, 譯. 北京: 中華書局, 1997.

安格斯·麥迪森. 世界經濟千年史 [M]. 伍曉鷹, 等, 譯.北京: 北京大學出版社, 2003.

坂本太郎, 等. 日本書紀 [M]. 東京: 岩波書店, 1967.

本庄榮治郎. 幕末日本的海外貿易 [J]. 經濟學評論, 1939 (14).

日本史叢書·對外關系史. 東京: 山川出版社, 1985.

包樂史. 中荷交往史 [M]. 庄國土, 等, 譯. 阿姆斯特丹: 路口店出版社, 1989.

布羅代爾. 15至18世紀的物質文明, 經濟和資本主義 [M]. 顧良, 施康强, 譯.北京: 三聯書店, 1993.

白壽彝. 中國通史 [M]. 上海: 上海人民出版社, 1996.

白壽彝. 明代礦業的發展 [G] // 中國資本主義萌芽問題討論集. 北京: 三聯書店, 1957.

博克舍C R. 十六世紀中國南部行紀 [M]. 何高濟, 譯. 北京: 中華書局, 1990.

倉野憲司, 武田佑吉. 古事記 [M]. 東京: 岩波書店, 1974.

陳訓先. 樟林古港与泰國澄海人 [J]. 泰國澄海同鄉會成立伍十伍周年會刊, 2004.

陳鴻琦. 白銀在中國的流通 [J]. 歷史博物館館刊, 1999 (69).

陳琿, 呂國利. 中國茶文化尋踪 [M]. 北京: 中國城市出版社, 2000.

陳子龍, 等. 明經世文 [M]. 北京: 中華書局, 1962.

程大昌. 演繁露 [M]. 北京: 中華書局, 2000.

陳洪謨, 張瀚. 治世余聞搖繼世紀聞搖松窗夢語 [M]. 北京: 中華書局, 1997.

陳藏器, 尙志鈞.本草拾遺輯釋 [M]. 合肥: 安徽科學技術出版社, 2002.

陳椽. 茶業通史 [M]. 北京: 農業出版社, 1984.

陳國棟. 東亞海域一千年: 歷史上的海洋中國与對外貿易 [M]. 濟南: 山東畵報出版社, 2006.

陳寅恪. 柳如是別傳 [M]. 上海: 上海古籍出版社, 1980.

程紹剛. 荷蘭人在福爾摩莎 [M]. 台北: 聯經出版事業公司, 2000.

陳炎. 略論"海上絲綢之路"[J]. 歷史研究, 1982 (3).

陳万里. 宋末---淸初中國對外貿易中的瓷器 [J]. 文物, 1963 (1).

陳東有. 明末淸初的華東市場与海外貿易 [J]. 廈門大學學報, 1996(4).

陳樺. 關于中日近代棉紡織品貿易的考察 [J]. 淸史硏究, 2000 (2).

陳文源, 鳴靑. 明朝与安南朝貢及民間貿易問題探析 [J]. 江蘇商論, 2005 (7).

成艶萍. 國際經濟一体化視角下的明淸晋商 [J]. 中國經濟史硏究, 2008 (2).

陳永華. 兩宋時期中國与東南亞關系考略 [J]. 求索, 2005 (8).

鄧之誠. 骨董瑣記全編 [M]. 北京: 北京出版社, 1996.

大庭修. 江戶時代日中秘話 [M]. 徐世虹, 譯.北京: 中華書局, 1997.

馮先銘, 馮小琦. 荷蘭東印度公司与中國明淸瓷器 [J]. 南方文物, 1990 (2).

費信. 星槎胜覽 [M]. 北京: 中華書局, 1991.

方以智. 物理小識 [M]. 台北: 商務印書館, 1986.

方李莉. 中國陶瓷 [M]. 北京: 伍洲傳播出版社, 2005.

樊樹志. 明淸江南市鎭探微 [M]. 上海: 复旦大學出版社, 1999.

樊樹志. 晩明史 [M]. 上海: 复旦大學出版社, 2003.

費正淸編. 劍橋中國明代史 [M]. 北京: 中國社會科學出版社, 1992.

費正淸編. 劍橋中國晩淸史 [M]. 北京: 中國社會科學出版社, 1985.

傅衣淩. 明淸時代商人及商業資本 [M]. 北京: 人民出版社, 1956.

樊亢, 宋則行. 外國經濟史 [M]. 北京: 人民出版社, 1994.

馮玥. 鏡子中看中國 [N]. 中國靑年報, 2004.12.01.

馮佐哲. 曹寅与日本 [J]. 中國史硏究, 1990 (3).

傅衣淩. 中國通史參考資料 [M]. 北京: 中華書局, 1988.

格林堡. 鴉片戰爭前中英通商史 [M]. 康成, 譯.北京: 商務印書館, 1961.

安德烈·貢德·弗蘭克. 白銀資本---重視經濟全球化中的東方 [M]. 劉北成, 譯.北京: 中央編譯出版社, 2000.
郭棐. 广東通志 [M]. 濟南: 齊魯書社, 1997.
鞏珍. 西洋番國志 [M]. 北京: 中華書局, 1961.
顧炎武. 天下郡國利病書 [M]. 上海: 上海科學技術文獻出版社, 2002.
顧炎武. 日知录 [M]. 上海: 上海古籍出版社, 2006.
广東省文史研究館譯.鴉片戰爭史料選譯 [M]. 北京: 中華書局, 1983.
郭孟良. 中國茶史 [M]. 太原: 山西古籍出版社, 2003.
广州市方志辦等編譯. 近代广州口岸經齊社會概況 [M]. 广州: 暨南大學出版社, 1995.
郭德焱. 巴斯商人与鴉片貿易 [J]. 學術研究 [M]. 2001 (5).
龔纓晏. 1840年前輸入中國的鴉片數量 [J]. 浙江大學學報, 1999 (4).
黃省曾.西洋朝貢典录 [M]. 北京: 中華書局, 1982.
黃佐. 广東通志 [M]. 广州: 广東省地方史志辦公室印, 1997.
黃遵憲. 日本國志 [M]. 上海: 上海古籍出版社, 2001.
何喬遠. 閩書 [M]. 福州: 福建人民出版社, 1996.
黃叔璥. 台海使槎录 [M]. 台北: 成文出版社有限公司, 1990.
黃一農. 紅夷大炮与皇太极創立的八旗漢軍 [J]. 歷史研究, 2004 (4).
黃一農. 歐洲沉船与明末傳華的西洋大炮 [G] // 中研院歷史語言研究所集刊: 第75 本第3 分册, 2004.
黃啓臣. 淸代前期海外貿易的發展 [J]. 歷史研究, 1986 (4).
黃啓臣. 广州海上絲綢之路的興起与發展 [G] // 广州与海上絲綢之路, 1991.
賀宇紅. 書籍東漸---宁波"中日海上書籍之路"的傳播与交流 [J]. 中國文化遺産, 2006 (5).
賀力平. 鴉片貿易与白銀外流關系之再檢討 [J]. 社會科學戰線, 2007(1).
韓琦. 美洲白銀与早期中國經濟的發展 [J]. 歷史教學問題, 2005 (2).
后智鋼. 略論17 世紀前后中日貿易及其日本銀輸入問題 [G] // 复旦大學歷史系. 古代中國: 傳統与變革. 上海: 复旦大學出版社, 2005.

韓國文化公報部, 文化財管理局.新安海底遺物 資料篇王-芋 [M]: 1983~1985.

何芳川. 澳門与葡萄牙大商帆 [M]. 北京: 北京大學出版社, 1966.

蔣毓英, 等. 台湾府志 [M]. 厦門: 厦門大學出版社, 1985.

江日升. 台湾外紀 [M]. 福州: 福建人民出版社, 1983.

簡·迪維斯. 歐洲瓷器史 [M]. 熊寥, 譯.杭州: 浙江美術學院出版社, 1991.

杰克·特納. 香料傳奇 [M]. 周子平, 譯.北京: 三聯書店, 2007.

翦伯贊. 中國史綱要 [M]. 北京: 人民出版社, 1979.

荊曉燕. 清順治十二年前的對日海外貿易政策 [J]. 史學月刊, 2007 (1).

寇宗奭. 本草衍義 [M]. 北京: 人民衛生出版社, 1990.

龍文彬: 明會要 [M]. 北京: 中華書局, 1956.

李言恭, 郝杰. 日本考 [M]. 北京: 中華書局, 1983.

郎瑛. 七修類稿 [M]. 上海: 上海書店出版社, 2001.

李東陽. 怀麓堂集 [M]. 上海: 上海古籍出版社, 1991.

羅曰褧. 咸賓录 [M]. 北京: 中華書局, 1983.

凌濛初. 初刻拍案惊奇 [M]. 天津: 天津古籍出版社, 2004.

李圭. 鴉片事略 [M]. 上海: 上海古籍出版社, 1995.

梁廷枏. 海國四說 [M]. 北京: 中華書局, 1993.

藍浦. 景德鎮陶录 [M]. 南昌: 江西人民出版社, 1996.

李調元. 淡墨录 [M]. 沈陽: 遼宁教育出版社, 2001.

李漁. 十二樓 [M]. 上海: 上海古籍出版社, 1992.

李珣撰. 海藥本草 [M]. 北京: 人民衛生出版社, 1997.

李時珍. 本草綱目 [M]. 北京: 人民衛生出版社, 1982.

李云泉. 明清朝貢制度研究 [D]. 广州: 暨南大學出版社, 2003.

李金明. 明代海外貿易史 [M]. 北京: 中國社會科學出版社, 1990.

李伏明. 明清松江府棉布産量与市場銷售問題新探 [J]. 史學月刊, 2006 (10).

陸羽. 茶經 [M]. 哈爾濱: 黑龍江美術出版社, 2004.

林仁川. 明末清初私人海上貿易 [M]. 上海: 華東師范大學出版社, 1987.
劉序楓. 財稅与貿易: 日本"鎖國冶期間中日商品交易之展開 [M] //財政与近代歷史論文集.台北: 中研院近史所, 1999 (6).
林嘉林. 通過明清歷史對比, 初探中國落后原因 [J]. 文化雜志, 1995(22).
劉淑敏. 胡赤軍近代英國對華鴉片貿易的主要利益 [J]. 長白論叢,1996 (6).
劉旭. 明清之際西方火器引進初探 [J]. 湘潭大學社會科學學報, 1995(8).
李伯重. 明清江南与外地經濟聯系的加强及其對江南發展的影響 [J]. 中國經濟史研究, 1986 (2).
林京志. 乾隆年間由泰國進口大米史料選 [J]. 歷史檔案, 1985 (1).
李隆生. 明末白銀存量的估計 [J]. 中國錢幣, 2005 (1).
李德霞. 近代早期東亞海域中外貿易中的白銀問題 [J]. 中國社會經濟史研究, 2006 (2).
林滿紅. 明清的朝代危机与世界經濟蕭條 [J]. 新史學, 1990 (12).
李根蟠. 中國古代農業 [M]. 北京: 商務印書館, 1998.
梁方仲. 梁方仲經濟史論文集 [M]. 北京: 中華書局, 1989.
劉國良. 中國工業史, 南京: 江蘇科學技術出版社, 1990.
劉鴻亮. 明清時期紅夷大炮的興衰与兩朝西洋火器發展比較 [J]. 社會科學, 2005 (12).
毛奇齡. 明武宗外紀 [M]. 上海: 上海書店, 1982.
馬士. 東印度公司對華貿易編年史 [M]. 區宗華, 譯. 广州: 中山大學出版社, 1991.
馬士. 中華帝國對外關系史 [M]. 張匯文, 等, 譯. 上海: 上海世紀出版集團, 2006.
列宁, 斯大林. 馬克思恩格斯選集 [M]. 中共中央馬克思恩格斯列宁斯大林著作編譯局, 譯.北京: 人民出版社, 1995.
馬丁·布思. 鴉片史 [M]. 任華梨, 譯. 海口: 海南出版社, 1999.
木宮泰彥. 日中文化交流史 [M]. 胡錫年, 譯. 北京: 商務印書館, 1980.
木宮泰彥. 中日交通史 [M]. 陳捷, 譯. 北京: 商務印書館, 1931.
馬歡.瀛涯胜覽 [M]. 北京: 中華書局, 1985.
毛佩琦.中國明代軍事史 [M]. 北京: 人民出版社, 1994.

馬斌.明清時期中國對西方的瓷器外銷 [J]. 收藏　拍賣, 2005 (10).

馬建春.明嘉靖,万歷朝嚕嘧銃的傳入,制造及使用 [J]. 回族研究, 2007 (4).

穆素洁.全球擴張時代中國海上貿易的新网絡(1750~1850) [J].广東社會科學, 2001 (6).

馬明達. 澳門与中日劍刀貿易 [J]. 中外關系史論叢: 總第伍輯.北京: 書目文獻出版社, 1996.

聶宝璋. 19世紀中叶在華洋行勢力的擴張与暴力掠奪 [J]. 近代史研究, 1981 (2).

倪來恩, 夏維中. 外國白銀与明帝國的崩潰 [J]. 中國社會經濟史研究, 1990 (3).

南京博物院. 鴻山越墓發掘報告 [M]. 北京: 文物出版社, 2007.

費爾南·門德斯·平托. 遠游記 [M]. 金國平, 譯.澳門: 葡萄牙大發現紀念澳門地區委員會, 1999.

彭澤益. 十九世紀后半期的中國財政与經濟 [M]. 北京: 人民出版社, 1983.

彭信威. 中國貨幣史 [M]. 上海: 上海人民出版社, 1958.

彭新雨, 等. 中國封建社會經濟史 [M]. 武漢: 武漢大學出版社, 1993.

戚継光. 紀效新書 [M]. 北京: 中華書局, 2001.

錢泳. 履園叢話 [M]. 北京: 中華書局, 1979.

屈大均. 广東新語 [M]. 北京: 中華書局, 1985.

青木和夫等. 續日本紀 [M]. 東京: 岩波書店, 1995~1998.

全漢升. 中國經濟史論叢 [M]. 香港: 香港新亞研究所, 1972.

全漢升. 中國經濟史研究 [M]. 香港: 香港新亞研究所, 1976.

全漢升. 明代中叶后澳門的海外貿易 [N]. 載香港中文大學.中國文化研究所學報: 第5 卷第1 期.

全漢升. 明清間美洲白銀的輸入中國 [G] // 中國經濟史論叢: 第 1 册. 香港: 香港新亞研究所, 1972.

全漢升. 明清時代云南的銀課与銀産額 [N]. 新亞學報, 1967 (9).

錢江. 十六-十八世紀國際間白銀流動及其輸入中國之考察 [J]. 南洋問題研究, 1988 (2).

錢江. 1570~1760 年西屬菲律賓流入中國的美洲白銀 [J]. 南洋問題研究, 1985 (3).
千家駒. 東印度公司的解散与鴉片戰爭 [N]. 清華學報: 1932, 37: 9~10.
阮元修. 广東通志 [M]. 上海: 上海古籍出版社, 1990.
宋懋登. 九齋集 [M]. 北京: 中國社會科學出版社, 1984.
孫星衍, 等. 神農本草經 [M]. 北京: 科學技術出版社, 1996.
宋應星. 天工開物 [M]. 長沙: 岳麓書社, 2002.
斯当東. 英使謁見乾隆紀實 [M]. 上海: 上海書店出版社, 2005.
蘇智良. 中國毒品史 [M]. 上海: 上海人民出版社, 1997.
孫文良, 李治亭.明清戰爭史略 [M]. 沈陽: 遼宁人民出版社, 1986.
沙丁, 楊典求. 中國和拉丁美洲簡史 [M]. 鄭州: 河南人民出版社, 1986.
商盾. 茶叶, 中國古老的出口商品 [J]. 北京觀察, 2006 (9).
盛觀熙. 十六世紀双嶼港國際貿易研究 [G] // 浙江省錢幣學會. 海上絲綢之路 東南亞貨幣論文集, 1996.
石堅平. 東南亞在早期中英貿易中的地位和作用 [J]. 東南亞, 2001 (1).
藤原基經. 文德實录 [M]. 東京: 吉川弘文館, 1988.
湯開建, 彭蕙. 爪哇与中國明朝貿易關系考述 [J]. 東南亞縱橫, 2003 (6).
湯開建, 田渝. 雍乾時期中國与暹羅的大米貿易 [J]. 中國經濟史研究, 2004 (1).
湯正良. 日本茶道逸事 [M]. 北京: 世界知識出版社, 2001.
田藝蘅. 留青日札 [M]. 上海: 上海古籍出版社, 1992.
湯顯祖. 湯顯祖集 [M]. 上海: 上海人民出版社, 1973.
陶弘景. 本草經集注 [M]. 北京: 人民衛生出版社, 1994.
陶弘景.名医別录 [M]. 北京: 人民衛生出版社, 1986.
王世貞.弇山堂別集 [M]. 北京: 中華書局, 1985.
王在晋. 越鐫 [M]. 北京: 北京出版社, 1997.
王士性. 广志繹 [M]. 北京: 中華書局, 1981.
王之春. 國朝柔遠記 [M]. 北京: 中華書局, 1989.

魏源. 海國圖志 [M]. 北京: 中華書局, 2000.

王璆. 是齋百一選方 [M]. 上海: 上海科學技術出版社, 2003.

王世懋. 學圃雜疏 [M]. 濟南: 齊魯書社, 1995.

嗚晗輯. 朝鮮李朝實彔中的中國史料 [M]. 北京: 中華書局, 1980.

汪熙.約翰公司-英國東印度公司 [M]. 上海: 上海人民出版社, 2007.

王勇. 中日書籍之路研究 [M]. 北京: 北京圖書館出版社, 2003.

汪敬虞. 十九世紀西方資本主義對中國的經濟侵略 [M]. 北京: 人民
出版社, 1983.

王兆春. 中國火器史 [M]. 北京: 軍事科學出版社, 1991.

王裕巽, 王廷洽.明錢的東流對日本錢幣文化的影響 [J]. 上海師范大
學學報: 哲社版, 1995 (4).

万明. 鄭和下西洋終止相關史實考辨 [J]. 暨南學報: 哲學社會科學

王士鶴.明代后期中國-馬尼拉-墨西哥貿易的發展 [J]. 地理集刊,1964 (7).

王裕巽. 明代國內白銀開采与國外流入數額試考 [J]. 中國錢幣, 1998(3).

威廉·烏克斯. 茶叶全書 [M]. 儂佳, 譯.中國農業科學院茶叶研究所, 譯.北京: 中國農業科學院茶叶研究所, 1949.

万明. 明代白銀貨幣化: 中國与世界連接的新視角 [J]. 河北學刊, 2004 (3).

玄奘. 大唐西域記 [M]. 上海: 上海人民出版社, 1997.

徐伯齡. 蟫精雋 [M]. 上海: 上海古籍出版社, 1993.

徐光啓. 徐光啓集 [M]. 北京: 中華書局, 1963.

徐新吳. 近代江南絲織工業史 [M]. 上海: 上海人民出版社, 1991.

徐新吳. 中國近代繅絲工業史 [M]. 上海: 上海人民出版社, 1990.

余又荪. 宋元中日關系史 [M]. 台北: 商務印書館, 1964.

徐新吳. 鴉片戰爭前中國棉紡織手工業的商品生產与資本主義萌芽問題 [M]. 南京: 江蘇人民出版社, 1981.

冼波. 烟毒的歷史 [M]. 北京: 中國文史出版社, 2005.

夏鼐. 綜述中國出土的波斯薩珊朝銀幣 [N]. 考古學報, 1974 (1).
徐明德. 論淸代中國東方明珠---浙江乍浦港 [J]. 淸史硏究, 1997(3).
細川孝行. 日本歷代政權通貨發行史概要 [J]. 考古与文物, 1994 (5).
許正林. 明淸之際西方傳敎士与中學西傳 [J]. 文化中國, 2004 (3).
謝貴安. 西器東傳与前近代中國社會 [J]. 學術月刊, 2003 (8).
小叶田淳: 中世日支通交貿易史的硏究 [M]. 東京: 刀江書院, 1942.
小叶田淳. 日本貨幣流通史 [M]. 東京: 刀江書院, 1943.
小島直記, 邦光史郎, 等. 銅山銀坑掙出工業大亨 [M]. 葛東萊, 譯. 台北, 時報文化出版企業有限公司, 1986.
嚴從簡. 殊域周咨录 [M]. 北京: 中華書局, 1992.
叶權. 賢博編 [M]. 北京: 中華書局, 1987.
俞正燮. 癸巳類稿 [M]. 沈陽: 遼宁万有圖書發行有限公司, 2001.
嚴仲平. 中國近代經濟史統計資料選輯 [M]. 北京: 科學出版社, 1955.
姚賢鎬. 中國近代對外貿易史資料 [M]. 北京: 中華書局, 1962.
叶喆民. 中國陶瓷史 [M]. 北京: 三聯書店, 2006.
英格麗·阿倫斯伯格.瑞典哥德堡号再度揚帆 [M]. 广州日報報業集團大洋网《广州生活》英文网, 譯. 广州: 广州出版社, 2006.
嚴中平. 中國近代經濟史 [M]. 北京: 人民出版社, 1989.
嚴中平. 中國棉紡織史稿 [M]. 北京: 科學出版社, 1955.
余捷琼. 1700~1937年中國銀貨輸出入的一个估計 [M]. 上海: 商務印書館, 1940.
嚴中平.絲綢流向菲律賓, 白銀流向中國 [J]. 近代史硏究, 1981 (1).
叶顯恩.世界商業擴張時代的广州貿易(1750~1840 年) [J]. 广東社會科學, 2005 (2).
亚当·斯密. 國民財富的性質和原因的硏究 [M]. 郭大力, 王亞南, 譯. 北京: 商務印書館, 2003.
岩生成一. 近世日中貿易數量的考察 [J]. 史學雜志, 62 (11).
尤建設, 嗚佩軍. 試論德川幕府時期日本与東南亞的朱印船貿易 [J]. 南洋問題硏究, 2006 (4).
楊煜達. 淸代中期(公元1726~1855 年)滇東北的銅業開發与环境變遷 [J]. 中國史研究, 2004 (3).
岩生成一. 16, 17世紀日本的海外貿易 [J]. 日本東方學會, 1976(30).
伊本·白圖泰. 伊本·白圖泰游記 [M]. 馬金鵬, 譯. 北京: 海洋出版社, 2008.
永積洋子. 唐船輸出入品數量一覽 [M]. 沈陽: 遼宁古籍出版社, 1996.
永積洋子. 由荷蘭史料看十七世紀的台湾貿易 [G]. 劉序楓, 譯. 載湯熙. 中國海洋發展史論文集, 1999 (7).
周宁. 鸦片帝國 [M]. 北京: 學苑出版社, 2004.
周緯. 亞洲古兵器圖說 [M]. 上海: 上海古籍出版社, 1993.
朱淑媛. 淸代琉球國的謝恩与表奏文書 [J]. 淸史研究, 1998 (4).
庄國土. 茶叶,白銀和鸦片: 1750~1840 年中西貿易結构 [J]. 中國經濟史研究, 1995 (3).
張廷玉等. 明史 [M]. 上海: 上海古籍出版社, 2003.
張壽鏞. 皇朝掌故滙編(內編) [M]. 北京: 求實書社, 1902.
周凱. 道光厦門志 [M]. 厦門: 鷺江出版社, 1993.
趙翼. 廿二史劄记 [M]. 北京: 中國書店, 1987.
趙汝适. 諸番志 [M]. 北京: 中華書局, 2000.
鄭若曾. 鄭開陽雜著 [M]. 上海: 上海古籍出版社, 1987.
鄭若曾. 籌海圖編 [M]. 北京: 中華書局, 2007.
鄭若曾. 江南經略 [M]. 上海: 上海古籍出版社, 1990.
姚士麟. 見只編 [M]. 濟南: 泰山出版社, 2000.
張燮. 東西洋考 [M]. 北京: 中華書局, 1981.
昭梿. 啸亭杂录 [M]. 北京: 中华书局, 1980.
趙翼. 陔余叢考 [M]. 石家庄: 河北人民出版社, 2003.
趙學敏. 本草綱目拾遺 [M]. 北京: 人民衛生出版社, 1983.
中國第一歷史檔案館.淸代檔案史料叢編 [M]. 北京: 中華書局, 1978~1990.

鄭鶴聲, 鄭一鈞. 鄭和下西洋資料匯編 [M]. 北京: 海洋出版社, 2005.
鄭天挺. 明清史資料 [M]. 天津: 天津人民出版社, 1980.
趙靖, 易夢虹. 中國近代經濟思想史資料選輯 [M]. 北京: 中華書局, 1982.
庄景輝. 海外交通史迹研究 [M]. 厦門: 厦門大學出版社, 1996.
張天澤. 中葡早期通商史 [M]. 香港: 中華書局香港分局, 1988.
張廷茂. 16~18 世紀中期澳門海上貿易研究 [D]. 广州: 暨南大學博士論文, 1997.
張彬村, 劉石吉. 中國海洋發展史論文集第伍輯 [C]. 台北: 中研院中山人文社會科學研究所, 1993.
張應龍. 鴉片戰爭前中荷茶叶貿易初探 [N]. 暨南學報: 哲社版, 1998(3).
張文德. 15 世紀后期撒馬儿罕使臣海路來華与明廷的反應 [J]. 西域研究, 2003 (4).
中國歷史研究社. 倭變事略 [M]. 上海: 上海書店, 1982.
庄國土. 16~18世紀白銀流入中國數量估算 [J]. 中國錢幣, 1995 (3).
Kobata A. The Production and Uses of Gold and Silver in Sixteenth and Seventeenth Century Japan [J]. The Economic History Review, 1965, 18(2).
Albert Hyma. A History of the Dutch in the Far East [M]. Michigan:
George Wahr Publishing Co., 1953.
Anthony Reid. Southeast Asia in the Age of Commerce 1450~1680. Vol. Ⅱ. Michigan: Edwards Brothers Inc., 1993.
Boxer C R.Fidalgos in the Far East [M]. The Hague: Martinus Nijhoff, 1948.
Boxer C R. The Great Ship from Amacon [M]. Annals of Macao and The Old Japan Trade. 1555~1640. 1959.
Blair E H, Robertson J A ed.. The Philippine Islands 1493_1898 [J]. Cleveland: The Arthur H. Clark Co., 1903: 09, 27.
Earl J. Hamilton. American Treasure and the Price Revolution in Spain [M]. Cambridge: Harvard University Press, 1934.
Earl H. Pritchard. The Crucial Years of Early Anglo-C hinese Relations [M]. Washington, 1963.

Ernst van Veen. Dutch Trade and Navigation in the South China Sea during the 17th Century [M]. in Revista de Cultura (RC). International 11th ed, 2004.

Kato Eiichi. The Japanese-Dutch Trade in the Formative Period of theSeclusion Policy [J]. Particularly on the Raw Silk Trade by the Dutch Factory at Hirado 1620~1640. Acta Asiatica, No.30.

Morse H B. The Chronicles of the East India Company Trading to China 1635~1834. Oxford, 1926, 1 : 144.

K.Yamamura, T. Kamiki, Silver mines, Sung coins. a monetary history of medieval and modern Japan in international perspective [M] // in J.F. Richards ed. Precious Metals in the Late Medieval and Early Modern World: 329~326, Durham: Carolina Academic Press, 1983.

Iwao Seiichi. Japanese Foreign Trade in the 16th and 17th Centuries [J]. Tokyo: in Acta Asiatica, 1976, 30.

Louis Dermigny. La Chine et l'Occident. Le Commerce a Canton au XVIIIe Siecle. 1732~1833 [M]. Paris: S.E.V.P.E.N, 1964.

Maura Rinald, Kraak Porcelain. A Moment in the History of Trade [M]. London, 1989.

Michael Greenberg. British Trade and the Opening of China, 1800~1842 [M]. Cambridge University Press, 1951.

Osbert Lancaster. The Story of Tea [J]. The Geographical Magazine June. 1938, VII (2).

Richard Von Glahn. Fountain of Fortune: Money and Monetary Policy in China. 1000~1700. Berkeley, 1996.

Woytinsky W S, Woytinsky E S. World Commerce and Government [M]. 1955.

Willim Lytle Schurz. The Manila Galleon [M], New York : E. P. Dutton & Co., INC, 1959.

미주

1 호적에 편입된 보통 평민을 말한다.(編入戶籍的普通平民).

2 국가가 백성을 소유했다는 의미이다.

3 영락(永樂), 선덕(宣德) 연간에 이루진 해상 원정을 말한다. 처음 항해를 시작한 것은 영락 3년(1405)이고, 최후 항해는 선덕 8년(1433)이다. 총 17차례 원정대를 파견했다. 책임자가 정화였으므로 이런 명칭이 붙었다.

4 "머리카락이 붉은 오랑캐"라는 뜻으로 처음에는 네덜란드인을 가리키는 말이었으나 점차 서양인 전체를 가리키는 말로 쓰였다.

5 장부 2부를 만들어 하나는 중국, 하나는 외국이 갖고 서로 맞추어 보면서 진위를 확인하는 것. 쉽게 설명하면 거울을 두 조각 내 합을 맞추는 것과 같다.

6 중국에 무역하러 오는 외국 선박을 뜻한다.

7 107대 천황 고요제이(後陽成)와 108대 천황 고미즈오(後水尾)의 연호이다.

8 명나라가 포르투갈에 마카오에서 어느 정도 권리를 허용한 자치정부를 말한다.

9 100근(斤)이 '1단(担)'.

10 2세기에서 17세기까지 현재 베트남 중부에서 남부에 걸쳐 인도네시아계인 참족이 세운 나라. 중국어로는 '잔청(占城)'이라고 표기한다.

11 현재 태국의 옛 명칭. 중국어로 '씨엔루오(暹羅)'라고 한다.

12 현재 인도네시아 보르네오섬에 있었던 고대 국가를 말함. '浡泥, 婆利, 佛泥, 婆羅'라고 표기한다.

13 현재 태국 지역의 있었던 고대 왕국 '롭부리(Lopburi, 羅斛國)'를 가리킨다. 원문에는 이 국명이 없다.

14 현재 인도네시아 자바섬 일대에 있었던 고대 국가. "爪洼國, 叶調, 訶陵, 闍婆, 呵羅單, 耶婆提" 등으로 표기한다.

15 중국 국가박물관, 대영박물관, 빅토리아&알버트박물관이 공동 주최한 중국 자기 특별전 명칭이다. 다음 사이트에서 여기에 대한 자세한 정보를 얻을 수 있다. (http://123.119.65.169/portals/0/web/zt/cizhiyun/project/detail/19.html)

16 오나라 손권(孫權) 때 연호(238~251).

17 수 양제(煬帝) 연호(605~618).

18 '요구(窯口)'는 자기(瓷器) 산지를 부르는 속칭.

19 외국과의 교역, 주로 물물 교역이 행해지는 무역장(貿易場).

20 현재 캄보디아에 있었던 고대 국가.

21 인도네시아 자바섬 일대에 있던 고대 무역항을 말한다. 중국식 표기는 '叁宝垅'이다.

22 자바섬의 옛 왕국. 중국식 표기는 '满者伯夷'이다.

23 유약(釉藥)을 바르지 않고 저열에 구운 도기.

24 코발트 안료인 'smalt'를 중국식으로 음역한 것. 명대 경덕진에서 많이 사용했는데, 색이 깊고 차분해서 질이 가장 좋은 청색 안료라고 한다.

25 당시 네덜란드인은 이때 포획한 자기를 'kraak′porselein'이라고 불렀는데, 원래 뜻은 '부서지기 쉬운 자기'라는 뜻이다. 당시 포르투갈 상선을 통칭해서 'Caraccas'라고 불렀는데, 이 말을 네덜란드로 옮기면서 약간 무시하는 의미를 담은 듯하다.

26 외국인을 낮춰 부르는 말로 우리말로는 '외국놈' 같은 뉘앙스이다.

27 원문에는 '1650~1590'으로 표기되어 있는데 역자가 바로잡았다.

28 차와 어울리지 않게 '투(鬪)'를 쓴 것은 '겸손하게 예의를 갖추고 서로 양보하는 모습이 마치 경기하는 것 같기' 때문이라고 한다. 여기서 '투'는 '화(和)'라는 의미이다.

29 쇼무텐노우(聖武天皇)의 연호로 729~749년을 말한다.

30 현재 인도네시아 자카르타(Jakarta)의 옛 지명.

31 당시 영국 화폐 단위는 10진과 12진법을 혼용해서 약간 복잡하다. 1 pound =

4 crown = 20 schilling = 240 pence. 이를 따르면 순수 이윤은 660펜스이다.

32 원서에는 '1980'으로 되어 있는 것을 역자가 바로잡았다.

33 원서에는 '1984'으로 되어 있다.

34 원서에는 '1937'으로 되어 있다.

35 당나라 때 제정한 토지세로 여름과 가을 두 차례 세금을 거둬서 이런 명칭이 생겼다. 원나라는 당나라 제도를 모방했다.

36 명나라 8대 황제 헌종의 연호(1464~1487).

37 명나라 12대 황제 목종의 연호(1567~1572).

38 '英'은 영국이라는 뜻이고, '碼' 면사의 굵기를 세는 단위이다. 현대 단위로 환산하면 1영마는 20.5cm이다.

39 "관평양(關平兩)", "관은(關銀)", "해관양(海關兩)"이라고도 한다. 청나라 말기 세관에서 사용하던 화폐 단위의 일종이다. 당시 사용했던 은화는 실은(實銀)과 허은(虛銀)이 있다. 실은은 실제 통용되는 백은을 가리키고, 허은은 장부 상으로 통용되는 가상 화폐를 말한다. 백은 1냥은 현재 중국 화폐로 200위안 한화 3만 4,000원 상당이다.

40 안남이라는 명칭은 679년 당나라가 하노이에 안남도호부(安南都護府)를 설치하면서 비롯된다. 이후 중국에서 독립한 베트남인은 대구월(大瞿越)·대월(大越)·대남(大南) 등으로 불렀지만, 중국은 여전히 안남이라고 불렀다. 19세기 초에 응우옌왕조[阮王朝]가 베트남을 통일하고 월남(越南)이라 불렀다.

41 원문은 '憲政'이라고 되어 있는데 오류로 역자가 바로잡았다.

42 원문만으로 문맥을 파악할 수 없어, 다음 사이트를 이용해 이 부분을 번역했음을 밝혀 둔다. 이 사이트에 따르면 사무장은 '주유교(朱柳橋)'라고 한다. (https://www.thepaper.cn/newsDetail_forward_9386930)

43 대승불교를 숭상하는 국가로 말레이시아의 순다(sumda)섬 일대에 있었다. 대략 7~14세기까지 존속한다.

44 일종의 백과사전을 말한다. 조선 때 이수광이 쓴 『지봉유설』 같은 책이 좋은

실례이다.

45 '和銅'이라고 표기하며, 708~715년까지이며 겐메이 천황(元明天皇)의 연호이다.

46 "와도카이호(和同開宝)"라고도 한다.

47 폐(肺)의 기운을 수렴하여 기침 등을 멈추게 하는 것을 말한다.

48 설사를 멎게 하는 것.

49 학명은 'Aristolochia contortaBunge' 우리 나라에서는 '쥐방울덩굴'이라고 한다.

50 석잠풀을 말한다.

51 국화과에 속하는 다년생 초본식물인 씀바귀.

52 생몰년은 1563~1620년이고, 재위는 1573~1620년이며, 연호는 만력이다. 묘호는 정릉(定陵)이다.

53 죄수의 목에 죄명을 걸고 군중이 보도록 하는 처벌.

54 통칭은 발변충군으로 유배 간 거리에 따라 4가지로 분류한다. '근(近)'은 수도에서 1,000리 이내를 말한다.

55 교수형이 확정되어도 바로 집행하지 않고, 재심을 거쳐 일정 기간 유예한다. 상황을 고려해 구금하였다 석방하기도 하며, 교수형을 집행하기도 한다.

56 구금 후 요역을 시키는 것.

57 송대 이후 상인을 가리키는 말로 사용한다. 또 관청에서 임시로 고용한 용역을 뜻하기도 한다.

58 중국어 표기는 '麥尼克'이다.

59 영어는 'Jardine'이고 중국식 표현은 '渣顚' 혹은 '渣甸'이다.

60 영어로는 'Jardine Matheson'이다.

61 중국어로는 '顚地'이다.

62 영어로는 'Dent & co' 이다.

63 중국에 있었던 외국 상관(商館)과 영사관 등에서 중국 상인과의 거래 중개를 맡기기 위하여 고용한 중국인.

64 '費正淸'은 존 킹 페어뱅크(John King Fairbank)의 중국식 이름이다.

65 금속 재료를 일정한 온도로 가열하고 압력을 가하여 어떤 형체를 만드는 작업.

66 폭발이나 연소를 이용하지 않는 무기, 활, 칼, 검 등을 총칭한다.

67 이 부분을 번역할 때 다음 사이트를 참고했다.(https://www.jy135.com/guwen/166599/81_1fanyi.html)

68 1타는 약 53kg이다.

69 1휘는 10말이다.

70 동양(東洋)의 구리라는 뜻으로 일본산 구리를 뜻한다. 중국에서 보면 일본은 동쪽에 있으므로 동양이라고 한다.

71 길이가 짧은 병기를 뜻한다. 이를테면 '단도(短刀)' 같은 병기를 말한다.

72 백련법과 관강법의 주요 차이는 온도에 있다. 백련법은 저온으로 철을 녹이는데 그러면 강철이 잘 녹지 않고, 철과 불순물이 잘 분리되지 않으며, 탄소와도 잘 섞이지 않는다. 이 단점을 극복하면서 등장한 것이 관강법이다. 통상 북제(北齊)의 기모회문(綦毋懷文)이 발명했다고 알려졌다. 침탄제를 사용해 온도를 1,220도 이상 올려 백련법의 단점을 극복한다.

73 투구와 갑옷.

74 진시황이 불로장생을 약을 구해오라고 보낸 사람. 『사기(史記)』에는 '서불(徐市)'으로 기록되어 있다.

75 무로마치 시대부터 에도 시대 말기에 서민생활을 기조로 하여 제작된 회화의 한 양식.

76 아래 사이트를 참고했다. (https://www.som88.net/meiwen/meiwen21686.html)

77 여건은 삼국 위나라 때 명장으로 왕상의 그릇을 알아보고 민정을 완전히 위임하고 간섭하지 않아 세상에서 그의 인품을 칭찬했다고 한다. 여건이 칼 한 자루를 찾고 있었는데 장인 그 칼을 보고 "이 칼을 찬 사람은 반드시 삼공의 지위에 오를 것"이라고 했다. 여건은 왕상에게 칼을 넘겨주면서 "나는 삼공의 지위에 오를 만한 인물이 아니다. 그렇다면 내게 반드시 해가 될 것이다. 너는 그 만한 인물이니 네가 차도록 해라"라고 했다. 왕상도 같은 방식으로 동생에게

왕람에게 넘겨준다. 여기에서는 일본도가 명품이라는 것을 비유한다.

78 황제를 경호하는 부대나 수도를 방어하는 군대를 말한다. 금위군, 친위군, 근위군 등으로도 부른다.

79 '魚須'에서 '須'는 '頒'의 오타이다. "頒"과 "斑"은 서로 통하는데 '무늬, 반점'이라는 뜻이다.

80 10척이 1장이다. 1척은 시대마다 다른데 명청 시대에는 31.1cm이다.

81 당시의 통역관이다.

82 본명은 '요한 아담 샬 본 벨(Johann Adan Schall von Bell)'이며 중국명이 더 유명하므로 이를 그대로 썼다.

83 '존(尊)'은 대포의 수량을 표시하는 양사이다.

84 판지강(Panj, 타지크어: Панч) 일대를 말한다. 아무다리야강의 주요 지류로 아프가니스탄과 타지키스탄의 국경이 된다.

85 본명은 '페르디난트 페르비스트 (Ferdinand Verbiest)'이다.

86 질산칼륨(saltpetre).

87 직예는 하북성의 옛 지명으로 북경 일대를 말한다.

88 후추 값을 원가보다 비싸게 계산하므로 실제 수령액은 줄어들게 된다.

89 이탈리아 나폴리 일대 단위. 약 100파운드 상당이다.

90 중세 유럽에서 통용되는 은화.

91 중세 동남아에 통용되는 계량 단위이다.

92 외국 상선이 들어 올 때 중국 상선이 거두는 세금으로 수향(水餉)과 육향(陸餉)이 있다. 수향은 선박의 크기와 용량에 따라 세금을 부과하는 것이고, 육향은 선적한 화물의 양에 따라 부과하는 세금이다.

93 중국어는 '占城'이다. 이 지역은 현재 베트남을 말한다. 고온다습하고 토질이 비옥해 쌀농사로 유명하다. 1년 3모작이 가능하다고 한다. 한국에서도 이 지역의 쌀을 '월남미, 안남미' 등으로 불렀다.

94 원문은 '1920'으로 되어 있다.

95 전복을 말한다.

96 상어의 지느러미를 말린 것이다.

97 현재 캄보디아, 태국, 베트남 지역을 지배했던 고대 국가. 1세기에 건국해서 7세기에 키미르(Kimir)에 멸망한다.

98 고대 신화에 나오는 동물로 용의 다섯 번째 아들이라고 한다. 모양은 사자 같은데 담배 피우는 것을 좋아한다.

99 황제의 칙령을 관리하는 부서로 한나라의 상서대(尙書臺), 삼국시대 위(魏)의 중서성(中書省)이 이에 해당한다.

100 주세페 카스틸리오네(Giuseppe Castiglione)의 중국 이름.

101 루이스 포와로(Louis Poirot)의 중국 이름.

102 옛날에 서양 국가를 태서라고 했다.

103 은에 부과하는 세금을 말한다.

104 원문은 페루로 되어 있으나 포토시는 원래 볼리비아 지역이다.

105 정화(正貨: 금·은 등의 본위화폐)와의 태환이 보증되어 있지 않은 지폐를 말한다. 'inconvertible paper money.'

106 이란 화폐.

107 브라질의 옛 화폐 단위.

108 스페인 왕실이 자국 식민지에 설립한 행정, 입법, 사법을 총괄하는 기구.

109 원문에는 '1782'으로 되어 있어 역자가 바로잡았다.

110 시모노세키조약(下關條約).

111 베이징 의정서.

저자 후기

역사는 사람을 매혹한다. 안개 속의 역사는 더욱 사람을 끌어당긴다. 호적(胡適) 선생은 “역사는 내키는 대로 화장한 아가씨 같다”라고 하셨다. 실제 호적 선생은 역사를 연구할 때 진지했는데, 다른 사람이 자신을 두고 진지하게 연구한다고 평가하기를 바라지 않았고 적어도 선생 자신만은 진지하게 연구하고 싶어 하셨다. 호적 선생은 말씀을 저렇게 하셨지만, 당신께서 마음대로 역사를 꾸미겠다고 하신 것은 절대 아니다. 다른 사람이 마음대로 썼으니 나 역시 마음대로 해도 크게 문제될 것이 없다는 경우도 있지만 말이다. (진정 저렇게 말씀하셨다면) 호적 선생은 사람들이 말로 혹은 글로 표현한 역사에 잘못 전해진 것, 오독, 고의로 왜곡한 것이 많다고 한탄하신 것이다. 그렇다. 역사는 본래 안개 같아 분명하게 보이지 않으며, 오독과 오해를 피하기 어렵고, 고의적 왜곡도 늘 있었다.

진정한 역사가라면 안개를 헤치고 역사의 본래 모습을 사람들 앞에 펼쳐야 할 책임이 있다. 이러한 책임은 상당히 무겁다. 안개를 헤쳐나간다는 것은 쉬운 일이 아니며, 설령 한 곳이라도 헤쳐나가려면 평생 고생할 수 있으며, 여기에 깊이 빠져 평생 청빈하게 살아가야 할 수도 있다. 이런 책임을 자청해서 떠맡은 사람의 처지에서 보면, 고생과 가난은 감내해야 하는 것이다. 하지만 받아들이기 어려운 것은 안개를 헤쳐갈 때 본래부터 안개에 갇힌 사람은 마음이 매우 불편하다는 것이다. 심지어 어떤 사람에게 손해를 끼칠 수도 있다. 그래서 슬프고 부끄러운 나머지 화가 나는 것이 정상일 것이다. 필자는 공부가 깊지 못하고 담력이 약하다. 또 역사의 무게를 감당할 힘도 없고, 또 다른 사람의 기분을 헤칠 용기도 없다. 그래서 중대하면서 논쟁적일 수 있는 문제를 에둘러 가면서 명청 시기의 해상무역 상품이라는 한 부분을 선택했다. 수집한 많지 않은 사료를 정리하고 분석하고자 했는데 다른 학자가 연구하는 데 도움이 된다면 작가로서 매우 기쁜 일일 것이다.

역사는 결국 사람[人] 이야기이다. 하지만 본서에서 관심을 두고 초점을 맞춘 것은 사물[物]인 상품이다. 한편, 인(人)과 물(物)은 하나로 이어져 있어, 인물(人物)이라고 부른다. 물의 배후에는 사람이 있고, 본서에서 다룬 물은 사람이 사용하는 것이며, 물의 유통도 사람이 하는 것이다. 물에 관한 이야기는 자연스럽게 사람 이야기와 관련 있고, 물을 묘사하는 것도 곧 관련한 사람을 반영한 것이다. 물과 관련 깊은 사람은 상인이다. 필자는 원래 상인이나 상인이 만든 조직에 관해 이야기하고 싶었다. 심지어 본서를 처음 기획할 때 무역 경로, 무역항, 상선까지 다루려고 생각했었다. 하지만 책 한 권에서 다룰 수 있는 범위는 제한되어 있다. 본서가 연구한 범위는 상당히 넓고, 관련된 연대도 상당히 긴 시간이며 이것만으로도 필자의 정력과 공력으로는 감당하기 어려웠다. 따라서 본서에서는 상품만 다루었고, 다음 기회에 상인, 무역 경로, 무역항, 상선을 깊이 다루고자 한다.

본서는 필자의 박사 논문을 왕쉰(王詢) 선생이 수정한 것이다. 본서를 출판하는 데 동북 재경대학 출판사의 도움을 많이 받았다. 출판사의 편집부를 비롯한 많은 분께서 본서를 수정하고 기술 처리를 하는 데 애를 많이 쓰셨다. 이러한 점에서 필자는 진심으로 감사의 말을 전한다. 본서가 나오기까지 가장 감사드려야 할 분은 허지앤(何劍) 교수님이다. 필자의 박사 논문 지도 교수이며 왕쉰 선생과 제일 친한 사이였다. 유감스럽게도 허 선생은 선계로 떠나셨다. 이 책을 허 선생님께 삼가 바친다.

2013년 6월
저자

역자 후기

본서를 번역하면서 많은 생각이 지나갔다. 졸저 『한비자, 스파이가 되다』를 쓰면서 느꼈지만, 중국은 오래전부터 국제무역을 했으니 이재에 밝을 수밖에 없다는 것이다. 소위 춘추전국시대의 각 제후국은 문화와 역사가 달랐으므로 요즘 국제사회와 다를 바 없다. 전국시대를 통일했던 진시황 뒤에는 당시 국제적 거상인 여불위가 있지 않았던가! 이런 전통이 계속 이어져 아편전쟁 이전까지 중국은 늘 국제무역을 주도했다. 따라서 동도서기(東道西器) 같은 말이 얼마나 허위이던가! 그래서 국내에 명성이 자자한 리쩌허우(李澤厚)는 차라리 동기서도(東器西道)를 주장한다. 본서가 역작인 것은 이러한 사실을 구체적 수치를 들어 증명했다는 것이다. 저자는 방대한 자료를 섭렵하면서 치밀하게 이를 조목조목 짚어 내었다. 역자는 저자의 이런 엄밀한 학문적 태도에 깊이 감명받았다.

번역하면서 저자가 왜 고려나 조선에 대해 언급하지 않는지 궁금했다. 관련 전문가에 다방면으로 문의해 보았더니 우리는 중국 물품을 수입할 필요가 없었다는 것이다. 이를테면 중국의 주요 수출품인 자기, 비단은 우리 제품이 중국 제품보다 탁월하므로 수입하지 않았다. 차는 고려 이후 한국인은 소비가 적었고 국내에도 좋은 차가 많이 나기도 했다. 현대 한국이 세계시장을 주름잡는 여러 제품을 생산할 수 있는 것도 역사적 깊이 덕분이라고 해도 과장이 아니리라!

번역 과정에서 줄곧 통일이 머리에서 떠나지 않았다. 만약 통일하게 된다면 중국의 동북 지방이 우리 앞마당이 될 수 있기 때문이다. 동북 지역을 여행할 때마다 까닭 모를 친연성을 느끼는데, 우리 민족의 이동 경로와 겹치는 부분이 많아서 그렇게 생각하게 된 것이 아닐까? 어쨌든 중국 다른 지역보다 시장 접근이 쉬울 것이다. 또 하나, 백은이 주요 화폐 등장하면서 세계 질서가 요동친다. 미국 달러를 대신할 수단을 찾으면 세계 경제 질서가 달라지지 않을까 한다. 경제에 관심이 있는 분이라면 대안 화폐를 유심히 살펴보라고 권하고 싶다. 지금 형태가 다른 화폐가 등장하면 세계의 판도가 바뀔 것이다. 본서에서 상세하게 다룬 백은의 유통이 이를 충분히 증거한다.

본서는 13장부터 먼저 읽으시길 바란다. 자료를 분석하는 방법과 분석의 문제점이 잘 나와 있다. 또 각기 다른 도량형을 작가가 일목요연하게 설명하므로 본서에 이해하는 데 도움이 많이 된다.

본서는 국제무역을 다루었으므로 인명, 지명이 해당 언어로 표현되어 있다. 대략 10여 개 외국어가 등장하는데 고대 중국어, 영어, 일본어, 스페인어, 프랑스어는 역자 스스로 해결했지만 다른 언어는 관련 전문가에 도움을 받았다. 특히 역자가 위엔(語言)대학에서 중국어를 배울 때 사귄 외국 친구가 많이 도와주었다. 말레이시아, 인도, 네덜란드, 스페인, 러시아 친구들이 많이 도와주었다. 구체적으로 이름을 밝히지 않았지만, 감사의 말씀 전한다.

보통 중국 책은 외국어를 중국어로 번역하고 외국어를 병기하지 않으므로 해당 외국어를 찾아내는 것이 절대 녹록하지 않았다. 이 과정에서 상하이 외국어대학교 한국어과 왕시아오쉬엔(王笑萱)이 애를 많이 썼다. 중국인도 상당히 공을 들이지 않으면 알 수 없는 것들이 많았다. 끝내 찾을 수 없는 부분은 작가에게 직접 문의해 정확하게 표기했다. 작가도 불명한 원문은 다른 외국 친구의 도움을 받았다. 하지만 이런 노력에도 끝내 원어를 찾지 못한 것이 있다. 당시 중국어 특히 명청 시대 언어로 해외 지명이나 인명을 기록했는데 지금으로서 도무지 확인할 길이 없는 것도 있었다. 그럴 때 해당 언어를 병기하지 않고 한국어로만 표기했으니 행여 잘 아는 분이 계시면 가르침을 주길 청한다. 설령 해당 언어를 찾았다 하더라도 또 하나의 난관이 기다리고 있었다. 한글로 그것을 어떻게 표기해야 할지 참으로 난감했다. 국립국어원 기준을 따랐지만, 그것만으로 충분하지 않았다. 따라서 가능한 원음에 가깝게 표기하도록 힘을 많이 썼다. 중국 인명이나 지명도 신해혁명(1911)을 기준으로 우리식 한문 발음과 현대 중국식 발음으로 표기했지만 이마저 일괄적으로 적용하기 어려운 사태가 많이 발생했다. 그래서 우리 독자에게 익숙한 것을 기준으로 삼아 표기하자고 필자 임의대로 원칙을 정했다. '익숙할 것' 같다는 것도 역자의 자의일 수밖에 없는데 필자로서는 불가피한 상황이었음을 널리 양해해주시길 바란다.

또, 본서는 문학과 역사를 많이 인용하고 있다. 이 역시 역자의 힘이 닿지 않는 곳이다. 전공자에게 문의를 거쳐 번역했다. 특히 공주대 권민균 선생, 고려대 차영익 선생, 단국대 정태윤 선생께 감사의 말씀 전한다. 번역문이 매끄러운지 오타가 없는지 꼼꼼히 검사해 주신 한양대 석호 선생과 충남대 이현정 선생에게 감사드린다. 본서의 번역자로 추천해주신 연세대 이형준 선생께도 사의를 표한다. 끝으로 본서가 출판되기까지 책임을 맡았던 동국대 박연주 선생께 깊은 감사의 말씀을 전한다. 번역이란 늘 오류가 도사리고 있으므로 역자는 늘 두렵다. 미력이나마 최선을 다했지만, 실수가 어찌 없겠는가! 이 책을 읽으신 분께선 더 나은 번역을 위해서 가감없이 역자를 질정해주시길 고개 숙여 부탁드린다.

2021년 가을
용문에서 역자 윤지산이 쓰다

동국대학교 문화학술원 번역총서 01

명청 시대 중국의 해상무역과 상품

초판 인쇄 | 2022년 2월 18일
초판 발행 | 2022년 2월 28일

편　　자 리우쥔, 왕쉰
역　　자 윤지산
기　　획 동국대학교 문화학술원 HK+사업단
발 행 인 한정희
발 행 처 경인문화사
편　　집 이다빈 김지선 유지혜 박지현 한주연 김윤진
마 케 팅 전병관 하재일 유인순
출판번호 406-1973-000003호
주　　소 파주시 회동길 445-1 경인빌딩 B동 4층
전　　화 031-955-9300 팩 스 031-955-9310
홈페이지 www.kyunginp.co.kr
이 메 일 kyungin@kyunginp.co.kr

ISBN 978-89-499-6621-2 93910
값 32,000원